Littératures francophones du ANTHOLOGIE Monde Arabe

Sous la direction de Jean-Louis Joubert
avec la participation de :

Bouchra Bagdady Adra
Mohamed Ould Boyah
El Mostafa Chadli
Beida Chikhi
Georges Daher
Katia Haddad-Yazbeck
Abdelouahab Lahlou

Samir Marzouki
Yamina Mokaddem
Touria Rhardisse
Ratiba Sefrioui
Abderrahman Tenkoul
Mohammed Zahiri
Mustapha Zouari

NATHAN   Al Madariss

Préface

Le monde arabe est depuis des siècles un foyer majeur de création littéraire, d'une richesse et d'une qualité universellement reconnues. La littérature de langue française a su s'y faire une place et a contribué à faire connaître la créativité de ses écrivains.

Littératures francophones du Monde Arabe, Anthologie en est un fidèle reflet. Cet ouvrage est conçu à la fois comme un ouvrage de référence et un manuel scolaire pour les dernières classes du secondaire. Il est éclos de la première anthologie, *Littérature francophone, Anthologie*, publiée par l'Agence en 1992, à la suite de recommandations des Sommets de Québec et de Dakar. Matrice de base d'une famille d'anthologies, présentée au Sommet de Chaillot sous la forme d'un prototype, *Littérature francophone, Anthologie* a été distribuée dans tous les pays francophones. Son intérêt a suscité la demande d'anthologies complémentaires, plus spécialisées, permettant un approfondissement de la connaissance des patrimoines nationaux et conformes aux programmes scolaires.

Première tentative de regroupement d'une masse critique d'informations sur l'esthétique littéraire francophone, *Littérature francophone, Anthologie* constitue une amorce de réponse aux demandes souvent formulées au sein de toutes les aires de la francophonie pour une meilleure connaissance des cultures francophones à travers les richesses littéraires des pays ayant le français en partage.

L'édition d'anthologies régionales a été lancée pour répondre à des besoins plus spécifiques des pays. Ainsi, est parue en 1993 *Littératures francophones de l'Océan Indien, Anthologie*.

Le présent ouvrage est le deuxième de la famille d'anthologies régionales dérivant de l'anthologie générale. Comme son aîné, il constitue une tentative de dévoilement de l'interculturel propre aux pays francophones et s'adresse surtout aux professeurs et aux élèves des lycées et collèges de la région. Les appareils pédagogiques répondent aux besoins de ces destinataires privilégiés. L'ouvrage est aussi conçu comme un livre d'ouverture : il facilitera, nous l'espérons, le dialogue et la meilleure compréhension des peuples, comme il donnera l'occasion de faire connaître des textes de grande valeur, à l'intérieur et à l'extérieur de la francophonie.

Adapté aux attentes et aux besoins des pays concernés, ce livre présente un éventail des littératures nationales en langue française des pays arabes francophones aussi riche et représentatif que possible. Il place « à la une » la plupart des auteurs qui ont réussi à transmettre, par-delà les frontières et le temps, leur attachement à la langue française.

Ces anthologies s'inscrivent aussi dans l'objectif « un livre par élève en l'an 2000 » que l'Agence s'est fixé dans le cadre de la réussite éducative. Elles constituent un projet pilote de l'Agence. Celui-ci fait partie du programme « Production de matériels éducatifs », qui vise à doter plus largement les enseignants et les élèves de manuels scolaires, en faisant baisser les coûts d'édition. À partir d'une matrice commune, des manuels régionaux sont produits, conçus en collaboration avec des spécialistes nationaux, coédités avec un éditeur de la région et adaptés au contexte local.

Jean-Louis ROY
Secrétaire Général
Agence de Coopération Culturelle et Technique

© Éditions Nathan. Paris, 1994.
ISBN : 2-09-882200-6

*A*vant-propos

Le présent ouvrage vient apporter un nouveau complément au volume *Littérature franco-phone, Anthologie,* publié en 1992 sous l'égide de l'Agence de Coopération Culturelle et Technique et dressant un ample panorama de la richesse et de la variété littéraire de la fran-cophonie. Il s'agit maintenant de proposer des perspectives moins générales, d'entrer dans les détails et de montrer les spécificités de domaines géographiquement plus limités.

L'ensemble présenté ici est celui du monde arabe, du Machrek au Maghreb, dans ses contacts avec la langue française. On sait que le monde arabe a donné naissance à de très riches littératures utilisant le français comme langue d'expression et de diffusion. Certains écrivains, certains textes ont acquis une renommée mondiale. C'est de cette variété et de cette qualité que la présente anthologie entend rendre compte. On y retrouvera donc tous les auteurs déjà consacrés, mais on découvrira aussi des textes plus rares, puisés dans les biblio-thèques ou découverts dans la production prometteuse des jeunes écrivains.

Le plan choisi pour l'organisation du volume suit un découpage géographique : chaque pays ou région est présenté dans son développement littéraire propre en langue française (une page ou une double page introductive donnant un panorama général de cette production littéraire). On a ajouté un chapitre consacré à « la rencontre des cultures » qui tente de rendre compte du regard porté sur le monde arabe par des écrivains français et de suggérer les échanges culturels que ces rencontres littéraires ont permis. Les textes donnés à lire ont été choisis en fonction de leur qualité (c'est l'exigence première et qui s'impose à tout compila-teur d'anthologies) et de leur importance significative dans la définition et l'affirmation des littératures francophones dans le monde arabe. On n'a repris dans ce volume aucun des textes des écrivains arabes cités dans l'ouvrage général, *Littérature francophone, Anthologie* (on peut s'y reporter pour y trouver des prolongements intéressants aux choix du présent volume). Des pages de « synthèse littéraire » ont été réparties dans l'ouvrage pour rappeler les liaisons transversales entre toutes ces productions qui ne peuvent rester enfermées dans des cadres simplement nationaux. Ces synthèses portent, par exemple, sur l'écriture des femmes, l'exi-gence de modernité littéraire, la relation entre la littérature et la guerre, la possibilité d'un surréalisme arabe…

Le livre s'adresse en priorité aux professeurs et aux élèves de l'enseignement secondaire dans les pays arabes. Ceux-ci y trouveront des textes dont ils sont les destinataires privilé-giés. Les appareils pédagogiques tiennent compte de cette priorité d'usage des destinataires naturels. Ils ont été conçus pour pouvoir s'adapter à la variabilité des niveaux de maîtrise du français selon les pays et les classes.

Mais le livre est avant tout, un livre d'ouverture : il veut faciliter le dialogue et la meil-leure compréhension d'un pays ou d'une région à l'autre à l'intérieur du monde arabe comme dans l'ensemble de la francophonie. Il donnera donc l'occasion de faire connaître des textes de haute valeur à tous les lecteurs : il est comme un ambassadeur d'une francophonie ouverte et plurielle. Tous ceux qui entreront dans ce livre éprouveront, dans le commerce patient des textes, que la langue française peut les accompagner dans leur quête de liberté et d'épanouis-sement humain.

Les auteurs

ALGÉRIE

ÉGYPTE

LIBAN

RENCONTRE DES CULTURES

ORIENT

Langues et littératures dans le monde arabe

L'unité culturelle profonde du monde arabe, rassemblé autour de sa communauté de langue et de la religion musulmane, n'interdit ni des spécificités culturelles, ni une très grande diversité dans les pratiques langagières et les productions littéraires. Des langues très anciennes, comme les différentes variantes des langues berbères au Maghreb, les langues africaines en Mauritanie, n'ont pas disparu devant l'arrivée de l'arabe. L'évolution historique et les contacts coloniaux ont favorisé l'implantation de l'anglais ou du français dans plusieurs pays, en fonction des politiques coloniales de l'Angleterre et de la France et du désir de modernisation des pays arabes.

La relation de la langue française aux pays arabes est particulièrement complexe. Si le français a été introduit et installé au Maghreb par la colonisation, il s'est étendu au Machrek au XIXᵉ siècle, en tant que langue internationale pratiquée dans toute la région méditerranéenne : langue du commerce avec les pays lointains, de la transformation économique et technique, des écoles modernes…

Pluralités littéraires

Dans le monde arabe, on rencontre une grande variété de pratiques littéraires, orales ou écrites, fonctionnelles ou de divertissement, utilisant toute la gamme des langues à la disposition des sociétés. Les ensembles de textes ainsi constitués s'articulent plus ou moins étroitement avec les différents États pour former les diverses littératures nationales (algérienne, égyptienne, libanaise, marocaine, mauritanienne, tunisienne…). La littérature de langue arabe, longtemps confinée dans la répétition des modèles classiques, s'est profondément renouvelée à la fin du XIXᵉ siècle pour connaître un nouvel âge d'or.

Les textes écrits en français peuvent être classés selon plusieurs strates. Certains (qui sont aussi les plus anciens) témoignent des premiers contacts des cultures : récits de voyageurs, au regard plus ou moins bienveillant sur les pays traversés, mais aussi transposition en français de grands textes de la littérature de langue arabe, comme la traduction des *Mille et Une Nuits* par Antoine Galland (1704-1717), qui imposera pour longtemps en Occident une image fascinante de l'Orient arabe. Cette littérature du contact peut se pervertir en littérature exotique quand elle ne saisit dans l'autre qu'une altérité stéréotypée, voire en littérature coloniale quand elle se met au service des politiques de domination. Mais il existe aussi un grand nombre de textes écrits en français par des auteurs revendiquant une identité maghrébine, égyptienne, libanaise… : ainsi se sont développées des littératures de langue française ayant leur centre de gravité et leur impact dans plusieurs pays du monde arabe. Ces littératures avaient pu sembler procéder des différents combats de lutte anticoloniale et donc être condamnées à disparaître avec la fin de la domination étrangère ; mais une fois l'indépendance acquise elles ont continué de prospérer car elles semblent répondre à un large besoin d'expression et d'ouverture vers le monde.

Langue française et littérature au Maghreb

La situation linguistique des pays du Maghreb est loin d'être uniforme, compte tenu des différentes politiques linguistiques et scolaires menées par la colonisation. En Algérie, la francisation de l'enseignement a été très poussée, ce qui encouragea au choix du français comme langue d'écriture. La littérature algérienne est aujourd'hui encore la plus abondante des productions littéraires francophones au Maghreb. Au Maroc et en Tunisie, la situation sous la colonisation fut tout autre : l'enseignement en arabe ne fut pas démantelé ; la Tunisie, par exemple, a vu s'épanouir une très riche littérature moderne en langue arabe. C'est dans les années 50 qu'est née une littérature d'expression française au Maroc, pour connaître son apogée avec la création de la revue *Souffles* en 1966. En Tunisie, la littérature en langue française ne s'est vraiment développée et imposée que depuis les années 70. En Mauritanie, la colonisation n'avait manifesté qu'un intérêt limité pour le développement du système d'enseignement : c'est seulement aujourd'hui qu'on découvre les trésors d'une riche tradition littéraire orale et écrite, dans les nombreuses langues pratiquées dans le pays.

À l'intérieur de la littérature de langue française dans les pays du Maghreb, on pourrait distinguer plusieurs ensembles plus ou moins autonomes et définis à partir du critère de circulation particulière des textes qui les composent. Il y a, par exemple, une « littérature coloniale » (on pourrait dire « pied-noir ») et une littérature juive du Maghreb. Elles se déterminent par l'identité des écrivains qui appartiennent à des communautés précises, et par les thématiques abordées ; mais, par les circuits d'édition et de diffusion, par les publics visés, elles restent comme des provinces de la littérature française (même si des lectures pratiquées à partir du Maghreb sont sans doute mieux à même de déchiffrer les réseaux d'allusions, les connivences de la mémoire, l'implicite culturel lié à la terre d'origine). La littérature « pied-noir » dit l'attachement profond au pays de naissance en même temps que la méconnaissance du Maghreb musulman : c'est l'échec fatal de la colonisation qui peut se lire dans ces textes formant ce qu'Albert Memmi appelle une « littérature sudiste », analogue à celle qui célèbre aux États-Unis le passé révolu et les derniers éclats de la civilisation du Sud, avant la guerre de Sécession. La littérature juive maghrébine rassemble la mémoire dispersée d'une communauté installée au Maghreb depuis des millénaires, souvent exilée aujourd'hui sur plusieurs continents.

Ce qu'on appelle communément « littérature maghrébine de langue française » est constituée par des textes écrits dans un contexte national, par des auteurs qui affirment leur identité algérienne, marocaine ou tunisienne. S'il y a de nombreuses parentés et symétries entre tous ces textes, un découpage national garde une valeur pour l'analyse. Chaque société a connu une histoire différente, notamment sous la colonisation, et la particularité de chaque situation nationale reste encore aujourd'hui très marquée. L'existence d'éditions et de réseaux de distribution locaux tend à maintenir les particularismes nationaux.

Écrire en français

Le choix du français comme langue d'écriture a été souvent douloureux. Dans *Portrait du colonisé* (1957), Albert Memmi analyse le « drame linguistique » de l'écrivain colonisé pris entre deux langues de statut inégal et qui choisit la langue du colonisateur contre sa langue maternelle, dans laquelle il est pourtant de plain-pied avec ses sensations intimes, ses passions et ses rêves. Le thème de la déperdition d'être liée à la pratique de l'écriture dans la langue de l'autre est très répandu dans la littérature maghrébine (« le français m'est langue marâtre », écrivait l'Algérienne Assia Djebar en 1985 dans *l'Amour, la Fantasia*).

Mais l'écrivain véritable est peut-être celui qui réussit à inverser cette négativité de la langue, transformant la langue et la culture de domination en « armes miraculeuses » (la formule est du poète antillais Aimé Césaire) pour la libération individuelle et collective. Kateb Yacine remarquait : « La situation de l'écrivain algérien d'expression française entre deux lignes de feu l'oblige à inventer, à improviser, à innover. »

Si le français apparaît parfois comme cette langue de l'aliénation dans laquelle on se plaint de la perte de la langue maternelle, c'est aussi une langue du combat pour l'identité et, plus subtilement, la langue d'un recul critique : car en faisant le détour par une langue étrangère, en prenant une distance par rapport à soi, on accepte de se mesurer avec soi-même, de se regarder comme de l'extérieur.

Le Marocain Abdelkébir Khatibi souligne que sa pratique littéraire du français est le lieu d'un échange bénéfique entre l'identité et la différence, le bilinguisme devenant le lieu d'« une liberté prodigieuse » : « Faire muter une langue dans une autre est impossible ; et je désire cet impossible. »

Le bilinguisme effectif est pratiqué par plusieurs écrivains, comme Rachid Boudjedra qui est passé d'une langue à l'autre.

Langue française et littérature au Machrek

C'est à partir du XIXe siècle que le français s'est durablement implanté dans la Méditerranée orientale comme langue de communication internationale : langue des commerçants et des professeurs, des techniciens du canal de Suez et de la protection des chrétiens de l'Empire ottoman… Des foyers vivaces de francophonie se sont implantés au Liban et en Égypte, mais aussi dans d'autres pays de la région : Iraq, Syrie, etc.

Le Liban a développé un authentique bilinguisme franco-arabe, soutenu par une presse très abondante, des maisons d'édition actives, des universités de qualité, qui ont réussi à se maintenir dans les convulsions dramatiques que le pays traverse depuis une trentaine d'années. En Égypte, le français a participé à la modernisation du pays au XIXe siècle et il est resté langue de culture très prisée. Dans toute la région, naguère soumise au pouvoir de l'Empire ottoman, le français et la culture française ont apporté des idées de modernité et de libération : la renaissance de la culture arabe *(nahda)* en a certainement été encouragée.

De nombreux voyageurs français ont visité l'Orient, rapportant des récits plus ou moins fidèles. Le *Voyage en Orient* est devenu au XIXe siècle une expérience presque initiatique, qui a tenté les plus grands écrivains français : Chateaubriand, Lamartine, Nerval, Flaubert… Ceux-ci n'ont pas toujours su éviter les pièges de l'exotisme ou des stéréotypes. C'est souvent pour nuancer ou corriger leurs récits qu'est venu aux Orientaux le désir de prendre la plume, en français à leur tour.

Le corpus littéraire des pays de l'Orient arabe comprend non seulement des œuvres de poètes ou de romanciers, dont beaucoup ont été publiés dans leur pays grâce aux éditions ou aux revues locales, mais aussi de nombreux textes d'essayistes, d'historiens, d'hommes politiques, de chroniqueurs militant pour la modernisation ou la libération de leur pays.

La contribution du monde arabe à l'enrichissement des littératures en langue française se révèle particulièrement féconde. Le Libanais Georges Schéhadé est l'un des grands rénovateurs du théâtre dans les années 50. L'Algérien Kateb Yacine donne avec *Nedjma* (1956) l'un des plus accomplis de ces romans polyphoniques, dont les valeurs de sens ne sont épuisées par aucune lecture. Le Marocain Tahar Ben Jelloun, consacré par le prix Goncourt en 1987, conquiert un très large public aux arabesques de son écriture orientale.

VIE INTELLECTUELLE ET LITTÉRAIRE

1910   Checri Ghanem, *Antar*

1934   Jean Amrouche, *Cendres*

1937   Out-el-Kouloub, *Harem*

1941   Albert Cossery, *les Hommes oubliés de Dieu*

1948-1951   Farjallah Haïk, *les Enfants de la terre*

1950   Mouloud Feraoun, *le Fils du pauvre*

1951   Georges Schehadé, *Monsieur Bob'le*

1952   Mouloud Mammeri, *la Colline oubliée*
Georges Schehadé, *Poésies*
Mohammed Dib, *la Grande Maison*

1953   Albert Memmi, *la Statue de sel*

1954   Driss Chraïbi, *le Passé simple*
Mohammed Dib, *l'Incendie*
Ahmed Sefrioui, *la Boîte à merveilles*

1956   Kateb Yacine, *Nedjma*

1957   Assia Djebar, *la Soif*

1959   Edmond Jabès, *Je bâtis ma demeure*
Kateb Yacine, *le Cercle des représailles*

1961   Malek Haddad, *Le quai aux fleurs ne répond plus*

1962   Driss Chraïbi, *Succession ouverte*

1963   Noureddine Aba, *la Toussaint des énigmes*

1966   Kateb Yacine, *le Polygone étoilé*
Début de la revue *Souffles*

1967   Mohammed Khaïr-Eddine, *Agadir*

1968   Mourad Bourboune, *le Muezzin*

1969   Rachid Boudjedra, *la Répudiation*

1970   Nabile Farès, *Yahia pas de chance*

1971   Abdelkébir Khatibi, *la Mémoire tatouée*
Jean Sénac, *Anthologie de la nouvelle poésie algérienne*

1972   Driss Chraïbi, *la Civilisation, ma mère*

1975   Salah Garmadi, *Nos ancêtres les bédouins*
Nadia Tuéni, *le Rêveur de terre*

1977   Mohammed Dib, *Habel*

1978   Tahar Ben Jelloun, *Moha le fou, Moha le sage*

1979   Abdelwahab Meddeb, *Talismano*

1980   Assia Djebar, *Femmes d'Alger dans leur appartement*

1982   Driss Chraïbi, *la Mère du printemps*
Mustapha Tlili, *la Gloire des sables*

1983   Abdellatif Laâbi, *Chronique de la citadelle d'exil*
Habib Tengour, *le Vieux de la montagne*

1985   Hélé Béji, *l'Œil du jour*
Andrée Chédid, *la Maison sans racines*
Assia Djebar *l'Amour, la Fantasia*

1987   Tahar Ben Jelloun, *la Nuit sacrée* (prix Goncourt)
Rabah Belamri, *Regard blessé*
Tahar Djaout, *l'Invention du désert*

1990   Rachid Mimouni, *l'Honneur de la tribu*

1991   Joyce Mansour, *Prose et poésie*

1993   Amin Maalouf, *le Rocher de Tanios* (prix Goncourt)

LES ÉVÉNEMENTS

647-683	Les Arabes s'installent au Maghreb
XIe siècle	La dynastie almoravide, partie de Mauritanie, contrôle le Maroc et l'Andalousie
1147-1269	Domination de la dynastie des Almohades sur le Maghreb et la moitié de l'Espagne
XVIe-XIXe siècle	Une grande partie de l'Algérie et de la Tunisie sous la suzeraineté ottomane
1798-1801	Expédition de Bonaparte en Égypte
1805-1848	Méhémet-Ali, pacha d'Égypte
1830	Expédition militaire française à Alger Début de la colonisation de l'Algérie
1832	Conquête de la Syrie et d'une partie du Liban par Méhémet-Ali
1861	Autonomie du Liban dans le cadre de l'Empire ottoman
1864-1865	Insurrection en Algérie
1869	Inauguration du canal de Suez
1882	Mainmise britannique sur l'Égypte
1883	Protectorat français sur la Tunisie
1912	Protectorat français sur le Maroc
1920	Proclamation de l'État du Grand Liban (sous mandat français)
1922	La Société des Nations confirme le mandat de la France sur le Liban et la Syrie
1933	Fondation du Néo-Destour, militant pour la libération d'une Tunisie laïque
1936	Indépendance totale de l'Égypte
1943	Proclamation de l'indépendance du Liban
1945	Répression de manifestations en Algérie

1952-1970	Gamal Abdel-Nasser à la tête de l'Égypte
1953	Déposition du sultan Mohammed V (rappelé d'exil en 1955)
1954	Début de la guerre d'indépendance algérienne Proclamation de l'autonomie interne de la Tunisie
1956	Expédition franco-anglaise de Suez Indépendance du Maroc Bourguiba conduit la Tunisie à l'indépendance
1958	Troubles au Liban Débarquement américain à Beyrouth
1960	Indépendance de la république islamique de Mauritanie
1961	Mort de Mohammed V Avènement de Hassan II
1962	Accords d'Évian et indépendance de l'Algérie
1965	Coup d'État en Algérie, portant au pouvoir le colonel Boumediene
1970	Anouar el-Sadate, président de la République égyptienne
1975	Crise au Liban : début de la guerre
1978	Décès du colonel Boumediene
1979	Le colonel Chadli porté à la tête de l'Algérie
1981	Assassinat d'Anouar el-Sadate Moubarak lui succède
1987	Mise à l'écart du président Bourguiba ; il est remplacé par le président Ben Ali
1992	Après interruption du processus électoral en Algérie, démission du président Chadli. Mohamed Boudiaf, porté à la tête de l'État, est assassiné

ALGÉRIE

« Je cohabite avec la langue française :
mes querelles, mes élans, mes soudains
ou violents mutismes forment incidents
d'une ordinaire vie de ménage. »

Assia Djebar, *l'Amour, la Fantasia*, 1985

Littérature algérienne, isthme entre deux langues à l'épreuve du temps

La plupart des études sur la genèse de la littérature algérienne de langue française prennent l'année 1954 – année du déclenchement de la guerre de libération – comme celle de la naissance d'une littérature aujourd'hui reconnue universellement tant pour sa vérité de témoignage que pour ses qualités esthétiques.

Quatre auteurs, considérés comme les pères fondateurs de cette littérature, Mouloud Feraoun, Mouloud Mammeri, Mohammed Dib et Kateb Yacine, ont en effet tous débuté dans les années 50 par des œuvres qui, bien que différentes par la forme, exprimaient les mêmes revendications identitaires, celles du nom et du terroir, loin du prisme déformant de l'Autre.

Cependant, cette périodisation à partir des années 50 peut paraître quelque peu arbitraire car elle occulte, d'abord en deçà, toute une production littéraire née en Algérie mais liée à la colonisation, ensuite au-delà, toute une génération d'écrivains nés en France et issus de l'émigration algérienne.

Les précurseurs

La littérature algérienne de langue française commence dans les années 30 (1930 est l'année du centenaire de la colonisation), avec la naissance du mouvement algérianiste, mouvement regroupant à la fois les intellectuels français d'Algérie et quelques Algériens ayant accepté la gageure de l'assimilation.

En effet, après l'insurrection de 1871 déclenchée par El Mokrani, qui s'étendit sur tout le pays, et la terrible répression qui s'ensuivit, les luttes anticoloniales vont se déplacer vers d'autres terrains plus politiques, notamment celui de l'assimilation, ce d'autant plus que l'État colonial, dans sa volonté de pérennisation, impose une politique culturelle dont l'assimilation linguistique représente l'un des aspects essentiels. Le français, langue du pouvoir, s'impose alors comme langue d'expression, alors que l'arabe, dont l'enseignement se maintient de façon assez rudimentaire, se voit plus ou moins confiné au rituel religieux.

Un petit noyau d'Algériens arrive sur la scène littéraire en publiant en français des romans, nouvelles ou poèmes. Ces premiers auteurs algériens ont à leur actif au moins un roman publié soit en France, soit en Algérie, sous un titre toujours largement évocateur, voire « exotique ».

Il s'agit principalement de Mohammed Ben Si Ahmed Bencherif avec *Ahmed Ben Mostapha, goumier* (1920) ; Abdelkader Hadj Hamou avec *Zohra, la femme du mineur* (1925) ; Chukri Khodja avec *El Eudj, captif des barbaresques* (1929) ; Mohammed Ould Cheikh, poète et romancier, avec *Myriem dans les palmes* (1936) ; Rabah Zenati avec *Bou El Nouar, le jeune Algérien* (1945). Ce roman algérien naissant, qui ressemble encore au roman colonial, révèle néanmoins un discours idéologique différent, en ce sens qu'il propose d'abord une connaissance du pays de « l'intérieur » et donne à lire de façon implicite une timide démarche contestataire face à la puissance française établie.

Aussi cette appropriation à la fois de la langue et des techniques romanesques, loin d'être uniquement perçue comme une forme d'aliénation, va-t-elle représenter, à l'inverse, à travers tout le travail sur l'écriture qui se fera par la suite, une arme de combat propre pour le romancier algérien.

La littérature des Algériens

Au lendemain de la Seconde Guerre mondiale, des partis nationalistes s'organisent et commencent, en se servant pour la plupart du français, à étoffer leur programme idéologique. Après la répression du 8 mai 1945, aux alentours des années 50, un langage littéraire original va peu à peu s'élaborer en se dégageant du mimétisme qui caractérisait les romanciers précédents, à l'exception toutefois de Jean et Marguerite-Taos Amrouche, dont les œuvres (surtout la poésie de Jean Amrouche), d'une grande qualité littéraire tranchant nettement avec les productions d'alors, révèlent en même temps que la volonté d'un ressourcement dans le terroir natal (la Kabylie), la quête quasi obsessionnelle des racines ancestrales et, par là même, de la pureté originelle.

Se faisant, dès lors, sujets du discours romanesque, des écrivains de talent vont émerger, donnant à cette littérature ses lettres de noblesse.

Les premières productions littéraires de cette période, sont celles de Mouloud Feraoun : *le Fils du pauvre* (1950), *la Terre et le Sang* (1953), *Les chemins qui montent* (1957) ; de Mouloud Mammeri : *la Colline oubliée* (1952), *le Sommeil du Juste* (1955) ; et de Mohammed Dib : *la Grande Maison* (1952), *l'Incendie* (1954), *le Métier à tisser* (1957), trois romans formant la trilogie « Algérie ». Ces œuvres furent englobées sous le qualificatif de « littérature de témoignage » car, à travers les techniques « réalistes » de la description et de l'autobiographie, elles privilégiaient des aspects essentiellement documentaires prisés par le lecteur étranger. Elles n'en sont pas moins contestataires, dénonciatrices de l'exploitation coloniale et de l'écartèlement tragique d'une société algérienne à cheval entre deux cultures.

Dès lors, la marge entre cette production dite de « témoignage » et celle que les catégorisations classiques appellent « littérature de combat » est restreinte. En effet, tous les Algériens qui, des années 1954-1956 jusqu'en 1962, produiront des œuvres littéraires, comme Malek Haddad, Malek Ouary, Henri Kréa, Assia Djebar, Kateb Yacine vont, en donnant leur propre vision de leur monde intérieur et de leur pays en lutte pour sa libération, reprendre sous d'autre formes les mêmes thèmes dénonciateurs.

Parmi les romanciers de cette période, deux noms se détachent :

– Assia Djebar, qui est l'écrivain femme la plus importante de toute cette littérature. Sa production romanesque (encore ouverte vers d'autres possibles) est d'une grande originalité : elle privilégie le point de vue des femmes et la thématique de la relation à l'intérieur du couple algérien.

– Kateb Yacine, dont l'œuvre entière et surtout le roman *Nedjma* (1956) domine la littérature maghrébine d'avant 1962. Il pulvérise complètement les modèles traditionnels du roman occidental par l'absence de description, la démultiplication des points de vue, la structure éclatée, l'entrecroisement des récits. De plus, la personnalité même de Kateb Yacine, père fondateur de cette littérature, l'a imposé comme la figure mythique par excellence de l'écrivain algérien.

À côté de *Nedjma,* le roman de Mohammed Dib, *Qui se souvient de la mer* (1962), publié l'année de la proclamation de l'indépendance algérienne, présente une importance particulière. Il tranche en effet nettement avec sa trilogie précédente. L'auteur se veut ici « accoucheur de rêves » et, pour dépeindre les forces oppressives qui aliènent l'Algérie, donne à lire, en s'appuyant sur la puissance suggestive de l'imagination et de la rêverie, une fiction allégorique où les hallucinations et les états d'âme des personnages supplantent toute action.

Au cours de cette période allant de 1954 à 1962, parallèlement au roman, la poésie algérienne prend son essor, alimentée par la révolution et souvent servie par elle.

Malek Haddad avec ses poèmes centrés sur la patrie et l'exil regroupés dans *le Malheur en danger* (1956), Jean Sénac avec *le Soleil sous les armes* (1957), véritable manifeste pour « une poésie de la résistance algérienne », suivi par *Matinale de mon peuple* (1961), Henri Kréa avec *La révolution et la poésie sont une seule et même chose* (1957), titre qui est à lui seul tout un programme et une profession de foi, Mohammed Dib avec son intense et douloureuse *Ombre gardienne* (1961), Bachir Hadj Ali avec ses pathétiques *Chants pour le onze décembre* (1961), comme tous ceux – notamment Djamel Amrani, Noureddine Aba, Anna Gréki – qui, après 1962, ont écrit une poésie de vérité, de

colère et d'amour, tous donc se sont abreuvés à la source du combat libérateur, empruntant les subtilités, les richesses et les images d'une langue harmonieusement retravaillée.

Même si certains d'entre eux semblent aujourd'hui un peu oubliés, tous ces auteurs, en donnant en quelque sorte le « tempo », ont marqué l'expression poétique algérienne.

La littérature de l'Algérie

L'indépendance de l'Algérie suscitera d'autres questions. Poésie, roman, théâtre vont se transformer et s'adapter aux nouvelles thématiques dictées par l'histoire. La guerre d'Algérie laisse place aux guerres d'Algérie : la critique sociale, la relation au pouvoir, l'exil, la famille, la sexualité, l'insatifaction culturelle, le conflit entre culture savante et culture populaire, la question de l'origine et de l'identité, la gestion du sacré, le dialogue Orient-Occident, l'inscription dans la culture universelle.

Nation et société

Après avoir ordonné dans *Qui se souvient de la mer,* à la manière d'un Picasso, les horreurs de la guerre d'Algérie, Mohammed Dib publie en 1964 *Cours sur la rive sauvage,* récit poétique chargé de métaphores et de symboles, dans lequel il donne forme et vie à la Cité du soleil, projection idéale de l'Algérie future indépendante. Kateb Yacine, de son côté, et dans le prolongement de son premier roman *Nedjma,* écrit *le Polygone étoilé* (1966), un texte romanesque extrêmement élaboré, qui pour certains critiques dépasse le premier en sens et en figures poétiques. À travers la reconstitution de la légende tribale, Kateb Yacine y aborde le parcours généalogique de l'Algérie et s'attaque à la question des fondateurs : Qui étaient-ils? D'où venaient-ils? Qu'ont-ils fait? Il réunit ainsi en un ensemble composite, et dynamise par cet art fascinant de l'étoilement qui n'appartient qu'à lui, des éclats de mémoire et des fragments de textes d'origines diverses, qui bouleversent constamment les plans spatiotemporels. Mais l'œuvre poétique et romanesque de Kateb Yacine, animée d'un désir insatiable de communication avec le public, était irrésistiblement attirée par l'efficacité du jeu théâtral. Le théâtre étant seul capable, selon l'auteur, de rendre compte des révolutions des jeunes sociétés, fougueuses et impatientes de faire advenir la force de leur maturité. Du *Cercle des représailles* au *Bourgeois sans culotte* en passant par *la Poudre d'intelligence, l'Homme aux sandales de caoutchouc, Mohamed prends ta valise, la Guerre de deux mille ans,* Kateb Yacine œuvre à la naissance d'une nation en alliant l'efficacité symbolique, le dynamisme révolutionnaire et l'exigence esthétique.

D'autres écrivains contribueront à cette réflexion sur la nation et la société et chercheront des formes nouvelles, capables de rendre compte d'une réalité de plus en plus riche et complexe. Ainsi l'œuvre de Mouloud Mammeri se charge d'une véritable dimension anthropologique. Dans ses romans, il puise, auprès des hommes de sa Kabylie natale ou des Touareg du désert saharien, des valeurs, des savoirs et des modes de vie exemplaires. Assia Djebar, en historienne érudite, interroge l'histoire de l'Algérie depuis la prise d'Alger par l'armada française en 1830. Mais ce sont surtout les acquis féminins de la révolution, la libération de la parole et du corps féminins qu'Assia Djebar met en lumière et cherche à renforcer. Jean Sénac, avec *Diwan du Noûn*, effectue une plongée dans la mémoire poétique arabe, aide les poètes de sa génération à refaçonner leur espace amoureux et à relire leurs repères culturels modernes : Baudelaire, Nerval, Godard... Le Noûn, cette lettre arabe qui engage mystérieusement un verset coranique, intéresse Sénac comme « Signe des Deux Terres » ; il y puise la force d'ouvrir des passages entre des lieux culturels en apparence contradictoires. Quant à Rachid Boudjedra, il entame une interrogation historique et psychanalytique de la société algérienne traditionaliste. Il dénonce sans détour les méfaits de l'oppression religieuse et de la répression politique instaurée par le clan au pouvoir. Son évaluation critique de l'héritage arabo-islamique, discernant ce qui va dans le sens du progrès et ce qui fige la pensée dans la reproduction des dogmes, est très percutante. Cette thématique reste la même dans les romans suivants : *l'Escargot entêté, le Démantèlement, la Macération*. Habib Tengour reprend à son compte cette problématique de l'héritage et de sa confrontation avec les nouveaux systèmes idéologiques – le marxisme par exemple – dans *Sultan Galiev, le Vieux de la montagne, l'Épreuve de l'arc*. Son objectif est d'entrevoir les enjeux idéologiques et culturels qui déterminent aujourd'hui sa propre société et plus largement les sociétés islamiques.

Nabile Farès propose une expression poétique éclatée de la révolte de l'écrivain contre les systèmes ségrégatifs qui figent le devenir des sociétés et étouffent la mémoire et la culture berbères ; il milite pour la récupération de toutes les strates de la mémoire algérienne et surtout de la tradition orale et populaire. Dans ses romans, personnages mythiques et historiques cohabitent, dialoguent et commentent l'histoire. Rachid Mimouni et Tahar Djaout suivent pas à pas le déroulement de l'histoire sociale contemporaine et démontent les mécanismes d'un pouvoir qui, au lendemain de l'indépendance, a délibérément tourné le dos à la démocratie en instaurant les contraintes du parti unique. Ils nous restituent par ailleurs l'épreuve du conflit tradition/modernité, qui fait éclater les codes culturels d'une Algérie profonde et vaciller la souveraineté d'une symbolique ancienne dont elle se nourrissait.

Ces écrivains, engagés dans la modernité, ont tenté l'expérimentation de toutes les stratégies possibles d'interrogation et d'explication des phénomènes socio-historiques et culturels de leur société. Les plus jeunes continuent dans cette voie, avec une tension plus soutenue encore. Après *la Voyeuse interdite*, Nina Bouraoui, jeune romancière particulièrement talentueuse, née en 1967, franchit la mer et décide de conquérir « l'espace d'en face ». Son deuxième roman, *Poing mort*, rompt les ancrages historiques habituels qui délimitent les lieux essentiellement algéro-français, pour désenclaver l'histoire des sociétés contemporaines et celle des individus vides de désir, qui voient leur présent se désosser, leur rêve s'écailler, et se vengent du silence des anges par des canonnades verbales qui accélèrent la course vers la finitude : « Mon corps d'enfant contenait à lui seul tous les signes infaillibles d'un défaut d'infini. » Dans une autre veine, Malika Mokeddem, néphrologue de formation, dissèque, dans *l'Interdite* (1993), toutes les formes d'interdit qui entravent les individus et génèrent les préjugés et le fanatisme destructeur.

Les deux rives

La longue histoire coloniale a fortement marqué la littérature algérienne. Celle-ci reste prise dans l'isthme de l'entre-deux-langues et multiplie les formes du voyage interculturel. Des formes conflictuelles passionnées et passionnantes, l'écriture évolue vers la quête du dialogue tensionnel et de la réappropriation d'une Algérie plurielle où langues, cultures et religions cohabiteraient conformément aux codes d'une civilisation originelle hospitalière et tolérante. De Jean Amrouche, qui cherchait désespérément le trait d'union idéal entre ses deux composantes culturelles, aux romans de Leïla Sebbar, qui va loin dans l'exploration de la psychologie fascinante de ces figures forgées par les deux rives, l'Algérie et la France, en passant par Mouloud Feraoun qui mettait en scène les premiers flux migratoires de l'Algérie coloniale vers les exploitations minières de la France métropolitaine aux alentours de la Première Guerre mondiale, par les romans de l'exil politique de Mohammed Dib, Nabile Farès et Rachid Boudjedra, les relations culturelles par voie de langue entre l'Algérie et la France restent particulièrement intéressantes. Aucune allégeance n'est faite à la langue de l'ancien colonisateur, aucune admiration n'est formulée autrement qu'en termes de séduction perverse. Mais un rapport tendu, passionné, productif, créatif, dans lequel les poètes algériens « voleurs de feu », pour reprendre l'expression rimbaldienne, amorcent une critique systématique des systèmes de valeurs et de pensée que leur ont légués les conquêtes, qu'elles fussent d'Orient ou d'Occident, araboislamiques ou occidentales. Cette littérature, tout en se nourrissant de l'entre-deux-culturel, forge une nouvelle problématique identitaire, susceptible de brouiller les repères des sociologues. À cela s'ajoute le travail sur la langue, renouvelant le rythme et les formulations.

Cette littérature trouve ses prolongements dans la littérature dite de l'immigration. Participant d'une identité ambiguë, Leïla Sebbar se dit tour à tour écrivain français, puis écrivain beur, puis écrivain algérien tout court. Entre affirmation et négation, la littérature dite « beur » n'est qu'une facette de la littérature maghrébine de langue française, qui parle de l'autre versant et tire toute son énergie de ce voyage incessant entre les rives. Sa vocation consiste à transférer, à faire passer des biens culturels d'un espace vers l'autre.

Médiations

À l'écoute de soi et de leur société, les écrivains algériens le sont aussi de leurs contemporains, dramaturges,
artistes peintres, musiciens, poètes, philosophes, cinéastes, et
de tous ceux qui, à l'intérieur de leurs créations, inscrivent
une dimension critique, une quête de la forme et une
réflexion sur l'écriture et l'art en général. Ainsi les emprunts
à d'autres inspirations artistiques comme la peinture, la
musique, la sculpture, le cinéma sont-ils fréquents. Assia
Djebar, Mohammed Dib, Rachid Mimouni, Nabile Farès y
ont souvent recours. Assia Djebar a intégré dans son œuvre
littéraire toutes les forces du visuel et s'est inspirée de Delacroix, de Fromentin ou de Picasso. Elle a donné deux
magistrales productions cinématographiques sur les femmes.
Mohammed Dib, de son côté, dans *le Sommeil d'Ève,* tire
son inspiration du tableau de Simberg, *la Fiancée du loup.*
L'Honneur de la tribu a été entièrement élaboré au départ
comme un scénario filmique. Il a été tourné en 1993. En
fait, par ce recours aux autres arts, les écrivains visent une
mobilité maximale de l'écriture. Pour l'écriture en mouvement, tous les emprunts sont permis. Les écrivains algériens
ont en commun la recherche de la générosité complexe, et
ils le doivent à une histoire violente et tumultueuse. Ils sont
irrésistiblement attirés par le spectacle au point de faire
accéder leur écriture à la visibilité : donner à voir, au sens
plein du terme. Dans l'œuvre de Nabile Farès, tout est mis
en spectacle, et l'écrivain s'approprie le savoir-faire d'un
peintre, son geste, l'action de ses mains et les positions de
son corps graveur, renoue avec cette poésie « que la main
dessine, tandis que le corps devient opéra où se joue la plus
simple joie du monde ; une poésie… ». Les médiations et le
passage par d'autres formes d'expressions culturelles rendent compte de la nécessité de toucher le public par tous les
moyens possibles.

Conclusion

À l'issue de ce parcours s'impose une remarque essentielle : la littérature algérienne de langue française se met constamment à l'épreuve du temps et de ses dérives historiques
et culturelles. Par l'intelligence et l'ardeur qu'elle prodigue,
elle déjoue les impasses et prend les risques des aventures
inconnues qui l'appellent. Et s'il advient que sous la plume
d'un lecteur de mauvais augure soit annoncée sa fin prochaine, c'est que la société dans ses lenteurs et dans ses lan-
gueurs n'admet pas toujours qu'une littérature générée par
les anomalies de l'histoire est seule capable de les interpréter, de les dépasser ou de les transformer en ferments de
passion et de vie. Certes, la littérature algérienne, dans ses
situations particulières et ses combinaisons complexes, peut
laisser croire que les voies dans lesquelles elle s'est engagée
ces dernières années sont hasardeuses, ou ambiguës, ou fragiles et inutiles, en fonction des lecteurs-destinataires. Mais
on a pu constater que de Jean Amrouche à Tahar Djaout en
passant par Dib, Kateb, Mammeri, Sénac, Djebar, Boudjedra,
Mimouni, Nina Bouraoui, Malika Mokeddem… l'écrivain

est irrémédiablement attaché à la destinée de son Algérie
natale. Si Mohammed Dib donne une série de romans écrits
dans les espaces enneigés du nord de l'Europe, *le Sommeil
d'Ève, Neiges de marbres,* il revient au *Désert sans détour*
comme vers le lieu de sa première identification. Dans la
thématique des nouveaux romans, l'Algérie est toujours un
lieu à réinventer, ou un lieu mystérieux qui se dérobe et que
l'on veut comprendre et saisir sous toutes ses facettes. L'Algérie reste immuable en son énigme, celle-là même que
Kateb Yacine a entrevue dans *Nedjma :* « Ce qui m'a poussé
à écrire, a-t-il déclaré en 1967 aux étudiants de la faculté
des lettres d'Alger, c'est un pays qui s'appelle l'Algérie et
que nous ne connaissssons pas bien encore. »

Lorsque le jeune poète Aziz Chouaki écrit *Argo,* un poème
né d'associations linguistiques diverses, et *Baya,* un étrange
roman qui fait parler la mère Algérie dans son langage le
plus vrai, celui de la rue, c'est aussi pour percer l'énigme de
son identité. Leïla Rezzoug, née en Algérie en 1965, auteur
de trois beaux romans, raconte de la même façon l'histoire
étrange née du bruissement de l'énigme de ses origines.

Les écrivains et leurs œuvres, d'envergures certes différentes, ont contribué à renforcer l'idée, déjà très répandue
depuis le début des années 60, de l'existence d'un champ littéraire algérien, d'un lieu de parole solidaire circonscrit par
l'Histoire, mais aussi par un désir infini de création. Les formes
littéraires qu'elle produit sont de plus en plus percutantes.

MROUCHE

Jean Amrouche (1907-1962) est sans conteste le pionnier de la littérature algérienne de langue française. Les deux recueils de poèmes, *Cendres* (1934) et *Étoile secrète* (1937), empreints de mysticisme, expriment l'extrême douleur de l'exil et suscitent la conscience amère de la fragilité des choses les plus belles. Dans le combat politique pour l'indépendance de l'Algérie, mais aussi dans la préservation du patrimoine berbère, *Chants berbères de Kabylie* (1939) et l'essai sur le génie africain, *l'Éternel Jugurtha* (1947), le poète apprend à restaurer la continuité symbolique qui lui manquait, entre ses racines profondes et les nouvelles langue et religion que l'histoire lui a données.

D'un poète

*Ce poème est extrait d'*Étoile secrète, *un recueil écrit alternativement en vers libres et en prose. La figure du poète est sans doute inspirée de quelques poètes que Jean Amrouche a connus et particulièrement admirés parce qu'ils étaient nostalgiques de l'enfance et de l'idéal d'innocence à jamais perdu : O.V. de L. Milosz, Ungaretti, Patrice de La Tour du Pin.*

Il a ancré ses mains aux continents immobiles.
Il a tiré de tous ses muscles,
Jusqu'aux craquements de ses os,
Jusqu'aux éclatements dans sa chair,
5 De toute la force de volcan grondant au creux de lui,

Les continents sont demeurés immobiles.

Il est une île dans la mer d'ombres,
La tête au sein des étoiles,
Les pieds emmêlés aux racines de la Terre.
10 Ses yeux sont comme les yeux des oiseaux de soleil,
Avec un regard oblique
Qui traverse et cerne les objets,
Pèse leur masse secrète,
Contemple leur noyau de miel et d'or mêlés,
15 Et les établit avec leur volume vrai
Dans l'univers interne où il est dieu,
Où il est celui qui voit en Dieu.

Il a des bras immenses,
Scellés étrangement à ses épaules étroites,
20 De longs bras de faucheur qui brassent les fleurs invisibles
Dans les rues brumeuses des villes.

On le voit comme une île, immobile
Quand les marées d'hommes obscurs
Déferlent contre ses flancs…

25 Et maintenant voyez-le qui s'avance :
Sa tête émerge parmi les étoiles,
Avec ses cheveux de chaume qui rayonnent,
Et ses longs yeux d'oiseau de nuit
Fermés de biais,
30 Afin de mieux filtrer le monde endormi,

Et son nez telle la proue d'un navire…

Jean Amrouche, *Étoile secrète*,
© L'Harmattan, Paris, 1983.

Ébauche d'un chant de guerre

Ce poème a été écrit à la mémoire d'un des martyrs tombés à l'aube de la révolution algérienne : Larbi Ben M'Hidi. Les premières violences de la guerre ont exacerbé, chez Jean Amrouche, la conscience douloureuse de l'exil.

À la mémoire de Larbi Ben M'Hidi.

Ah ! pour un mot de ma langue
pour la seule grâce d'un mot
de schiste ou d'argile
(le vent le porte tel l'oiseau des rêves)
5 pour cette flèche empennée de foudre
pour l'éclair de la Liberté

Pour ce mot orphelin
cueilli aux lèvres sèches de l'Ancêtre
goutte de sang sur la rose de l'enfance
10 étincelant dans la roue du soleil

Pour ce mot de musique âpre
et de timbre sauvage
cri orphelin des entrailles immémoriales

Pour cette parole sombre et fixe comme
15 un regard de veuve berçant son enfant
assassiné

Pour ce mot de tendresse ovale
formé d'exil qui rompt l'exil

Pour cette goutte de lait bleu
20 Pour l'ombre sur l'œil sans paupière
et l'eau de Zem-Zem[1] aux lèvres mortes
du pèlerin nu au désert

Pour ce mot rond pour le zéro
sceau de silence incorruptible
25 anneau sacré transmis d'âge en âge
de deuil en deuil
de tombe en herbe

Pour un mot à la mer
Pour l'horizon cette fleur de sel
[…]

30 Pour la jeunesse brandie
et le printemps irrésistible

Pour l'agneau blanc
pour l'agneau noir
pour l'angle pur de ce regard
35 et ce col promis au couteau
Pour un seul jour
au dernier soir
Gloire et grâce
Amin Amane[2]
40 connaissance

Aube de sang aube d'azur
au libre jour

Un mot d'eau vive
dans ta main
45 le cœur du monde…

Jean Amrouche,
© Héritiers Jean Amrouche.

■ XXᵉ siècle

ALGÉRIE
MARGUERITE-TAOS

Amrouche

Née en 1913,
Marguerite-Taos
Amrouche est la sœur
du poète Jean Amrouche
et la fille de Fadhma Aït
Mansour Amrouche,
elle-même auteur
d'un livre intitulé
Histoire de ma vie.
Son premier roman,
d'inspiration
autobiographique,
Jacinthe noire (1947),
est considéré comme l'un
des tout premiers romans
de la littérature
algérienne. Son recueil
de contes, poésies et
proverbes kabyles,
le Grain magique (1966),
est un texte exemplaire de
restitution de la tradition
orale. Elle reviendra
au roman en 1975 avec
l'Amant imaginaire. Ces
déplacements incessants
et pleins de vivacité entre
le patrimoine berbère
et le roman de facture
occidentale sont le fait
de la très vaste culture
de l'auteur.

« *Elle est passée près de moi comme un météore* »*

C'est à un autoportrait, plus ou moins masqué, que se livre Marguerite-Taos Amrouche dans son roman Jacinthe noire. *Reine est en quelque sorte son double. Il s'agit bien sûr d'un artifice qui permet à l'auteur de nous raconter un fragment de sa vie, tout en sauvegardant l'anonymat.*
Le texte qui suit est l'ouverture du roman. Il met en scène la première rencontre de la narratrice avec Reine.

Je l'ai rencontrée au milieu d'autres, et tout d'abord mes yeux ne l'ont pas devinée. Puis, une manière de rire brutale, des gestes nerveux et exubérants l'ont isolée parmi les autres. Alors j'ai vu ses yeux noirs, étranges, offerts et insondables. Il me fallait aller vers elle.

5   C'est avec beaucoup de peine que je ressuscite pour vous ces premières impressions. Maintenant que je l'ai perdue, il me faut vous entretenir d'elle.

    Elle est passée près de moi comme un météore, elle m'a dit qu'un jour elle disparaîtrait. Pendant de longues heures, j'ai vécu d'elle. Non,
10 elle n'a pas été ma confidente, car je ne lui parlais pas de moi, et pourtant elle m'a aimée, car elle était rongée par un tyrannique amour des âmes. Mais en elle l'orgueil était fort. Il la faisait fuir dès qu'elle se sentait sous l'emprise d'un être.

    J'ai été portée vers elle, elle est venue à ma rencontre. Elle ne faisait
15 pas de mystère et savait la richesse de sa nature inépuisable. Elle me déroutait, m'épuisait dans nos premiers entretiens : j'étais si peu habituée à recevoir des paroles aussi lourdes, si peu faite à l'intime compréhension des êtres, dans laquelle de plus en plus elle s'enfonçait ! Tous ceux que j'avais approchés me disaient, en passant, des choses essentielles sur
20 eux, mais bien vite le regrettaient et s'empressaient de les noyer dans des plaisanteries et des platitudes. Elle aimait à montrer son vrai visage.

    « Que d'autres écrivent ; que d'autres nient le pouvoir des mots et les disent vains. Je veux parler ! »

    Elle vivait dans un monde clos où peu d'êtres l'avaient suivie, mais
25 elle ne s'y sentait pas en prison parce qu'elle s'en évadait pour pénétrer tous les mondes vivants.

    Le temps était son ennemi de toujours. Elle acceptait de détonner, de heurter, et dès les premiers mots vous en avertissait :

    « Je me connais bien : voici des années que follement je m'écoute,
30 me regarde, me comprends, me raconte, et m'insurge contre moi-même. Je sais tout ce qu'il y a de brutal dans une telle affirmation. Si vous aviez

* Les titres entre guillemets ne sont pas des auteurs : ils sont empruntés aux textes.

été avec moi – ou mieux – en moi, depuis quelques années, vous le
croiriez. Si j'avais dans mon exil Claire, mon amie, je vous dirais d'aller
vers elle : elle vous parlerait de moi sans me trahir. Si j'avais n'importe
35 lequel des témoins de ma vie, je vous conduirais à lui. Mais ils sont tous
loin de moi, mes amis, et peut-être douteriez-vous de ce qu'ils vous
diraient. J'accepte donc de vous choquer. Par la suite, vous trouverez les
véritables traits de mon visage, je le sais. Je n'ai jamais été en face d'un
être sans me dire : "Peut-être sera-ce la seule fois que mes yeux s'atta-
40 cheront sur les siens !" Alors, de toute mon attention je le considère ; je
deviens sympathie et l'isole dans un monde de pensées, de sentiments,
de souvenirs. Je l'écoute avec tout moi-même, sans qu'une part en soit
distraite. Je veux qu'il me confie l'essentiel. Je ne sais pas le temps que
j'aurai à vous voir : je ne veux pas le gaspiller. Et je veux vous entraîner
45 dans cet univers qui est le mien. »

Mon instinct ne me fermait pas à elle parce que le grand frémisse-
ment qui l'habitait me la rendait attirante.

La clef de sa nature la voici : elle voulait se faire comprendre et comprendre. Là était pour elle la vie. Elle connaissait son étrangeté. Nous
50 nous sommes donné la main fraternellement. Pendant de longues heures,
je l'ai écoutée et j'ai supporté son regard. Je la connais autant qu'un être
puisse en connaître un autre. Il est des événements de sa vie que j'ignore,
d'autres qu'elle m'a dits à demi-mot. Mais je connais son âme, j'en sais
les dimensions et la clarté. Je sais que je puis vous parler de Reine, sans
55 donner d'elle une image infidèle. Oui, voulez-vous que nous l'appelions
Reine ? Elle porte un nom plus simple, plus plein, mais je ne peux pas
vous le dire.

Vous vous demanderez pourquoi je vous parle d'elle. D'autres, je le
sais, garderaient pour eux pareille richesse. Moi, je ne puis observer le
60 silence, parce que sa fièvre m'a gagnée.

Marguerite-Taos Amrouche, *Jacinthe noire*,
© Éditions La Découverte, 1972.

Marguerite-Taos Amrouche
au Théâtre de la Ville, à Paris.

EBERHARDT

Isabelle Eberhardt,
d'origine russe, est née
en 1877 à Genève.
Sa rencontre, à vingt ans,
avec l'Algérie a été
foudroyante. De là naquit
l'une des œuvres-vies les
plus énigmatiques
que le monde des lettres
ait jamais connues.
À la recherche de l'étrange
et à la découverte d'autres
croyances, ses écrits,
*Dans l'ombre chaude de
l'Islam* (1906),
Au pays des sables (1914),
Trimardeur (1922),
les Journaliers (1923),
*Yasmina et autres
nouvelles algériennes*
(1926), entre autres, sont
une chronique de cette
rencontre magique entre
un regard féminin,
souvent déguisé,
et les sociétés du désert
auxquelles elle s'est
parfaitement intégrée.
Elle mourut en 1907,
emportée par
les inondations d'un oued
en crue, près d'Aïn Sefra,
où elle est enterrée.

« *Ville grise aux mille coupoles* »

Le souvenir de « la ville aux mille coupoles » aimante tout particulièrement les récits d'Isabelle Eberhardt parce qu'il se rattache à une rencontre déterminante dans sa vie, celle de Sidi Mohamed Lachmi, éminent chef religieux.

De tous les souvenirs étranges, de toutes les impressions évocatrices que me laissa mon séjour à Eloued – ville grise aux mille coupoles basses, pays d'aspect archaïque, sans âge –, le plus profond, le plus singulier est le spectacle unique qu'il me fut donné de contempler par une

5 claire matinée d'hiver – de cet hiver magique de là-bas, ensoleillé et limpide comme un printemps.

Depuis plusieurs jours déjà tout le pays était en fête : le grand *marabout*[1] vénéré, Sidi Mohamed Lachmi, allait revenir, rentrant de son voyage au pays lointain – presque chimérique – de France : occasion

10 précieuse de revêtir des costumes brillants, de faire galoper dans le vent et la fumée quelques chevaux fougueux, et surtout de faire parler la poudre.

Avivant des transparences roses, infinies, glissantes, le jour se levait. – L'aube est l'heure d'élection, l'heure charmante entre toutes, au désert.

15 L'air est léger et pur, une brise fraîche murmure doucement dans le feuillage épais et dur des palmiers, au fond des étranges jardins. Aucune parole ne saurait rendre l'enchantement unique de ces instants, dans la grande paix du désert.

Nous étions venus, dès la veille, au *bordj*[2] d'Ourmès, à quatorze kilo-

20 mètres d'Eloued, sur la route de Touggourth, pour y rencontrer le pieux personnage.

Après une nuit passée, avec un petit cercle d'intimes, à écouter la parole enflammée, imagée et puissante du *marabout,* je sortis dans la cour où nos chevaux attendaient, énervés déjà par le bruit inusité de

25 la veille et par la foule qui, toute la nuit, s'était grossie de nouveaux arrivants.

Assis ou couchés sur le sable, il y avait là plusieurs centaines d'hommes, drapés dans leurs *burnous*[3] de fête, majestueux et blancs… Têtes énergiques et mâles, figures bronzées, encadrées superbement par

30 le blanc neigeux des voiles retombant du turban, femmes drapées à l'antique de sombres étoffes bleues et rouges, ornées d'étranges bijoux d'or venus du Soudan lointain et où les premières lueurs irisées du jour jetaient comme des étincelles de feu.

Autour des feux, en des attitudes graves, avec l'accoutumance de

35 gestes de la vie nomade, tous les fidèles préparaient l'humble café du matin.

Tous portaient au cou le long chapelet des *khouan*[4] de Sidi Abd-el-Kader de Bagdad.

Excités par une jument noire aux yeux de flamme, née sous le ciel
40 brûlant de la lointaine In-Salah, les étalons piaffaient, frémissaient et
hennissaient, courbant avec grâce leurs cous puissants sous la lourde
crinière libre.

Dehors se profilaient sur le ciel pourpre les silhouettes étranges de trois
mehara[5] géants, placides et indifférents comme des colosses d'un autre
45 âge, dédaigneux de toute cette humanité menue qui s'agitait autour d'eux.

Enfin, sur un geste impérieux de l'un des *mokaddem*[6], la cour se vida
et les portes se fermèrent : l'heure était venue de partir.

Isabelle Eberhardt, *Écrits sur le sable,*
© **Éditions Bernard Grasset, Paris, 1988.**

1. *Saint de l'Islam.*
2. *Place forte. Lieu fortifié ou bastion militaire.*
3. *Manteau de laine à capuche.*
4. *Membre d'une confrérie religieuse.*
5. *Pluriel de mehari = dromadaire.*
6. *Responsable d'une zaouïa, siège d'une confrérie religieuse.*

COMPRÉHENSION ET LANGUE

1 – Où se trouvent les villes citées dans cet extrait ?
2 – Qu'évoque pour vous l'adjectif « archaïque » (l. 3) ?
3 – Expliquez l'expression « presque chimérique » (l. 9).
4 – Utilisez le verbe « aviver » dans une phrase de votre choix.
5 – Par quelle autre expression peut-on remplacer « l'aube est l'heure d'élection » (l. 14) ?

ACTIVITÉS DIVERSES, EXPRESSION ÉCRITE

Avez-vous visité une ville lointaine, différente de la vôtre ? Décrivez-la, sinon imaginez-la et faites-nous partager l'émotion que vous avez eue à la créer.

El Oued.

ALGÉRIE
MOULOUD FERAOUN

Mouloud Feraoun est né le 8 mars 1913 en Grande-Kabylie dans une famille très pauvre. Romancier par excellence du terroir kabyle, il est l'un des plus connus parmi les écrivains algériens de langue française. Berger pendant un an, il commence l'école primaire à l'âge de sept ans et, grâce à une bourse, entre au collège de Tizi-Ouzou, puis à l'école normale de Bouzaréah (Alger) où il rencontre Emmanuel Roblès. Instituteur dans son village natal, il est nommé directeur d'école à Larbaa-Nath-Iraten puis à Alger. En 1960, il est nommé inspecteur des Centres sociaux à Ben-Aknoun (Alger). Il y est assassiné le 15 mars 1962 par l'O.A.S. L'œuvre littéraire de Mouloud Feraoun, devenue « classique », a valeur de témoignage sur une époque et une société. Il a publié plusieurs romans dont *le Fils du pauvre* (1950), *la Terre et le sang* (1953), des traductions de poèmes kabyles et divers manuels scolaires.

« *Cette vérité subtile* »

Dans son troisième roman, Les chemins qui montent, *Mouloud Feraoun s'est attaché à décrire les conditions de l'exil et les multiples problèmes identitaires d'une génération déchirée entre la tradition et la modernité, à travers le personnage d'Amer n'Amer issu d'un couple mixte.*

Me voici de retour chez moi. Ils ne veulent pas de moi, c'est clair. Du moins, je me sens à l'aise. Qui osera me dire : « Va dans ton pays, Bicot ! » ? Tout cet enchevêtrement de traditions, d'habitudes, de rites et de préceptes qui voudrait m'emprisonner dans ses mailles inextricables
5 est plus fragile que le tulle des jeunes mariées kabyles. Je m'en moque. À Ighil-Nezman, à Taguemount ou à Taourirt c'est pareil. Partout il y a des jeunes comme moi qui s'en moquent, des jeunes qui sont revenus de France le cœur meurtri, parce qu'il a fallu qu'ils aillent là-bas pour comprendre. Oh ! ce n'est pas facile de comprendre. Je voudrais bien qu'un
10 parisien se mette à ma place, là, objectivement, et qu'il essaie de voir clair. Est-ce possible ? Il verra tout de suite, lui ! Mais parce qu'il est Parisien et qu'il regarde avec des yeux neufs. Peut-on avoir un regard neuf quand on a passé sa jeunesse dans ce pays et qu'on ne l'a quitté que quelques années ? Puis-je d'un seul coup oublier mon origine semi-
15 française, l'école française, la justice française, l'intelligence française, la force française, toutes mes admirations de semi-Français pour l'écrasante supériorité française ?

« Hé, va dans ton pays, raton ! »

Alors j'ai compris que j'avais un pays et qu'en dehors de ce pays je ne
20 serais jamais qu'un étranger. Il m'a fallu vingt ans pour découvrir cette vérité subtile. Ensuite j'ai eu hâte de partir, d'aller le revoir, pour en prendre possession, le fouler de mes pieds, emplir mes yeux de ses différents horizons, respirer son air chaud, recevoir son soleil brûlant, avaler sa poussière blanche, dévorer à pleines dents ses fruits sucrés, courir
25 après ses filles brunes, et j'ai pris le train pour Marseille. Et le bateau pour Alger.

Mouloud Feraoun, *Les chemins qui montent,* **© Le Seuil, Paris, 1976.**

COMPRÉHENSION ET LANGUE	
1 – Comment fonctionne ce texte ? 2 – Quel est le drame psychologique que vit le narrateur ? Comment cela est-il rendu dans le texte ? 3 – Pourquoi les gens de « son » pays ne veulent-ils pas de lui ? 4 – Analysez comment sont	rendus la déception et le désappointement du narrateur. 5 – Comment s'effectue la prise de conscience du narrateur ? **ACTIVITÉS DIVERSES, EXPRESSION ÉCRITE** La quête de l'identité. Savoir qui l'on est. Cette démarche personnelle vous semble-t-elle importante aujourd'hui ? Pourquoi ?

XXe siècle

« *Cheikh Mohand* »

L'histoire, celle d'une vendetta, se situe bien avant la colonisation, en « pays kabyle ». Les valeurs ancestrales y étaient encore vivaces. L'arrivée d'un vénérable cheikh[1], venu d'ailleurs, permet aux villageois d'exposer tous leurs problèmes devant la science religieuse de cet ermite.

Malek Ouary est né le 27 janvier 1916 à Ighil Ali, dans une famille chrétienne. Il fait carrière dans le journalisme et anime des émissions à Radio-Alger avant 1962, puis à l'O.R.T.F. à Paris. Passionné de littérature orale de Kabylie, il traduit et publie plusieurs poèmes et écrit deux romans : *le Grain dans la meule*, (1956), *la Montagne aux chacals* (1981). Témoin du passé, de l'ordre et de l'équilibre d'autrefois, son œuvre se veut fidèle à une époque et à une société où certaines valeurs authentiques ancestrales étaient encore manifestes.

Journée harassante pour Cheikh Mohand. Où est la calme thébaïde[2] dont il rêvait le jour où, au petit matin, il fuyait Tunis, jetant l'anathème sur la vanité de ses splendeurs ? Il aspirait alors à la solitude intégrale, se faisant une joie d'y cultiver dans la sérénité deux fleurs délicates :
5 la piété et la science.

L'ermitage que les gens de Thighilt lui avaient édifié à la Source-aux-Crabes lui était tout d'abord apparu comme un lieu de retraite idéal. Mais il avait compté sans l'admiration envahissante des bonnes gens. Curieux paradoxe ! L'homme commun fuit la solitude comme s'il appré-
10 hendait le mortel ennui de se retrouver seul à seul avec lui-même, par contre, il voue une admiration sans bornes à l'homme hors série qui a su parvenir à un retranchement délibéré. La retraite du solitaire devient alors un pôle d'irrésistible attraction. Les gens y accourent, halant derrière eux le bazar de leurs préoccupations, sans bien se rendre compte
15 que cet envahissement détruit par le fait même toute retraite. Ainsi, il ne reste plus à l'ermite que les deux issues de cette alternative : ou bien fuir en un lieu inaccessible, ou se contenter, en fait de solitude, de la chapelle secrète qu'il doit savoir se ménager dans le recueillement intérieur. Cheikh Mohand avait opté pour cette dernière, la plus méritoire.
20 Le soir pourtant, une fois partis tous les pèlerins, il lui est encore possible de savourer la douceur de l'isolement intégral. Mais, là encore, il a souvent bien des difficultés à rester maître de ses pensées. Sa mémoire, en effet, qui tout le jour a emmagasiné tant d'impressions, les lui sert alors avec une insistance parfois si impérative qu'il a peine à les éluder.
25 Cheikh Mohand est bien las ce soir. Il a la tête lourde comme si on y avait coulé du plomb.

Malek Ouary, *le Grain dans la meule,*
© **Buchet-Chastel, Paris, 1956.**

COMPRÉHENSION ET LANGUE	ACTIVITÉS DIVERSES, EXPRESSION ÉCRITE
1 – Comment est construit ce texte ? 2 – Comment vous apparaît Cheikh Mohand ? 3 – Comment l'auteur tourne-t-il en dérision les aspirations de Cheikh ?	Sur le même mode, celui de l'ironie et de la dérision, construisez un texte dans lequel vous décrirez une situation absurde et/ou un comportement paradoxal.

ALGÉRIE
MOULOUD

Mouloud Mammeri est
né le 28 décembre 1917 en
Grande Kabylie. Après
des études secondaires
au Maroc, il prépare
le concours de l'École
normale supérieure, mais
il est mobilisé en 1939
avant la fin de ses études.
Il rentre en Algérie
en 1947 pour enseigner
à Médéa et à Alger.
Il réside au Maroc de 1957
à 1962, puis est directeur
à Alger du Centre
de recherches
anthropologiques.
Jusqu'en 1980, il assure
des cours à l'université
d'Alger. Il meurt
en février 1989 dans
un accident de la route.
Mouloud Mammeri
est l'auteur de plusieurs
romans (*la Colline oubliée*,
1952 ; *l'Opium et le Bâton*,
1965), de pièces de théâtre
et de traductions,
de poèmes et de contes
berbères.

« *Cet homme* ■ *hors du rang* »

Escales est le titre d'un recueil de six nouvelles regroupées après la mort de l'auteur. « La meute », qui est la troisième nouvelle de ce recueil, avait déjà été publiée en 1976 dans la revue Europe, *et dans le numéro 19 de* Dérives *en 1985.*
Venu de toutes parts vers la grande ville, le peuple avait fêté pendant trois jours et trois nuits l'indépendance du pays et la liberté recouvrée. Un homme énigmatique restait pourtant à l'écart de cette liesse populaire, se bornant uniquement, en souriant, à prophétiser l'avenir. Un an après, pour la commémoration du même événement, l'esprit n'y était plus.

L'apogée ç'avait été au soir du troisième jour quand, cédant à la suggestion de quelques-uns, ils s'étaient mis tous ensemble à manœuvrer et hurler à l'unisson, comme à la caserne.

C'est cet instant que choisit pour reparaître le Prophète. On reconnut
5 tout de suite à l'horizon d'un ciel pâle son anguleuse silhouette. Parce qu'elle était hors du rang. Ensuite parce qu'elle dominait, tout en os et en cheveux fous. Quelques-uns applaudirent. Ils furent rabroués : cet homme hors du rang brouillait l'ordonnancement des corps… De là à brouiller l'unisson des voix ! À mesure qu'il approchait, ses paroles s'en-
10 tendaient mieux. Il disait : « Voici un an que vous ne vous êtes vus, danseurs. Avez-vous dansé pendant cet an ? » On ne savait si c'était une question : personne ne répondit. « Vos veines charrient la servitude sédimentée. » C'était clair : cet homme était un revenant. Il retardait d'un an. Si on le laissait faire il allait ramener le mouvement, les fantasmes, l'im-
15 prévisibilité, la chaleur qui brûle pour brûler. « L'arthrose a gagné vos os depuis un an. Essorez l'esclave de vous. Brisez les panneaux sur la route. Faites la fête. »

Il fut interrompu par l'échanson de service qui allait d'un groupe à l'autre offrir des boissons gratuites.

20 « Si une main jette un os à votre faim, ne mordez pas l'os, mordez la main. »

Le Prophète voyait s'allumer le feu de la haine dans les yeux, il ne savait pas si c'était contre le jeteur d'os ou contre lui. Quelqu'un dit :
« Et si tu as des enfants ?
25 – Apprends-leur la fête.
– Qui leur donnera à manger ?
– La terre !
– Il faut la piocher.
– Oui, la piocher en dansant. »
30 L'éclat de rire qui suivit couvrit la voix du Prophète, puis on l'entendit psalmodier :
« Près de la pâtée du mépris, crevez plutôt de faim. »

Mouloud Mammeri, « La meute », in *Escales,*
© **Éditions La Découverte, Paris, 1992.**

« *La caravane traversait le désert* »

Mourad, journaliste, désillusionné par les pratiques instaurées dans son pays indépendant, écrit pour son journal un récit allégorique (« mise en abyme » du récit dans le récit) qui retrace l'histoire de son peuple et, par là même, ses propres déceptions.
Cette parabole et l'ensemble de la fiction romanesque, qui ont en commun le même titre (la Traversée), s'éclairent en fait mutuellement comme un jeu de miroir.

Il y avait longtemps (certains disaient trop longtemps) que la caravane traversait le désert entre le feu du ciel et l'aridité de la dune. Les caravaniers enveloppaient leurs pieds de chiffons, leurs têtes de chèches orange (nul ne savait qui avait choisi la couleur, mais tous seraient morts
5 plutôt que d'en prendre une autre).

En tête les héros étaient orange aussi. La caravane les perdait souvent de vue ; elle hâtait le pas pour garder le contact, horrifiée à la pensée qu'elle pourrait rester orpheline d'eux avant l'heure. D'autant que les héros, occupés à trouver la route ou à la déblayer, à l'inventer quelque-
10 fois, ou bien seulement la tête perdue dans les étoiles, ne se retournaient jamais.

Leur groupe, déjà clairsemé, s'amenuisait chaque jour. Les héros prenaient des risques inutiles, ils jouaient avec les heures comme on joue avec des osselets, ils ne supputaient pas les obstacles. (D'une façon
15 générale les héros ne supputent jamais rien : ils ne savent pas calculer, ou bien ils se trompent dans les opérations.) Aussi ils couraient trop vite. La plupart, au cours des jours, avaient jeté tous les *impedimenta*[1], si bien qu'ils allaient nus avec seulement des armes dans les bras, des fièvres dans les veines. Souvent l'horizon les engloutissait, mais la caravane
20 pouvait suivre à la trace les restes déchiquetés de leurs cadavres, qui balisaient la route et retardaient la poursuite des chacals.

Après l'épuisement à suivre la course des héros, le plus difficile était d'échapper aux mirages du désert, à défaut de les déjouer. Ils avaient beau se prévenir les uns les autres après chaque vision, les chameliers
25 apportaient à croire à la suivante tout le poids de leurs désirs rentrés. À la fin les déconvenues étaient si atroces (elles étaient à la mesure de l'attente) que les hommes se mettaient à bramer, des femmes à se rouler par terre en hurlant.

Mouloud Mammeri, *la Traversée*,
© Cohéritier Mammeri, Plon, Paris, 1982.

1. Tout ce qui entrave le déplacement.

COMPRÉHENSION ET LANGUE

1 – Quelle vision des « héros » nous donne l'auteur ? Comment les décrit-il ?
2 – Comment caractérise-t-il l'ensemble de la « caravane » ?
3 – Pourquoi la caravane était-elle horrifiée à la pensée de perdre de vue les héros (l. 7) ?
4 – Justifiez toutes les parenthèses du texte, de même que le temps employé.
5 – Par quels procédés d'écriture l'auteur rend-il toute la nostalgie qui émane du texte ?

ACTIVITÉS DIVERSES, EXPRESSION ÉCRITE

1 – Quelle morale pouvez-vous retirer de cette parabole ?
2 – Comparez les deux textes de Mouloud Mammeri. Que pouvez-vous dire de l'auteur ?

Arabes dans le désert, 1843, par Vernet.

H ADJ ALI

Bachir Hadj Ali est né en 1920 dans la Casbah d'Alger. Sa famille étant modeste, il interrompt ses études à l'âge de dix-neuf ans, puis adhère en 1945 au parti communiste algérien. En 1948, il est rédacteur en chef du journal de ce parti, *Liberté*. En 1954, avant la guerre pour l'indépendance, il est condamné à deux ans de prison pour ses opinions politiques. En 1965, il est de nouveau arrêté et assigné à résidence surveillée jusqu'en 1974, après avoir été atrocement torturé. Dès 1980, sa santé se détériore : il perd peu à peu la vue, la mémoire et la parole. Il meurt à Alger en mai 1991. D'une grande générosité d'âme, Bachir Hadj Ali, musicologue et poète de talent, a publié plusieurs essais, récits et recueils de poèmes, notamment *Que ma joie demeure* (poèmes, 1970), *Chants pour le 11 novembre* (poèmes, 1961), *Notre peuple vaincra* (essai, 1961).

Chant des temps ■ *de la coloquinte*[1]

Dans ce poème qui ouvre la deuxième partie des Chants crépusculaires, *l'auteur met l'accent sur la mémoire et la solidarité humaines, seules valeurs capables de vaincre l'oubli et le mal pour faire naître un jour nouveau.*

Je suis ta servante
Libère mon époux
Je suis blessure
Lourde pierre tombale

5 J'ai l'âge de mon âge
Et l'âge du froid nu
Et l'âge de mon époux
Et l'âge des enfants

Je porte mon âge
10 Et l'âge de la faim
Et des longues attentes
Et des siècles enchaînés

Je rêve d'une géhenne
Contre la froideur
15 D'un sourire fugitif
D'un grain de lumière

Il faudrait si peu
Un homme sans colère
Un regard neutre
20 Une robe de fumée

**Bachir Hadj Ali, *Mémoire clairière*,
Droits réservés.**

Héritage

■

Ce poème appartient également à la deuxième partie des Chants crépusculaires. *Le poète montre ici son attachement au terroir maghrébin et à la culture arabo-andalouse. La recherche des origines afin de se libérer ne se fait pas sans interrogations profondes ni angoisse.*

Est-ce le jour est-ce la nuit
Et pourtant il faut trancher
Libérer les sept couples
Sonder le fleuve à l'estuaire
5 Et lever l'ambiguïté
Ô mes Andalousies contraires
Couleur d'aubes hivernales
La cavale qui va l'amble
Dans les gorges nous a perdus
10 La tribu avance compacte
Par des sentiers sans pays

Filles ceintes de chants noirs
Élevées à la plus haute dignité
Je traduis mal cette nostalgie
15 Ce mouvement d'anémones
Ce désordre cette angoisse
Ce cri sourd de la rupture
Cet appel de la continuité
Je ne suis libre qu'en rêvant

Bachir Hadj Ali, *ibid*.

1. *Plante dont les fruits ronds et amers fournissent un purgatif.*

Guerre et littérature

La guerre de l'indépendance algérienne (1954-1962), qui est comme la reprise et l'aboutissement de multiples révoltes contre la colonisation, a profondément marqué les littératures arabes de langue française. Il ne pouvait en aller autrement. La guerre a provoqué une rupture : elle a obligé les écrivains à prendre conscience de leur nécessaire engagement. On a souvent dit que la littérature maghrébine de langue française était née des événements, tel un accompagnement par les mots de la lutte armée. Inversement, Albert Camus, né en Algérie, a éprouvé dans la guerre le déchirement de son identité.

Les poètes dans la guerre

Devant l'urgence de la situation, devant la violence, devant la nécessité de résister à tout prix, les poètes ont offert leurs mots pour célébrer le passage à l'acte, pour inviter à combattre. Poésie militante, répondant à l'événement et se dissipant parfois avec lui, mais rayonnant aussi de toute sa noire énergie. Noureddine Aba a magnifié, dans *la Toussaint des énigmes* (1963), le déclenchement de la lutte armée, le 1er novembre 1954 : « Je savais qu'un jour ou l'autre / Vous diriez non à leur sel amer / Non, à leur lune faussée ».

Des publications dans des anthologies ou des revues permettent de diffuser les poèmes brûlants de Djamal Amrani, Mohammed Dib, Malek Haddad, Mostefa Lacheraf, etc. Bachir Hadj Ali, militant communiste, pratique une poésie éloquente et humaniste. Anna Gréki et Henri Kréa manifestent la solidarité des Français engagés aux côtés des Algériens, comme Jean Sénac dans *Matinale de mon peuple* (1961) : « La fontaine est silencieuse / où les massacrés venaient boire / Un grand ciel envenimé / nous empeste la mémoire. »

Le roman de guerre

Avant même que la guerre éclate, Kateb Yacine avait écrit une grande partie de *Nedjma* (1956), Mohammed Dib avait publié *l'Incendie* (1954), au titre prophétique (on peut y lire ces phrases qui prennent tout leur sens avec le déclenchement de l'insurrection : « Un incendie avait été allumé, et jamais plus il ne s'éteindrait. Il continuerait à ramper à l'aveuglette, secret, souterrain : ses flammes sanglantes n'auraient de cesse qu'elles n'aient jeté sur tout le pays leur sinistre éclat »). Les écrivains, sensibles à l'évolution du pays dans ses profondeurs, avaient comme pressenti la brutale explosion.

La guerre devait mettre les intellectuels en face de leur responsabilité. Faut-il s'engager et comment ? Où est la place de l'homme de plume dans les temps de violence ? Plusieurs romans posent le problème dans toutes ses nuances : *Le quai aux fleurs ne répond plus* (1961) de Malek Haddad, dont le personnage se demande si les écrivains ont jamais modifié le sens de l'Histoire ; *l'Opium et le Bâton* (1965) de Mouloud Mammeri, dont le personnage central, qui voulait « ignorer » les événements, est rattrapé par l'Histoire et conduit à rejoindre le maquis ; *les Alouettes naïves* (1967) d'Assia Djebar, qui analyse le retentissement de la guerre sur les relations entre les hommes et les femmes.

La guerre finie, toute une littérature d'anciens combattants a été publiée par les éditions officielles algériennes : textes souvent répétitifs et sans grande qualité littéraire, mais dont certains ont su retenir l'intérêt (notamment *l'Évasion* [1973] d'Ahmed Akkache ou *la Grotte éclatée* [1979] de Yamina Mechakra). Paysan autodidacte, Azzedine Bounemeur tranche par l'ampleur de sa fresque épique (*les Bandits de l'Atlas,* 1983 ; *les Lions de la nuit,* 1985 ; *l'Atlas en feu,* 1987).

Poursuivant l'entreprise de Nabile Farès, dont *Yahia, pas de chance* (1969) montre l'impossibilité de rendre compte de toute l'horreur traversée pendant la guerre, les écrivains ont tenté de revenir sur ce passé proche et terrible, pour dénoncer des images trop complaisantes, explorer les zones d'ombre, approcher l'indicible. Du *Muezzin* (1968) de Mourad Bourboune au *Démantèlement* (1982) de Rachid Boudjedra ou aux *Chercheurs d'os* (1984) de Tahar Djaout, l'écrivain s'est fait le témoin d'une mémoire occultée.

La guerre toujours recommencée

Du sort tragique des Palestiniens aux convulsions qui ont déchiré le Liban, tous les événements violents qui ont meurtri le monde arabe ont retenti sur les textes des écrivains. Impossible de se taire devant le malheur multiplié. Les poètes ont donc tenté de dresser leurs mots contre l'horreur.

Les textes des écrivains libanais s'efforcent de conjurer la folie meurtrière de Nadia Tuéni, dans ses *Archives sentimentales d'une guerre au Liban* (1982) :

> Qui dira le gué traversé par mes yeux ?
> L'effroi du regard évitant son semblable ?
> Si la mort n'est pas contemporaine de la folie,
> qui dira l'horreur consanguine,
> de n'être plus que hordes,
> à la jonction des vents ?

à Andrée Chedid disant dans *Cérémonie de la violence* (1976) : « Cessez d'alimenter la mort. »

La solidarité avec le peuple palestinien est un thème souvent repris. Noureddine Aba a écrit sur ce sujet des pièces fortes et émouvantes (*Tel el Zaatar s'est tu à la tombée de la nuit,* 1981). Abdellatif Laâbi s'est fait le traducteur de la poésie palestinienne de combat (1970), cependant que Tahar Ben Jelloun développait un beau lamento funèbre dans « Le discours du chameau » (1973).

Algérie, capitale Alger

Ouverture sur la vision fascinante d'une ville destinée à la lumière et aux belles aventures, ce poème emblématique d'Anna Gréki donne son nom au recueil qui le contient, Algérie, capitale Alger.

J'habite une ville si candide
Qu'on l'appelle Alger la Blanche
Ses maisons chaulées sont suspendues
En cascade en pain de sucre
5 En coquilles d'œufs brisés
En lait de lumière solaire
En éblouissante lessive passée au bleu
En dentelle en entre-deux
En plein milieu
10 De tout le bleu
D'une pomme bleue
Je tourne sur moi-même
Et je bats ce sucre bleu du ciel
Et je bats cette neige bleue de mer
15 Bâtie sur des îles battues qui furent mille
Ville audacieuse Ville démarrée
Ville marine bleu marine saline
Ville au large rapide à l'aventure
On l'appelle El Djezaïr
20 Comme un navire
De la compagnie Charles le Borgne

Anna Gréki, *Algérie, capitale Alger,*
coll. P.-J. Oswald, SNED-Tunis, 1968.

Anna Gréki, née à Batna le 14 mars 1931, s'est distinguée par son courage militant en faveur de l'indépendance algérienne. Elle sera expulsée d'Algérie. C'est *Algérie, capitale Alger,* magistral recueil poétique, qui la fera connaître du public en 1963. Son second recueil, *Temps forts,* paraîtra à titre posthume dans *Présence Africaine,* en 1966, année de sa mort prématurée.
Pour Anna Gréki, le futur de l'Algérie, quelles que soient les tourmentes que ce pays traversera, ne peut être qu'heureux.
L'auteur célèbre l'enfance, la force de la jeunesse, à l'image de cette Algérie qu'elle a tant aimée et qui s'identifie à l'un des plus beaux mots : avenir.

COMPRÉHENSION ET LANGUE	4 – Étudiez les répétitions de mots ou de prépositions.
1 – Relevez les champs lexicaux de ce poème.	ACTIVITÉS DIVERSES, EXPRESSION ÉCRITE
2 – Quels sont les liens qui unissent Anna Gréki à sa ville, Alger ? 3 – Comment vous apparaît Alger dans ce poème ?	1 – Connaissez-vous d'autres textes qui décrivent la ville d'Alger ? 2 – Donnez une version en prose de ce poème.

ALGÉRIE
HENRI KRÉA

De mère algérienne
et de père français,
Henri Kréa est né à Alger
en 1933.
De son œuvre très engagée,
signalons notamment
des recueils de poèmes,
dont *Liberté première*
(1957) ; *La révolution
et la poésie sont une seule
et même chose* **(1957)** ;
des pièces de théâtre
regroupées et publiées
sous le titre
Théâtre algérien **(1962)** ;
un roman et un récit :
Djamel **(1961)** ;
Tombeau de Jugurtha,
suivi de *l'Éternel Jugurtha*
de Jean Amrouche **(1968)**.

COMPRÉHENSION ET LANGUE

1 – Qui était Jugurtha ? Pourquoi le qualifie-t-on d'éternel justicier ?

2 – À quel mythe fait référence le premier choreute lorsqu'il parle du peuple ? Pourquoi ?

3 – Expliquez les lignes 20-22 : « [...] les pirates, [...] des nouveaux riches. »

4 – Analysez comment se fait la liaison passé/présent.

ACTIVITÉS DIVERSES, EXPRESSION ÉCRITE

1 – En analysant toutes les images, montrez comment le récit prend une dimension mythique.

2 – « La statique tue la dynamique » (l. 28). Commentez cette remarque en vous appuyant sur des exemples précis.

« *Jugurtha, éternel justicier* »

*Le Séisme est une pièce initialement publiée chez P.-J. Oswald (1958).
Dans cette tragédie en quatre temps, Henri Kréa réactualise la figure justicière de Jugurtha.
La pièce s'ouvre par un « Prologue » au cours duquel le coryphée précise que les choses n'ont guère évolué depuis le temps de Jugurtha (dans une Afrique du Nord appelée Numidie) et sa lutte contre les Romains, jusqu'à celui de l'Algérie coloniale et le combat de son peuple contre l'oppression.
Les deux époques sont donc intimement liées tout au long de la pièce.
Dans la dernière partie, intitulée « Exode », sur fond de prise de conscience et de lamentation du peuple, surgit la figure mythique de Jugurtha.*

LE CORYPHÉE. – Surgissant du fond des âges, ressuscitant au plus profond du désespoir, à l'appel du peuple dont il est l'âme indivise, Jugurtha, éternel justicier, met un terme malheureux à cette iniquité dont on croyait presque qu'elle était une nécessité immuable, une calamité dont
5 les destins nous avaient fait l'offrande, telle une de ces épidémies dévorant périodiquement les cités et les champs d'un pays maudit.

1ᵉʳ CHOREUTE. – Mais malgré les coupes sombres faites dans le peuple, celui-ci demeurait immortel, renaissant des cendres de ses villages, des tribus calcinées dont la superbe lumineuse brillait toujours
10 dans les yeux prolétaires. Les nomades déguenillés campaient furtivement sur les rives des fleuves saumâtres. Les forêts se pétrifièrent et le pays entier devint la proie des rocailles. Même la vermine agonisa, à la merci de la canicule et du gel, la nuit.

LE CORYPHÉE. – Le peuple immense comme un solide continent bra-
15 vait les marées sanguinaires des fous. Silencieux devant l'abjection il se remémorait l'opprobre infligé à son siècle interné. Les réfractaires préparaient dans les ténèbres l'insurrection générale. Il fallait du temps pour consolider les nouvelles forces. Les ancêtres disparaissant, la relève était assurée par les réprouvés encore enfants.

20 2ᵉ CHOREUTE. – Pendant ce temps, les pirates, pâle imitation des corsaires relégués à l'imagerie publique, s'affublaient de l'orgueil des nouveaux riches. Peu à peu ils se fabriquèrent la bonne conscience des voleurs. Ils avaient résolu le problème de la culpabilité grâce aux principes édictés par la mauvaise foi des théoriciens stipendiés par le bénéfice des serments.

25 1ᵉʳ CHOREUTE. – Pour mieux corrompre les survivants, ils multiplièrent les maisons closes, les casernes, se servant des mœurs comme d'un joug. Ils surent qu'ils arriveraient à rendre fous les clans en nourrissant les idées fixes, les traditions. La statique tue la dynamique. Diviser pour régner. Deux lois qui les aidèrent à maintenir le règne du viol, la
30 dictature du plus petit nombre. Les quelques misérables qui les avaient suivis, ceux qui, par incapacité de tuer et de voler, n'avaient pas atteint le standing des maîtres, ceux-là mêmes crevaient de haine.

**Henri Kréa, *le Séisme*, in *Théâtre algérien*,
SNED, Alger, 1968.**

ALGÉRIE
YACINE
KATEB

1929-1989

Kateb Yacine est né le 6 août 1929 à Constantine, dans une famille de lettrés. De double culture, son père était versé aussi bien dans le droit musulman que dans les lettres françaises et sa mère était attirée par le théâtre et la poésie arabes. C'est à Sedrata qu'il fut jeté par son père « dans la gueule du loup », fait-il remarquer, en allant d'abord à l'école française coloniale puis, plus tard, au lycée à Sétif. Dans cette ville il vécut la tragédie du 8 mai 1945 (protestation durement réprimée des musulmans algériens contre la situation inégale qui leur était toujours faite). Cet épisode traumatisant de sa vie d'adolescent sera déterminant pour sa carrière d'écrivain. Il dira lui-même à ce sujet : « C'est à ce moment-là que j'ai accumulé ma première réserve poétique. [...] J'ai découvert, alors, deux choses qui me sont les plus chères : la poésie et la révolution. »

L'écrivain

En 1946, son premier recueil de poèmes, *Soliloques,* écrit à seize ans, est imprimé à Bône (actuelle Annaba) et, en mai 1947, il donne, à Paris, à la salle des Sociétés savantes, une conférence sur « L'émir Abd el-Kader et l'indépendance algérienne ».

De 1948 à 1950, il exerce les fonctions de reporter à *Alger républicain* et, proche des milieux nationalistes algériens, il s'inscrit et évolue au sein du parti communiste algérien (P.C.A.). Durant cette période, il publie, entre autres, un long poème intitulé *Nedjma ou le poème ou le couteau.*

En 1951, il part pour l'Europe et publie en 1953, dans la revue *Esprit,* des extraits de *Nedjma* et *le Cadavre encerclé* (monté par Jean-Marie Serreau en 1958).

Nedjma – *L'Étoile et son prolongement*

En 1956, à une époque où littérature et la critique sont marquées par la problématique de l'engagement, mais aussi à un moment où le peuple algérien, revendiquant son droit à la dignité et à la liberté, s'installait dans une longue guerre, paraît le roman qui fait connaître et apprécier Kateb Yacine comme l'un des plus grands écrivains de langue française.

Autobiographie plurielle, *Nedjma* surprend la critique par plusieurs procédés : originalité du ton, nouveauté de l'écriture comparée à celle de Dos Passos, Joyce ou Faulkner ; traitement particulier de la langue française investie par l'onirisme, chargée de symbolismes multiples et appelée à dire les réalités et les mythes d'une Algérie colonisée recherchant désespérément son identité et sa personnalité originelles.

En 1966, Kateb publie *le Polygone étoilé,* roman dans lequel on retrouve de nombreux textes déjà parus entre 1961 et 1965 dans différents périodiques, amalgamés à ceux du premier manuscrit de *Nedjma.*

Le théâtre

Durant la guerre d'indépendance, Kateb Yacine reprend « le chemin de l'exil » et sillonne la Chine et l'U.R.S.S.

En 1959 paraît *le Cercle des représailles,* œuvre théâtrale composée de deux tragédies, *le Cadavre encerclé* et *Les ancêtres redoublent de férocité,* d'une farce, *la Poudre d'intelligence,* et d'un poème dramatique, *le Vautour.*

En 1970, il publie, une nouvelle pièce, *l'Homme aux sandales de caoutchouc,* dont le thème principal se rapporte au combat des Vietnamiens pendant la guerre d'Indochine.

Le théâtre populaire en langue arabe

À partir de 1971, refusant la posture de « grand homme » au-dessus de la mêlée, Kateb Yacine revient s'installer en Algérie et s'interdit d'écrire en français dans un souci quasi obsessionnel de communication avec un large public algérien. Il se voue ainsi à l'édification d'un théâtre populaire éminemment politique, en arabe dialectal.

Il monte successivement, avec la troupe de Sidi-Bel-Abbès, *Mohammed, prends ta valise, la Palestine trahie, la Guerre de deux mille ans, le Roi de l'Ouest, la Voix des femmes.* En 1986, grâce à Jacqueline Arnaud et à son minutieux travail de rassemblement et d'assemblage des textes inédits de Kateb Yacine, *l'Œuvre en fragments* est éditée, révélant la face cachée de l'écrivain, le libérant, malheureusement trop tard, pour un nouveau départ.

En 1987, Kateb Yacine se voit consacré grand écrivain de langue française en recevant le grand prix national des Lettres. Il meurt le samedi 28 octobre 1989 à Grenoble, des suites d'une longue maladie.

Son œuvre et sa pensée ont fortement marqué la littérature maghrébine en général, et toute une génération d'écrivains et d'intellectuels arabes.

1947	*Soliloques* [poèmes]
1956	*Nedjma* [roman]
1959	*Le Cercle des représailles* [théâtre]
1966	*Le Polygone étoilé* [roman]
1986	*L'Œuvre en fragments*
1994	*Le Poète comme un boxeur*

« *Il est des jeunes bras* »

Les textes retenus par Jacqueline Arnaud dans l'Œuvre en fragments *et qui,*
selon elle, sont « parallèles à l'œuvre déjà rassemblée », représentent,
en quelque sorte, tous les morceaux qui n'ont pas encore trouvé leur place
dans le grand puzzle que constitue la production katébienne.
À l'âge de douze ou treize ans, Kateb Yacine commence à écrire ses premiers
poèmes. Sa poésie n'atteindra en fait sa pleine maturité qu'après les événements
de mai 1945, à Sétif, et après son arrestation et son expérience de l'univers
carcéral.
De ce choc profond et multiforme naîtra son premier recueil de poèmes,
Soliloques, *recueil d'où est extrait ce poème.*

Il est des jeunes bras
Qui sont morts tendus
Vers une mère…

Oh ! les poitrines fortes,
5   Les poitrines sanglantes
De ceux qui ont battu le fer,
Pour être vaincus par l'argent !…

Et ces morts qui ont bâti pour d'autres…
Et ceux qui sont partis en chantant
10   Pour dormir dans la boue anonyme de l'oubli.
Et ceux qui meurent toujours,
Dans la gaucherie des godillots[1]
Et des habits trop grands pour des enfants !

Aux soirs tristes
15   De mortes minutes,
Il est un gars qui tombe
Et sa mère qui meurt pour lui,
De toute la force de son vieux cœur…

Il est des voitures qui geignent
20   Et aussi de petits héros qui crient
Leur désespoir de mourir à l'aurore…

Mais les morts les plus à plaindre,
Ceux que mon cœur veut consoler,
Ce sont les pauvres d'un pays de soleil,
25   Ce sont les champions d'une cause étrangère,
Ceux qui sont morts pour les autres,
        ET POUR RIEN !

Kateb Yacine, *Soliloques,*
in *l'Œuvre en fragments,* **Sindbad, Paris, 1986.**

1. *Chaussures militaires.*

COMPRÉHENSION ET LANGUE

1 – Relevez dans ce poème tous les éléments qui montrent ou connotent l'ordre injuste des choses dénoncé par l'auteur.

2 – Expliquez le quatrain (vers 4 à 7).

3 – Relevez et analysez toutes les métaphores du poème et le jeu des oppositions.

4 – Analysez la progression du poème. À quoi veut aboutir l'auteur ?

5 – Comment le poète arrive-t-il à rendre sa détresse ? par quels procédés d'écriture ?

ACTIVITÉS DIVERSES, EXPRESSION ÉCRITE

1 – Après avoir relevé le champ lexical et sémantique de « la mort », analysez les effets, dans le poème, de la récurrence de ces termes. À quoi font-ils référence ? Que connotent-ils ?

2 – En vous référant au contexte historique de l'époque (événements du 8 mai 1945 en Algérie), essayez de reconstituer et d'analyser la trame et le sens du poème. Pour cela, vous vous appuierez en particulier sur l'étude des verbes (modes et temps).

ALGÉRIE
YACINE
KATEB

« *Son inextricable passé* »

Cinq voix narratives se partagent la structure de Nedjma *: celle du narrateur et celle des quatre personnages principaux du roman (Rachid et Mourad, les citadins ; Lakhdar et Mustapha, les campagnards) qui poursuivent tous Nedjma, personnage central de ce fait. Dans le chapitre III, Rachid, dans sa cellule de déserteur, reconstitue et restitue la parole de Mourad relayant le récit familial de Si Mokhtar sur la généalogie de Nedjma et l'histoire de la tribu.*

« Tu dois songer à la destinée de ce pays d'où nous venons, qui n'est pas une province française, et qui n'a ni bey ni sultan ; tu penses peut-être à l'Algérie toujours envahie, à son inextricable passé, car nous ne sommes pas une nation, pas encore, sache-le : nous ne sommes que des
5　tribus décimées. Ce n'est pas revenir en arrière que d'honorer notre tribu, le seul lien qui nous reste pour nous réunir et nous retrouver, même si nous espérons mieux que cela... Je ne pouvais te parler là-bas, sur les lieux du désastre. Ici, entre l'Égypte et l'Arabie, les pères de Keblout sont passés, ballottés comme nous sur la mer, au lendemain d'une
10　défaite. Ils perdaient un empire. Nous ne perdons qu'une tribu. Et je vais te dire : j'avais une fille, la fille d'une Française. J'ai commencé par me séparer de la femme à Marseille, puis j'ai perdu la fille (la photographie que montra Si Mokhtar faillit se perdre dans le vent ; c'était l'inconnue de la clinique)... Les gens à qui je l'avais confiée, au temps de mon ami-
15　tié avec ton père, et qui étaient nos parents, l'ont toujours éloignée de moi ; et la mère adoptive vient de marier ma fille. Je n'y puis rien. Tous les torts sont de mon côté. Mais je sais bien que Nedjma s'est mariée contre son gré ; je le sais, à présent qu'elle a retrouvé ma trace, m'a écrit, et qu'elle me rend visite, c'est ainsi que tu l'as vue à Constantine, lorsque
20　son époux l'y conduit de temps à autre avec lui... Je connaissais le pré-tendant depuis longtemps. Je l'ai vu naître. Son père était de ma généra-tion, celle de ton père et de Sidi Ahmed. Je n'ai jamais pu aimer ce jeune homme. Pourtant j'avais des raisons, certaines raisons... À vrai dire j'étais presque le tuteur de celui qui devait s'octroyer Nedjma sans me le
25　dire... Mais savait-il ? Et me voilà doublement humilié, deux fois trahi dans mon sang... À toi Rachid, c'est à toi que je songe... Mais jamais tu ne l'épouseras. Je suis décidé à l'enlever moi-même, sans ton aide, mais je t'aime aussi comme un fils... Nous irons vivre au Nadhor, elle et toi, mes deux enfants, moi le vieil arbre qui ne peut plus nourrir, mais vous
30　couvrira de son ombre... Et le sang de Keblout retrouvera sa chaude, son intime épaisseur. Et toutes nos défaites, dans le secret tribal – comme dans une serre – porteront leurs fruits hors de saison. Mais jamais tu ne l'épouseras ! S'il faut s'éteindre malgré tout, au moins serons-nous barri-cadés pour la nuit, au fond des ruines reconquises... Mais sache-le,
35　jamais tu ne l'épouseras. »

Kateb Yacine, *Nedjma,* **coll. Points Roman,**
© Éditions du Seuil, Paris, 1981.

COMPRÉHENSION
ET LANGUE

1 – À travers le récit de Si Mokhtar, que sait-on de Nedjma ?

2 – Pour quelles raisons Si Mokhtar ne veut-il pas que Rachid épouse Nedjma ?

3 – En vous appuyant sur une analyse précise des différents modes du récit employés par l'auteur, dégagez et déterminez les différents énoncés ou plans qui composent ce texte.

4 – À partir du récit de Si Mokhtar, pouvez-vous reconsti-tuer la légende tribale des Keblout ?

ACTIVITÉS DIVERSES,
EXPRESSION ÉCRITE

Montrez comment dans le texte Nedjma passe du statut de femme à celui de symbole.

Le philosophe et sa philosophie

La Poudre d'intelligence, *seconde pièce du recueil* le Cercle des représailles, *est une farce satirique, actualisant sous le nom de Nuage de fumée le héros populaire de la tradition orale, Djoha, pauvre hère ridiculisant ceux qui veulent l'asservir. Mais le personnage de Kateb Yacine est aussi un philosophe, qui dénonce adroitement les abus du pouvoir.*

NUAGE DE FUMÉE. – Vingt ans de pensée philosophique !
Cinquante ou cent volumes sont sortis de ma tête,
Et nul n'a eu l'idée, la simple idée de les écrire à ma place,
Ni le peuple ni le sultan
5 Ne veulent convenir qu'un philosophe
A besoin de beaucoup d'argent
Et même d'un secrétaire
Pour avoir l'esprit vraiment libre.
D'ailleurs ce bel esprit
10 Je commence à le perdre
À force de heurter les grosses têtes.
Les ennemis de la philosophie ont inventé le turban
Comme un rempart protégeant contre toute science
Leurs crânes désertiques.
15 Je n'ai plus rien à faire dans ce pays.
Me voici dans la force de l'âge
Sans bourse ni pension
Et moi qu'on appelait le père du peuple
Je ne suis plus que le dernier de ses orphelins.

> *Passe un homme tirant un âne chargé de sable. Devant Nuage de fumée, l'âne trébuche, et fait tomber son chargement. L'homme et son âne disparaissent.*

20 NUAGE DE FUMÉE. – Cruelle allégorie. Que voulait dire cet animal, en déposant son bilan devant moi ?

> *Il demeure un instant silencieux. Le chœur se répand autour de lui.*

CORYPHÉE. – Voici le fou, voici Nuage de fumée, le voici en adoration devant un tas de sable !

CHŒUR. – Pauvre fou !

25 NUAGE DE FUMÉE. – Laissez-moi déchiffrer ce message. Tout est symbole pour celui qui n'a plus rien à lire.

Kateb Yacine, *la Poudre d'intelligence*, in *le Cercle des représailles*, © Éditions du Seuil, Paris, 1976.

COMPRÉHENSION ET LANGUE

1 – Pourquoi Nuage de fumée pense-t-il qu'il n'a « plus rien à faire dans ce pays » (l. 15) ?

2 – Que pensez-vous du rapport qu'il établit entre « pensée », « argent » et « liberté » ?

3 – Que veut réellement dénoncer l'auteur à travers les réflexions de son personnage ?

4 – Expliquez : « Les ennemis de la philosophie… Leurs crânes désertiques » (l. 12 à 14).

ACTIVITÉS DIVERSES, EXPRESSION ÉCRITE

Montrez comment, à travers la satire, ce texte est révélateur d'un certain contexte sociopolitique. En quoi peut-il être actuel et adroitement dénonciateur ?

Malek Haddad est né à Constantine le 5 juillet 1927. Instituteur, il publie des poèmes dans des journaux algériens, *Alger républicain* et *Liberté*. Il abandonne ses études supérieures en 1954 pour aller travailler, en Camargue, avec Kateb Yacine. De 1958 à 1961, il publie un roman chaque année et, après 1962, s'installe à Constantine où il dirige, de 1965 à 1968, la page culturelle d'un quotidien, *An-Nasr*. De 1968 à 1974, il occupe diverses fonctions importantes. À partir de 1964, il cesse de publier en français (il semble avoir été culpabilisé d'écrire en cette langue). Il meurt à Alger le 2 juin 1978.
Malek Haddad est un poète d'une grande sensibilité. Ses œuvres, principalement centrées sur le combat algérien, sont parfois influencées par Louis Aragon ou Paul Eluard (*Je t'offrirai une gazelle*, 1959 ; *l'Élève et la Leçon*, 1960 ; *Le quai aux fleurs ne répond plus*, 1961).

« *C'était un orphelin…* »

Khaled Ben Tobal, romancier algérien (héros du Quai aux fleurs ne répond plus*), quitte son pays et sa ville, Constantine, pour Paris où il compte retrouver son ami d'enfance Simon Guedj qui habite le quai aux Fleurs.*
Il quitte un pays en guerre, un peuple qui se bat pour son indépendance, et l'exil est pour lui une façon de se remettre en question, de tout remettre en question : les amours, les amitiés, les valeurs, les évidences…

Le temps, ce morceau de liège qu'on jette dans le ruisseau et qui s'en va avec le ruisseau, et qui suit le cours monotone des pentes non choisies, le temps, cette enfance éclairée par la toute clairvoyance d'un père, le temps, cette canaille, ce filou qui file entre les doigts, entre les yeux,
5 pour Khaled Ben Tobal, le temps était un interlocuteur valable et un ami perfide.

Il n'aimait pas la vie. Mais il la souhaitait aux autres. Il se justifiait dans son humanisme. Il se vengeait dans sa générosité. C'était un orphelin des premières émotions, un orphelin des compositions mensuelles,
10 des courses à faire chez l'épicier, de la monnaie à rendre à sa mère, de la neige prouvée par sa seule candeur, d'un salut au voisin respectable, d'une ombre dans la pénombre des étés algériens, c'était un orphelin de la cousine aux seins très bleus, du cousin qui ne réussissait jamais à l'oral de son bachot, d'une cigogne, d'un escargot, de l'automne et du
15 bois à rentrer…

Vivre, c'est vieillir, c'est-à-dire changer, Khaled Ben Tobal n'était fidèle qu'à son enfance. On racontait de lui qu'il était patriote. C'était peut-être vrai, peut-être faux. La politique l'ennuyait, comme à l'école primaire les leçons de calcul. Il était algérien parce qu'il se savait algé-
20 rien. Il était algérien parce qu'il était algérien et que, illustrant ce principe d'identité et cette lapalissade, il se conservait dans sa mémoire, sans se prendre au sérieux, enfant loyal de son enfance. Quand il disait, en se moquant de ses propres intonations, de ce lyrisme qu'il recherchait pour voiler sa pudeur, on savait bien qu'il était grave, qu'il pilotait la bonne
25 conscience, qu'il s'efforçait d'être à la hauteur de ses sentiments plutôt qu'à celle de ses idées. Car des idées, il n'en avait guère. Il laissait ces parties de ping-pong aux cruciverbistes[1] d'une dialectique frelatée. Il était Algérien parce que deux et deux font quatre et que rien ne prouve d'ailleurs la véracité de cette opération.

30 Il s'ennuyait ferme comme tous les orphelins. Les orphelins, les cocus, les bâtards, les tristes, ces épaves sans naufrage qu'il faut parfois respecter. Mais l'écrivain est celui qui enjambe les balustrades et se plante dans le jardin.

On a dit à Khaled Ben Tobal que dans les maquis, dans les prisons,
35 ses poèmes se lisaient. Il n'en retire aucune fierté, aucune joie. Mais de la peur ! Une peur panique. Est-il à la hauteur des hommes, de leurs

explosions, de leur vocation historique ? Sait-il avoir peur comme ils ont
peur, sait-il mépriser l'héroïsme comme ils ignorent eux-mêmes qu'ils
sont des héros ? Il n'est rien d'être un homme. Rien, absolument rien.
40 Mais, être humain, voilà le difficile, voilà l'essentiel.

Et la patrie ne s'apprend pas comme une leçon de calcul, ne s'explique
pas, ne se raconte pas. Et Dieu, dans son manque apparent d'équité et de
pédagogie, laisse les hommes seuls, les abandonne à leur humanisme qui
n'est toujours pas de l'humanité. Et Dieu permet aux hommes d'em-
45 ployer de grands mots.

Mais quand ils partiront, les monstres, les monstres subalternes et les
monstres omnipotents, les monstres quotidiens, les monstres qui ne res-
semblent pas à des monstres et qui sont tous des bénéficiaires, à un
degré divers certes, mais tous des bénéficiaires de la monstruosité colo-
50 nialiste, ils partiront tous, ils s'en iront tous, il ne restera dans les rues de
Constantine, dans les maquis, dans les prisons – les maquis redevenus
prairies, les prisons vidées –, il ne restera sur les murs de la rue d'Isly[2] et
sur ceux d'Aix-en-Provence, au Sahara dont les sables sont tellement
blonds que les blés qui sont blonds y refusent de naître, dans la neige si
55 blanche que l'innocence ne peut y comparaître, mais quand ils partiront,
ils partiront tous, ils s'en iront et il restera des hommes, ces enfants fabu-
leux, ces enfants qui ne voyaient pas très clair mais qui voyaient très
loin.

Il restera l'amour et le gosse qui n'a plus faim, qui n'a plus froid, qui
60 n'a plus peur, et qui craint déjà de ne plus savoir se souvenir.

Royauté retrouvée de tous les droits suprêmes, le matin viendra.
L'Algérie qu'on insulte dans tous ses gestes quotidiens rappellera que la
discorde ne naît jamais d'un malentendu mais de la méconnaissance et
de l'irrespect. Un jour, il fera tellement beau que les imbéciles laisseront
65 la maison propre, ils s'en iront, et qu'ils s'en aillent !…

Malek Haddad, *Le quai aux Fleurs ne répond plus*,
© Éditions Julliard, Paris, 1961.

1. *Amateurs de mots croisés.*
2. *Rue principale d'Alger, aujourd'hui rue Ben M'Hidi Larbi.*

Constantine, la Casbah.

COMPRÉHENSION ET LANGUE

1 – Que représente pour le narrateur le temps qui passe ?

2 – Relevez et analysez les métaphores du premier paragraphe.

3 – Que pensez-vous de Khaled Ben Tobal ? Quel genre d'homme, à travers ses exigences et ses préoccupations, peut-il représenter ?

4 – Expliquez : « Il était Algérien parce que deux et deux […] la véracité de cette opération » (l. 27-29).

5 – Pourquoi le narrateur dit-il de Khaled Ben Tobal qu'il « était orphelin » ?

6 – Quelle(s) idée(s) se fait-il du rôle de l'écrivain ? de la patrie ? de Dieu ? du colonialisme ?

7 – Comment le narrateur nous fait-il entrer dans les pensées de son personnage ? En quoi sont-elles aussi les siennes ?

8 – En quoi ce texte est-il lyrique ?

ACTIVITÉS DIVERSES, EXPRESSION ÉCRITE

Sur le même mode lyrique, essayez de composer un texte dans lequel, partant d'une situation présente, vous projetterez, dans un avenir proche, vos espérances.

ALGÉRIE JEAN SÉNAC

C'est Jeanne Comma qui, en 1926, à Béni-Saf près d'Oran, a donné naissance à Jean Sénac, l'un des plus grands poètes algériens. Son père restant inconnu, Jean inscrira dans sa poésie les stigmates de cette origine bâtarde qui fut la source essentielle de son génie poétique, à la recherche du père et du nom du père. Il en parlera dans un roman, *Ébauche du père*, publié à titre posthume (1989). Son itinéraire est celui d'une vocation humaine orientée par sa sensibilité artistique. De *Poèmes* (1954), à *Avant-Corps* (1968), en passant par *Matinale de mon peuple* (1961), *Aux héros purs* (1962), Sénac restera fidèle au non-conformisme et à l'Algérie comme incarnation à venir de cet idéal de résistance et de bonheur. Il fut assassiné le 19 août 1973.

Sur la même crête recluse
■ *Antonin Artaud*
René Char

Dans ce poème, un de ceux qui constituent le recueil Dérisions et Vertiges, *Jean Sénac s'interroge sur l'essence même de la poésie, celle qui se nourrit du non-conformisme et de l'exclusion. Il en appelle à tous les poètes qui l'ont précédé et qui ont, comme lui, cheminé « sur la même crête recluse ».*

à Jamel-Eddine Bencheikh.

Cruelle éclipse de l'âme
Rachid Bey

I

Quelle sauvage racine faites-vous surgir du soleil
Que mon pied s'emmêle au poème ?
Route hasardeuse le mot
Et trace notre certitude.
5 T'avoir tant cherchée : ce peu d'eau dans la paume !
L'instant du paysage, seul recours contre notre mort ?

II

Ne périssons pas. Essayons
De tenir une strophe, une autre,
Un grave de flûte tenace
10 Jusqu'au raccord – le coq
(Ou plutôt cette frénésie d'oiseaux sur le square).
Mais le soleil incertain.

Ne périssons pas. Un café,
Le radeau des visages, la paix
15 Dérisoire d'un corps (périssoire fruitée),
Toute la mer à inventer
À chaque flaque.

Du moins
Un lit nous accueille, l'horreur
20 Se tapit le printemps d'un livre.
Ne périssons pas. Ève parle
Dans l'insoutenable silence de nos pas.

III

Non-recours, la courte-paille du chant.
Gagne, ami, d'un souffle décrasse ces pores !
25 Instaure un concile sans phrases
Pour une révolution sans crocs.
Lune ou Mars ? À peine sur le roc

Le fragile débit d'un ongle.
Plus rien n'est débattu, battu.
30 Le mot, perpétuel orgasme des merveilles
Est habité.

IV

(Savoir qu'il existe aux Busclats[1]
Un arc de pupilles plus sûr
Que tous leurs comptes à rebours.)

V

35 En novembre 1969 à Alger,
Toute révolution lézardée (bazardée),
Jeunesse et Poésie n'ayant plus que « le droit à l'irrémissible impuissance »
Affûtèrent leur plaie pour « une salve d'avenir »
Et s'en retournèrent aux gouffres.
40 (Régnez, épiciers !
Plaquez vos néons
Sur ces fous de la morouwa !)[2]
Vigiles.

VI

Ni comme un comité de gestion
45 Ni comme la victoire du Viêt-nam
(La Palestine ? N'en parlons pas…)[3]
Ni comme l'abolition de la peine de mort
Ni comme tous les « comme » de Nerval
Ni comme les « beau comme » de Lautréamont
50 Ni comme les posters de James Dean, du « Che », de Huey Newton
Ni comme les nus de Cadoo
Ni comme Aïcha illé illé,
Non,
Tout simplement belle comme la raison de vivre, d'écrire, de lutter
55 Que m'apporte une frêle brindille
Lorsque je t'aime et que tu m'aimes,
Pauvre amour à peine croisé.

VII

[…] Pour l'instant, parmi tant d'abois, veillons à nos chevilles,
Prenons garde à nos frères, prenons garde à nos espérances, prenons
60 garde à notre propre transfiguration.
(Ô Jaaaaacques ! Patrick ! Ahmed ! Mustapha ! Mohamed ! César Val-
lejo ! ô ! un peu de salive sur cette page ! pour tenir une heure, encore
une, jusqu'au Père incertain, le soleil, l'Oiseau Taous, le mot.)

Alger, 22 octobre 1969.

Jean Sénac, *Dérisions et Vertiges*,
© Actes Sud, Arles, 1983.

COMPRÉHENSION
ET LANGUE

1 – Étudiez la composition de ce poème dans sa relation au message qu'il veut transmettre.
2 – Qui sont Antonin Artaud et René Char ?
3 – Expliquez de façon détaillée la deuxième strophe.
4 – Dans la troisième strophe, à quoi renvoient les allusions à Lune et à Mars (v. 27) ?
5 – Essayez d'interpréter, une par une, les références de la sixième strophe.
6 – À qui s'adresse la strophe 7 ? Selon quelles modalités ?

ACTIVITÉS DIVERSES,
EXPRESSION ÉCRITE

1 – Essayez de formuler en prose l'essentiel de ce poème.
2 – « Toute la mer à inventer / À chaque flaque » (v. 16-17), nous dit Jean Sénac. Quelles sont les images qui affluent dans l'imaginaire du poète au moment d'une telle invocation ?

---

1. Demeure de René Char à L'Isle-sur-la-Sorgue.
2. Tout ce qui a trait à la virilité et qui a les caractères moraux qu'on attribue plus spécialement à l'homme (terme emprunté à l'arabe).
3. Vendue à l'encan, vendue, achetée et vendue (note de Jean Sénac).

ALGÉRIE
JEAN
ŚÉNAC

Alger, ville ouverte !

COMPRÉHENSION
ET LANGUE

1 – Pourquoi l'initiale de certains mots est-elle en majuscule ?

2 – Comment peut-on nommer la figure qui ouvre le poème : « Quel tintamarre, ce silence ! » ?

3 – De quel « Ailleurs » est-il question ?

4 – Que cherche à exprimer le poète ?

5 – Ce poème vous paraît-il exprimer un sens précis ? Argumentez votre réponse.

6 – Qu'évoque pour vous l'expression « Terre Ouverte » ?

Du recueil Avant-Corps, *riche des figures poétiques et des thèmes variés, qui s'unissent pour donner forme à la plénitude du « Corps total », se dégage « Alger, ville ouverte ! », poème qui exprime l'intensité du désir de Jean Sénac de se faire aimer de l'Algérie, tel qu'il est, avec ses impasses : poète, homosexuel et pied-noir.*

1

Quel tintamarre, ce silence ! Toutes ces couleurs qui choquent !
Les gens d'Ailleurs nous touchent la peau
Et vous ne Les entendez pas !

3

[...]
Vus, je deviendrai leur Seigneur.
Possesseurs d'un empire que nous ne parcourons pas,
Nous sommes les dieux sans la formule.

Sur le seuil de la Vie
Nous ne savons pas que toute vie est déjà dans nos mains.
Et nous délirons, tuméfiés, dans nos ombres
Quand la lumière en nous et tout autour de nous fait un si prodigieux
[vacarme !

4

Ce soir nous déclarons l'Algérie Terre Ouverte
Avec ses montagnes et sa mer,
Notre corps avec ses impasses.
Dans nos rêves à profusion que s'engouffre le Vent d'Ailleurs !
Citoyens innommés nos Portes sont atteintes.
Ne tardez plus !

Jean Sénac, *Avant-Corps,* **© Éditions Gallimard, Paris, 1968.**

Littérature, histoire, société

Les textes littéraires sont nécessairement le produit d'une situation socio-historique donnée. Mais ils disent aussi l'Histoire, donnant sens à la succession temporelle, à travers leurs intrigues comme par la mise en scène du monde qu'ils reflètent. Des lectures « naïves » privilégient la conception du texte comme reflet du monde réel : une formule, citée par Stendhal et souvent reprise, assimile le roman à « un miroir que l'on promène le long d'un chemin ». Mais le chemin de l'Histoire n'est pas toujours une route droite, et le roman se perd parfois, inventant des raccourcis ou explorant des sentiers non battus : il devient alors roman moderne et problématique, miroir retors refusant de renvoyer simplement des images.

Une part non négligeable de la littérature arabe de langue française a semblé se contenter de jouer le jeu du miroir posé devant des sociétés à l'évolution lente. Ces textes, longtemps qualifiés avec condescendance de « littérature ethnographique », ont peu à peu révélé qu'il n'y a pas de miroir qui ne réfléchisse (au double sens du mot), que le roman, même lorsqu'il se présente comme simplement réaliste, n'est jamais un pur reflet.

Du roman exotique au roman ethnographique

Le monde arabe a été l'un des décors privilégiés d'une tendance importante de la littérature européenne depuis les années 1850 : l'exotisme ou attirance pour les cultures lointaines, étrangères, différentes. Cet exotisme devient littérature coloniale quand les écrits se mettent ouvertement au service d'une politique de domination. Les premiers écrivains arabes en langue française ont commencé à écrire quand la vogue de l'exotisme culminait. Ils ont tout naturellement produit des textes qui insistaient sur l'aspect documentaire, qui offraient au lecteur français (compte tenu de la structure de l'édition, les lecteurs étaient avant tout européens) des images fortes ou plaisantes des pays d'au-delà la Méditerranée. Les premiers romans de Mouloud Feraoun (*le Fils du pauvre,* 1950 ; *la Terre et le Sang,* 1953 ; *Les chemins qui montent,* 1957) comme ceux d'Ahmed Sefrioui au Maroc (*la Boîte à merveillles,* 1954) ont plu par leur pittoresque et la sincérité du témoignage qu'on y devinait. Mais, au moment de leur parution, des lecteurs algériens ou marocains ont eu tendance à leur reprocher l'absence d'engagement affiché, la nudité de leur tableau réaliste. La suite romanesque du Libanais Farjallah Haïk, *les Enfants de la terre,* publiée entre 1948 et 1951, a rencontré en France un succès important (Albert Camus salua l'auteur comme un « conteur exceptionnel », ayant « le don de saisir les profondeurs secrètes de l'homme »). La critique souligna le pittoresque terrien du roman, son sentiment de la nature, son allure de « pastorale biblique ». Les romans de l'Égyptienne Out-el-Kouloub, décrivant la vie de la bourgeoisie du Caire pendant l'entre-deux-guerres, ont suscité un engouement analogue pour sa peinture de la réclusion féminine dans les profondeurs du gynécée. On pourrait multiplier les exemples. Ces romans décrivent de manière directe la vie quotidienne dans un pays donné, et c'est ce pittoresque documentaire, cette vision pour ainsi dire ethnographique qu'apprécient les lecteurs, en général étrangers.

Tout est affaire de point de vue

Ces romans des écrivains arabes n'entrent pourtant pas dans la littérature coloniale : ils ne sont pas écrits pour accompagner un processus de domination. Au contraire, même s'ils n'élèvent pas de protestation ouverte, ces textes sont écrits pour faire connaître de manière plus authentique la vie des gens qu'ils décrivent (en général des humbles). Ils adoptent nécessairement un point de vue intérieur et autonome. Et ce faisant, ils désamorcent le regard exotique, qui reste par définition à la surface des choses. L'écriture patiente et malicieuse de Feraoun, celle, plus attendrie, de Sefrioui invitent le lecteur attentif à pénétrer dans l'intimité d'une culture ancestrale : à leur façon, ces romans pratiquent la traditionnelle hospitalité, fondée sur l'égalité et la réciprocité dans l'échange.

De nouveaux regards

Le regard de ces romanciers reste cependant assuré : le miroir de leurs œuvres renvoie une image cohérente de leur société. Tout change quand l'Histoire s'affole, quand la guerre se perpétue, quand la décolonisation précipite les pays colonisés dans une quête douloureuse de l'identité. Le roman perd ses repères, la vision se problématise, les descriptions abandonnent l'ordre et le fini des perspectives tranchées. À l'exemple du *Nedjma* (1956) de Kateb Yacine, la littérature maghrébine a choisi l'errance, la subversion, la déconstruction des textes. Le lecteur, parfois désorienté, ne retrouve plus la littérature-reflet. Pourtant, paradoxalement, les romans modernes ne tournent pas le dos au monde (on ne peut d'ailleurs guère imaginer une littérature totalement désincarnée, qui ne s'articulerait pas d'une manière ou d'une autre sur ce qu'on appelle le « monde réel »). En mêlant les tonalités, en passant du tragique au fantastique, de l'ironique au poétique, ils mettent leurs lecteurs face aux distorsions et contradictions du monde dans lequel ils vivent. Ils invitent à porter sur la réalité un regard plus distancié et plus critique. Le symbolisme d'un Mohammed Dib, les juxtapositions et ruptures d'un Kateb Yacine suggèrent que le monde ne se réduit pas au reflet dans le miroir : il faut apprendre à le regarder à travers des images brisées, déformées, polarisées. Tous les romans nous racontent le monde, nous disent l'Histoire, mais ils nous apprennent surtout à ne pas nous fier aux apparences de la vision naïve, à construire nous-mêmes notre propre relation au monde et à l'Histoire.

ALGÉRIE
DJAMEL
MRANI

Djamel Amrani, né en 1935 à Sour el Ghozlane, a été un jeune militant de la guerre d'indépendance. En 1960, il publie un récit, *le Témoin*, et en 1964 deux recueils de poèmes, *Chant pour le 1ᵉʳ novembre* et *Soleil de notre nuit*. Il continuera à produire régulièrement des poèmes d'une très grande richesse lexicale : *Bivouac des certitudes* (1969), *Aussi loin que mes regards portent* (1972), *Jours couleurs de soleil* (1978), *l'Été de ta peau* (1982), *la Plus Haute Source* (1983), *Déminer la mémoire* (1986), etc. En plus de la revendication d'une liberté d'expression, ce qui retient l'attention est la célébration du corps et des sens, de l'amour charnel et de la fécondité propre aux éléments naturels.

Sans funérailles

Ce poème, que Djamel Amrani a dédié à sa mère, est écrit à la mémoire de son père assassiné par les troupes coloniales en 1957, pendant la bataille d'Alger. Il reprend, sous une forme condensée et libre, le récit intitulé le Témoin, *publié en 1960.*

À ma mère

Des essaims d'abeilles !
Et les corbeaux étendent leurs ailes
avant de piquer droit et d'aplomb
sur les cadavres pensionnaires
5   des barbelés de nos frontières.
Et s'enfonce dans l'ombre
Interprète inaliénable
le silence de mes pas
Et nous sommes là étendus
10 Sans quitter le temps et des yeux
et du cœur comme des larmes à naître.
– là à jamais deux soupirs complices
Puis le vide insondable l'absence
signe hâtif de ma précoce vieillesse
15 là, le vide insondable !
Égaré la nuit à l'heure des bistrots clos
dans l'absence, l'attente du petit matin
là égaré sous la pluie obstinée
que mon souffle dévore
20 Ailleurs ma mère éveillée m'attend
le k'hol[1] roule sur ses yeux rougis
ma mère près de son kanoun[2]
le cœur sur les braises
Âme et vie chair et âme
25 Ailleurs aujourd'hui
l'attente distille dans son mal
le venin de mes débauches
Nous étions si heureux
du vivant de mon père.
30 J'aimais déjà Verlaine Mozart
j'avais lu l'affaire Dreyfus
la mort des Rosenberg
heureux si heureux
Ah ! la guerre ; sans drap mortuaire
35 sans funérailles
pour le Salut de la Patrie
Ah ! l'indigence
Personne n'a obturé les trous

de ses grands yeux creux
40 Et nous sommes là, étendus là
un concert de soupirs à jamais complices
Sans quitter le temps et des yeux et du cœur
comme deux larmes à naître – là à jamais
deux soupirs complices
45 Sans funérailles

Djamel Amrani, *Bivouac des certitudes,*
SNED/ENAL, Alger, 1983.

Djamel Amrani, *Bivouac des certitudes,*
SNED/ENAL, Alger, 1983.

Le monument du Martyr à Alger.

COMPRÉHENSION ET LANGUE

1 – Comment le titre « Sans funérailles » se déploie-t-il dans le poème ?
2 – Que signifie l'expression « des essaims d'abeilles » (v. 1) ? Que connote-t-elle dans le poème ?
3 – Relevez les termes qui désignent l'époque de la guerre d'indépendance algérienne.
4 – Quelles sont les caractéristiques de cette poésie ? Est-elle codifiée ? De quel autre style poétique pouvez-vous la rapprocher ?
5 – Relevez les figures de style qui vous paraissent les plus expressives.
6 – Quel est l'état d'âme du poète ?

ACTIVITÉS DIVERSES, EXPRESSION ÉCRITE

1 – Quelle importance ont, dans nos sociétés, les funérailles ?
2 – Construisez un petit récit autour du thème « Sans funérailles ».

1. Fard de couleur sombre avec lequel les femmes (parfois aussi les hommes) du grand Sud saharien rehaussent l'éclat de leurs yeux.
2. Sorte de réchaud en terre cuite dans lequel on allume et ravive des braises.

ALGÉRIE
NOUREDDINE
ABA

L'œuvre de Noureddine Aba (journaliste de formation, né en 1921 à Sétif) est caractérisée par l'acuité du regard critique et la conviction que la révolution est toujours « à faire ». Elle commence en 1971 avec des compositions théâtrales diffusées sur les ondes de l'O.R.T.F. Elle se poursuit avec des productions très diversifiées : en 1979, avec *Gazelle après minuit* (poésie) et *le Chant perdu au pays retrouvé* (récit), pour lesquels Nouredine Aba obtient le prix de l'Afrique méditerranéenne, *le Dernier Jour d'un nazi* (théâtre, 1982) et *les Quatre Ânes et l'Écureuil* (prix du meilleur livre Loisirs jeunes, 1982), *Mouette, ma mouette* (poésie, 1984), *l'Annonce faite à Marco* (théâtre, 1990), *Lettre aux intellectuels algériens* (essai, 1990), etc. Il obtient en 1985 le prix Charles Oulmont pour l'ensemble de son œuvre. En 1992, il a été nommé par le président François Mitterrand, membre du Haut Conseil de la francophonie.

« *Bienvenue Zéro !* »

De jeunes cadres, formés dans des universités européennes et américaines renommées, rentrent en Afrique, dans leur pays nouvellement indépendant. Ils se rendent très vite compte que le « parti unique » au pouvoir ne veut pas d'eux et qu'il s'emploie à les marginaliser.

NORA. – Si vous êtes des universitaires, qu'est-ce que vous faites dans cette décharge publique ?

PARIS. – Non, mais d'où sortez-vous ? D'un conte de Perrault, d'un film de Walt Disney ?

5 NEW YORK CITY. – Nous avons fait nos études, elle à Paris, nous en Amérique. Nous sommes rentrés au pays diplômes flambant neufs en main… *(Soudain traversé par une idée, à Colorado.)* Tu te rappelles quand nous parlions du pays sur les campus des universités ?

COLORADO. – Oh ! là, là ! oui ! On était si fier qu'on se prenait pour 10 Popeye : des biceps comme des boules de pétanque.

PARIS. – On rêvait d'un grand et beau pays, fidèle à lui-même mais ouvert sur le monde, à tous les peuples du monde !

NEW YORK CITY. – Et qu'est-ce qu'on a trouvé ? Un pays sous la coupe d'une association de malfaiteurs dénommée Parti Unique et terriblement 15 allergique aux intellectuels.

NORA. – Écoutez, je peux peut-être arranger cela. Je m'appelle Nora Bourrache. Mon père est le ministre de la Culture. *(Tous les trois sont d'abord surpris, un peu embarrassés, mais ils se ressaisissent très vite.)*

PARIS. – À votre place, je serais gênée d'être la fille d'un de ces pharaons 20 qui ont fait main basse sur le pays et je ne m'en vanterais pas !

NORA. – La fortune de mon père n'a rien d'illégal et je ne pense pas que je doive m'excuser d'être riche, ni qu'il faille m'imposer des pénitences pour vous faire plaisir. Vous êtes des gens impossibles ! *(Elle s'apprête à sortir et, sur le pas de la porte, croise Barabbas. Paris se précipite et crie.)*

25 PARIS. – Bienvenue Zéro !

BARABBAS, *examinant Nora.* – Il me semble que je vous ai vue quelque part, Mademoiselle.

PARIS, *impérative.* – Laisse tomber, Zéro !

NORA, *dans une brusque inspiration.* – Connaissez-vous Slim, par 30 hasard ?

BARABBAS, *bonhomme.* – Je le quitte à l'instant, pourquoi ?

COLORADO. – Eh bien, bravo Barabbas ! Bravo ! Tu mérites un Oscar !

PARIS. – Quand on t'appelle Zéro, c'est que le feu est au rouge.

NEW YORK CITY. – Et au rouge, on ne passe pas. Bouche cousue !

35 BARABBAS, *s'adressant à ses camarades à tour de rôle.* – Combien de
fois faudra-t-il vous dire que je me perds dans vos jeux d'intellectuels,
merde ? Je ne suis pas ingénieur en informatique de New York City
comme toi ! Ni comme toi ingénieur hydraulicien de Boulder, Colorado ! Ni licencié ès lettres de la Faculté de Paris, comme toi ma chère
amie ! *(À Nora.)* Je n'ai même pas mon certificat d'études et le seul
40 diplôme que je possède, c'est un casier judiciaire où il est dit que j'ai été
pickpocket, monte-en-l'air, joueur de poker et j'en passe !

PARIS. – Maintenant que tu nous as fait perdre la face, explique !

BARABBAS. – Il n'y a qu'à dire la vérité, voilà tout ! En entrant dans ce
cimetière d'ordures, on fait comme à la Légion Étrangère : le nom, le
45 passé on jette tout par-dessus bord et on se choisit des sobriquets qui
nous rappellent en général le bon vieux temps, voilà !

NORA. – Je vous ai dit mon nom. Dites-moi les vôtres.

BARABBAS. – Ne faites pas cette tête-là, mes enfants ! On n'est plus au
rouge on passe au vert. *(Il présente ses camarades.)* Elle, c'est Paris.
50 C'est sa façon, comme elle dit, de garder son humanité perdue. Lui, là,
c'est New York City et lui c'est Colorado et, toujours comme ils disent,
ça laisse la porte ouverte sur le rêve et l'espoir. Quant à moi, c'est simple :
comme je ne suis jamais sorti de ce damné pays, j'ai gardé le sobriquet
qu'on m'a donné dans les bidonvilles où j'ai grandi : Barabbas, Barabbas,
55 ça vous dit quelque chose, je pense ? Il est célèbre depuis qu'un certain
Jésus Christ a volé sa croix.

Noureddine Aba, *L'arbre qui cachait la mer,*
© **L'Harmattan, Paris, 1992.**

COMPRÉHENSION ET LANGUE

1 – À quel genre littéraire appartient ce texte ?

2 – Comment concevez-vous la lecture de ce texte ?

3 – Que pensez-vous des noms donnés aux différents personnages ?

4 – Quel est le thème général de « Bienvenue Zéro » ?

5 – Quelle signification revêt ce titre ?

ACTIVITÉS DIVERSES, EXPRESSION ÉCRITE

1 – Quelle est la morale de l'œuvre ?

2 – Imaginez une suite à cette scène.

Mohammed Dib, né à Tlemcen en 1920, est l'une des figures de proue de la littérature contemporaine. Il est, pour l'Algérie, l'écrivain le plus prolifique et celui qui, aujourd'hui, dans la distance de la maturité, l'exprime le plus fidèlement.

Ses premiers romans, *la Grande Maison* (1952), *l'Incendie* (1954), *le Métier à tisser* (1957), forment une fresque de l'Algérie aux alentours de la Seconde Guerre mondiale, s'éveillant à la conscience nationale. Ils proposent comme un parcours initiatique dans un milieu socioprofessionnel diversifié.

La quête de soi
et les métamorphoses de l'écriture

C'est d'abord par la poésie que Mohammed Dib est entré en littérature, avec un poème, « Vega », publié en 1947, qui peut paraître comme un programme esthétique et culturel de son œuvre à venir : on y lit la quête de soi, le rêve d'un lieu idéal, la formulation d'une pensée ésotérique et mystique, et toute une expression poétique qu'on ne cessera de retrouver dans les différentes thématiques de ses romans et de ses nouvelles. On en verra les prolongements métaphoriques dans *Qui se souvient de la mer* (1962), roman qui emprunte au surréalisme et à la science-fiction ses procédés de mise en image. En 1964, *Cours sur la rive sauvage*, récit poétique, construit la vision utopique de « La Cité du Soleil », projection d'une Algérie rêvée selon les désirs les plus secrets du poète, une Algérie femme-enfant, à la fois ingénue et forte, et ruisselante de lumière.

Ascension mythique et symbolique

L'Algérie indépendante en construction et engagée dans un débat d'idées passionné, avec ses espoirs et ses contradictions, apparaîtra dans *la Danse du roi* (1968), *Dieu en Barbarie* (1970) et *le Maître de chasse* (1973). Avec *Habel* (1977), Mohammed Dib entre dans la problématique de l'exil, sous forme d'une quête identitaire et spirituelle, labyrinthique et profondément nostalgique. *Les Terrasses d'Orsol* (1985), *le Sommeil d'Ève* (1989), *Neiges de marbre* (1990) poursuivent cette quête. *Le Désert sans détour* (1990) abolit tous les repères et rétablit l'intégralité du vide originel, celui qui oblige à se tourner sans complaisance vers soi, le désert absolu n'autorisant aucune échappée.

Ombre gardienne (1961), *Formulaires* (1970), *Omneros* (1975), *Feu, beau feu* (1979), *O vive* (1988), cinq recueils de poésies ravivent les images, sonorités et rythmes particulièrement sensuels, des états intérieurs.

Mais cette quête vertigineuse du sens et de l'identité s'accorde de nombreux répits ; ce sont les moments où Mohammed Dib nous offre des contes, *Baba Fekrane* (1959) ou *Histoire du chat qui boude* (1974), un scénario de film, *les Fiancés du printemps* (1963), une pièce de théâtre, *Mille Hourras pour une gueuse* (1980), ou encore des nouvelles, *Au café* (1955), *le Talisman* (1966), etc.

1952	*La Grande Maison* [roman]
1954	*L'Incendie* [roman]
1955	*Au café* [nouvelles]
1957	*Le Métier à tisser* [roman]
1962	*Qui se souvient de la mer* [roman]
1961	*Ombre gardienne* [poèmes]
1964	*Cours sur la rive sauvage* [récit poétique]
1966	*Le Talisman* [nouvelles]
1968	*La Danse du roi* [roman]
1970	*Dieu en Barbarie* [roman]
1970	*Formulaires* [poèmes]
1973	*Le Maître de chasse* [roman]
1974	*Histoire du chat qui boude* [conte]
1975	*Omneros* [poèmes]
1977	*Habel* [roman]
1979	*Feu, beau feu* [poèmes]
1985	*Les Terrasses d'Orsol* [roman]
1988	*O vive* [poèmes]
1989	*Le Sommeil d'Ève* [roman]
1990	*Neiges de marbre* [roman]
1990	*Le Désert sans détour* [roman]

« *Nous sommes des espèces de tribus vivant aux portes de grands empires* »

Nous sommes en Algérie aux lendemains de l'indépendance. Quelques hommes se rencontrent par hasard et s'interrogent sur le nouvel état des choses. Ils le font avec passion, mais leur discours trahit aussi leur anxiété.

« Vous le savez ! dit-il. Vous savez, répéta le Dr Berchig, que nous sommes des espèces de tribus vivant aux portes de grands empires qui s'appellent : Europe ! Russie soviétique ! Chine ! Des espèces de peuples des confins remuants, hantés de rêves excessifs, incapables de se réunir
5 jamais eux-mêmes en empire, – et rien de plus ! Non, la sagesse la plus élémentaire voudrait que nous nous tournions vers l'un ou l'autre de nos puissants voisins, que nous lui fassions les yeux doux et l'engagions à nous prendre à son service. Vous me direz : "C'est chose accomplie déjà, vous retardez." Il ne pouvait rien nous arriver de mieux. Je dirais même
10 que comme solution elle nous débarrasse de problèmes aussi irritants que ceux qui consistent à chercher qui nous sommes, d'où nous venons et où nous allons, et d'autres de la même espèce. Messieurs les Occidentaux, messieurs les Russes, messieurs les Chinois, à tour de rôle ou ensemble, je suis votre homme, je bois à votre santé, et Dieu nous
15 garde ! »

Il leva son verre mais fut le seul de la petite compagnie à le faire. Le geste inachevé, ce causeur dans la force de l'âge, doué d'une splendide carrure, respirant l'autorité et l'optimisme, promena des regards amusés à la ronde, observa un instant Jean-Marie Aymard, Kamal Waëd,
20 Hamdi, Si-Azallah, qui, chacun dans une attitude différente, gardaient le silence.

Mohammed Dib, *Dieu en Barbarie,*
© **Éditions du Seuil, Paris, 1970.**

COMPRÉHENSION ET LANGUE

1 – De quel genre, masculin ou féminin, est le mot « espèce » ?
2 – Quelle différence existe-t-il entre « peuple » et « tribu » ?
3 – Étudiez la composition de ce texte et l'usage de sa ponctuation.
4 – Quel est le destinataire des propos du Dr Berchig ?
5 – Quel est le narrateur de ce récit ?

ACTIVITÉS DIVERSES, EXPRESSION ÉCRITE

1 – Récrivez le premier paragraphe au style indirect libre.
2 – Commentez les propos du Dr Berchig.

ALGÉRIE
MOHAMMED
D I **B**

Les lecteurs de
Mohammed Dib,
qui avaient fait le succès
de sa première trilogie
romanesque, centrée
sur l'Algérie de la fin
de la période coloniale,
ont été parfois désorientés
par l'évolution du
romancier, qui a mis
au cœur de son œuvre
une réflexion subtile sur
la parole et l'écriture, sur
les vertiges de l'identité,
de la mort et de la folie.
Il a peu à peu « exilé » son
inspiration vers des
paysages et des thèmes
« nordiques », même si
la légende du loup
fascinateur qui est au
point de départ du roman
le Sommeil d'Ève (1989)
peut trouver
son homologue dans
la tradition algérienne.
Il y épure sa méditation
sur l'« exil »
de la condition humaine.

« *La Fiancée du Loup* »

*Dans une ville de l'extrême nord de l'Europe, Faïna, une jeune maman,
souffre de l'absence de son mari, Solh, un Algérien en exil. Elle sombre
progressivement dans la mélancolie et se dit possédée par une louve.
Au paroxysme de la douleur, Faïna s'identifie complètement à la louve
qui l'habite. De retour, Solh aide sa femme à retrouver son identité ;
à la fin du roman, il s'interroge encore sur la nature du phénomène.*

Ce matin du 16 août, première carte de Faïna. Elle a été expédiée du
nord de l'Allemagne, de là où tous les trois ont passé la nuit avant de
prendre le bateau, voiture comprise, et poursuivre leur voyage. Je la
tiens entre mes mains, cette carte, reproduction d'une toile de Hugo Sim-
5 berg avec son titre : *Saga*. Ce qu'elle représente ? La Fiancée du Loup.
La femme qui s'est faite louve pour l'amour du Loup, dans ces pays. Une
carte que Faïna m'avait déjà envoyée, détail dont elle a perdu le souvenir, à coup sûr. À moins que, sans le faire intentionnellement, l'inspiration lui en ait été soufflée par l'Ombre qui n'a pas de nom, l'Ombre
10 fidèle. C'est sa manière d'aller dans la vie. Elle n'avait rien pour écrire, et
la fatalité a mis pareille carte sous sa main. Les coïncidences. On peut
épiloguer, à ce sujet, tant et plus. Il y en a eu beaucoup, il y en a eu trop
depuis que je la connais, je parle des coïncidences. Et, maintenant, la
dernière : toute une nuit, l'histoire de la femme qui n'a pas su résister à
15 l'appel du Loup m'a torturé le cerveau et, ce matin, arrive la carte.

L'histoire, Faïna la connaissait déjà d'avant, de bien avant, étant de
là-bas. Elle ne savait pas, alors, que ce serait aussi son histoire. Pas
encore.

À présent, elle le sait.

20 Elle ne savait pas qu'un loup allait venir l'enlever, et à présent, elle le
sait. Elle aurait dû s'y attendre, s'y préparer, elle qui connaissait déjà
l'histoire. Mais ce n'était sans doute qu'une histoire, pour elle. Une histoire. Et elle ne s'y est pas attendue, ne s'y est pas préparée. Maintenant
elle sait que ce n'est pas qu'une histoire. Elle a dû finir par le com-
25 prendre.

Elle y a mis du temps. Elle s'était mise d'abord à se raconter toute
seule l'histoire. Je crois. Puis elle me l'a racontée sans que j'aie rien
demandé. L'histoire de cette femme qui a tout abandonné, foyer, enfants,
mari, pour suivre le Loup. L'histoire de ce Loup et de cette femme partis
30 ensemble. Et elle est devenue son histoire.

Elle retournait quelquefois prendre, ou essayer de prendre sa place
auprès de ses enfants, auprès de son mari. Faire comme avant, revivre
une vie de femme humaine. Elle ne tenait plus en place en guère de
temps, elle ne pouvait pas, ne l'endurait pas. Le Loup lui manquait, le
35 désir du Loup était plus puissant. Son cœur battait trop fort pour lui.

Et elle partait le retrouver. Faïna, tu connaissais déjà l'histoire. Et si moi je l'ignorais à l'époque, il n'importait. Il faut que ces choses se passent comme elles doivent toujours se passer, il le faut, c'est nécessaire. Il fallait que ça t'arrive et nous arrive. Et tu es devenue, avec moi, de plus en plus louve.

Maintenant, oublie si tu peux.

Mais qui a envoyé la carte ? Faïna ? Louve ?

Mohammed Dib, *le Sommeil d'Ève,*
Sindbad, Paris, 1988.

Mélancolie, par Edmond de Grimberghe.

COMPRÉHENSION
ET LANGUE

1 – Que signifie l'expression « être possédé » ?

2 – Qu'est-ce qu'une *saga* ?

3 – Qu'est-il réellement arrivé à Faïna ?

4 – À quel genre de récit appartient ce texte ?

5 – Qu'expriment les deux dernières lignes de ce texte ?

6 – Relevez les éléments qui attestent de l'étrangeté de cette histoire.

7 – Pourquoi « Loup » prend-il ici une majuscule (l. 6) ?

8 – Que pensez-vous de l'attitude du narrateur à l'égard de ce qui arrive à Faïna ?

9 – À quelle personne est racontée l'histoire ?

10 – Quels sont les personnages en présence dans cet épisode du roman ?

ACTIVITÉS DIVERSES,
EXPRESSION ÉCRITE

1 – À partir de ce texte qui clôt le roman, essayez de remonter le fil de l'histoire jusqu'à son début.

2 – Croyez-vous aux histoires de possession ? Répondez en proposant des arguments destinés à convaincre un interlocuteur qui n'est pas du même avis que vous.

ALGÉRIE
MOHAMMED
D I B

portrait mille ans après

La fraîcheur de l'origine, la symbolique du nom sont des thèmes qui ne vieillissent pas. Mille ans après, les questions « qui suis-je ? », « quel est mon nom ? » restent aussi actuelles. Ce sont elles qui raniment le souffle poétique.

en toute persévérance
murmure dans sa félicité

rien qui ne soit rives
révérées par le vent

5 n'aille par la porte de l'eau
épuiser l'écart et la route

jusqu'où la séduction
garde l'ombreuse rose

et retrouve tranquillité
10 le bonheur avide d'un souffle

Mohammed Dib, *O vive*,
Sindbad, Paris, 1989.

en urgence heureuse

Le signe O renvoie à l'initiale d'« Origine ». Dans le recueil, c'est la fraîcheur lustrale de l'Origine que le poète tente de retrouver. Les poèmes suivants, comme tous ceux qui entrent dans la composition du recueil, participent de la réinscription identitaire.

O Vive
je reprends
et dis

l'ère
5 à mesure du matin

cela qui se fait
courbe

la réserve
dans la blancheur

10 cela qui se veut
fuite

et futaies fugaces
dans le vent

cela qui se dit
15 ombre

cela qui assure
le temps

Mohammed Dib, *O vive*,
Sindbad, Paris, 1989.

COMPRÉHENSION
ET LANGUE

portrait mille ans après

1 – Étudiez le jeu des assonances et des allitérations dans ce petit poème.
2 – Que pensez-vous de la composition syntaxique ?
3 – Procédez à une analyse grammaticale, puis logique, de ces vers.

en urgence heureuse

1 – Étudiez la composition des strophes de ce poème.
2 – Étudiez les champs sémantiques dominants et montrez comment ils précisent progressivement le titre.
3 – À quelle forme grammaticale appartient « cela » ? Quelle en est la fonction dans ce poème ?

ACTIVITÉS DIVERSES,
EXPRESSION ÉCRITE

portrait mille ans après

1 – « Portrait mille ans après ». Qu'évoque pour vous ce titre ?
2 – Quelles images suscite-t-il en vous ? Rédigez un texte qui organise ces images et nous les fasse voir.

en urgence heureuse

Essayez de changer la disposition de ces vers en proposant une autre spatialisation. Commentez vos changements.

ALLOULA

Malek Alloula,
né à Oran en 1938,
a commencé par publier
ses écrits (articles
critiques sur la littérature
et poèmes) dans plusieurs
journaux et revues
du Maghreb, en particulier
la revue marocaine créée
par Abdellatif Laâbi,
Souffles.
Il vit en France depuis
1968 et travaille
actuellement chez
un éditeur parisien.
Il a publié plusieurs
recueils de poèmes,
Villes et autres lieux (1979) ;
Rêveurs/Sépultures (1982) ;
Mesures du vent (1984), et
un essai illustré de cartes
postales, *le Harem colonial,
image d'un sous-érotisme*
(1981).

COMPRÉHENSION ET LANGUE

1 – Qui sont, selon vous, les « clercs » qu'évoque l'auteur dans le premier poème ? Comment vous apparaissent-ils ?
2 – Que connote l'ensemble du second poème ?
3 – Comment, à votre sens, ces deux poèmes peuvent-ils se rejoindre ?

ACTIVITÉS DIVERSES, EXPRESSION ÉCRITE

Sur un mode poétique, évoquez une ville qui vous a particulièrement marquée.

« *Villes sans mystères…* » — « *Gravir le fleuve* »

Ces deux poèmes, sans titre, s'inscrivent dans le premier recueil de Malek Alloula, Villes et autres lieux.
À travers l'ensemble des poèmes qui composent cet ouvrage, l'auteur, dans son désir angoissant de fixer ses errances, repense les villes dans leur contenu idéologique pour pouvoir atteindre la plénitude sans aucune compromission.

« Villes sans mystères… »

J'appartenais depuis bien longtemps
à ces villes sans mystères
passablement glorifiées par des clercs reconnus
et grassement dédommagés
5   en douceurs et passe-droits divers
certains prirent femmes
parmi les filles des champs

en ces temps-là il suffisait d'évoquer les aïeux
et de retenir une larme

10 mais tout n'était que légendes
sous ces villes ensablées
dont ne revient qu'un bruissement
ténu comme une rougeur

et au loin s'effondraient les derniers rêves

* * *

« Gravir le fleuve »

quel pilote pour gravir le fleuve
précisément lors de la crue

un nuage ruisselle sur le jardin
mais pour les vieux arbres
5   une sagesse se noue sous l'écorce

et des griffes
épluchent les hantises d'un corps stupéfait

ce jour-là des anathèmes tombaient
pour prédire un vent sans habitudes

10 quel sud pour le loger

et quels yeux
pour en soupeser les pans qui s'enchevêtrent

Malek Alloula, *Villes et autres lieux,* © Christian Bourgois, Paris, 1979.

ALGÉRIE ASSIA

DJEBAR

née en 1936

Assia Djebar est née en 1936 à Cherchell, tout près de l'antique cité du roi Juba II. Après des études d'histoire à l'École Normale de Sèvres, elle se fait très tôt connaître par deux romans psychologiques, *la Soif* (1957) et *les Impatients* (1958), qui manifestent chez la jeune romancière cet art des nuances qui lui est propre, et qu'elle ne cessera d'affiner dans ses créations suivantes. Ces deux œuvres de jeunesse greffent sur la composante sociale des personnages un violent désir de création de soi. Par quelques aspects fragmentaires, ils participent à la parole critique en mettant en scène des personnages révoltés contre la bourgeoisie passive et sclérosée, en exprimant leur différence intérieure et en posant au milieu social auquel ils appartiennent, des questions inhérentes à la tradition, au couple, au corps…

Histoire et fiction

D'inspiration socio-idéologique, *les Enfants du nouveau monde* (1962) et *les Alouettes naïves* (1964) sont deux beaux témoignages romanesques sur la guerre d'Algérie. Mais ces deux romans n'intègrent de l'histoire que sa dimension référentielle avec sa fonction de révélation et d'explication de personnages essentiellement féminins. C'est dans *l'Amour, la Fantasia* (1985) que le vaste projet de la fresque historique algérienne trouve son expression la plus accomplie. L'innovation déterminante dans ce récit, outre la forte densité informative et expressive de l'œuvre, a été de rattacher de multiples façons l'histoire du pays, dans son passé absolu et son passé le plus récent, à l'histoire de la femme algérienne. Le paradigme féminin est une sorte d'instance unificatrice pour un nouveau rapport au sens et à l'histoire. Désireuse de saisir la réalité historique sous tous aspects, Assia Djebar écrit *Femmes d'Alger dans leur appartement* (1980), recueil de huit nouvelles, inspirées de la célèbre peinture de Delacroix. Elle continue, sans répit, d'interroger les destins multiples de ces femmes exceptionnelles qui, dans les sociétés musulmanes, ont su dévier la fatalité de l'enfermement : Shéhérazade, dans *Ombre sultane* (1987), et les femmes qui ont partagé la vie du prophète dans *Loin de Médine* (1991).

La magie des écrans

C'est aussi aux femmes qu'elle consacre ses deux films, *la Nouba des femmes du Chenoua* (Prix de la critique à la biennale de Venise en 1979) et *la Zerda ou les chants de l'oubli* (1979). Dans l'ensemble de l'œuvre, littéraire et cinématographique, se manifeste une réflexion subtile sur l'univers sémiologique dans lequel s'engage la parole féminine. Cette parole, l'auteur la saisit partout où elle fait bouger les signes : dans les attitudes et les gestes, dans les yeux et le corps tout entier, dans la traversée conquérante de l'espace. Le texte ou le film, mobilisé par l'œil d'Assia Djebar, ouvre sur d'étranges perspectives, jouant des écrans qui refaçonnent le monde, le reproduisent en lignes, en formes et en couleurs. Étrangeté donc du regard féminin forgé par les écrans, c'est-à-dire le voile et l'écran social hérissés d'interdits qui fragmentent la vision, en reléguant une bonne partie dans la zone obscure du refoulement… La littérature est un moyen de prospection du réel que formule toute parole féminine et, par-delà, toute société.

Une œuvre qui se construit, un écrivain qui confirme ses talents d'artiste, un itinéraire caractérisé par un effort de réflexion créatrice, un geste scriptural déterminé par une écoute de soi et de la société, sollicitent le lecteur de différentes manières. L'échange constamment renouvelé entre l'écrivain, la cinéaste, l'historienne, la critique d'art a une grande incidence sur la conception littéraire de la romancière.

1957	*La Soif* [roman]
1958	*Les Impatients* [roman]
1962	*Les Enfants du nouveau monde* [roman]
1964	*Les Alouettes naïves* [roman]
1979	*La Nouba des femmes du Chenoua* [film] *La Zerda ou les chants de l'oubli* [film]
1980	*Femmes d'Alger dans leur appartement* [nouvelles]
1985	*L'Amour, la Fantasia* [roman]
1987	*Ombre sultane* [roman]
1991	*Loin de Médine* [roman]

« *La sultane des aubes* »

Deux femmes, Isma et Hajila, sont mariées au même homme. L'auteur tente de cerner cette étrange arabesque en s'inspirant de façon lointaine de l'histoire de Shéhérazade dans les Mille et Une Nuits.

Ombre et sultane ; ombre derrière la sultane.

Deux femmes : Hajila et Isma. Le récit que j'esquisse cerne un duo étrange : deux femmes qui ne sont point sœurs, et même pas rivales, bien que, l'une le sachant et l'autre l'ignorant, elles se soient retrouvées
5 épouses du même homme – l'« Homme » pour reprendre en écho le dialecte arabe qui se murmure dans la chambre… Cet homme ne les sépare pas, ne les rend pas pour autant complices.

L'une d'elles, Isma, a choisi l'autre pour la précipiter dans le lit conjugal. Elle s'est voulue marieuse de son propre mari ; elle a cru, par
10 naïveté, se libérer ainsi à la fois du passé d'amour et du présent arrêté. Dans le clair-obscur, sa voix s'élève, s'adressant tour à tour à Hajila présente, puis à elle-même, l'Isma d'hier… Voix qui perle dans la nuit, qui se désole dans l'éblouissement du jour.

Isma, Hajila : arabesque des noms entrelacés. Laquelle des deux, ombre,
15 devient sultane, laquelle, sultane des aubes, se dissipe en ombre d'avant midi ? L'intrigue à peine amorcée, un effacement lentement la corrode.

Ai-je voulu te donner en offrande à l'homme ? Croyais-je retrouver le geste des reines de sérail ? Celles-ci, quand elles présentaient une autre épouse au maître, en fait se libéraient aux dépens d'une fausse
20 rivale… Réaffirmais-je à mon tour mon pouvoir ? Non, je coupais mes amarres. Certes, je t'entravais, toi, innocente, depuis que ta mère était devenue mon alliée ou ma complice selon la Tradition.

Je vais prendre le large ; mais je rôde encore autour de toi. Je te dis « tu » pour tuer les relents d'un incertain remords, comme si réaffluait la
25 fascination des femmes d'autrefois…

– Hajila !

Mériem, ma fille de six ans, a crié ton nom ce matin-là. Sa main bien serrée dans la mienne, elle t'a appelée pour la première fois, au-dehors. J'ai entendu vibrer, dans la violence bleue du matin d'été, le prénom que
30 j'avais murmuré pour moi seule si souvent.

Mériem a crié ton nom à l'aube, ô Hajila. Et tu as ri, dans un spasme de ton corps maigre, tes cheveux secoués par un balancement ample et brusque, telle une souffrance imprévue. Tu descendais les escaliers de cette ruelle que nous avions crue impasse ; tu ne cessais de descendre
35 malgré ce cri. Le mouvement latéral de ta crinière sombre se ralentissait peu à peu. Des passantes, fantômes blancs, semblaient flotter derrière. Criailleries de gamins au loin. Je t'imaginais dégringolant dans la ville – ou escaladant à l'inverse ces escaliers multiples.

Assia Djebar, *Ombre sultane*,
© Jean-Claude Lattès, Paris, 1987.

COMPRÉHENSION ET LANGUE

1 – Quelle situation est ici formulée ?
2 – Qu'est-ce qu'une sultane ?
3 – En quoi les deux femmes, Hajila et Isma, sont-elles rivales ?
4 – Cette situation vous paraît-elle normale ?
5 – Qu'est-ce qu'une arabesque ?
6 – Étudiez la première phrase de ce texte.

ACTIVITÉS DIVERSES, EXPRESSION ÉCRITE

1 – Sur quel ton le récit est-il amorcé ?
2 – Dans quelles aires culturelles cette histoire est-elle vraisemblable ?
3 – Quelle suite préfigure cette entrée en matière ?

Dans la première partie de sa postface au recueil de nouvelles, Assia Djebar médite sur le travail du peintre Delacroix et tente d'interpréter les messages picturaux qu'il transmet à travers les variations de sa célèbre toile réalisée à partir d'un « regard volé », en 1832, dans un harem d'Alger. Dans la seconde partie, elle fait surgir en contrepoint à la toile de Delacroix celle, du même titre, de Picasso qui, au début de la guerre d'Algérie, brise l'interdit, renverse la malédiction et libère les belles prisonnières du harem.

Femmes d'Alger

« Femmes d'Alger dans leur appartement » : tel est le titre du célèbre tableau de Delacroix qui donne son titre au livre d'Assia Djebar.

Femmes d'Alger dans leur appartement : trois femmes dont deux sont assises devant un narguilé[1]. La troisième, au premier plan, est à demi allongée, accoudée sur des coussins. Une servante, de trois quarts dos, lève un bras comme si elle écartait la lourde tenture qui masque cet uni-
5   vers clos ; personnage presque accessoire, elle ne fait que longer ce cha-toiement de couleurs qui auréole les trois autres femmes. Tout le sens du tableau se joue dans le rapport qu'entretiennent celles-ci avec leur corps, ainsi qu'avec le lieu de leur enfermement. Prisonnières résignées d'un lieu clos qui s'éclaire d'une sorte de lumière de rêve venue de nulle part
10 – lumière de serre ou d'aquarium. Le génie de Delacroix nous les rend à la fois présentes et lointaines, énigmatiques au plus haut point.

Quinze ans après ces journées d'Alger, Delacroix se ressouvient, y retra-vaille et donne au Salon de 1849 une seconde version des *Femmes d'Alger*.

La composition est à peu près identique, mais plusieurs changements
15 font mieux apparaître par récurrence le sens latent du tableau.

Dans cette seconde toile où les traits des personnages sont moins fouillés, l'angle de vision s'est élargi. Cet effet de cadrage a pour triple résultat : d'éloigner de nous les trois femmes qui s'enfoncent alors plus profondément dans leur retrait ; de découvrir et dénuder entièrement un
20 des murs de la chambre, de le faire peser d'un plus grand poids sur la solitude de ces femmes ; enfin d'accentuer le caractère irréel de la lumière. Celle-ci fait mieux apparaître ce que l'ombre recèle comme menace invisible, omniprésente, par le truchement de la servante qu'on ne distingue presque plus mais qui est là, attentive.

25 Femmes en attente toujours. Moins sultanes[2] soudain que prisonnières. N'entretenant avec nous, spectateurs, aucun rapport. Ne s'abandonnant ni ne se refusant au regard. Étrangères mais présentes terriblement dans cette atmosphère raréfiée de la claustration.

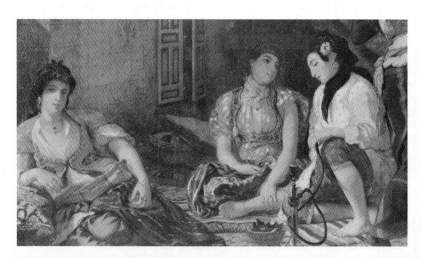

Femmes d'Alger dans leur appartement,
par Eugène Delacroix.

Élie Faure raconte que le vieux Renoir, quand il évoquait cette
30 lumière des *Femmes d'Alger,* ne pouvait s'empêcher de laisser couler sur
ses joues de grosses larmes. [...]

Alors que débutait à peine la guerre de libération en Algérie, Picasso
va vivre, de décembre 1954 à février 1955, quotidiennement dans le
monde des *Femmes d'Alger,* de Delacroix. Il s'y confronte et bâtit autour
35 des trois femmes, et avec elles, un univers complètement transformé :
quinze toiles et deux lithographies portant le même titre.

Il m'émeut de penser que l'Espagnol génial préside ainsi à un changement des temps.

À l'entrée de notre nuit coloniale, le peintre français nous livrait sa
40 vision qui, remarque Baudelaire admirateur, *exhale je ne sais quel haut
parfum de mauvais lieu qui nous guide assez vite vers les limbes inson-
dés de la tristesse.* Ce parfum de mauvais lieu venait de bien loin et il se
sera encore davantage concentré.

Picasso renverse la malédiction, fait éclater le malheur, inscrit en
45 lignes hardies un bonheur totalement nouveau. Prescience qui devrait,
dans notre quotidien, nous guider.

Picasso a toujours aimé libérer les belles du harem[3], remarque
Pierre Daix. Libération glorieuse de l'espace, réveil des corps dans la
danse, la dépense, le mouvement gratuit. Mais aussi préservation d'une
50 des femmes restée hermétique, olympienne, soudain immense. Comme
une morale proposée, ici, d'un rapport à retrouver entre sérénité
ancienne et parée (la dame, figée auparavant dans sa tristesse maussade,
est dorénavant immobile, mais comme un roc de puissance intérieure) et
l'éclatement improvisé dans un espace ouvert.

55 Car il n'y a plus de harem, la porte en est grande ouverte et la lumière
y entre ruisselante ; il n'y a même plus de servante espionne, simplement
une autre femme, espiègle et dansante. Enfin les héroïnes – à l'exception
de la reine dont les seins éclatent néanmoins – y sont totalement nues,
comme si Picasso retrouvait la vérité du langage usuel qui, en arabe,
60 désigne les *dévoilées* comme des *dénudées.* Comme s'il faisait aussi de
cette dénudation non pas seulement le signe d'une émancipation, mais
plutôt celui d'une renaissance de ces femmes à leur corps.

Assia Djebar, *Femmes d'Alger dans leur appartement,*
© Édition des Femmes, Paris, 1980.

1. Sorte de pipe orientale constituée
d'un long tuyau souple communiquant avec
un réservoir d'eau aromatisé.
2. Féminin de « sultan », « souverain »
en langue arabe.
3. De l'arabe harïm, *qui désigne la partie
de la maison réservée aux femmes
et strictement interdite à tout homme
étranger à la famille.*

Les Femmes d'Alger, 1955,
par Pablo Picasso.

COMPRÉHENSION
ET LANGUE

1 – Que signifie « accessoire »
(l. 5) ? Comment le terme est-il
ici employé ?

2 – Quels sont les changements
opérés par le peintre Delacroix
sur la seconde variation de sa
toile *Femmes d'Alger dans leur
appartement* ?

3 – Comment Assia Djebar
interprète-t-elle les changements
apportés par le peintre ?

4 – Qui étaient Élie Faure et
« le vieux Renoir » ?

5 – Qu'est-ce qui, dans le
tableau de Delacroix, exprime la
claustration ?

6 – Qu'est-ce qu'une litho-
graphie ?

7 – Que désigne l'expression
« nuit coloniale » (l. 39) ?

8 – Pourquoi les participes passés *dévoilées* et *dénudées* sont-
ils, dans le texte, transcrits en
caractères italiques (l. 61) ?

9 – Comment Picasso libère-t-il
« les belles du harem » (l. 47) ?

ACTIVITÉS DIVERSES,
EXPRESSION ÉCRITE

1 – À votre tour, comparez
les reproductions des toiles des
deux peintres et donnez vos
impressions.

2 – Imaginez la façon dont
Delacroix a pu pénétrer dans ce
harem d'Alger en 1832, alors
que l'accès en était strictement
interdit.

ALGÉRIE
NABILE
FARÈS

Nabile Farès, né à Collo
en 1940, soutient à Paris
en 1986 une brillante
thèse d'État intitulée
« Langue, culture
et symbolisme, essai
d'anthropologie
maghrébine ». Ce travail,
en voie de publication, est
le prolongement théorique
des préoccupations
culturelles et historiques
qui sous-tendent son œuvre
poétique et romanesque.
Yahia pas de chance
(1970), *Un passager
de l'Occident* (1971),
le Champ des oliviers
(1972), *l'Exil et le Désarroi*
(1974), *l'État perdu* (1982)
et *l'Exil au féminin* (1986)
tentent, par une pratique
subversive de l'écriture,
de mettre en échec
les pouvoirs hégémoniques
qui censurent la culture
et en bloquent le devenir.
L'œuvre de Farès milite
pour une prise en charge
de toutes les langues
et cultures qui font
la personnalité
du Maghreb.

« *La Renaissance* »

*Le premier exil n'est-il pas celui qui sépare un être de son environnement
naturel, de ce monde des éléments qui enchantent les sens et redonnent vie
à la parole ? C'est le sujet de l'œuvre l'Exil et le Désarroi. Dans l'extrait
suivant, le fils interroge le père sur les limites que lui imposent le Livre
et la civilisation du Livre.*

Le jeu sur la colline d'argile : je me souviens de son front et de ses
yeux sur la colline d'argile ; de sa manière de monter à cheval, et de porter son léger burnous, sur le dos. On ne pouvait retenir son envie de
fendre la colline, comme on fend une bûche, ou une tête, car, en ce
5 temps-là, c'est à la colline qu'il adressait sa prière, et à personne d'autre.

Son père désirait que le jeu s'arrête, car il pensait que ce n'était qu'un
jeu, un simple jeu d'enfant, ou d'adolescent sur le point de quitter l'enfance.

C'est ainsi qu'existent certaines séparations entre les hommes et les
enfants, à propos du jeu ; et les séparations deviennent violentes à partir
10 du moment où le jeu nourrit un territoire de violence.

Le père pensait que ce n'était qu'un simple jeu, jusqu'au jour où :

Voilà : le monde déchiré, comme un animal dont on sale les blessures.

Ceci n'est pas le retour au passé, car notre passé n'est nulle part,
15 aujourd'hui, jeté et répandu dans des mémoires falsifiées par trop de
siècles.

Comment être au-delà du Livre ?

Voilà, père, ma vraie question.

Comment être, au-delà du Livre ? Parmi les champs, la richesse de
20 mes désirs et lumières.

J'ai déjà perdu trop de temps, et je suis jeune, de cette jeunesse dont
on dit qu'elle doit connaître l'esclavage.

Il faut sortir des limites dressées à l'intérieur du territoire. Nous ne
pouvons être libres et, en même temps, rester cloîtrés dans la parole du
25 Livre.

Voilà, ce que j'appelle la « Renaissance » ou *Nahda*[1]. Ce retourne-
ment du Livre, dans nos cœurs, pour nous apprendre à penser.

Voilà, ce que j'appelle la « Renaissance », cette redécouverte de
notre liberté.

30 Père, j'ai été disciple, dans la *Zaouia*[2] de mon maître. Mais, aujour-
d'hui, le Livre a changé de camp et de lecteurs.`

J'ai interrogé la colline, et la colline m'en a dit plus que le Livre, et
toutes ses pages réunies.

J'ai interrogé la vallée, et la vallée m'a montré plus de choses que le
35 Livre, et toutes ses pages réunies.

J'ai interrogé la montagne, et la montagne a exigé plus de choses que
le Livre, et toutes ses pages réunies.

J'ai interrogé mes frères, et mes frères m'ont répondu plus de choses que le Livre, et toutes ses pages réunies.

40 J'ai alors connu ce choix : être un disciple du Livre, ou un être du monde ?

Père, je dis ces choses alors que mon cœur est toujours inscrit dans la *Zaouia* de mon maître.

Mais, ma

45 *souffrance, père ?*

(ma souffrance)

veut aller au-delà du Livre.

Je veux

être,

50 là-bas,

dans

le jeu

libre du monde.

Père, s'il existe des paroles antérieures à ma naissance, ce sont elles

55 que je veux comprendre ; *oui,* celles qui ramènent, *ensemble,* l'homme et le monde, et, *non pas, celles qui condamnèrent* l'homme et le monde.

**Nabile Farès, *l'Exil et le Désarroi,*
© Nabile Farès.**

**Nabile Farès, *l'Exil et le Désarroi,*
© Nabile Farès.**

1. *Équivalent arabe de « renaissance ».*
2. *Ce mot arabe désigne, au Maghreb, une petite mosquée, un lieu de prière ou de rencontre religieuse.*

COMPRÉHENSION ET LANGUE

1 – Comment ce passage est-il construit ?

2 – Étudiez l'énonciation et la manière dont le message est formulé.

3 – À quel livre est-il fait allusion ?

4 – Comment expliquez-vous l'usage, dans ce texte, des caractères italiques ?

5 – Étudiez la ponctuation et ses effets sur le sens.

6 – S'agit-il ici d'un dialogue entre le fils et le père ou d'une autre forme de discours ?

7 – Relevez les répétitions diverses de mots et d'expressions. Leur emploi vous paraît-il justifié ?

ACTIVITÉS DIVERSES, EXPRESSION ÉCRITE

1 – Que pensez-vous de la revendication du fils ? Argumentez votre réponse.

2 – À quel genre littéraire ce texte se rattache-t-il ?

ALGÉRIE
MOURAD
BOURBOUNE

Mourad Bourboune
fait partie de la génération
d'écrivains qui ont
contribué
au renouvellement
du roman maghrébin.
Né le 23 janvier 1938 à
Djidjelli en Petite Kabylie,
il a fait ses études à
Constantine puis à Tunis
et à Paris. Après 1962,
il participe à la fondation
de l'Union des écrivains
algériens.
Après le coup d'État
de juin 1965, il quitte
l'Algérie. Depuis il vit
en France où il exerce
une activité journalistique.
Il est l'auteur de deux
romans, *le Mont des genêts*
(1962) et *le Muezzin*
(1968) et de deux recueils
de poèmes,
le Pèlerinage païen (1964)
et *le Muezzin bègue* (1970).

« *Je suis croyant* »

À la veille de l'insurrection du 1er novembre 1954 et de l'éclatement du monde colonial, quatre personnages vont se lancer dans cette lutte, chacun à sa manière. Chéhid est le témoin (c'est d'ailleurs ce que signifie son prénom) d'un monde qui va sur sa fin. D'une lucidité absolue, iconoclaste et démystificateur, il explique à Omar comment il comprend la foi religieuse.

« **L**a religion pour moi ne se résume pas à égorger un mouton le jour de l'Aïd et à observer trente jours de carême dans l'année. Les phraseurs imbéciles qui hantent nos mosquées, que savent-ils de l'Islam ? Ils discutent du sexe des Anges avec l'accord et la bénédiction de la Commission
5 des fêtes religieuses et des autorités alors que l'ennemi nous suce le sang. Je suis croyant : mais quelques bons athées l'arme sur l'épaule feraient plus de bien même à la religion que la valetaille des prêcheurs du vendredi.

L'Islam a été la source vivifiante qui a permis à tout un humanisme de naître, à la civilisation de s'enrichir ; en 1830 encore, la religion était
10 l'âme de la nation algérienne. L'envahisseur a bloqué sa marche, l'a tuée dans sa sève en proscrivant l'étude de la langue. Et maintenant il veille sur les restes délabrés de ce grand corps en ruine pour les maintenir et nous enferrer dans nos propres contradictions. On fabrique en série des croyants analphabètes avec un Coran dénaturé. La Mosquée les endort. Le calcul
15 est juste. Agha, Bachagha, Muphti, Iman. Le chemin de La Mecque passe par Paris. Pour le Paradis d'Allah, il faut déposer une demande sur papier timbré à la préfecture. Et en attendant on te distribue les couvertures et on te dit bonne nuit. Dans les villes surtout. Pour les invités à la soupe populaire de la culture française. On en prend un dans le tas pour
20 l'interviewer à la Radio : "Pensez-vous en arabe ou pensez-vous en français ?", "Ce déchirement que vous ressentez n'est-il pas source de richesse ?" Tout juste si on ne montre pas ce phénomène dans les Foires coloniales comme le plus subtil des produits exotiques. Ces fruits d'une sordide éjaculation du colonialisme ! La troisième force quoi ! »

Mourad Bourboune, *le Mont des genêts,* © Julliard, Paris, 1962.

COMPRÉHENSION ET LANGUE	4 – Quelle politique coloniale fut appliquée, selon le personnage, en Algérie ?
1 – Qui sont, selon vous, les « phraseurs imbéciles » qui parlent de l'Islam (l. 2-3) ?	5 – Quel ton prend la fin du texte ? Que dénonce Chéhid ?
2 – Que représente la religion pour Chéhid ? En quoi peut-elle être dangereuse ?	ACTIVITÉS DIVERSES, EXPRESSION ÉCRITE
3 – Expliquez : « On fabrique en série des croyants analphabètes avec un Coran dénaturé » (l. 14-15).	Karl Marx a écrit : « La religion est l'opium du peuple. » Qu'en pensez-vous ?

RACHID BOUDJEDRA

Rachid Boudjedra, né à Aïn Beïda en 1941, a étudié en Tunisie et a participé très jeune à la lutte de libération nationale (il a été représentant du F.L.N. en Espagne). Licencié de philosophie de la Sorbonne, il séjourne en France, puis au Maroc, avant d'occuper des responsabilités culturelles en Algérie et d'enseigner à l'Institut des sciences politiques d'Alger. Son premier roman (*la Répudiation*, 1969), très provocant, annonçait la nouvelle génération des écrivains algériens. Il a publié ensuite *l'Insolation* (1972), *Topographie idéale pour une agression caractérisée* (1975), *l'Escargot entêté* (1977), *les 1001 Années de la nostalgie* (1979), *le Vainqueur de coupe* (1981), etc. Depuis le *Démantèlement* (1982), ses romans sont publiés conjointement en arabe et en « version française ».

« *Jour de congé* »

Le narrateur est un fonctionnaire bureaucrate modèle. Célibataire d'une cinquantaine d'années, il occupe à Alger, dans une administration, la fonction de chef de la dératisation. D'un caractère obsessionnel, il prend l'habitude de noter tout ce qui l'angoisse ou le perturbe.

Jour de congé. Le quartier est tranquille cet après-midi. Je n'ai pas besoin de mettre du coton dans mes oreilles. J'aime ma solitude. Ma mère disait les fréquentations sont mauvaises et la gale est contagieuse. Les garnements sont partis dès le matin au stade, pour pouvoir res-
5 quiller. Certains jours je me dis que j'ai de la chance. Grâce au football, les après-midi du vendredi sont paisibles. L'été, c'est la mer qui les éloigne. Je n'ai pas trop à me plaindre. Il est vrai que j'habite un quartier résidentiel. Certes, les conditions de vie s'y sont dégradées et il n'a plus rien de particulier. Mais j'y reste. Ailleurs, les conditions sont pires. En
10 termes scientifiques, on appelle ce phénomène la démographie. Je préfère parler des désastres de l'amour. Je l'ai noté sur un petit bout de papier. Il fait beau. Je n'aurais quand même pas dû sortir. Malgré le calme, le beau temps et le travail très soigné que je suis en train de faire, j'ai l'impression que ma journée est gâchée. Toute une vie consacrée à améliorer les
15 conditions d'hygiène de mes concitoyens. Et pour me remercier, ils ne cessent pas de faire des enfants ! Ma mère avait raison. Juste de quoi perpétuer la race. Le reste, c'est du lyrisme. Les désastres de l'amour. Chez les rats, les mâles sont très tendres avec les femelles. Et la couvée des petits ! Un modèle… À donner en exemple aux mères du quartier
20 qui lâchent leur progéniture dans la rue avant qu'elle ne soit sevrée. Je ne m'ennuie jamais. C'est le jour où je lave mon linge. Trop méticuleux pour le donner à une laverie. C'est aussi le jour où je fais le ménage à fond. Personne n'est jamais entré chez moi. Je me méfie trop des bonnes. Je tiens de mon père. Elles sont curieuses et voleuses. Au lieu de net-
25 toyer, elles mettraient du désordre dans mes papiers.

Rachid Boudjedra, *l'Escargot entêté*,
© **by Éditions Denoël, Paris, 1977.**

COMPRÉHENSION ET LANGUE	relations mère/fils telles qu'elles apparaissent dans le texte ?
1 – Comment vous apparaît le narrateur ? 2 – Comment est rendu son tempérament obsessionnel ? 3 – Comment, dans sa vie courante, apparaissent les travers de sa fonction ? 4 – Que pouvez-vous dire des	**ACTIVITÉS DIVERSES, EXPRESSION ÉCRITE** Comment est construit le soliloque du narrateur ? Analysez d'une manière précise le sens de son « argumentation » et la progression de son « raisonnement ».

*T*opographie idéale pour une agression caractérisée n'est pas simplement l'histoire d'un émigré analphabète perdu dans les méandres du métro parisien (avec pour seule issue la mort), c'est aussi l'histoire d'un roman désarticulé, démembré. Récit tentaculaire et cyclique, il raconte l'histoire des mots qui préparent à la fois l'agression du personnage et du lecteur.

Il ne s'agit pas là d'un roman réaliste, mais d'un roman où le langage, par certains procédés, entre autres la minutie obsessionnelle du détail, crée un décalage entre le projet fictionnel et sa réalisation dans le texte.

Le langage se libère des contraintes syntaxiques et les phrases s'étirent sur plusieurs lignes par l'emploi de mots accompagnés d'un cortège de synonymes qui ne sont plus là pour signifier mais pour saturer un espace déjà plein. C'est pourquoi le roman aboutit à une double agression : celle du personnage au niveau de la fiction, et celle du lecteur au niveau de la narration.

■■ *XXᵉ siècle*

« *Le marathon* ■■■■■ *hallucinant* »

Topographie idéale pour une agression caractérisée *est un roman de l'émigration dans une écriture et une structure complètement renouvelées. Il s'agit ici du récit de la première journée dans le métro d'un émigré algérien analphabète quittant pour la première fois, parce que encouragé par d'anciens migrants (les laskars), son Piton kabyle natal pour faire fortune en France. Pris au piège dans le labyrinthe que représente le métro parisien pour qui ne sait ni lire, ni écrire, ni parler en français, notre personnage se sent agressé par tout ce qui l'entoure : bruit, cohue, voyageurs, publicité, topographie du métro…*

Le dédale l'éreintait et faisant fi de l'orientation, il continuait à déambuler, engoncé dans un soliloque intérieur et aphone, ne s'en prenant qu'à lui, et aux laskars, regrettant de s'être abandonné au mirage d'outremer clapotant et vivace et qui l'avait obsédé des nuits durant, croyant

5 qu'il n'avait qu'à travailler pour ramasser un peu d'argent et rentrer vite au Piton y acheter une bonne vache laitière pour remplacer la sienne victime du mauvais œil ou du charlatanisme des laskars, vivre de ses économies, un peu comme eux trois (ou quatre ?) qui ne font rien que paresser, jouer aux échecs et jeter des mauvais sorts à leurs ennemis. C'était

10 l'heure où les marchands de fleurs fanées faisaient irruption dans les couloirs qu'ils occupaient avec leurs corbeilles pleines à ras bord de vieilles roses, de tulipes tristes, de becs d'oiseaux grincheux, de dahlias décolorés, d'œillets fatigués, etc., avec leurs femmes s'égosillant à vanter l'article comme si elles régentaient quelques floralies fabuleuses, faisant

15 les cent pas autour de l'étalage rudimentaire, butant contre lui et son bagage, l'œil fixé sur les issues environnantes, prêtes à donner le signal aux mâles basanés, chapeautés, costumés, le foulard coquin et la pochette rouge comme un signe de ralliement ou un étendard minuscule ou, vendant à tour de bras de pauvres fleurs que l'atmosphère ambiante

20 n'aide pas à s'épanouir et qu'il va falloir transbahuter à travers trains et couloirs jusqu'aux H.L.M. maussades où on les mettra dans des pots côtoyant d'autres vases où hibernent, sans eau, de splendides et autarciques fleurs en plastique ! Et lui continuant toujours son marathon hallucinant, tournant en rond, butant dans les gens, ne faisant même plus de

25 gestes pour exprimer des excuses, envahi par les lumières fades, les camelots tonitruants, les pickpockets doucereux, les ivrognes en équilibre précaire, les vendeurs nègres exhibant des statuettes folkloriques et laides, les marchands de bagues et de colliers barbus et effervescents, les jeunes filles en sari faisant l'éloge des parfums et des encens de l'Inde,

30 les trafiquants d'angoisse fugaces et liquoreux, les joueurs de guitare profitant, sans scrupule, de l'écho des voûtes, les aveugles vendant des billets de loterie, les revendeurs de tickets de métro, les jeunes gens quémandant une pièce de monnaie, les farfelus de tout genre annonçant la fin du monde ou la naissance d'une nouvelle secte, etc. Tournant en

³⁵ rond, butant contre les êtres, les objets et les symboles jetés entre lui et les choses comme un ultime point qu'il n'arrivait pas à franchir malgré la tentation qui lui desséchait la bouche, car il n'avait plus rien à quoi s'accrocher. Ébène. Svelte. Silencieux. Il allait et venait à travers foule, cohue, artère, colère et mutisme et il savait, alors, garder cette insolence
⁴⁰ originelle et salvatrice et rien ne pouvait plus l'en faire dévier, pas même son intérêt vital, ni les recommandations de ses amis enfermés, comme à leur habitude, dans un récit tentaculaire dont ils ne voyaient pas le danger car ils le croyaient, à la fois, réaliste et docile, sûrs qu'ils étaient qu'il allait vite leur revenir, dès la première ville.

Rachid Boudjedra, *Topographie idéale pour une agression caractérisée,* © **by Éditions Denoël, Paris, 1975.**

COMPRÉHENSION ET LANGUE

1 – Comment se forme, dans l'esprit du personnage, le projet mythique du départ ?

2 – Comment l'auteur montre-t-il le décalage entre les deux mondes en présence : celui du « Piton » et celui de la société que côtoie le personnage dans le métro ?

3 – Justifiez l'emploi du terme « laskars » dans le texte (l. 7).

4 – Pourquoi l'auteur caractérise-t-il le parcours de son personnage de « marathon hallucinant » ? (l. 23).

5 – Expliquez la phrase : « Tournant en rond, butant contre les êtres, [...] car il n'avait plus rien à quoi s'accrocher » (l. 34 à 38.)

ACTIVITÉS DIVERSES, EXPRESSION ÉCRITE

1 – Comment l'écriture de l'auteur contribue-t-elle à rendre l'agression multiforme subie par le personnage dans les couloirs du métro ? Faites une étude précise de tous les signes littéraires utilisés : qualificatifs, choix des termes, temps, ponctuation...

2 – Montrez comment ce texte peut rejoindre, par plusieurs côtés que vous analyserez précisément, certains récits de la mythologie gréco-latine. Quel récit mythique ce texte pourrait-il évoquer ?

Rachid Mimouni,
né le 20 novembre 1945
à Boudouaou,
est l'un des romanciers
les plus lus en Algérie
et le plus médiatique,
actuellement en France.
Il fait ses études
secondaires à Rouiba,
près de la capitale,
et ses études supérieures à
Alger, où il obtient en 1968
une licence de sciences.
Il enseigne actuellement
dans un Institut national
à Alger. Écrivain prolixe
dénonçant les maux
de la société algérienne,
Rachid Mimouni
ne connut pourtant
le succès qu'à partir
de son troisième roman.
Ses œuvres (romans
comme *le Fleuve détourné*
[1982], *Tombeza* [1984]
ou *l'Honneur de la tribu*
[1989], nouvelles et
pamphlet)
ont été récompensées
par plusieurs prix.

« *El Msili* »

Le roman la Malédiction *imagine qu'en juin 1991, à Alger, les intégristes lancent une grève insurrectionnelle pour prendre le pouvoir. Ils ordonnent à leurs troupes d'occuper les points névralgiques de la capitale, de même que l'hôpital principal, et commencent à instaurer un « nouvel ordre ». Une sorte de malédiction semble s'abattre sur la ville et le pays. El Msili fait partie des troupes intégristes de l'hôpital ; son parcours personnel est loin d'être au-dessus de tout soupçon !...*
Quinze ans plus tôt, il avait quitté sa ville natale (Msila) pour venir à Alger chez son jeune frère. De tractation en tractation, il est devenu ambulancier...

Un jour, on vit El Msili revenir à pied à l'hôpital. Il venait d'écraser le nez de son ambulance contre un arbre. Après le mois de farniente que dura la réparation, reprenant possession du volant, il se dépêcha de heurter un policier. Il fallut lui retirer le véhicule. Conscient de ses droits, il
5 refusa tous les nouveaux postes qu'on voulut lui confier, préférant passer ses journées à errer le long des allées de l'hôpital. Il cessa de proposer son concours à qui que ce fût. On ne pouvait plus désormais requérir son aide sans l'entendre se récrier et exciper de sa qualité de chauffeur. Il repoussa même l'idée de seconder son frère.
10 Il se mit à militer au Parti[1], convaincu qu'il s'engageait dans une voie royale. Grâce à son assiduité et à ses diatribes lors des assemblées générales, il fut élu au bureau de la section, il obtint même un appartement, brûlant la politesse à des dizaines de médecins qui attendaient depuis plusieurs années d'être logés. Il se sut désormais intouchable et prenait
15 plaisir à tenir la dragée haute aux professeurs et jusqu'au directeur de l'hôpital dont il ne cessait de dénoncer le népotisme[2].
Quelques années plus tard, sentant tourner le vent, il se laissa pousser la barbe et se lança dans un nouveau prosélytisme[3]. Abandonnant la cause des prolétaires, il épousa celle d'Allah. Il échangea son pantalon
20 contre un qamis[4]. Il renia ses rudiments de la vulgate marxiste pour entonner les versets divins. La mosquée devint son port d'attache.
La violence de ses propos faisait frémir ses propres compagnons. El Msili semblait animé par une haine ravageuse qui n'épargnait pas même ses enfants. Il terrorisait sa femme qui devait souvent aller soi
25 gner son visage tuméfié. Une furieuse rossée rendit débile sa benjamine. Son fils aîné, âgé de dix-sept ans, pour avoir souvent été agressé durant son sommeil, ne dormait qu'avec un couteau à portée de main.

Rachid Mimouni, *la Malédiction*,
© Éditions Stock, Paris, 1993.

---

1. Parti du front de libération nationale (F.L.N.), parti unique à l'époque.
2. Usage qu'un homme en place fait de son influence pour procurer des avantages aux membres de sa famille et à ses amis.
3. Zèle déployé pour répandre la foi, faire de nouveaux adeptes.
4. Longue robe à manches longues portée par les intégristes.

« *Les civilisés* »

Le narrateur de l'Honneur de la tribu *est l'un des plus vieux habitants de Zitouna, petit village perdu dans les montagnes austères de l'intérieur de l'Algérie. L'histoire qui concerne Zitouna et sa paisible population pourrait bien être celle de maints pays du tiers monde.*
Fermés au monde qui les entoure, les habitants de Zitouna restèrent longtemps ignorants de tout et ignorés de tous. Rien, pas même l'indépendance du pays, ne parvint à troubler la quiétude de leur vie simple, jusqu'au jour où, à la suite d'un nouveau découpage territorial, ils virent leur bourgade promue au rang de chef-lieu de préfecture. Dès lors, toute la structure sociale du village fut ébranlée.

Attirés par les villas installées, les civilisés se mirent alors à réapparaître. Avec le temps, nous apprîmes à bien les connaître. Ils semblaient s'ingénier à ressembler en tous points aux étrangers qui venaient de s'en aller. Ils restaient tête nue en dépit des rayons crus du soleil, laissant
5 indécemment leurs cheveux, qu'ils gardaient longs, jouer avec le vent, leur cacher le front ou chatouiller leurs yeux. Ils faisaient mine d'être à l'aise dans ces habits étroits qui leur enserraient le torse mais aussi les cuisses, inconscients de l'inconvenance de ces fuseaux qui sculptaient le renflement de leur sexe. Ils omettaient de saluer les passants qu'ils croisaient,
10 poursuivant tête basse leur chemin comme obnubilés par de terribles préoccupations. Nous sûmes par la suite que pour eux un membre de la communauté du Prophète avait moins de réalité que ces êtres d'encre qui collaient aux feuilles et auxquels ils accordaient une importance hors de raison. Ainsi, en dépit de la plus élémentaire règle de civilité, ils pou-
15 vaient, à l'entrée d'un visiteur dans leur bureau, rester assis tête baissée sur leurs papiers. Il leur arrivait de perdre des heures à débattre de pures abstractions au lieu de se consacrer aux commentaires des faits et dires du Législateur[1]. Pour eux, rien n'avait d'existence avant qu'il fût traduit en signes. Ils ignoraient le fait le plus évident, la vérité la plus irréfu-
20 table, les témoignages les plus crédibles pour prêter foi à d'incompréhensibles et dérisoires gribouillis. Ils répugnaient à s'exprimer dans la langue du Message[2]. Ce fut beaucoup plus tard que nous nous rendîmes compte qu'ils ne la maîtrisaient pas. Inutile de préciser qu'ils ne comprenaient absolument rien à notre parler. Cela expliquait que, chaque fois
25 que l'un d'entre nous, se sachant dans son tort, se trouvait convoqué pour s'expliquer, il n'utilisait que sa langue maternelle. Excédés, les civilisés le laissaient repartir. Quant à eux, ils préféraient user du jargon des roumis, même en s'adressant à leur femme et à leurs enfants.

Rachid Mimouni, *l'Honneur de la tribu*,
© Éditions Robert Laffont, Paris, 1989.

1. Législateur suprême, c'est-à-dire le Prophète.
2. Message sacré, ici le Coran.

COMPRÉHENSION ET LANGUE

1 – Qui sont les « civilisés » (l. 1) ?
2 – En quoi diffèrent-ils des autres habitants du village ?
3 – Que représente le « nous » employé par le narrateur ?
4 – Quel jugement le narrateur porte-t-il sur ces « civilisés » ? Pour répondre, vous vous appuierez principalement sur une analyse précise des verbes utilisés pour la description.
5 – Analysez la progression de la description des « civilisés » donnée par le narrateur. Que pensez-vous de son argumentation ?

ACTIVITÉS DIVERSES, EXPRESSION ÉCRITE

1 – Discutez cette opinion d'Abdallah Laroui développée dans *l'Idéologie arabe contemporaine* : « Le milieu bourgeois [arabe] est non seulement exigu, mais il est encore étranger à lui-même ; il emprunte le langage, le comportement, l'aspect extérieur des "hôtes" étrangers ».
2 – Pouvez-vous, par déduction, composer un texte similaire en prenant, *a contrario,* un « civilisé » pour narrateur ?

ALGÉRIE
RABAH BELAMRI

Rabah Belamri, né
en 1946 à Bougaâ, près de
Sétif, perd la vue en 1962,
à la veille
de l'indépendance
de son pays. Son œuvre
commence en 1982
avec un récit d'enfance,
le Soleil sous le tami.
La même année, il publie
deux recueils de contes
algériens :
les Graines de la douleur
et *la Rose rouge*.
Le Galet et l'hirondelle
(1985) donne la mesure
d'une expressivité poétique
qui se confirmera dans
L'olivier boit son ombre
(1989). Ses romans,
tout aussi expressifs,
Regard blessé,
autobiographique (1987),
l'Asile de pierre (1989),
ou ses brefs récits rassem-
blés sous le titre
Mémoire en archipel
(1990), saisissent
les souvenirs
et réinventent la vision,
altérée par le temps
et la cécité.

« *Le mot mystérieux qui impressionne et fait peur…* »

On est à la veille de l'indépendance algérienne. Hassan, un adolescent de quinze ans, perd progressivement la vue. La médecine n'y peut rien, ni les pouvoirs magiques des marabouts et des sorciers auxquels sa mère a recours. Des souvenirs surgissent dans le noir…

12 mars 1962.

Dominée par des crêtes encore enneigées, une route humide, mordue par l'hiver. Le taxi avance au ralenti. Le chauffeur, à qui sept années de guerre ont appris comme à tout Algérien la prudence, maintient entre son véhicule et le half-track qui ferme le convoi une distance qu'il veut
5 croire salutaire. Les passagers, que les virages déportent légèrement, gardent le silence. Dans un moment, feignant d'oublier la présence du convoi et la mitrailleuse du half-track, doigt rutilant de la mort pointé avec obstination sur le taxi, ils se mettront à parler. Ils parleront de tout, sauf de la guerre et de leur angoisse. Sur la banquette arrière, entre son
10 frère en tenue de permissionnaire et un homme corpulent fleurant le musc, Hassan se recroqueville sur lui-même.

C'était sur cette même route au printemps, tout au début de la guerre. Hassan portait ce jour-là la chemise verte que son père lui avait achetée la veille. Sur ses cheveux, il avait mis un peu de brillantine volée à son
15 frère aîné.

Aziz attendait devant le car gris-bleu, la mine renfrognée. Il en voulait à Hassan de partir sans lui à Sétif, d'avoir à admirer tout seul les mai- sons à étages, les rues, les voitures, les magasins si nombreux, la fon- taine aux quatre canons surmontée d'une femme de pierre qu'on disait
20 nue. Aziz ne desserra pas les dents et, quand le car démarra, il leva le poing, tremblant de dépit, vers son cousin qui lui souriait derrière la vitre. Le soleil du matin, chaud et étincelant, frappait l'enfant en plein visage. Il ouvrait de grands yeux comme pour contenir l'immensité de la terre qui courait à ses côtés. Il était heureux, paisible, quand tout à coup,
25 au sortir d'un virage étroit où la route monte légèrement, entre un ravin et une pente couverte de maquis, le car s'immobilisa. Silence et stupeur : sur la route, un groupe d'hommes armés de fusils de chasse. L'un d'eux au regard masqué par des lunettes noires s'approcha du conducteur. Quelques mots, un geste impératif du bras. Les passagers descendirent,
30 obéissants, inquiets. Deux hommes vinrent ensuite les dévisager, l'un après l'autre. Le plus jeune portait à la taille, en plus d'une cartouchière, un long poignard que Hassan remarqua.

Hassan avait déjà entendu parler de ces hommes armés qui se cachaient le jour et sortaient la nuit pour égorger ceux qui ne les
35 aimaient pas ou refusaient de les nourrir. Il se souvenait du soir où le

caïd et le garde-champêtre avaient appelé son père et tous les voisins possédant une arme pour leur dire de monter la garde pendant la nuit, des fellagas ayant été signalés dans la montagne. L'enfant entendait pour la première fois le mot mystérieux qui impressionne et fait peur : les fel-
40 lagas, un peu comme les djinns, complices de la nuit, des chemins de montagne, des hautes herbes, des ravins profonds, des étoiles. Quelques jours plus tard, il l'entendait de nouveau. Son père et les voisins, rési-gnés, douloureux, venaient de porter leurs fusils et leurs cartouches aux gendarmes. « Mma, pourquoi ils donnent les fusils ? – Pour que les fel-
45 lagas ne les prennent pas. – Alors, ils ne vont plus chasser les perdrix ? »

Le chauffeur remonta dans le car, accompagné de deux hommes. Sous leurs ordres, il mit le moteur en marche, manœuvra, avança, recula, amena enfin son véhicule au bord du précipice. On dit aux voyageurs de pousser. Le car vide glissa doucement et bascula dans le ravin sous le
50 regard de Hassan, interdit. Un grand fracas au fond du précipice, dans la poitrine de l'enfant qui se mit à pleurer sans bruit.

Du maquis surgit un géant au crâne rasé, une énorme outre luisante posée sur l'épaule. Il dévala la pente avec agilité, répandit le contenu de l'outre sur le car, couché sur le flanc, vitres éclatées ; il enflamma un
55 chiffon. Les voyageurs furent éloignés. Un homme aux moustaches rousses vint leur parler. C'était le chef. Il s'approcha de l'enfant au visage mouillé, lui caressa les cheveux.

« Tu pleures parce que tu ne peux pas aller à Sétif ? Quand tu seras grand, toute la terre sera à toi, tu iras là où tu voudras. »
60 Hassan le regardait sans comprendre. Son chagrin était immense.

Rabah Belamri, *Regard blessé*,
© Éditions Gallimard, Paris, 1987.

COMPRÉHENSION ET LANGUE

1 – Quel est finalement le mot mystérieux ?
2 – Que veut dire « un geste impératif » (l. 29) ?
3 – Qu'est-est-ce qu'un « half-track » (l. 4) ? et un « maquis » (l. 26) ?
4 – Quels procédés stylistiques sont utilisés pour mettre en évidence la rapidité de l'intervention des fellagas ?
5 – Résumez ce texte en une dizaine de lignes.

ACTIVITÉS DIVERSES, EXPRESSION ÉCRITE

1 – Existe-t-il un mot qui vous impressionne ou vous fait peur ? Lequel ? Pourquoi ?
2 – Quels sont les indices qui montrent que ce récit est auto-biographique ?

ALGÉRIE
HABIB

TENGOUR

Habib Tengour,
né le 29 mars 1947
à Mostaganem,
fait son entrée dans
le monde des lettres
avec un poème-récit :
Topapakitaques, la poésie-île,
terminé en 1972 et publié
à Paris en 1977. Il publie
successivement trois
autres recueils de poèmes,
la Nacre à l'âme (1981),
Schistes de Tahmad 2
(1983) et
l'Arc et la Cicatrice (1983).
Poète et universitaire
(il enseigne la sociologie),
Habib Tengour se situe
au carrefour de deux
cultures qui transparaît
surtout dans trois
ouvrages qui l'ont fait
mieux connaître :
le Vieux de la montagne
(1983), *Sultan Galiev ou
la Rupture des stocks*
(1985) et *l'Épreuve de l'arc*
(1990).

*1. Ensemble des paroles et des actions
du prophète Mohammed et de
la Tradition qui les rapporte.*

« *Khayyam se refusait à toute complaisance* »

*À partir d'un incessant « va-et-vient » dans le temps entre le narrateur et
le personnage d'Omar Khayyam, Habib Tengour s'interroge sur les dangers et
les extrémismes de toutes sortes qui guettent les sociétés incapables, d'accepter
les germes d'un renouvellement possible, notamment par les débats d'idées.
Trois personnages représentent cet Orient tourmenté du XIᵉ siècle, s'étendant
de Baghdad à Nishapoor : Omar Khayyam, le poète, libre penseur, algébriste
et astronome de génie ; l'érudit Hassan As-Sabbah, fondateur de l'ordre
des Assassiyoun (d'où le terme « assassin »), la secte la plus redoutable
de l'Histoire ; l'humaniste Nizam El Mulk, grand vizir de l'Empire persan.*

Ce matin je me rendis au bazar acheter une paire de sandales.

Les visages consternés me confortaient dans mon peu d'envie de civilité. Fermeture. Les gens ne se supportaient pas pendant le mois de ramadan et n'importe quoi était prétexte à querelle.

5 La rue était agressive.

Une lame rouillée.

Pourquoi jeûner quand l'intention n'est pas pure ?

Et tous ces masques !…

Je ne jeûnais pas, indifférent à la religion, mais n'en laissais rien
10 paraître car les Docteurs sanctionnaient sévèrement tout manquement à la loi. L'Islam guidait l'État. La parole asservie.

Le grand débat : la réglementation de la taille de la barbe et de la moustache conformément à la Sunna[1].

Ossements blanchis. Friables.

15 Je m'inquiétais de la disposition droite qui anéantit le regard, un éblouissement construit. La vie.

Khayyam se refusait à toute complaisance qui brisât son être car il n'avait d'autre lieu de révolte, limpide intimité.

Il avait tout accepté comme les intellectuels de son temps.

20 Il s'était tu.

Une vie obscure le préservait du Pouvoir. Il gagnait sa vie en enseignant à Nishapoor, une ville de province. Il déclina des postes à Baghdad, ce qu'il regrettait parfois.

Il était doué et fut souvent consulté sur des questions d'astronomie et
25 de géométrie. Pourquoi détacha-t-il toujours son enseignement de la doctrine officielle ? En affirmant la réalité objective de la science, il scandalisait ses contemporains. Il avait le goût du paradoxe.

Il voulait surtout être sans entrave et souffrait de ne pouvoir s'épanouir dans un empire qui avait réussi à réaliser l'intériorisation de la cen-
30 sure. Façade troublante de désaveu.

Lui-même en était victime.

Il laissait circuler les interprétations mystiques de sa poésie et participait aux événements sans contredire ni prendre parti. Une seule chose l'obsédait : que son œuvre ne le compromette pas dans le futur.

35 De cela, le monde s'en moquait. Il lui arrivait aussi d'en rire.

…

Il y avait beaucoup de monde au bazar.

Flâneurs hagards. Mendiants loqueteux. Détrousseurs à l'affût. Enfants. Vieilles femmes voilées de hardes. Un grouillement misérable.
40 Meurtrissure de l'espace. Je baissais les yeux pour ne rien voir.

Aveuglément grossier.

Dédale d'épices, de tripes dégoulinantes, de sirops arc-en-ciel. Pittoresque douteux des pénuries. Bijouteries criardes. Pauvreté.

… Le marchand gémissait derrière son comptoir. Je le regardais
45 n'osant franchir le seuil. Longuement.

Que vaut la peine d'un homme ?

Je le saluai.

Sans répondre à mon salut il dit : Baghdad vient de tomber.

Il constata mon ahurissement. Il m'expliqua la prise de Baghdad par
50 les Mongols, la fin du monde proclamée.

Habib Tengour, *le Vieux de la montagne,*
Sindbad, Paris, 1983.

Nuit de Ramadan, par Mohammed Racim.

COMPRÉHENSION
ET LANGUE

1 – Qui était Omar Khayyam ? Qu'apprend-on sur lui dans le texte ? sur son caractère ? sur ses préoccupations intellectuelles ?

2 – En quoi les idées d'Omar Khayyam ainsi que son comportement pouvaient-ils scandaliser ses contemporains ?

3 – Quels sont les indices qui laissent entrevoir une société sur la pente du déclin ?

4 – Expliquez la phrase suivante : « Je m'inquiétais de la disposition droite qui anéantit le regard, un éblouissement construit. La vie » (l. 15-16).

5 – Comment se fait le glissement du présent (époque du narrateur) au passé (époque d'Omar Khayyam) ? Relevez tous les procédés d'écriture et montrez comment les deux époques peuvent se superposer.

ACTIVITÉS DIVERSES,
EXPRESSION ÉCRITE

1 – En vous appuyant sur des exemples précis, dites quel est le rôle que peuvent jouer les intellectuels au sein de leur société.

2 – Dans *le Vieux de la montagne,* Habib Tengour a mis en exergue ces deux vers de Novalis que vous commenterez :

« La poésie est le réel absolu.

Plus une chose est poétique, plus elle est vraie. »

Mouloud Achour,
né en 1944 à Tamazirt, est
l'auteur de plusieurs
recueils de nouvelles,
*le Survivant et autres
nouvelles* (1971),
Héliotropes (1973),
les Dernières Vendanges
(1975), et d'un roman,
Jours de tourments (1983).
Son œuvre a été entière-
ment publiée en Algérie.
Dans une optique souvent
moralisante, il aborde
les thèmes de la guerre de
libération, l'acculturation
et l'émigration.

« *Constantine* »

Ahmed, personnage central du roman Jours de tourments, *est journaliste.
Dans le cadre de sa profession, il est chargé d'aller à Constantine recueillir
les récits de guerre des anciens moudjahidin[1] – anciens combattants
de la guerre de libération. Il donne de cette ville la description qui suit.*

Il faisait chaud à Constantine.

Les rues étroites drainaient une foule compacte parmi laquelle les
automobilistes s'insinuaient à grand-peine, avançant lentement, se
frayant un passage à coups de Klaxon impatients et vains. Le soleil
5 d'août brûlait les carrosseries, et l'intérieur des voitures était une four-
naise. Des portières s'entrouvraient, des têtes sortaient des fenêtres, cris-
pées, dégoulinantes. Récriminations véhémentes de piétons bousculés,
jeux de corps sans grâce des nombreuses femmes voilées de noir dési-
reuses d'échapper à la moiteur ambiante et au contact sciemment provo-
10 qué par les jeunes mâles à la recherche de sensations qui traînaient leur
spleen et leur oisiveté à travers les venelles, groupes gesticulants obs-
truant le passage : telle était l'atmosphère d'une cité surpeuplée dont le
centre, tel un immense cœur, bat sans relâche même aux heures de canicule. La cité commerçante est d'une étroitesse irrémédiable, à moins
15 qu'un jour les marchands en tout genre ne se décident à essaimer, à
gagner les quartiers périphériques où se dressent de magnifiques
immeubles composant les nouvelles cités. Déjà la masse de béton de la
nouvelle Université ouvrait le futur : le rocher débordait, envahissait la
campagne.

**Mouloud Achour, *Jours de tourments*,
ENAL, Alger, 1983.**

1. Pluriel de « moudjahid ».

COMPRÉHENSION ET LANGUE

1 – Quelle vision de Constantine avez-vous, à travers la description de l'auteur ?
2 – De quelle partie de la ville
s'agit-il ici ?
3 – Comment l'auteur suggère-
t-il le surpeuplement de la ville
et les problèmes sociaux qui en
découlent irrémédiablement ?
4 – À quoi voit-on qu'il s'agit ici
d'une ville du tiers monde ?

ACTIVITÉS DIVERSES, EXPRESSION ÉCRITE

Décrivez, en les comparant,
deux villes (d'un pays développé et sous-développé) que
vous avez connues à travers vos
lectures ou vos voyages.

ALGÉRIE
MALIKA
MOKEDDEM

Malika Mokeddem est
née en 1949 à Kenadsa,
là où le désert commence.
Elle suit ses classes
primaires dans cette ville
et ses classes secondaires
à Béchar où elle obtient
son baccalauréat.
Elle commence des études
de médecine à Oran
et devient néphrologue à
Montpellier où elle exerce
et réside actuellement.
Malika Mokeddem a publié
le Siècle des sauterelles
(1992), *l'Interdite* (1993).
Ses romans ont été
récompensés par plusieurs
prix, notamment
le prix Littré pour
Les hommes qui marchent
(1990).

« *Les caravanes du sel* »

*Zohra la bédouine, l'aïeule, « petit bout de femme à la peau brune et tatouée »,
contrainte par les circonstances à la sédentarité, a gardé la nostalgie de sa vie
de nomade dans le désert. Pour en perpétuer le souvenir, elle raconte à ceux
qui l'entourent et surtout à sa petite-fille Leïla le voyage ininterrompu
des « hommes qui marchent ».*

« **V**enus d'Arabie, au XIᵉ siècle, conquérir l'Afrique du Nord, nos
ancêtres trouvèrent un autre désert pareil au leur. Ils s'y établirent. Beaucoup se laissèrent prendre aux jeux des armes. Ils traversèrent la mer
vers le pays d'Espagne... D'autres, fuyant les régions côtières, depuis la
5   nuit des temps contrées de prédilection d'invasions successives, s'enfon-
cèrent de plus en plus vers l'intérieur. Nous descendons de ceux-là, des
"hommes qui marchent". Ils vivaient de peu de chose, sillonnant le
désert de part en part... Des caravanes de thé, des caravanes de sel, des
caravanes de cotonnade ! Une vie de marche, de sueur, de soif et de las-
10 situde... Parfois la halte d'une oasis. Parfois une sebkha¹, écharde de
soleil qui, de loin, traquait le regard et se piquait dans l'œil aveugle de
blancheur... Les caravanes du sel restent pour moi un conte de lumière
argentée et de silence ! Je vous les raconterai un jour... Depuis, nos
ancêtres avaient gardé le même mode de vie. Ils marchaient. La brûlure
15 de lumière au fond du regard, la peau tannée par les mitrailles des vents
de sable et la poussière jusque dans l'âme... Ils marchaient tandis qu'une
flamme d'enfer calcinait les cieux jusqu'à les écorcher de leur soie bleue.
L'orgasme du silence à leurs ouïes, par sa violence étourdies, pouvait
rendre fou et peupler la tête de délires bruyants, de tambours des sables !
20 Nous sommes de ceux-là, des "hommes qui marchent". Ils possédaient
quelques moutons, chèvres et chameaux et faisaient du trafic. En fait de
trafic, il s'agissait surtout de troc. Tapis, burnous, djellabas², khaïdous³,
khéïmas...⁴. Échangés contre du blé, du thé, du sucre, de l'huile ou du
sel... Le sel était une monnaie d'échange. Ils le prenaient aux sebkhas et
25 allaient le porter là où il manquait. Germe de saveur, essence de lumière,
lumière de mes déserts, richesse de mes songes... »

Malika Mokeddem, *Les hommes qui marchent,* **Droits réservés.**

¹ *Marécage salé parfois temporairement
asséché.*
² *Longue robe à manches longues
et à capuchon.*
³ *Cape en laine teintée.*
⁴ *Tente des nomades en laine et poil
de chameau.*

COMPRÉHENSION ET LANGUE	se fait le lien entre le passé et le présent ?
1 – Qui étaient, d'après vous, « les hommes qui marchent » ? 2 – Relevez dans le texte le champ lexical et sémantique du « désert ». 3 – Par quels procédés d'écriture	**ACTIVITÉS DIVERSES, EXPRESSION ÉCRITE** Comment la description des « hommes qui marchent » prend-elle l'allure d'un mythe ?

ALGÉRIE
TAHAR
DJAOUT

Tahar Djaout est né en 1954 à Azzefoun, village de Kabylie en bordure de mer. C'est d'abord dans la poésie qu'il exprime sa révolte contre l'autoritarisme mutilant de l'ordre social. Ses recueils, *Solstice barbelé* (1975), *l'Arche à vau-l'eau* (1978), *Insulaire et Cⁱᵉ* (1980), *Pérennes* (1993), mêlent à la solitude du poète l'espoir « embrayeur de nuées » qui lui reste de son enfance. Toujours en quête du verbe qui transfigure, il donne un recueil de nouvelles, *les Rêts de l'oiseleur* (1984). Dans ses romans, *l'Exproprié* (1981), *les Chercheurs d'os* (1984), *l'Invention du désert* (1987), *les Vigiles* (1991), il aiguise son regard critique sur toutes les facettes de la réalité sociale. Ayant pressenti l'urgence d'interroger la société en ses fondements, Djaout lance le journal *Ruptures* et appelle les Algériens à cerner la nature de la crise qui agite leur pays. Il meurt assassiné à Alger le 26 mai 1993, victime de l'intolérance et de l'obscurantisme.

« *Le pays est là, au bout d'une pensée* »

Pour répondre à la commande d'un éditeur, le narrateur écrit un épisode de la merveilleuse histoire de l'Islam médiéval. Il choisit pour cela l'époque d'Ibn Toumert[1], prédicateur exalté et serviteur inconditionnel de la loi coranique, qu'il suivra dans ses pérégrinations. Le narrateur imagine un effet magique par lequel Ibn Toumert est catapulté de son époque médiévale vers un Paris contemporain, rutilant de modernité. Le texte qui suit nous le montre découvrant la vie étrange de ses compatriotes qui ont dû délaisser leur contrée natale.

Ibn Toumert pénètre furtivement dans un petit jardin bien propre et clôturé, à proximité de l'imposante mosquée des infidèles avec son minaret anguleux, affilé avec art mais sans douceur. Le Quartier latin n'est pas loin. Il y a des couples enlacés sur les bancs verts du jardinet, mais Ibn
5 Toumert est devenu précautionneux, il sait que le monde est sens dessus dessous, que la pudeur et l'opprobre ont interverti leurs places ; il se contient sagement d'exhiber son gourdin d'olivier qui a traversé les siècles avec lui. Il s'arrête, interloqué, devant une statue quelque peu fantaisiste qui ressemble aux travaux mal dégrossis des anthropomor-
10 phistes malhabiles, une statue qui porte sur son socle : *Hommage à Guillaume Apollinaire.*

Les parcs publics sont accueillants. Même s'ils sont peuplés de couples indélicats qui mettent votre pudeur à rude épreuve. Même s'ils ont des visages impassibles, des arbres dénués de sève et de bruisse-
15 ments. (Mais n'est-ce déjà pas un miracle de contempler tant de verdure ? Ibn Toumert parfois croit rêver, il se demande s'il n'est pas tout simplement en présence de ces arbres du Paradis dont une bonne monture lancée au galop mettrait des jours à franchir l'ombre. Et cette eau – le don le plus parcimonieux de Dieu – qui gicle ruineusement vers le ciel !) Tant de
20 prodigalité l'exaspère ; il préfère visiter d'autres quartiers, à la recherche de ses compatriotes dont il sait qu'ils ont délaissé leur contrée, poussés brutalement par l'Histoire vers cet antre nazaréen où Satan règne sans rival.

Il les retrouve sans peine. Ils sont nombreux à s'affairer à Barbès, à la
25 Goutte-d'Or où le Maghreb et l'Afrique imposent leurs rythmes (Aït-Menguelat, Lemchaheb, Manu Dibango : Ibn Toumert se recycle et parfait sa culture générale), leurs couleurs, leurs tatouages. Mais ils savent que cet air du pays est trompeur, qu'il suffit de marcher dix minutes ou un quart d'heure pour quitter la serre du microcosme et retrouver le froid
30 d'à côté, pour que l'exil reprenne son nom et sa dureté. Car être immigré, ce n'est pas vivre dans un pays qui n'est pas le sien, c'est vivre dans un non-lieu, c'est vivre hors des territoires. Cela, Ibn Toumert l'a bien compris, lui qui se retrouve déboussolé, expulsé sans recours, assis entre deux passeports, usant ses semelles imamales[2] entre Air Algérie et Royal
35 Air Maroc.

Au Bejaia[3] Club, en ce samedi après-midi, on s'emploie à oublier la rigueur de la semaine écoulée, la dictature du métro et des chaînes de montage. On danse (oui, hommes et femmes mêlés, comme les impudiques Nazaréens) sur les airs du pays, car pour beaucoup le pays se rapproche. Il est là, au bout de formalités douanières lors desquelles il suffit de faire le dos rond, au bout d'un vol libérateur, au bout d'autres formalités douanières – et l'on respire enfin l'air de la terre natale, avec ses effluves de fumier, de thym, d'argile limoneuse. Le pays est là, au bout d'une pensée ; et l'on s'affaire, l'air gauche, avec la valise insatiable, la valise lourde et encombrante qui retient dans son gros ventre les économies de trois années. Les choses ont changé au pays : les membres de la famille ne peuvent plus, comme avant, se contenter qui d'un modeste vêtement, qui d'une symbolique savonnette. Ceux qui attendent les cadeaux possèdent désormais des exigences. Un vieux parent d'Ibn Toumert (descendant de la seizième génération), parvenu au seuil de la retraite, ne vient-il pas de recevoir une lettre lui demandant de rapporter à son retour du tissu Paméla[4] ?

**Tahar Djaout, *l'Invention du désert*,
© Éditions du Seuil, Paris, 1987.**

COMPRÉHENSION
ET LANGUE

1 – Qu'évoque pour vous le Quartier latin ?

2 – Pourquoi Ibn Toumert est-il exaspéré de tant de prodigalité (l. 20) ?

3 – Pourquoi Ibn Toumert est-il tenu de se recycler et de parfaire sa culture générale (l. 26-27) ?

4 – Soulignez les indices par lesquels l'auteur montre qu'Ibn Toumert appartient à une époque passée.

5 – Comment le narrateur nous fait-il entrer dans les pensées de son personnage ?

6 – Le narrateur juge-t-il les pensées de son personnage ?

ACTIVITÉS DIVERSES,
EXPRESSION ÉCRITE

Quel est, selon vous, l'objectif de l'auteur ? Pourquoi a-t-il choisi de faire venir Ibn Toumert plutôt qu'un autre dans cette époque moderne ? Imaginez une suite à ce passage.

Le jardin du Luxembourg, Paris.

1. Mohammed Ibn Toumert (1077-1130) est le fondateur de la dynastie berbère des Almohades qui régna sur le Maghreb de 1147 à 1269.
2. Néologisme confectionné à partir du substantif arabe « imam ». L'imam est la personne qui, dans les sociétés musulmanes, conduit la prière et fait un prêche devant la grande prière du vendredi.
3. Ville algérienne de la Kabylie maritime. Les immigrés baptisent souvent leurs établissements (cafés, restaurants, hôtels) du nom de leur ville ou de leur pays d'origine.
4. Étoffe luxueuse appelée en Algérie du prénom de l'héroïne de « Dallas », feuilleton américain qui, un peu partout dans le monde, a captivé des familles entières.

L'écrivain et sa langue

« Pourquoi écrivez-vous en français ? » La question a été souvent posée aux écrivains francophones du monde arabe, et leurs réponses restent très nuancées. Si certains, comme le poète et romancier algérien Malek Haddad, font part de leur malaise à employer une langue qui leur a été imposée par la situation coloniale et dont ils auraient hâte de se débarrasser, d'autres – les plus nombreux au demeurant – soulignent la complexité, l'ambiguïté de leur rapport au français, qui est à la fois une langue étrangère et une langue de connivence, une langue de l'aliénation et une langue de la découverte de soi.

« Dans la gueule du loup »

Dans un texte souvent cité du *Polygone étoilé* (1966), Kateb Yacine a raconté comment son inscription à l'école française avait été à la fois ouverture sur l'avenir et rupture avec les racines incarnées par sa mère : « Et je vois encore [ma mère], toute froissée, m'arrachant à mes livres – tu vas tomber malade ! – puis un soir, d'une voix candide, non sans tristesse, me disant : "Puisque je ne dois plus te distraire de ton autre monde, apprends-moi donc la langue française…" Ainsi se refermera le piège des temps modernes sur mes frêles racines, et j'enrage à présent de ma stupide fierté, le jour où, un journal français à la main, ma mère s'installa devant ma table de travail, lointaine comme jamais, pâle et silencieuse, comme si la petite main du cruel écolier lui faisait un devoir, puisqu'il était son fils, de s'imposer pour lui la camisole du silence, et même de le suivre au bout de son effort et de sa solitude "dans la gueule du loup". Texte très subtil, puisque la langue française est à la fois ce qui rompt le cordon ombilical avec la mère et ce qui scelle une sorte de pacte silencieux, la mère accompagnant le fils jusque « dans la gueule du loup ».

Assia Djebar, dans *l'Amour, la Fantasia* (1985), développe une réminiscence parallèle, quand elle évoque son père, « silhouette droite et fez sur la tête », qui la conduisait à l'école où elle devait apprendre à se libérer de l'enfermement féminin et à cohabiter avec la langue française. Mais il lui reste la nostalgie de l'arabe maternel : « Quelle est ma langue mère disparue, qui m'a abandonnée sur le trottoir et s'est enfuie ?… Langue mère idéalisée ou mal-aimée, livrée aux hérauts de foire ou aux seuls geôliers !… Sous le poids des tabous que je porte en moi comme héritage, je me retrouve désertée des chants de l'amour arabe. Est-ce d'avoir été expulsée de ce discours amoureux qui me fait trouver aride le français que j'emploie ? » On ne saurait mieux dire l'ambivalence du français, qui permet d'échapper à la réclusion féminine, mais qui en même temps coupe la jeune fille d'un plaisir et d'une sensualité ancestrale.

L'exil assumé

La réflexion moderne sur le statut de l'écrivain a privilégié l'importance de la relation qu'il entretient avec la langue. Beaucoup d'écrivains feraient sans doute leurs ces remarques d'Edmond Jabès, en réponse à un journaliste : « Le véritable écrivain a sans doute un pays natal, mais il n'a guère de patrie : par l'exil et le questionnement, il fait de la langue sa terre adoptive. » Ce qui ne veut nullement dire qu'écrire dans une langue signifie adopter la culture véhiculée *a priori* par cette langue : c'est plutôt rendre cette langue apte à dire le domaine réservé de l'écrivain. Le Libanais Salah Stétié, dans *la Unième Nuit* (1980) défend l'appartenance arabe des écrivains du Machrek ou du Maghreb qui ont écrit dans des langues autres : « Et sinon d'être écrites en français ou en anglais, qu'ont donc ces œuvres de commun avec la tradition culturelle française ou anglaise, alors qu'elles sont tout argentées de silencieux Orient et, pour certaines d'entre elles, dessinées signe à signe et mot à mot comme miniature et calligraphie ? Non, l'on ne saurait, a mon sens, commettre l'erreur de lier à l'usage d'une langue, comme à la seule hampe possible, la brûlante soie spirituelle. [...] L'espace arabe de demain, dans le monde encore plus étroitement sphérique à venir, reconnaîtra l'originalité profonde – l'autenticité, la *açala* – de ceux-là qui dirent différemment, dans la langue de l'autre, ce qu'ils n'avaient pas été entendus à dire dans leur propre langue ; pliant cette autre langue (aimée) à formuler leur secret personnel. »

La bi-langue

Le Marocain Abdelkébir Khatibi a développé une longue et belle méditation sur le glissement et l'échange des langues, dans un bilinguisme de désir, sous forme d'un roman d'amour qui est aussi un roman des mots (*Amour bilingue,* 1983) : « Amour imprenable. À chaque instant, la langue étrangère peut – pouvoir sans limite – se retirer en elle, au-delà de toute traduction. Je suis, se disait-elle, un milieu entre deux langues : plus je vais au milieu, plus je m'en éloigne.

« Étranger, il faut que je m'attache à tout ce qui l'est sur cette terre, et sous elle. La langue n'appartient à personne, elle appartient à personne et sur personne je ne sais rien. N'avais-je pas grandi, dans ma langue maternelle comme un enfant adoptif ? D'adoption en adoption, je croyais naître de la langue même.

« La bi-langue ? Ma chance, mon gouffre individuel [...]. »

Il faut sans doute retenir cette dernière formulation : le bilinguisme est la chance d'une aventure aussi exaltante et vertigineuse qu'une rencontre amoureuse.

Azouz Begag,
fils d'émigrés algériens,
est née à Villeurbanne en
1957. Devenu économiste
à l'université de Lyon II,
il est l'auteur de trois
romans :
l'Immigré et sa ville (1984),
le Gone de Châaba (1986),
Béni ou le Paradis privé
(1986). *Le Gone de Châaba*
est un récit
autobiographique coloré
qui retrace l'ascension
scolaire du jeune Azouz,
mais aussi le passage,
pour la famille,
du bidonville (Châaba)
aux H.L.M., et la mutation
de la structure familiale.

COMPRÉHENSION ET LANGUE

1 – Que pensez-vous de
M. Loubon ? Comment vous
apparaît-il ?
2 – Comment s'y prend-il pour
reconstruire l'algérianité de son
élève ?
3 – Que pensez-vous de sa
démarche ?

ACTIVITÉS DIVERSES, EXPRESSION ÉCRITE

Comment expliqueriez-vous le
fait que l'utilisation de l'arabe
par certaines familles émigrées
n'est souvent qu'une forme rudimentaire de français arabisé ?
Quelles conclusions pouvez-
vous en tirer ?

« *Monsieur Loubon* »

*Azouz reconstruit son identité grâce à l'aide d'un professeur de français
d'origine « pied-noir ».*

« **A**zouz ! vous savez comment on dit "le Maroc" en arabe ? », me
demande tout à coup M. Loubon alors qu'il était en train d'écrire au
tableau quelques phrases de style conjuguées au subjonctif.

La question ne me surprend pas. Depuis maintenant de longs mois, le
5 prof a pris l'habitude de me faire parler en classe, de moi, de ma famille,
de cette Algérie que je ne connais pas mais que je découvre de jour en
jour avec lui.

À la maison, l'arabe que nous parlons ferait certainement rougir de
colère un habitant de La Mecque. Savez-vous comment on dit les allu-
10 mettes chez nous, par exemple ? Li zalimite. C'est simple et tout le
monde comprend. Et une automobile ? La taumobile. Et un chiffon ? Le
chiffoun. Vous voyez, c'est un dialecte particulier qu'on peut assimiler
aisément lorsque l'oreille est suffisamment entraînée. Le Maroc ? Mes
parents ont toujours dit el-Marroc, en accentuant le *o*. Alors je réponds à
15 M. Loubon :

« Le Maroc, m'sieur, ça se dit el-Marroc ! »

D'abord, il paraît un peu stupéfait, puis il poursuit :

« On ne dit pas el-Maghreb ?

– Ah non, m'sieur. Mon père et ma mère, ils disent jamais ce mot.
20 Pour appeler un Marocain, ils disent Marrocci. »

M. Loubon reprend, amusé :

« En arabe littéraire, on dit el-Maghreb et ça s'écrit comme ça. »

Il dessine quelques lettres arabes au tableau sous les regards ébahis
des élèves. Je précise pendant qu'il écrit :
25 « J'ai déjà entendu mes parents prononcer ce mot. »

Il me dit :

« Vous ne savez pas qu'en arabe on appelle le Maroc le "pays du
soleil couchant" ?

– Non, m'sieur. »
30 Puis il reprit son cours pendant quelques minutes avant de s'adresser
à nouveau à moi :

« Vous savez ce que cela veut dire ? » me relance-t-il en dessinant
des hiéroglyphes.

J'ai dit non. Que je ne savais pas lire ni écrire l'arabe.
35 « Ça c'est alif, un *a*. Ça, c'est un *l* et ça c'est un autre *a,* explique-t-il.
Alors, qu'est-ce que ça veut dire ? »

J'hésite un instant avant de réagir :

« Ala ! dis-je, mais sans saisir la signification de ce mot.

– Pas Ala, dit M. Loubon. Allah ! Vous savez qui c'est Allah ?… »
40 Je souris légèrement de son accent berbère :

« Oui, m'sieur. Bien sûr. Allah, c'est le Dieu des musulmans ! »

Azouz Begag, *le Gone de Châaba*, coll. Point Virgule, © Seuil, 1986.

Leïla Sebbar est née
le 19 novembre 1941 à
Aflou, d'un père algérien
(instituteur) et d'une mère
française. Elle a vécu
dix-sept ans en Algérie et
réside depuis plusieurs
années à Paris.
Écrivain prolifique,
à la fois essayiste,
romancière et nouvelliste,
Leïla Sebbar s'est lancée
dans l'écriture dans
les années 80, s'intéressant
principalement à
la condition des femmes
immigrées et à l'exil
en général.
Elle a publié plusieurs
essais et romans dont
On tue les petites filles (1980),
le Chinois vert d'Afrique
(1984), *Parle mon fils,
parle à ta mère* (1984).
Leïla Sebbar écrit
également dans les revues
les Temps modernes
et *Sans frontière*.

« *L'homme s'est mis
à parler* »

*Quelque part dans le sud de la France, un homme remonte le cours du fleuve
comme on remonte le fil de sa vie dans l'imminence de la mort. Reviennent alors
les souvenirs de « là-bas », de la terre natale sur l'autre rive de la Méditerranée.*

L'homme quitte le cabaret et marche sur la berge du fleuve, un matin
d'été juste après l'aube. Un homme lui a demandé du feu dans sa langue,
il n'a pas hésité, un inconnu. Ils sont restés silencieux un long moment,
côte à côte allant du même pas. L'homme s'est mis à parler après le pont,
5 comme s'il se parlait à lui-même, parfois une hirondelle passe à leurs
pieds, pour saisir une plume blanche venue d'où, un fin duvet laissé là
par les canards sauvages, à l'autre saison. Il parle d'un ami d'enfance, ils
sont allés à l'école ensemble, l'été, ils gardaient les bêtes dans la montagne, ils se sont quittés au moment de la guerre, et ils se sont retrouvés
10 dans le même réseau, l'un d'eux a failli mourir dans le maquis et l'autre
en prison, où son ami l'a aidé jusqu'à la libération du pays où ils ne sont
pas restés. Ils n'ont pas traversé la mer dans le même bateau, mais ils se
sont rencontrés sur l'autre terre. Plus d'un demi-siècle comme des frères,
et voilà que l'ami va le quitter. Il apprend qu'il est à l'hôpital, moribond.
15 Il ne le savait pas si malade. Il n'a pas pu lui parler, lorsqu'il est allé dans
le pavillon où il avait été transporté d'urgence, il n'était plus conscient.
Allait-il revenir à lui ? Il a pensé que oui, à cause du soleil, du ciel clair,
le premier jour de l'été. Il s'est approché de lui, l'infirmière venait de fer-
mer la porte, il s'est assis tout près et, penché à son oreille, il a récité plu-
20 sieurs fois la prière des morts dans la langue des montagnes, la langue
rude de l'enfance loin des plaines et des villes, les mots sacrés mêlés à
ceux des bergers.

Leïla Sebbar, *le Silence des rives,*
© Éditions Stock, Paris, 1993.

COMPRÉHENSION ET LANGUE	
1 – De ce texte se dégage une certaine émotion. Par quels procédés Leïla Sebbar parvient-elle à la transmettre au lecteur ? 2 – Pourquoi « l'homme » a-t-il pensé que son ami « allait reve-nir à lui » (l. 17) ? En vous aidant du contexte, comment pouvez-vous comprendre l'ex-pression « revenir à lui » ? 3 – Pourquoi n'y a-t-il, dans ce	texte, aucune singularisation des personnages ? 4 – Comment est rendu le thème de l'exil, donc celui de l'absence et de la mémoire ? **ACTIVITÉS DIVERSES, EXPRESSION ÉCRITE** Partir, dit-on, c'est mourir un peu. Qu'en pensez-vous ? En quoi l'exil peut-il être synonyme de mort ?

TMACHE

Tassadit Imache, de père algérien et de mère française, née en 1958 à Argenteuil, a fait ses études secondaires à Meaux. Écrivain de et dans l'immigration, elle a publié *Une fille sans histoire*, (1989), roman largement autobiographique. D'une prose dépouillée, avec des phrases brèves, syncopées, déchirées par des éclats de rage et de colère, ce long récit raconte la difficulté d'être du personnage, à la recherche d'un passé et d'une Histoire qu'il ne connaît pas.

« *Une personne absolument indéterminée* »

Lil, fille d'Ali et d'Huguette, revoit son passé à partir d'une photographie de famille retrouvée par hasard. De ce père algérien, émigré en France, on saura peu de chose. Il a fini à l'hôpital, abandonné par une famille qui a toujours été étrangère à sa vie, et sa dépouille a été réexpédiée vers la terre natale dans un cercueil plombé. Lil, analysant le drame familial, tente de recomposer son histoire, de retrouver ses racines.

Tant de fois elle avait tremblé à l'idée qu'elle pût se fendre en deux morceaux avides d'en découdre. La France et l'Algérie. Un temps, elle avait cru trouver refuge à l'École, de l'autre côté de la cité. Là où l'Histoire, quand elle est insoutenable, n'est pas écrite dans les manuels. Elle
5 n'y avait pas appris pourquoi, lorsque la mère donnait le nom du père, les lèvres se scellaient, les regards se troublaient, les mots sifflaient. Elle n'y avait rien entendu sur presque un siècle et demi de colonialisme. Et sa mère, elle-même, l'avait si tôt encouragée à oublier, caressant ses tempes et baisant ses mains chaque fois qu'elle triomphait de l'angoisse.
10 Dans les années qui suivirent la mort de son père, Lil voulut noircir ses cheveux, brunir sa peau, assombrir ses pupilles décolorées. Mais elle échoua, là aussi, à paraître une autre. Elle essaya encore de devenir quelqu'un… ce que le dictionnaire définit comme « une personne absolument indéterminée ».
15 L'invraisemblance du projet au lieu de l'affaiblir lui faisait accélérer le pas. Où courait-elle ainsi ? Que cherchait-elle à rattraper qu'elle n'atteindrait jamais ?

Il avait dit : « Je t'emmènerai bientôt ! tu verras ! »

Bientôt ? Il était déjà si tard. La vérité, c'est qu'il allait falloir faire
20 seule ce voyage. Traverser la mer. Sans se retourner, arriver enfin… jusqu'à Lui.

Tassadit Imache, *Une fille sans histoire,*
© Calmann-Lévy, Paris, 1989.

COMPRÉHENSION ET LANGUE	le sens d'éclairer) le personnage ?
1 – Quel est le drame que vit Lil ? 2 – À quelle Histoire l'auteur fait-il allusion dans la phrase : « Là où l'Histoire, quand elle est insoutenable, n'est pas écrite dans les manuels » (l. 3-4) ? 3 – Comment se manifestent à son égard les marques de racisme ? 4 – Pourquoi, d'après vous, la mort du père libère-t-elle (dans	5 – Quel(s) aspect(s) sa recherche identitaire prend-elle ? ACTIVITÉS DIVERSES, EXPRESSION ÉCRITE Pensez-vous que les mariages mixtes entraînent tous, d'une façon tragique, pour le couple et donc pour les enfants, l'impossibilité d'un harmonieux syncrétisme culturel ?

Nina Bouraoui, jeune
romancière algérienne
née en 1967 a obtenu le
prix du livre Inter (1991)
pour son premier roman,
la Voyeuse interdite,
critique acerbe de
la société traditionnaliste
algérienne. Son deuxième
roman, *Poing mort* (1992),
développe, en dehors
d'un ancrage historique
précis, la thématique
de la mort. C'est une
manière de raconter
les sociétés contemporaines
et le vide des individus,
en mal d'amour et de
souvenirs. *Poing mort*
et point de départ
d'une nouvelle violence
qui s'attaque à la violence
existentielle elle-même.

« *La femme en habit d'os* »

*Une gardienne de cimetière nous raconte son histoire. Dans ce passage,
elle tente d'expliquer les raisons qui lui font préférer les cimetières à d'autres
lieux peuplés de vie.*

Mon affinité avec la mort a commencé dès mon plus jeune âge ; non
pas par excès de morbidité mais par conscience de la finitude et plus
exactement de Ma finitude. Mon corps d'enfant contenait à lui seul tous
les signes infaillibles d'un défaut d'infini. Sous ma main, je sentais sau-
5 tiller un organe bien fragile qui battait la cadence pour un temps ; les
autres, à l'affût du sang, se gorgeaient en silence jusqu'à épuisement. Ils
suçaient dans la chair à mon insu, s'accordaient en cachette pour une
prochaine maladie ; la peau, elle, se moquait bien du souvenir du premier grain et ne cessait de se racornir. Plus tard, ces poches de vie
10 m'abandonneraient sans prévenir. Pas de date, pas de lettre, je devrai à
mon tour tomber dans une tranchée pleine d'ombres et de secrets. Je
décidai d'échapper à la surprise en me liant à la femme en habit d'os qui
tenait sérieusement ses comptes dans un agenda noir à feuillets mobiles.
On disait qu'elle traînait près des hôpitaux, des morgues et des cime-
15 tières, autour des ports et des hangars peu sûrs. Moi je l'ai trouvée au
milieu d'un lac, elle avait déployé sa chevelure de sel et marchait sur
l'eau comme un hippocampe ivre de coups bas. Séduite par cet air de
flûte indienne qu'elle jouait avant de frapper, j'aimais sa manigance, sa
frivolité, cette façon d'arriver chez les gens, peu soucieuse des règles de
20 courtoisie. Elle embaumait le phosphore et la cruauté, la poussière et
l'absurde. Je glissais ma tête sous ses deux jambes de bois et, à force
d'habitude, je savais toujours où la trouver.

Nina Bouraoui, *Poing mort,*
© **Éditions Gallimard, Paris, 1992.**

COMPRÉHENSION ET LANGUE	ACTIVITÉS DIVERSES, EXPRESSION ÉCRITE
1 – Relevez les termes qui entrent dans le champ lexical de la mort. 2 – Quel rapport entretient la narratrice avec la mort ? 3 – Que pensez-vous de ce récit ? et de ce style ?	1 – En quoi cette gardienne de cimetière est-elle étrange ? 2 – Rédigez un texte dans lequel vous commenteriez librement cette histoire.

Écritures féminines

Si la tradition culturelle du monde arabe réserve aux femmes une place en retrait et silencieuse, la littérature leur fait la part belle, que ce soit à travers le témoignage des hommes qui s'interrogent sur la condition féminine (Rachid Boudjedra, *la Répudiation,* 1969 ; Tahar Ben Jelloun, *la Nuit sacrée,* 1986 ; etc.) ou surtout à travers les nombreux textes des femmes qui ont pris la plume pour écrire en leur propre nom. Cette prise de parole des femmes est un des phénomènes majeurs de la littérature arabe en langue française.

Témoignages

Les premiers textes féminins veulent surtout témoigner, dire de la manière la plus directe une expérience, une solitude, une destinée douloureuse. Tel est le récit autobiographique de Fadhma Aïth Mansour Amrouche, *Histoire de ma vie* (1968). Sa fille, Taos Amrouche, avait publié en 1947 le premier roman écrit par une Algérienne, *Jacinthe noire,* qui exprimait un fort sentiment d'exil et d'incommunicabilité. Le récit d'Aïcha Lemsine (*la Chrysalide,* 1976) est le témoignage des désillusions d'une troisième génération, celle des femmes qui découvrent que l'indépendance du pays ne leur apporte pas la libération espérée.

Avant même que viennent à l'écriture ces diverses générations de femmes algériennes, une Égyptienne, appartenant à la grande bourgeoisie du Caire, Out-el-Kouloub, avait tracé de remarquables portraits de femmes dans des romans de mœurs inspirés par le monde qui l'entourait (*Harem,* 1937). Elle y montrait la difficile insertion de ses héroïnes dans la modernité.

La préoccupation première de beaucoup de femmes appartenant à l'émigration maghrébine en Europe a aussi été de porter témoignage sur la situation qu'elles subissent. Les premiers romans de Leïla Sebbar, proches d'une description sociologique, comme *Fatima ou les Algériennes au square* (1981), donnent une bonne image de leur désarroi et de leurs aspirations.

Assia Djebar ou la parole libérée

Assia Djebar, née en 1936, est devenue le symbole de la libération de la parole féminine. Ses premiers romans (*la Soif,* 1957 ; *les Impatients,* 1958) analysent, dans la tradition du roman psychologique, les difficultés de jeunes héros issus de la bourgeoisie algérienne acculturée. *Les Enfants du nouveau monde* (1962) et *les Alouettes naïves* (1967) mettent en scène les bouleversements que la guerre de libération algérienne induit dans les relations entre hommes et femmes. Mais c'est avec *Femmes d'Alger dans leur appartement* (1980) qu'Assia Djebar trouve son originalité vraie : devenir le porte-parole de toutes celles dont la voix a été retenue par une longue contrainte. Avec *l'Amour, la Fantasia* (1985), *Ombre sultane* (1987) et *Loin de Médine* (1991), elle a superbement orchestré ces paroles féminines qui jouent sur les mythes et l'Histoire, sur l'auto-biographie et la parole collective. Ce qui ne va pas sans troubles ni déchirements : « On me dit exilée. La différence est plus lourde : je suis expulsée de là-bas pour entendre et ramener à mes parentes les traces de la liberté… Je crois faire le lien, je ne fais que patrouiller, dans un marécage qui s'éclaire à peine. »

Écritures novatrices

Les années 80 ont révélé de nouveaux talents féminins et des écritures particulièrement novatrices. La Tunisienne Hélé Béji (*l'Œil du jour,* 1985) joue sur les réminiscences et les rêveries suscitées par un retour à Tunis et sur la confrontation de son expérience d'expatriée avec la sagesse rayonnante de sa grand-mère. Nina Bouraoui (*la Voyeuse interdite,* 1991) ou Malika Mokeddem (*l'Interdite,* 1993) explorent les tabous qui pèsent sur la femme algérienne. Farida Belghoul (*Georgette,* 1986) choisit comme narratrice de son roman une petite fille de l'émigration maghrébine en France, qui n'a pas sa langue dans sa poche ni l'imagination en friche.

Mais les textes les plus impressionnants sont peut-être venus du Machrek, avec les superbes romans fortement symboliques d'Andrée Chedid (*la Maison sans racines,* 1985) et surtout avec l'édition posthume des œuvres complètes de deux poétesses, la Libanaise Nadia Tuéni et l'Égyptienne Joyce Mansour. Cette dernière, dans la mouvance du surréalisme, donnait le change à son mal de vivre par un humour ravageur (« Ne mangez pas le pain noir des pauvres / Car il est fécondé par leurs larmes acides / Et prendrait racine dans vos corps allongés / Ne mangez pas afin que vos corps se flétrissent et meurent / Créant sur la terre en deuil / L'Automne »). Nadia Tuéni a usé les dernières forces de son corps que détruisait la maladie pour conjurer la mort de son pays, le Liban, ravagé par la guerre :

« Le droit d'aimer la terre est imprescriptible »

« Restez ne bougez pas
   pour raison de grandeur les ruines restent ruines »

« Ô que la vérité est menteuse
   car l'infini de l'eau est démenti par le sable.
   Tout n'est si beau que parce que tout va mourir,
   dans un instant. »

MAROC

« Folie de la langue, mais si douce,
si tendre en ce moment.
Bonheur indicible !
Ne dire que cela : Apprends-moi
à parler dans tes langues. »

Abdelkébir Khatibi, *Amour bilingue,* 1983

Littérature du Maroc

Si au Maroc la littérature de langue arabe occupe tout naturellement une place primordiale, celle d'expression française a pris, de son côté, une importance non négligeable. Ce qui traduit la vocation d'ouverture de ce pays, situé au carrefour des civilisations et des cultures et dont le Souverain, S.M. Hassan II, a dit : « De nos jours, l'analphabète est celui qui ne parle qu'une seule langue. »

Il est significatif de rappeler que la dénomination même de la production littéraire en langue française a fait l'objet de discussions, parfois passionnées. On peut ainsi recenser, entre autres, les appellations suivantes :
– littérature marocaine de langue française ;
– littérature marocaine d'expression française ;
– littérature marocaine d'écriture française ;
– littérature marocaine de graphie française ;
– littérature marocaine de langue véhiculaire française ;
– littérature de langue française du Maroc ;
– littérature de langue française au Maroc…

Sans entrer dans les détails de ces intitulés, on peut relever que leur prolifération même traduit la difficulté de se situer face à une langue qui n'est pas la sienne propre, mais qui n'est pas toujours non plus appréhendée comme une simple langue étrangère. Cette inflation peut s'expliquer aussi par le désir de prévenir la récupération, l'altération ou les critiques de ceux – nombreux – qui considèrent cette littérature *a priori* comme suspecte, la langue étrangère encourageant, selon eux, à s'écarter des normes du groupe. Plusieurs de ces appellations renvoient au désir que les écrivains eux-mêmes ont manifesté d'insister davantage sur le travail d'écriture que sur le contenu de leurs textes.

Un double projet

Les conditions historiques de l'apparition de cette littérature ne pouvaient que donner au débat une dimension passionnelle. On sait, que le Maroc a été sous protectorat français de 1912 à 1956. Lorsque des écrivains marocains ont commencé à publier en langue française (« la langue du colonisateur »), le pays luttait pour son indépendance. D'autre part, ces écrivains ne pouvaient sans doute pas échapper à l'influence, même inconsciente, des œuvres des auteurs français qui parlaient alors du Maroc et qui, de bonne foi ou pour des raisons moins innocentes, mettaient l'accent sur l'aspect plus ou moins « exotique » ou « folklorique » de certaines scènes de la vie marocaine.

C'est ainsi que les œuvres marocaines de l'époque revêtent un caractère ethnographique marqué. Les premiers écrivains semblent produire en fonction de l'attente du public français, peut-être parce qu'il constituait à peu près le seul lectorat de ces œuvres lors de leur parution.

La dimension stéréotypée des « scènes et types du Maroc » est ainsi présente dans la pièce de Si Kaddour ben Ghabrit intitulée *la Ruse de l'Homme* (1929), comme dans celle d'Abdelkader Balhachemy qui a pour titre *la Dévoilée* (1952). Elle l'est également dans les œuvres d'Ahmed Sefrioui : aussi bien dans *le Chapelet d'ambre* (1949) que dans son roman autobiographique *la Boîte à merveilles* (1954) qui prend la forme d'une chronique sociale. On retrouve la même dimension, mais de manière plus distanciée, dans le roman controversé de Driss Chraïbi, *le Passé simple* (1954).

Mais si Sefrioui et Chraïbi ont tous deux décrit leur société et son mode de vie, ils l'ont fait sous des angles diamétralement opposés. Le projet d'Ahmed Sefrioui est de donner de son milieu une image de sérénité poétique et d'exalter la vie de sa communauté. Driss Chraïbi, en revanche, ne décrit son entourage familial et social que pour en dénoncer la sclérose. Il s'élève contre l'ordre patriarcal établi et produit une œuvre de refus.

Cependant, le lecteur marocain de l'époque n'était sans doute pas prêt à accepter ce type de production où le « je » se dit écrasé par le groupe. Il voulait d'abord retrouver dans l'écrit une image valorisante de lui-même. Il attendait des œuvres qu'elles fussent imprégnées d'unanimisme, inspirées des valeurs traditionnelles, nourries de nationalisme pour cultiver l'image positive du pays et défendre sa cause. Il refusait de croire avec un Driss Ferdi (le personnage principal du *Passé simple*) que c'est par le parricide (même symbolique) que l'on assure sa libération. Mais Chraïbi réussit à choquer, ce qui provoqua une réelle prise de conscience. Les thèmes qu'il abordait (déchirement, conflit de générations, engagement…) allaient d'ailleurs marquer une grande partie de la production littéraire marocaine…

Un nouveau tournant

Après l'indépendance, les écrivains ressentent le devoir, comme intellectuels, de donner leur avis, d'exprimer leur satisfaction ou leur désillusion, de contester ce qui leur semble être un *statu quo* rétrograde… De ce fait, si les œuvres des années 50 sont plutôt de facture classique (penchant vers le réalisme, structure linéaire du récit…), celles des années 60 et 70, plus novatrices dans leur forme, sont généralement des écrits de prise de position critique. Ainsi en est-il de l'équipe de la revue *Souffles,* véritable pépinière d'écrivains constituée à partir de 1966 autour d'Abdellatif Laâbi, et dont les membres souhaitaient démontrer qu'ils étaient (comme le dit le prologue de la revue) « moins des continuateurs que des commenceurs » et voulaient, face aux problèmes posés, que, « malgré le kaléidoscope des tonalités, leurs voix s'accouplent en de farouches alarmes ». De fait, l'esprit de ce mouvement allait marquer de nombreux écrivains : outre d'Abdellatif Laâbi lui-même, Mohamed Loakira, Mostafa Nissaboury, Mohamed Khaïr-Eddine, Tahar Ben Jelloun…

Avec *Souffles,* la poésie émerge en force, contestant la primauté du texte en prose. Cette poésie, d'une grande originalité dans son écriture (érigée en constituante essentielle de l'œuvre), rompt avec les formes antérieures. Le ton est de loin plus virulent et plus « violent », au niveau du contenu comme au niveau du style : mots recherchés et « éclatés », syntaxe violentée, structure de la phrase et composition travaillées à l'extrême… Cela n'empêche naturellement pas les nuances individuelles selon la sensibilité spécifique de chacun.

Une continuité cependant demeure : les écrivains veulent interpeller la mémoire collective, l'imaginaire social et le politique. D'où une nouvelle démarche d'écriture marquée par le souci de construire une esthétique ouverte tant sur le patrimoine national que sur la modernité littéraire. Toutefois, leurs auteurs essaient presque tous de « déconstruire » la langue française pour en neutraliser la dimension aliénante en y intégrant des tournures, des rythmes et parfois même des mots de leur langue maternelle. Même si les écrivains de la mouvance de *Souffles* dominent, d'autres, à l'image de Chraïbi, de Lahbabi ou de Zebdi, continuent à écrire en suivant leur propre inspiration.

L'avènement de la femme

À partir de 1980, le roman domine à nouveau et l'on assiste à l'émergence de nouveaux talents qui posent les problèmes de l'heure et qui cherchent, davantage que leurs précurseurs, à s'intégrer dans un cadre international. Mais là encore, toute généralisation serait abusive, chaque écrivain gardant son style particulier.

De leur côté, des écrivains femmes commencent à faire parler d'elles. Citons en particulier Noufissa Sbaï, Leila Houari, Dounia Charaf, Fatiha Boucetta. Avec l'apparition d'une génération d'intellectuelles, souvent professeurs d'université, les années 80 et les premières années de la décennie 90 donnent naissance à des essayistes de valeur telles que Fatima Mernissi, qui acquiert une célébrité méritée, Soumaya Naâmane Guessous et Halima Ferhat. Elles suivent la trace de quelques aînées connues dont Halima Benhaddou, auteur de *Aïcha la rebelle.*

Si des femmes ont pris la plume, souvent pour réclamer

leur émancipation du joug des hommes, ceux-ci, pour leur part, cherchent à se libérer des tabous et de l'hégémonie du groupe en abordant des sujets que le corps social refoule, en particulier celui de la sexualité. Déjà Driss Chraïbi l'avait fait dans *le Passé simple.* Il devait recommencer dans d'autres œuvres, *les Boucs* ou *la Mère du printemps* par exemple. Le même sujet allait apparaître de plus en plus souvent à partir de 1980, surtout avec Tahar Ben Jelloun *(la Nuit sacrée* et *l'Ange aveugle,* entre autres), Abdelhak Serhane *(le Soleil des obscurs…),* Mohamed Ghazi Chniber *(les Murmures de la palmeraie…),* mais aussi avec d'autres écrivains.

La réflexion sur l'identité se déploie dans l'œuvre ambitieuse d'Abdelkébir Khatibi *(la Mémoire tatouée,* 1971 ; *la Blessure du nom propre,* 1974), qui déconstruit avec beaucoup de subtilité – il a été le disciple de Roland Barthes – les oppositions trop tranchées entre « identité » et « différence ». Notons par ailleurs que se développe une critique littéraire approfondie dans différents domaines :

– écriture de langue française (Abdallah Alaoui Mdarhri, Lahcen Mouzouni, Abdallah Memmes, Abderrahman Tenkoul, Mohamed Zahiri, Kacem Basfao) ;

– littérature arabe classique et tradition orale (Abdelfattah Kilito, El Mostafa Chadli, Abdelmajid Zeggaf) ;

– littérature marocaine de langue arabe (Ahmed El Yabouri, Mohamed Berrada, Mohamed Miftah).

Cette activité critique, pluridisciplinaire et plurilingue, permet de dépasser le problème du choix de la langue vers des questions plus fondamentales concernant la réflexion et la recherche en général.

Village de Chtouka, par Chaibia.

SEFRIOUI

Ahmed Sefrioui,
né à Fès en 1915,
a fréquenté l'école
coranique puis l'école
française. Il a exercé
divers métiers avant de
devenir haut fonctionnaire.
Il commence à écrire
dans des périodiques
dès 1943, et publie
un recueil de contes
et nouvelles en 1949,
Chapelet d'ambre,
suivi, en 1954, du roman
la Boîte à merveilles,
récompensé par le prix
littéraire du Maroc.
Sefrioui s'y révèle comme
le romancier du Maroc
traditionnel, très attentif à
la vie intérieure de ses
personnages, sachant
mettre en valeur la poésie
d'une vie quotidienne
sereine et apparemment
monotone. Il a donné en
1973 un nouveau roman,
la Maison de servitude.

1. Mot arabe signifiant rue, ruelle.

« *Ma Boîte à Merveilles* »

Enfant imaginatif, romantique à sa manière, mais ne manquant pas non plus d'une certaine candeur, le jeune personnage du texte suivant est heureux de vivre. Il sait s'exalter. Il sait par exemple comment voir en un amas d'objets hétéroclites une magnifique « boîte à merveilles ».

Pendant l'absence de ma mère, j'étais livré à mes timides fantaisies. Je courais pieds nus dans le *derb*[1], imitant le pas cadencé des chevaux, je hennissais fièrement, envoyais des ruades. Parfois, je vidais simplement ma Boîte à Merveilles par terre et j'inventoriais mes trésors. Un simple
5 bouton de porcelaine me mettait les sens en extase. Quand je l'avais longtemps regardé, j'en caressais des doigts la matière avec respect. Mais il y avait dans cet objet un élément qui ne pouvait être saisi ni par les yeux, ni par les doigts, une mystérieuse beauté intraduisible. Elle me fascinait. Je sentais toute mon impuissance à en jouir pleinement. Je
10 pleurais presque de sentir autour de moi cette étrange chose invisible, impalpable, que je ne pouvais goûter de la langue, mais qui avait un goût et le pouvoir d'enivrer. Et cela s'incarnait dans un bouton de porcelaine et lui donnait ainsi une âme et une vertu de talisman.
    Dans la Boîte à Merveilles, il y avait une foule d'objets hétéroclites
15 qui, pour moi seul, avaient un sens : des boules de verre, des anneaux de cuivre, un minuscule cadenas sans clef, des clous à tête dorée, des encriers vides, des boutons décorés, des boutons sans décor. Il y en avait en matière transparente, en métal, en nacre. Chacun de ces objets me parlait son langage. C'étaient là mes seuls amis. Bien sûr, j'avais des
20 relations dans le monde de la légende avec des princes très vaillants et des géants au cœur tendre, mais ils habitaient les recoins cachés de mon imagination. Quant à mes boules de verre, mes boutons et mes clous, ils étaient là, à chaque instant, dans leur boîte rectangulaire, prêts à me porter secours dans mes heures de chagrin.

Ahmed Sefrioui, *la Boîte à merveilles,* © **Éditions du Seuil, Paris, 1978.**

COMPRÉHENSION ET LANGUE	légende… » (l. 19-20).
1 – De quoi parle le texte ? 2 – Qu'est-ce qu'un « talisman » ? 3 – Relevez les termes et expressions se rapportant aux différents sens. 4 – Quel pouvoir les objets hétéroclites ont-ils sur l'enfant ? 5 – Expliquez : « j'avais des relations dans le monde de la	6 – En partant de ce texte, expliquez le titre du roman, *la Boîte à merveilles.* ACTIVITÉS DIVERSES, EXPRESSION ÉCRITE Cet enfant vous semble-t-il annoncer l'écrivain qu'il allait devenir ?

« *La faim de ton frère* »

Tiré du Chapelet d'ambre, *cet extrait de nouvelle invite à la réflexion.*

Mon burnous étendu en guise de tapis, je m'installe sous un arbre. Je sors mes provisions et construis avec trois pierres un foyer. La flamme jaillit sous mon pot de terre, où l'eau ne tarde pas à ronronner. Les fèves vertes dans une eau saturée d'épices à l'odeur triomphante d'ail et de
5 céleri, tel sera mon déjeuner. Au-dessus de ma tête, invisible dans le feuillage, la tourterelle scande un couplet d'amour. J'écosse mes fèves et suis du regard une mouche échappée de quelque féerie, une mouche encore vêtue de sa robe de bal et qui s'enivre du suc des fleurs.

Alors des pieds nus foulent avec précaution l'herbe de la colline.
10 Je les entends s'approcher derrière moi. Les insectes rentrent leurs antennes, se blottissent dans les plis de leurs ailes, se taisent. J'écosse mes fèves, l'oreille tendue. Une force despotique m'empêche de me retourner. Les pas se rapprochent toujours. Bientôt ils s'arrêtent. Le silence en devient plus lourd, l'air plus angoissant. Rien ne bouge.
15 À mes côtés, un homme vient de s'accroupir. Je reste fasciné par son masque d'or encadré d'une barbe noire et souple comme une plume d'autruche. Ses lèvres sont rouges et charnues.

« Aurais-tu de quoi apaiser la faim de ton frère ? me dit-il. J'ai fait un long trajet sans repos et sans vivres. Mes pieds gardent un souvenir dou-
20 loureux de leur voyage. Regarde. »

De dessous ses loques surgissent deux gros orteils ensanglantés, des pieds couverts de poussière. En silence, je saisis ma cafetière pleine d'eau chaude et lui lave ses blessures. Visiblement mes soins le rendent heureux. Pour me remercier, il sourit. Nous restons longtemps sans rien
25 nous dire. Mon pot de terre lance gaiement son jet de vapeur. Un fil de la vierge miroite, s'irise de toutes les couleurs de l'arc-en-ciel, disparaît.

« ... Pourquoi ai-je agi de la sorte ? Ce va-nu-pieds m'est indifférent. Moi ! un fkih[1], laver les pieds d'un mendiant ! »

Une colère sourde, puissante, opaque, comme toutes les forces du
30 mal, m'emplit peu à peu la poitrine. Elle monte, sournoise et butée, elle m'étouffe. Les larmes m'obscurcissent le regard et, dans la nuit de mon orgueil, l'orage éclate.

« Mendiant ou voleur, qui es-tu ? Que veux-tu ? Tu troubles ma paix.
 — Je viens éclairer ta solitude ; tu as lavé mes plaies, chassé la pous-
35 sière de mes chevilles, tu partageras ton repas avec moi et désormais nous serons du même sang.
 — J'aime ma solitude, je suis pauvre, mon repas sera maigre.
 — Nous Le remercierons pour le beaucoup et pour le peu. »

Les fèves sont cuites à point. Leur chair saturée d'aromates fond sous
40 la dent. Le pain laisse dans la bouche une sensation de fraîcheur et l'eau semble du nectar. Le repas terminé, je sers à mon hôte un thé couleur d'or où nage une branche de menthe.

Ahmed Sefrioui, *le Chapelet d'ambre*, Julliard, Paris, 1949.

1. *Érudit, savant, qui donne des cours, en particulier dans le domaine théologique.*

COMPRÉHENSION ET LANGUE

1 – Quels sont les personnages de ce texte ?
2 – Quels détails, dans le premier paragraphe, font naître une impression de bonheur simple et tranquille ?
3 – Comparez les phrases suivantes :
– « J'écosse mes fèves [...] du suc des fleurs » (l. 6-8) ;
– « J'écosse mes fèves, l'oreille tendue » (l. 11-12).
4 – Comment comprenez-vous les expressions suivantes ?
– « Je reste fasciné par son masque d'or » (l. 15-16) ;
– « dans la nuit de mon orgueil, l'orage éclate » (l. 31-32) ;
– « Une colère sourde, puissante, opaque, comme toutes les forces du mal, m'emplit peu à peu la poitrine » (l. 29-30).
5 – L'excellence du repas (l. 39-42) vient-elle seulement de la bonne préparation des denrées ? Sinon, qu'a de spécial un tel repas ?
6 – Distinguez les diverses parties de ce récit en leur donnant un titre.

ACTIVITÉS DIVERSES, EXPRESSION ÉCRITE

Il vous est peut-être arrivé de faire une rencontre insolite ou d'avoir eu votre quiétude troublée par quelqu'un ou quelque chose. Racontez ce qui s'est passé en mettant en relief ce que vous avez fait ou ressenti.

Mohamed Aziz
Lahbabi (Fès, 1923-Rabat,
1993), philosophe
de formation, a consacré
sa vie à la recherche
et à l'enseignement.
Il a été en poste
en France, en Algérie
et surtout au Maroc.
Il a écrit en arabe
et en français une œuvre
de grande valeur,
qui comprend aussi bien
des essais philosophiques
que des poèmes,
Chants d'espérance (1952),
Misères et Lumières
(1958), *Ivre d'innocence*
(1980), ou un roman,
Espoir vagabond (1972).
Ses textes ont été traduits
en plusieurs langues
et il a reçu de nombreuses
distinctions honorifiques.
Il s'est fait le héraut du
Personnalisme musulman
(titre d'un essai de 1967),
c'est-à-dire
d'un humanisme
ouvert sur le monde.

« *Dans son absence*
■■■ *à lui-même* »

Roman écrit en arabe, adapté par l'auteur en français, Espoir vagabond *vise à montrer « comment l'homme maghrébin, arabe et musulman, conçoit son existence individuelle, comment il exprime sa présence au monde, comment il s'insère dans la société ». Le héros, Dris, écrivain, peut être considéré comme l'incarnation d'une génération de jeunes intellectuels marocains, cherchant à définir leur identité dans le monde moderne au sortir de la colonisation.*

Dris a beaucoup voyagé, beaucoup lu, donc beaucoup vu et beaucoup appris. Mais, voir n'est pas observer, et apprendre n'est pas comprendre et assimiler.

Dris se lève et se met à marcher.

5 Pourquoi marcher ?

La marche aussi lui devient insupportable. Il éprouve un grand besoin de silence ; en marchant, ses deux pieds lui donnent l'impression qu'ils dialoguent entre eux. Déjà son monologue intérieur lui pèse… Ses pieds font craquer des feuilles mortes. Les choses ont-elles, elles aussi, 10 un langage phonétique qui s'articule et interpelle ?

Le silence se fait trop rare et trop précieux pour subir la loi de l'offre et de la demande…

Mais, dans son absence à lui-même, Dris a-t-il encore un moi capable de dire « mon corps » et « mes pieds marchent » ou « mes 15 oreilles entendent » ? Oh ! s'il pouvait ne rien entendre, et surtout ne pas s'écouter méditer à haute voix en s'accompagnant de gestes !… Son absence à lui-même n'est pas totale. Une présence, non identifiée, pèse, de toute sa masse sans poids et sans densité. Doublement contradictoire et doublement inquiétante.

20 Dris sent le besoin de se réfugier quelque part car un il ne sait quoi semble hanter la villa. Ses pieds l'entraînent au Jardin d'essai de l'Agdal. Peut-être ont-ils leurs raisons que la raison ne connaît point…

En effet dans les jardins publics de Rabat, le soir apporte avec lui le précieux silence, loin des bruits domestiques, ceux des casseroles, des 25 radios…

En ces instants, le calme triomphe sous le signe tendre des lueurs décrues du couchant, embrassant les minarets d'où jaillit la voix tremblante du muezzin, comme la plainte d'un soleil qui rougeoie en faisant ses adieux. Les cigognes sont revenues de leur lointain exil et saluent la 30 tiède intimité de la médina qui déploie, tout à coup, son majestueux mystère des soirées silencieuses. Les cigognes aussi savent goûter de la douce familiarité du soir. Elles regagnent, elles aussi, leurs foyers, au faîte des toits. Un repos en famille, bien mérité. Elles plient leurs longues pattes roses et, avant de s'adonner à leurs méditations, claquent 35 de leur bec qu'elles renversent alternativement sur leur dos.

Dris aurait aimé savourer, toute la nuit, cette quiétude de la médina endormie qui ne sera brisée que par la voix du muezzin annonçant la prière de l'aube. La ville s'étire, et se lève par étapes, ou plutôt par quartiers. D'abord ce sont les gens de la périphérie qui se mobilisent,
40 ensuite élèves et fonctionnaires (petits fonctionnaires). L'épicier, lui, est hors classe.

Un frisson traversa Dris lorsque le gardien du Jardin d'essai eut donné le coup de sifflet strident annonçant l'heure de clôture. Il emprunta un raccourci, évitant l'entrée principale par où sortent les rares
45 promeneurs. Il choisit les petites rues à passage unique et sans beaucoup de lumière et déboucha sur la place Bourgogne. Quelques pas et le voilà chez lui. Il se dirigea directement vers la bibliothèque.

Mohamed Aziz Lahbabi, *Espoir vagabond,*
© L'Harmattan, Paris, 1972.

COMPRÉHENSION ET LANGUE

1 – Dans quels lieux successifs se trouve le personnage ? Essayez de retracer son itinéraire.
2 – Relevez dans ce texte les termes qui se rapportent au registre de la relation.
3 – Mohamed Aziz Lahbabi est un philosophe. Trouve-t-on des traces de préoccupations d'ordre philosophique dans cet extrait ? Justifiez votre réponse.
4 – Lahbabi est également un poète. Quels sont les passages du texte où l'on peut trouver des traces de son souffle poétique ?

ACTIVITÉS DIVERSES, EXPRESSION ÉCRITE

« Voir n'est pas observer, et apprendre n'est pas comprendre et assimiler. » Expliquez et commentez cette pensée de Mohamed Aziz Lahbabi.

Le Jardin des Oudaïas. Aquarelle de Delaye.

MAROC
ABDALLAH
LAROUI

Abdallah Laroui,
né en 1933 à Azemmour,
est diplômé d'études
supérieures d'histoire
et agrégé d'arabe.
Actuellement professeur
à la faculté des lettres
de Rabat, il a soutenu
une thèse sur la genèse du
nationalisme marocain.
Il est également l'auteur
d'*Histoire du Maghreb,
un essai de synthèse,*
publié en 1970.

« *Le romanesque* »

*L'auteur, historien et essayiste, pose la problématique des formes esthétiques
en rapport avec la structure et l'évolution des sociétés arabes. Dans ce passage,
il rappelle les conditions historiques et sociologiques de la naissance du roman
occidental au XIXe siècle.*

Avant de réfléchir sur des problèmes de pure technique romanesque :
création des personnages, construction de l'intrigue, rythme de la narration, nature du dialogue et sur les relations de tous ces éléments avec la
dynamique sociale, comme le fait la critique universitaire arabe, il eût
5 été certainement plus profitable de se poser la seule question finalement
décisive : qu'est-ce que le romanesque dans nos sociétés ? Personne n'a
encore rêvé, chez nous, d'un roman total, objectif ou subjectif, qui
emprunterait son architecture à la structure de la société et ferait cohabiter dans une apparente anarchie les genres et les styles les plus divers
10 comme la société contient les groupes et les classes les plus opposés.
Puisque le seul modèle vraiment étudié et communément accepté
comme base de référence est le roman « réaliste » du XIXe siècle, il fallait
peut-être se demander si le succès, artistique et social, de cette forme de
roman, n'exigeait pas des conditions sociologiques particulières qui,
15 seules, lui permettent d'échapper à la superficialité et à l'insignifiance.

Le milieu romanesque, par excellence, a toujours été le milieu bourgeois, tout au long de la lente ascension de la classe bourgeoise : au
début de sa lutte, quand elle reprit le thème de l'amour, popularisé depuis
si longtemps, et le retourna contre l'aristocratie en mettant en constante
20 contradiction l'ordre simple, logique, spontané du cœur et celui de l'organisation politique, compliqué, artificiel, générateur de drames inso-
lubles ; pendant ses années de vigoureuse adolescence ensuite, quand
elle s'infiltra partout et l'emporta sur tous les fronts, quand elle réduisit
les dernières résistances : la fatuité des nobles, l'obstination des prêtres
25 et la naïveté des humbles ; à l'âge mûr enfin, quand, au bout de tant de
victoires, après tant de conquêtes, elle vit brutalement s'ouvrir à ses
pieds les abîmes du désespoir, de l'inutilité et de l'angoisse.

Abdallah Laroui, *l'Idéologie arabe contemporaine,*
Éditions Maspéro, Paris, 1977, Droits réservés.

COMPRÉHENSION
ET LANGUE

1 – Quelle est l'idée essentielle
qui se dégage de cet extrait ?
2 – Donnez des exemples de « ro-
mans réalistes dui XIXe siècle ».
3 – Quelle réponse donneriez-
vous à la question de la ligne 6 :
« qu'est-ce que le romanesque
dans nos sociétés ? » ?
4 – Qu'est-ce qu'un « roman
total » (l. 7) ?

ACTIVITÉS DIVERSES,
EXPRESSION ÉCRITE

Dans quelle mesure les romans
d'auteurs arabes que vous
connaissez correspondent-ils à la
définition du gnre romanesque
esquissée dans cet extrait ?

Écriture et modernité

Les premiers textes d'écrivains arabes en français s'inscrivent très logiquement dans le courant traditionnel de la littérature. Que ce soit Mouloud Feraoun en Algérie ou Ahmed Sefrioui au Maroc, très représentatifs de cette première période, ces auteurs font confiance à la langue et à sa mise en forme littéraire pour rendre compte du réel, de la manière la plus directe. On leur a d'ailleurs parfois reproché de pratiquer une littérature « ethnographique » ou « folklorique », qui se contenterait de refléter le monde.

La publication de *Nedjma* (1956) de Kateb Yacine a totalement bouleversé ce paysage littéraire en introduisant une autre façon de raconter une histoire : décalée, décentrée, impossible à lire selon les habitudes de la littérature conventionnelle. Mais *Nedjma,* contrairement aux apparences, ne s'inscrivait pas non plus dans la logique des recherches de l'avant-garde européenne.

Altérité et modernité

Le roman de Kateb Yacine (et les textes qu'il a publiés par la suite) refusait la clôture de l'œuvre achevée, refermée sur la perfection de sa forme (comme le demandait l'esthétique du classicisme), pour déborder de tous côtés le cadre romanesque habituel et proposer une œuvre complexe, éclatée, volontairement fragmentée et prolongée de livre en livre. Racontant une histoire familiale, Kateb Yacine s'interdisait de la développer en roman-fleuve : il préférait jouer sur la confusion de la chronologie, la répétition du récit selon des points de vue différents, la transfiguration des événements en mythes, le mélange des tons et des genres, glissant parfois vers le poème en prose. Il se proposait ainsi, par le mouvement de l'écriture, de rendre la complexité de l'Algérie et de son « inextricable passé ».

La « modernité » de l'œuvre de Kateb Yacine tient à son projet de dire de la manière la plus directe sa perception de l'Algérie, bousculée par la colonisation et en quête de sa vérité profonde. Il ne cherche pas à être « moderne », mais à dire son pays et son identité : or ce projet est nécessairement « moderne », car en rupture avec la vision convenue des pays maghrébins. En écrivant en français, mais en s'ancrant dans une temporalité et un espace qui ne sont pas français, il oblige sa langue d'écriture à inventer une manière nouvelle de dire son expérience. La modernité de Kateb Yacine est l'expression même de son altérité.

L'écriture de rupture

Les écrivains réunis autour de la revue *Souffles,* publiée au Maroc à partir de 1966, ont systématisé la réflexion sur la modernité littéraire. Ils ont articulé leur critique des fausses valeurs de la bourgeoisie maghrébine sur la déconstruction des formes littéraires, en se livrant à une sorte de « guérilla linguistique » pour subvertir tous les codes littéraires. « Violence du texte » (selon la formule de Marc Gontard) qui s'accorde au malaise existentiel de l'écrivain et à sa conscience exacerbée de vivre un monde impossible, qui le condamne à la marginalité, à l'exil ou à la prison. Les textes de cette littérature de rupture ne respectent pas la syntaxe, refusent la distinction des genres, cultivent une sorte d'opacité : comme s'il fallait exorciser le sentiment de perte de soi-même par un brouillage de l'expression littéraire…

Le piège qui est tendu à cette violence littéraire libératrice est le risque de tomber dans des clichés symétriques de ceux auxquels on a déclaré la guerre : il y a aussi un poncif de la rupture et de la subversion. Un Tahar Ben Jelloun ou un Abdellatif Laâbi, un Mohamed Khaïr-Eddine ou un Abdelkébir Khatibi ont su y échapper, en développant leur œuvre dans la cohérence d'un projet personnel.

Une écriture libérée

De Nabile Farès à Rachid Boudjedra, d'Abdelwahab Meddeb à Habib Tengour, l'écriture en français a offert aux écrivains du Maghreb un espace d'inventivité et d'expérimentation. En usant dans toutes ses dimensions d'une langue qui avait été celle du colonisateur, ils l'ont forcée à dire leur liberté d'hommes modernes. Étrangers à cette langue, ils l'ont pliée à leur génie propre, lui prêtant les arabesques de leur imaginaire, écrivant arabe dans les mots du français. Si le Libanais Georges Schehadé a été l'un des principaux artisans du renouvellement du théâtre en langue française, c'est sans doute parce que la logique poétique de ses pièces (c'est-à-dire l'enchaînement étrange des images) s'enracinait dans sa culture moyen-orientale : en mettant l'accent sur la singularité du moment, la relativité du transitoire, le spontané de la sensation, il retrouvait cette alliance de la surprise et de la beauté mystérieuse de la vie qui, selon Baudelaire, constitue le grand ressort de la modernité.

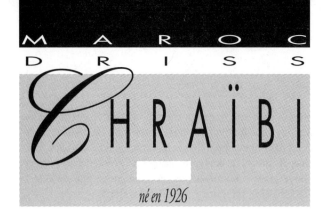

CHRAÏBI

né en 1926

Né en 1926 à Mazagan (aujourd'hui El-Jadida), Driss Chraïbi a été élève de l'école coranique, puis de l'école française, notamment du lycée Lyautey de Casablanca. Après avoir obtenu à Paris, en 1950, un diplôme d'ingénieur chimiste, il entreprend des études de neuropsychiatrie qu'il interrompt assez vite. Il a voyagé dans divers pays et exercé de nombreux métiers (journaliste, photographe ambulant, manœuvre, assureur, ingénieur, professeur à l'université Laval à Québec…).

Le scandale

La publication de son premier roman, *le Passé simple,* en 1954, a suscité le scandale : campagnes de presse, injures, menaces contre l'auteur… On ne comprenait pas qu'au moment où le pays ramassait ses forces pour revendiquer l'indépendance le romancier se livrât à une attaque virulente contre la figure du père et s'attaquât au fondement de la société patriarcale. La violence du personnage principal, Driss Ferdi (*ferdi* signifiant « revolver » en arabe dialectal), son irrespect, son langage, son nihilisme choquèrent plus d'un lecteur. La vague de condamnations fut telle que l'auteur fut amené à publier un texte par lequel il reniait son œuvre (ce qu'il devait regretter plus tard). On peut assurément considérer *le Passé simple* comme un règlement de comptes, une condamnation à mort de ce qu'il pouvait y avoir de sclérosé dans la vieille société marocaine et dans ses valeurs archaïques.

Le déploiement de l'œuvre

Driss, le héros du *Passé simple,* choisit à la fin du roman le départ pour la France. Ce que le romancier, lui, devait découvrir en France, c'était le sort fait aux travailleurs maghrébins immigrés, leur vie refermée sur les bidonvilles sordides, l'exploitation de leur force de travail. Le roman *les Boucs* (1955) évoque cette existence sous-humaine, dans une écriture surchargée de violence.

L'Âne (1956) revient au Maroc, pour prendre la mesure, à travers un récit empruntant à la tradition orale son goût pour la fable et l'apologue, des mutations sociales et culturelles du Maroc contemporain.

L'œuvre se déploie dans plusieurs directions, avec *la Foule* (1961) et des romans qui cherchent délibérément à s'ancrer dans un horizon culturel tout à fait étranger au Maroc : *Un ami viendra vous voir* (1967), *Mort au Canada* (1975). Mais *Succession ouverte* (1962) ramène au pays Driss

Ferdi, le révolté du *Passé simple,* après la mort de son père. Le titre du roman indique bien qu'un dialogue et une continuité s'ouvrent avec les valeurs naguère reniées.

Civilisation, ma mère (1972) confronte un savoureux personnage de mère orientale traditionnelle avec la modernité technique et les bouleversements sociaux. Avec humour et tendresse, ce roman célèbre cette mère, débordée par la transformation du monde, mais qui « était, à elle seule, la conscience d'un monde inconscient ».

Humour et sérénité

La manière romanesque de Driss Chraïbi trouve dans ses œuvres plus récentes un ton plus serein, tempéré par l'humour et le goût de l'absurde. Le romancier porte sur son pays et son histoire, sur la rencontre des cultures, un regard plus ironique que violent, plus amusé qu'agressif.

Une enquête au pays (1981) confronte un chef de la police et son subordonné, l'inspecteur Ali, avec les réalités d'un village montagnard, encore tout plongé dans des traditions et un art de vivre millénaires. L'attention portée à la sagesse ancienne, aux saveurs intimes du pays berbère donnent une grande sérénité à l'ouvrage.

Dans *la Mère du printemps* (1982), dont le titre traduit littéralement en français le nom arabe d'un des grands fleuves marocains (l'Oum-er-Bia), et dans *Naissance à l'aube* (1986), il revient à une belle méditation lyrique et épique sur l'arrivée au Maroc des premiers cavaliers arabes conduits par le général Okba.

1954	*Le Passé simple* [roman]
1955	*Les Boucs* [roman]
1956	*L'Âne* [roman]
1961	*La Foule* [roman]
1962	*Succession ouverte* [roman]
1967	*Un ami viendra vous voir* [roman]
1972	*Civilisation ma mère* [roman]
1975	*Mort au Canada* [roman]
1981	*Une enquête au pays* [roman]
1982	*La Mère du printemps* [roman]
1986	*Naissance à l'aube* [roman]
1991	*L'Inspecteur Ali* [roman]

« *Dans les grandes profondeurs* »

Les Boucs décrit la misère des immigrés nord-africains en France et dénonce le racisme dont souffrent ces travailleurs exploités et marginalisés. Se résignant plus ou moins à leur sort, ceux-ci vivent comme des boucs, s'ils ne sont pas considérés comme tels…
Dans le passage suivant, pour toucher un salaire dérisoire, mais peut-être aussi pour échapper aux regards moqueurs ou méprisants, l'un d'eux, Waldik, est même disposé à travailler dans « les entrailles de la terre »…

Il se crut sauvé quand il descendit dans les mines. Bonne vieille mère que la Terre dans les entrailles de laquelle, quand il descendit, il s'ensevelit avec quelle paix ! Le même jour, on s'aperçut qu'il n'était pas syndiqué et on l'expédia dans les « grandes profondeurs », mais il s'y crut
5 encore plus sauvé. Il apprit à manier le pic et le wagon, à se mouvoir dans un boyau pour rats, à respirer un mélange de moiteur, de gaz oppressants et de poudre de charbon, mais il était si paisible ! C'était exactement ce trou qu'il lui fallait et ce qu'il respirait exactement ce dont avaient besoin ses bronches. Une benne le remontait, il roulait une ciga-
10 rette et la fumait jusqu'à l'ultime bouffée, non pas qu'il manquât de tabac, mais parce que c'était la cigarette de l'adieu que tous les mineurs fumaient : il l'éternisait, bavardant avec eux, leur parlant de lui et de son pays, leur mendiant leur sympathie d'hommes. Ils lui donnaient une poignée de main sans le regarder, convaincus qu'il était un chien qui tra-
15 vaillait avec eux dans la mine, et ils partaient rejoindre leurs femmes : délassements modernes de ces guerriers modernes. Il y avait une demi-douzaine d'Arabes avec Waldik. Ils n'avaient pas de femmes, pas de liens avec le pays : rien qu'une cabane de planches noires et disjointes, avec un Godin[1] qu'ils ne savaient pas allumer, et des lits de camp – et
20 qu'ils fuyaient tacitement comme la peste. Car ils savaient que là, tôt ou tard, tous les soirs, la société les faisait se retrouver, entre Arabes, nus les uns pour les autres, comme un groupe de naufragés sur un radeau, avec leur faim atroce de la vie – et cette nostalgie de la terre africaine dont ils ne parlaient pas mais qui les animait tous : noire et déferlante
25 comme un raz de marée.

Driss Chraïbi, *les Boucs*, © by Éditions Denoël, Paris, 1955.

1. Marque de poêle à charbon.

Le Passé simple (1954)
exprime de la manière
la plus directe la révolte
contre le père, incarnation
d'un ordre désuet
et de traditions religieuses
archaïques. Le héros,
Driss Ferdi, adolescent
plein de fougue, se dresse
contre ce père, un riche
commerçant, qu'il appelle
ironiquement
« le Seigneur » (mais ce
surnom n'est pas sans
ambiguïtés). Driss, à la fin
du roman, quitte le Maroc
pour Paris, « capitale de
perdition », loin du monde
clos de la famille asservie
à l'autorité tyrannique du
père. L'écriture haletante,
la violence des dialogues
ont beaucoup fait pour
susciter une atmosphère
de scandale lors
de la parution
de cette œuvre très forte.

« *Moi, je suis le bûcheron* »

Cette scène, l'un des points culminants du roman, oppose le fils au père dans une grande intensité dramatique. C'est le père qui parle en premier.

« Où veux-tu en venir ?

– Attendez. Je m'explique. Supposez que vous soyez un chêne. De quelque trente mètres de hauteur. Imposant, vénérable. Moi, je suis le bûcheron. Que je sois *capable* de vous abattre me procure un sentiment

5 d'orgueil intense. Il n'est pas donné à n'importe qui de pouvoir supprimer cet édifice, cette imposance, cette vénérabilité. Mais que je vous *abatte*, c'est autre chose.

– Des métaphores !

J'éteins ma cigarette.

10 – Vous n'aimez plus les métaphores ?

– Où veux-tu en venir ?

– Nous y sommes. »

Mon mégot est encore fumable. Trois ou quatre bouffées lui importent peu – et me feront beaucoup de bien. Je le rallume.

15 « Nous pouvons encore transiger. Tout ce qui s'est passé, je suis prêt à l'oublier. Que dis-je ? j'ai tout oublié. Prêt à manger mes fèves, à ne pas dormir si bon vous semble, à permettre à votre épouse la transcendance qu'elle espère – regardez-la : elle a pavoisé – et demain renaîtra Driss son fils et Driss votre esclave. À condition…

20 – Des conditions ? À nous, des conditions ? De qui se moque-t-on ici, ou quoi ? »

Simultanément nous nous sommes levés. Cependant que son tarbouch[1] roule et que j'éteins entre mes doigts le centimètre de mégot, je me demande si le mendiant s'en est allé, pourquoi l'horloge ne sonne plus,

25 quelle heure il peut être et si le chat s'est décidé à mourir.

« À condition…

– Pas de condition. Pas de chantage.

– Vous allez peut-être me souffler dessus et me réduire en fumée ? Je ne crois plus aux mille et une nuits. À condition, dis-je, que vous vous

30 résigniez à transformer votre théocratie en paternité. J'ai besoin d'un père, d'une mère, d'une famille. Également d'indulgence, de liberté. Ou alors il fallait limiter mon instruction à l'école coranique. Fèves, attente, prières, servilité, médiocrité. Une légère réforme que vous pourriez m'accorder sans qu'il soit porté atteinte à votre souveraineté puisque je

35 reste sous votre tutelle. Le bourricot a grandi, il lui faut à présent trois sacs d'avoine. Et n'essayez pas de me soutenir que justement vous n'avez cessé d'être un père hors série, chose que, moi, je n'ai cessé d'ignorer. Je vous répondrais que ce tarbouch qui nous sépare est un potiron. Alors ?

– Sinon ?

40 – Sinon, le deuxième tranchant. Assis ou debout ?

– Debout, chien.

– Chien si vous voulez, qui va vous mordre. Mais auparavant réfléchissez. Je vous fais confiance. Vous êtes intelligent, très intelligent, trop intelligent. Et je sais que vous ne tolérez pas – non pas l'idée que je me sois insurgé contre votre autorité (je le suis depuis l'âge de quatre ans et vous le saviez et vous l'acceptiez) – mais que cette insurrection ait pu aboutir. La théocratie musulmane ? la quatrième dimension. Cependant vous avez dû entendre parler d'Atatürk. Si vous continuez à vous toger dans votre intransigeance, il y en aura un second, d'Atatürk. Ici. Tout de suite. Me suis-je fait bien comprendre ? »

J'ai haché mes mots, les criant ou les murmurant, je m'en moque et là n'est pas l'essentiel. Cinquante-huit ans, barbe noire, crâne chauve, bonne présentation, réduit à lui-même je l'aime bien. En Europe il eût fait un piètre épicier. Ou un fonctionnaire intègre.

« Tu as terminé ?

– Je crois.

– Sors. »

Ce petit mot éjecté du bout des lèvres – comme un crachat.

« Me chasser ? Simplement me chasser ? Je m'y attendais. Et je suis censé obéir ? Au nom de Dieu clément et miséricordieux ! »

Je me mets à rire, quoique je n'en aie nulle envie. Ce plafond incurvé au-dessus de ma tête en est témoin : il l'aura voulu.

« Vous ne manquez pas de courage. Vous ne manquez de rien sinon de modestie. Ainsi je vous ai acculé et vous me faites front ? Et vous me dites "sors" et je dois sortir ?

– Va-t'en !

– Je puis vous donner encore une chance…

– Veux-tu t'en aller ?

– Et votre imperturbabilité foncière ?

– Veux-tu t'en aller ? »

Nous commençons à tourner. Quelques centimètres nous séparent. Il marche sur moi, je recule et nous tournons ensemble…

**Driss Chraïbi, *le Passé simple*,
© by Éditions Denoël, Paris, 1954.**

1. *Sorte de chapeau.*

Soumaya Naâmane
Guessous, qui a fait
des études de sociologie,
enseigne à la faculté des
lettres et des sciences
humaines à Casablanca.
Elle est l'auteur d'un
ouvrage qui a eu un beau
succès de librairie :
Au-delà de toute pudeur
Elle y expose – en une
langue claire et directe –
les conclusions d'une
enquête sociologique
approfondie
sur la sexualité féminine,
en mettant l'accent sur
« le carcan d'interdits »,
les tabous et les problèmes
psychiques, physiques
et sociaux liés
à cette question.

« *Un voile épais* »

*En ouverture de son essai, Soumaya Naâmane Guessous explique ce qu'est
la « hchouma », qui provoque refoulements et complexes et constitue une entrave
majeure au plein épanouissement de la personne.*

Évoquer le sujet de la sexualité : c'est *hchouma ! hchouma* est délicat à
traduire : tantôt c'est la honte, honte d'avoir commis tel ou tel acte, tantôt
c'est la pudeur et la *hchouma* interdit de se conduire de telle ou telle
manière. Mais *hchouma* n'est en fait ni l'une ni l'autre : plus que la honte,
5 plus que la pudeur, elle est présente constamment, en tout lieu, en toute
circonstance. Le mot n'a pas besoin d'être prononcé, la *hchouma* dicte,
contrôle, interdit, elle se profile derrière bien des actes. Elle concerne le
pauvre, mais aussi le riche, l'homme, mais aussi la femme, la jeune fille
– surtout la jeune fille –, le citadin mais aussi le paysan, le nomade, le
10 lettré mais aussi l'analphabète. C'est un code auquel on se conforme sans
réfléchir, et qui légifère toutes les situations de l'existence. C'est le
qu'en-dira-t-on qui fait peur, et le discrédit sera jeté non seulement sur le
coupable, mais aussi sur ses proches et tout son entourage.

Ainsi la *hchouma* de l'un n'est-elle pas la *hchouma* de l'autre : la
15 *hchouma* pour la jeune fille n'est pas la même que pour la femme, ou
pour un homme ; la *hchouma* pour les jeunes n'est pas la même que pour
les vieux, la *hchouma* en ville n'est pas la même qu'à la campagne…

Il ne faudrait pas non plus confondre ce code de convenance avec ce
qui est *haram,* c'est-à-dire interdit par la religion et punissable dans l'au-
20 delà. Certains actes sont *hchouma,* mais non *haram.* Le croyant n'a qu'à
s'entourer de secret pour que son acte ne lui cause aucun discrédit, à
condition toutefois que cet acte ne soit pas *haram.* Reportons-nous à la
morale populaire : « Le forfait secret est acquis et pardonné… »

La *hchouma* se présente donc comme un voile épais qui sépare deux
25 mondes en totale opposition : l'un est régi par les us et coutumes et
exclut toute possibilité pour un être de s'affirmer en tant qu'individu,
hors du modèle social ; l'autre univers est fait de silence et de secrets,
c'est le monde de la personne, au-delà des conventions.

Soumaya Naâmane Guessous, *Au-delà de toute pudeur,*
© **ÉDDIF, Maroc.**

ACTIVITÉS DIVERSES,
EXPRESSION ÉCRITE

L'auteur de ce texte affirme :
« C'est le qu'en-dira-t-on qui fait
peur, et le discrédit sera jeté non
seulement sur le coupable, mais
aussi sur ses proches et tout son
entourage. Ainsi la *hchouma* de
l'un n'est-elle pas la *hchouma* de
l'autre… »
Commentez et discutez.

COMPRÉHENSION ET LANGUE

1 – Le terme arabe « hchouma » revient plusieurs fois dans ce texte.
Que traduit d'après vous cette répétition ?
2 – Quels sont les différents sens de ce mot obsédant ? Quels mots
français peuvent le traduire ?
3 – Les critères de détermination de ce qui est honteux sont-ils les
mêmes pour tout le monde ?
4 – Expliquez : « c'est le monde de la personne, au-delà des conventions » (l. 28).

MAROC
MOSTAFA NISSABOURY

Mostafa Nissaboury est né en 1943 à Casablanca. Il dut interrompre ses études pour travailler. En 1964, il lance avec Mohamed Khaïr-Eddine un manifeste poétique : *Poésie toute.* Il participe en février 1966 au lancement de la revue *Souffles.* Il a essentiellement publié des textes poétiques (*Plus haute mémoire,* 1968 ; *la Mille et Deuxième Nuit,* 1975), où il exprime le sentiment d'être une « épave errante », en perpétuel exil.

« *Comme un damné…* »

Ce fragment est la conclusion logique d'un texte ayant pour titre « Après-midi d'un damné » qui développe la thématique de la destruction.

Comme un damné
comme tous les damnés de la terre

ô ma haine
       à la dérobée
5 pour qui j'ai cherché dans les escarpements de la révolte
des lits de sable
des étangs paléolithiques
des provinces entières au fond des nuits du cromagnon

pour qui j'ai construit des villes
10 blanches et noires
avec des sous-sols et des rues étroites des puits de cruauté

qui t'es mêlée à mon sang
giclant
aspergeant les dalles et les tours
15 exportée en Europe
           pour délirer sur du pain et du vin
           en écrivant des lettres d'amour
           ridicules et fatalement optimistes
           en conduisant le métro du suicide
20 recouverte de poussière comme mon sang
sous le couvre-feu
toi ma haine
où tournoie le bacille du séisme.

**Mostafa Nissaboury, « Après-midi d'un damné »,
in *la Mille et Deuxième Nuit,* © ÉDDIF, Maroc.**

COMPRÉHENSION ET LANGUE	
1 – Proposez une analyse de la construction syntaxique du poème. Quelles conclusions en tirez-vous pour l'explication du poème ? 2 – Relevez et étudiez les termes et images qui servent à	décrire l'« état » du poète. (Noter la référence explicite au livre de Franz Fanon, *les Damnés de la terre*). **ACTIVITÉS DIVERSES, EXPRESSION ÉCRITE** Comparez ce texte aux poèmes que vous avez l'habitude de lire.

« *Le corps et les mots* »

La Mémoire tatouée est l'un des ouvrages les plus connus de Khatibi. C'est un récit autobiographique, qui transcende la simple narration de souvenirs pour introduire dans un univers poétique d'une remarquable intensité et exposer les vues de l'auteur sur les langues, l'identité, les rapports entre cultures... Dans ce fragment, l'auteur évoque son amour précoce de l'écriture, de la poésie et des mots en général.

J'ai rêvé, l'autre nuit, que mon corps était des mots.

On est toujours l'adolescent de quelque obscure mémoire. Ce fut le bonheur de l'écriture qui me sauva. Je devais mon salut à l'amitié des livres, et à cet adolescent à la chevelure nonchalante, qui jetait sur tout un coup d'œil ironique. Duo inséparable, une amitié toujours renouvelée.
5 Il dessinait, j'écrivais des poèmes ; il chantait, j'improvisais des bribes de chansons. Il avalait les bandes dessinées, rendait loufoque l'autorité des professeurs que nous enfermions dans nos intrigues, en collectionnant leurs tics et lapsus. Nous régnions sur la littérature. Écrire, bien écrire, devenait notre technique terroriste, notre lien secret. Et nous traversions
10 les années, portés par une fascination inexorable. Je devins écrivain public ; le dimanche, des internes me chargeaient de leur dicter des lettres d'amour qu'ils devaient envoyer à leurs amies. Pour exciter l'inspiration, on m'apportait des photos. Entouré de mes dictionnaires, j'étais exalté, multiple à travers ces passions épistolaires. Je gérais ainsi, jus-
15 qu'à midi, la sensibilité du monde.

La poésie fit le reste. Je l'aimai d'abord bédouine, brûlée dans l'allégorie, celle des bardes préislamiques et surtout Imrou Al Qaïs et sa tendre incantation. Il a perdu sa bien-aimée quelque part dans le désert, traverse le temps en caressant un cheval, et disparaît dans l'envolée des
20 rimes. Loin de moi le temps aigu, l'expulsion dans la rue ou le bordel, je jouais à disparaître dans les mots, grignotais les vers, les emmagasinais dans un petit cahier jauni, que je relisais avant le sommeil. De jour en jour, d'image en image, mille vies se croisaient, ça grouillait de partout, j'en sortais la tête heureuse et folle.

25 Autre exercice : tripoter les livres dans tous les sens, organiser un puzzle, un chassé-croisé délicat et frileux. Je lisais des romans, en écrivais d'autres, et au lit, ces démons ensorcelés m'emportaient vers une si douce fatigue que je tombais dans mes rêves.

À peine fini un roman, une élégie venait vers moi, ondulante, par-
30 delà une extrême vitesse, une tension irrévocable d'envolées entre les lignes ; même lamentable, elle chantait dans la parodie d'un voyage. J'étais, à tout hasard, source, fleur ou papillon. La lecture me rendait à la vie, à la mort. Le parfum d'un mot me bouleversait. Je tremblais. Quel travail forcé que d'avaler le dictionnaire des rimes et celui des syno-
35 nymes ! D'ailleurs, je prenais le livre à son auteur, le rendant discours de

Abdelkébir Khatibi, né en 1938 à El-Jadida, a étudié la sociologie à la Sorbonne. Il publie en 1969 sa thèse sur *le Roman maghrébin*. *La Mémoire tatouée* (1971), roman autobiographique, inaugure sa réflexion sur la rencontre conflictuelle de l'Orient et de l'Occident, sur la violence des interdits millénaires, sur la superposition problématique du nom et de l'individu, sur l'échange des langues. Il l'a poursuivie avec méthode dans une œuvre ambitieuse et abondante : *la Blessure du nom propre* (1974) ; *le Livre du sang* (1979) ; *Amour bilingue* (1983) ; *Un été à Stockholm* (1990)... Il a aussi écrit, en collaboration avec M. Sijelmassi, une belle étude sur *l'Art calligraphique arabe* (1976).

mon propre miroir. En établissant ma tyrannie, je vidais tel livre de sa pourriture, en sauvais, pour le bonheur de l'auteur et le mien, quelques phrases immortalisées par moi dans un carnet de citations, attribuées d'un trait désinvolte aux écrivains les plus célèbres. Les professeurs se
40 taisaient, j'avais donc un pouvoir irréversible. J'aimais de préférence les mots étranges, qui m'ouvraient le cœur de quelque pays lointain. Plus que simples trouvailles, c'était un corps à corps silencieux et glacial ; après le moment de bonheur, je les cochais fortement d'une couleur féroce, pour me suggérer leur relation définitive, je les répétais en fer-
45 mant les yeux. Devant l'explosion des sens, j'évitais de comprendre, j'y aurais laissé mon âme. Comprendre était de belle mort, je me contentais de leur miroitement le plus trouble, le plus traître. Et comme les endor- mis de la caverne, les mots naissaient au désir, escortaient mes pas, et redoublaient, en reflet, ma divination.

Abdelkébir Khatibi, *la Mémoire tatouée*,
© by Éditions Denoël, Paris, 1971.

COMPRÉHENSION
ET LANGUE

1 – Quelle est l'idée générale de chacune des grandes parties ?

2 – Comment comprenez-vous les phrases suivantes ?
– « bien écrire, devenait notre technique terroriste » (l. 8-9) ;
– « La lecture me rendait à la vie, à la mort » (l. 32-33) ;
– « la tête heureuse et folle » (l. 24).

3 – Lorsqu'il écrit à la demande de ses camarades, le narrateur personnalise-t-il chaque lettre ou se contente-t-il du même texte pour tout le monde ? Que signifie dans ce cadre : « j'étais exalté, multiple à travers ces passions épistolaires » (l. 13-14) ?

4 – En vous appuyant sur la phrase : « Loin de moi le temps aigu, […] avant le sommeil » (l. 20-22), dites en quoi les dis- tractions du jeune narrateur dif- fèrent de celles des autres gar- çons de son âge.

5 – Que fait l'adolescent pour s'imprégner des textes lus et développer sa maîtrise de la langue ?

ACTIVITÉS DIVERSES,
EXPRESSION ÉCRITE

Cherchez quelques informations sur la poésie arabe préisla- mique. Quels ont été les pre- miers textes écrits en langue française et à quels genres se rapportaient-ils ?

MAROC
ABDELKÉBIR
KHATIBI

Khatibi pense que parmi
les aspects du patrimoine
qui revêtent une grande
importance, la calligraphie
doit figurer en bonne
place. Dans son essai
la Blessure du nom propre
(1974), il consacre un long
et riche chapitre à cette
« écriture souveraine »,
« qui renverse
la substance même
de la langue » et soumet
le langage à un
« mouvement vacillant
entre phonie et graphie »,
précisant à ce sujet :
« L'écriture
calligraphique est
un système de figures
rhétoriques, qui double
et dédouble la langue… »

« *Calligramme* »

Pour illustrer ses propos, Khatibi présente plusieurs exemples, dont le suivant ayant trait à un calligramme sous forme de labyrinthe.

Bien que souhaitable, le plaisir dû à la lettre calligraphique serait futile s'il n'avait, par-delà l'exquise oisiveté du voyage, une valeur ontologique, un rapport à l'être si délicatement voilé que le savoir qu'on exige de nous est à même de faire évanouir cette notion si communément
5   appelée « la beauté ». Si donc il y a une beauté du graphe, il faut l'analyser dans cette relation intime des figures rhétoriques et d'une combinatoire transfigurante, délirante de la lettre. Délire divin ici, puisque la phrase coranique forme la clôture du texte et lui accorde une signification transcendantale ; mais l'énoncé – doxologique ou non – est lui-
10   même joué par un troisième code qui fonde l'évasion brûlante du regard et de la lettre, tous deux sans cesse dissous en une violente interrogation. C'est ce travestissement aérien et musical de l'être de la lettre qui tourne dans la bien célèbre allégorie du labyrinthe. Qu'est-ce qu'un labyrinthe ? Nous retenons pour notre calligramme cette image décrite par
15   R. Caillois, et dans laquelle « […] l'itinéraire est interminable et tortueux, mais obligatoire. L'hésitation est impossible. Un seul couloir est à chaque instant proposé, quoique sans cesse coudé et propre à donner l'impression à qui l'emprunte qu'il ne fait que revenir sur ses pas. Il l'oblige en réalité à passer successivement par tous les points de la sur-
20   face exploitée ». C'est justement l'itinéraire proposé par notre calligramme. En effet, l'énoncé coranique commence par le mot *Allah,* tout à fait dans le coin d'en bas ; il se poursuit en mouvement « giratoire », tantôt carré, tantôt zigzagant, et se termine au centre par le mot *al 'az'îm.* Giration suspendue par des accidents de lecture : renversements de la
25   lettre, vis-à-vis, jeux de miroir, sauts d'une ligne à l'autre, inversions, enchâssements, autant de figures – très proches de la musique – qui accordent au lecteur un pouvoir de jouissance : le labyrinthe s'écrit dans l'étoilement de l'être. C'est une écriture de consumation.

Abdelkébir Khatibi, *la Blessure du nom propre,*
© by Éditions Denoël, Paris, 1974.

COMPRÉHENSION ET LANGUE

1 – Qu'est-ce qu'un calligramme ? une calligraphie ? un labyrinthe ?
2 – Comment l'auteur parle-t-il du labyrinthe dans son texte ?
3 – Pourquoi l'auteur recourt-il à l'énoncé coranique ? Expliquez.

ACTIVITÉS DIVERSES, EXPRESSION ÉCRITE

Quelle est l'idée qui vous semble être le fil conducteur de ce texte ?
Expliquez-la et commentez-la.

ABDELFATTAH KILITO

Abdelfattah Kilito
enseigne la littérature
à la faculté des lettres de
l'université Mohammed V
à Rabat. Il a donné des
conférences au Collège
de France, à l'École
des hautes études
en sciences sociales,
comme à l'université
de Princeton.
Il a publié, entre autres,
les *Séances* (1983)
et *l'Auteur et ses doubles*
(1985).

« *L'art de conter* »

Dans son essai l'Œil et l'Aiguille, *Abdelfattah Kilito s'interroge sur les modes de narration et de transmission dans* les Mille et Une Nuits. *Ce passage traduit l'art et le plaisir de dire le conte.*

Shahrazâd possède un atout considérable : l'art de conter. Il ne suffit pas de connaître des histoires, il faut aussi savoir les raconter et réussir à séduire l'auditeur. Shahrazâd est en outre d'une grande beauté, et la narration est d'autant plus efficace qu'elle est prise en charge par un être
5   agréable à regarder et à écouter ; le plaisir procuré par une histoire augmente avec la contemplation d'un beau visage. Et puis Shahrazâd ne raconte pas n'importe quoi, elle prend soin de situer ses histoires dans la catégorie de l'extraordinaire ; une histoire doit être merveilleuse *('ajîba),* étrange *(gharîba),* sinon elle ne mérite pas d'être racontée. L'auditeur est
10 assuré d'être transporté dans un ailleurs, dans un temps et un espace différents, et d'accomplir mentalement le trajet qui conduit le héros du monde familier au monde étranger. Cette disposition particulière est créée dès l'instant où l'histoire est présentée comme prodigieuse et étonnante. Enfin Shahrazâd fait naître un sentiment d'attente angoissée : la fin d'une
15 histoire ne coïncide pas avec la fin d'une nuit, et le roi doit à chaque aube attendre que le soleil accomplisse sa course quotidienne. L'histoire terminée, une nouvelle histoire commence, annoncée comme encore plus belle et plus merveilleuse. Shahrazâd se donne ainsi tout en se dérobant, promet la jouissance tout en la retardant, et chaque désir qu'elle satisfait
20 en suscite un autre, nanti du souvenir fastueux des précédents.

Qui a inventé les histoires qu'elle raconte ? La question est oiseuse et sans pertinence, car dictée par une curiosité étrangère au livre des *Nuits,* qui ne s'intéresse qu'au processus de transmission. À aucun moment, on ne parle de l'origine des histoires, comme si elles avaient été
25 connues et racontées de tout temps. Elles se racontent, mais ne s'inventent pas, elles sont là, elles ont toujours été là, suspendues comme des fruits mûrs à un arbre éternel : il suffit de tendre la main pour les cueillir. Leur narration est un acte qui répète un nombre indéfini d'actes antérieurs similaires, sans qu'il soit possible, ou concevable, de remonter à
30 un foyer initial qui serait à l'origine de leur émergence.

Abdelfattah Kilito, *l'Œil et l'Aiguille*,
Éd. Le Fennec, 1992, Droits réservés.

COMPRÉHENSION
ET LANGUE

1 – Quels sont, selon l'auteur, les éléments indispensables de « l'art de conter » ?
2 – Pourquoi faut-il qu'une histoire appartienne à « la catégorie de l'extraordinaire » (l. 8) ?
3 – Pourquoi Shahrazâd fait-elle « naître un sentiment d'attente angoissée » (l. 14) ?
4 – Expliquez : « sans pertinence » (l. 22) ; « processus de transmission » (l. 23).

MOHAMMED LOAKIRA

Mohammed Loakira,
né à Marrakech en 1945,
est l'auteur de
L'horizon est d'argile
(1971) ; *Marrakech* (1975) ;
Chants superposés (1976) ;
l'Œil ébréché (1980) ;
Moments (1981).
Les poèmes de Loakira,
écrits en une langue
originale, traduisent
l'angoisse ou l'indignation
ressenties et dénoncent
l'aliénation
et la dégénérescence.

Baghdād

*Recherchant dans nombre de ses écrits (comme dans son poème « Marrakech »)
une sorte d'enracinement dans la tradition culturelle arabe, Loakira a parfois
recours à des noms qui symbolisent l'authenticité (ceux de Babylone,
de Marrakech ou de Bagdad par exemple) tout en suggérant le déplacement
spatial et la transcendance de la réalité.*

Je viens à travers les visages parcellaires
disloqué
égaré dans la clarté
Puis telle la fraîcheur des plis des galets
5   les visages parcellaires s'irradient   effacent
l'insomnie de la veille me donnent pour viatique
avant de quitter l'abri de mon étrangeté
mille contes poèmes anecdotes ruses mille
noms dates lieux mille humeurs haleines
10 mutilations mille arcades vestiges bas-fonds
mille et mille nuits
déserts
bivouacs
traces désavouées
15 Et les cendres encerclent la dualité incendiaire
Le passager s'en va coulant
à la recherche d'une autre chair
Tel que
je partirai découvrir la toison macérée
20 les images futures
Disloqué
Égaré dans la clarté

**Mohammed Loakira, *l'Œil ébréché*,
© L'Harmattan, 1980.**

« *Que suis-je devenu* »

Dans un long poème, Mohammed Loakira s'adresse à sa ville natale, Marrakech. Il raconte l'histoire de la ville et rappelle ses souvenirs d'enfance. Telle une « mère féroce », Marrakech n'a pas hésité à rejeter ses enfants, faisant de ce poème un cri de révolte, mais aussi une recherche ardente de la communion…
Le fragment choisi se situe vers la fin du poème.

Que suis-je devenu
que suis-je devenu après cette impulsion
après cette empoignade avec la fiction
est-ce mes racines qui me retiennent
5   encore
à ces hauteurs en mal de procréation
est-ce mes yeux qui s'usent
             à vouloir
relire tes signes et leurs reflets
10 est-ce la peur de te voir humiliée
          au-delà des frontières
la peur de te supposer étrangère
        dans les salons
        sur les écrans
15 la peur de ne pouvoir résister
à l'assaut des corsaires

je me heurte à l'imprécision
      de mes sentiments

Et cette poussée verbale
20 est-ce le quotient d'une imagination
à peu de frais
est-ce moi
oui le temps s'installe constamment
      ton mythe
25 entre   et
    mes illusions

et longtemps
j'ai voulu te raconter
        autrement
30 longtemps
j'ai essayé de raccommoder
tes couleurs
tes contes
et la déchirure qui amplement
35 s'ouvre
    s'ouvre en moi
longtemps
j'ai voulu te raconter
       autrement
40 je ne peux plus contenir mon refus
et quand j'entends ton appel
c'est la distance qui rugit
      en moi
c'est le retour qui s'éclipse

45 Les clés rouillent entre mes doigts
brouillent la ligne de démarcation
et annulent tout retour
      possible

est-il temps que je te compte
50 parmi les absents

**Mohammed Loakira, *la Déchirure*, Marrakech,
Éd. Marocaines et Internationales, Tanger,
Droits réservés.**

COMPRÉHENSION
ET LANGUE

1 – Étudiez la disposition et la composition des vers.
2 – Relevez et analysez toutes les questions que se pose le poète.
3 – Relevez et étudiez les définitions et images qui caractérisent la ville de Marrakech. Quel impact cette caractérisation a-t-elle sur le poète ?
4 – Ce fragment s'achève sur cette interrogation : « est-il temps que je te compte parmi les absents » (v. 40-50).

Quel en est le sens ? Est-ce un signe de désespoir ? une rupture définitive ?

ACTIVITÉS DIVERSES,
EXPRESSION ÉCRITE

1 – Parlez des rapports affectifs que vous avez avec votre ville natale.
2 – Pour les besoins d'un « guide de tourisme », on vous demande de faire connaître votre ville. Rédigez un paragraphe sur ce qui peut la représenter de la meilleure façon qui soit.

MAROC
ABDELLATIF LAÂBI

Abdellatif Laâbi, né à Fès en 1942, a fait des études de lettres et a été professeur de français à Rabat. En 1966, il fonde avec d'autres poètes la revue *Souffles,* dont il devient le directeur. Il publie en 1967 un recueil poétique *Race* et en 1969 un roman *l'Œil et la Nuit,* opposant la désolation d'aujourd'hui aux fastes du passé. Arrêté en 1972, il reste en prison jusqu'en 1980. De l'expérience carcérale sont nés des poèmes, *le Règne de barbarie* (1976), *Sous le bâillon, le poème* (1981), et une correspondance publiée dans *Chronique de la citadelle d'exil* (1983). Le récit du *Chemin des ordalies* (1982) tente d'exorciser cette épreuve. Laâbi s'est fait traducteur de textes arabes modernes, mais il continue de publier des poèmes, *Discours sur la colline arabe* (1985), *l'Écorché vif* (1986), *Tous les déchirements* (1990), *Le soleil se meurt* (1992), et des textes romanesques, *les Rides du lion* (1989).

Les rêves viennent
■■■ mourir sur la page

L'Étreinte du monde *est l'un des ouvrages les plus récents de Laâbi (1993). Il mêle les textes versifiés et les poèmes en prose.*

Un à un
les rêves viennent mourir sur la page
Ils se sont donné le mot
ils viennent de partout
5   pour mourir sur la page
comme les éléphants dans leur cimetière
J'assiste à leurs convulsions
ne peux tendre un verre d'eau
Je les regarde pour la première fois
10   pour la dernière fois
avant de les envelopper dans le suaire de mes mots
et les déposer sur la barque menue
qui fut jadis leur berceau
Le courant les emporte
15   et bien vite me les ramène
comme si le large n'était pas là-bas
mais ici sur la page

**Abdellatif Laâbi, *l'Étreinte du monde,*
Éditions de la Différence, Paris, 1993, Droits réservés.**

COMPRÉHENSION ET LANGUE	
1 – Quelle est l'idée générale du poème ? 2 – Expliquez les mots : « convulsions » (v. 7) ; « suaire » (v. 11). 3 – Expliquez la relation posée dans le titre entre « les rêves », « mourir », « sur la page » ;	Même question pour « là-bas » (v. 16) et « ici » (v. 17). 4 – Relevez les mots et les images qui marquent les étapes de la mort des rêves. **ACTIVITÉS DIVERSES, EXPRESSION ÉCRITE** Commentez la notion de « la page » chez les poètes.

L'arbre à poèmes

Le genre du « poème en prose » utilise souvent, comme ici, les ressources de l'allégorie pour suggérer une leçon symbolique.

Je suis l'arbre à poèmes. Les savants disent que j'appartiens à une espèce en voie de disparition. Mais personne ne s'en émeut alors que des campagnes ont été lancées récemment pour sauver le panda du Népal et l'éléphant d'Afrique.

5   Question d'intérêt, diront certains. Question de mémoire, dirai-je. De temps en temps, la mémoire des hommes sature. Ils se délestent alors du plus encombrant, font de la place en prévision du nouveau dont ils sont si friands. Aujourd'hui, la mode n'est plus aux vieilles essences. On invente des arbres qui poussent vite, se contentent de l'eau et du soleil
10 qu'on leur mesure et font leur métier d'arbre en silence, sans état d'âme.

    Je suis l'arbre à poèmes. On a bien essayé sur moi des manipulations, qui n'ont rien donné. Je suis réfractaire, maître de mes mutations. Je ne m'émeus pas à de simples changements de saison, d'époque. Les fruits que je donne ne sont jamais les mêmes. J'y mets tantôt du nectar, tantôt
15 du fiel. Et quand je vois de loin un prédateur, je les truffe d'épines.

    Parfois je me dis : Suis-je réellement un arbre ? Et j'ai peur de me mettre à marcher, parler le triste langage de l'espèce menteuse, m'emparer d'une hache et m'abattre sur le tronc du plus faible de mes voisins. Alors je m'accroche de toutes mes forces à mes racines. Dans leurs
20 veines infinies je remonte le cours de la parole jusqu'au cri primordial. Je défais l'écheveau des langues. J'attrape le bout du fil et je tire pour libérer la musique et la lumière. L'image se rend à moi. J'en fais les bourgeons qui me plaisent et donne rendez-vous aux fleurs. Tout cela nuitamment, avec la complicité des étoiles et des rares oiseaux qui ont
25 choisi la liberté. Je suis l'arbre à poèmes. Je me ris de l'éphémère et de l'éternel. Je suis vivant.

**Abdellatif Laâbi, *l'Étreinte du monde*,
Éditions de la Différence, Paris, 1993.**

COMPRÉHENSION ET LANGUE

1 – Dégagez l'idée générale du texte.
2 – Expliquez les mots « nectar » (l. 14) et « fiel » (l. 15).
3 – Relevez les mots et expressions qui se rapportent au registre des arbres et des plantes.
4 – L'écrivain oppose deux types différents d'arbres. Que symbolise chacun d'eux ?
5 – En vous référant au passage « Dans leurs veines infinies […] donne rendez-vous aux fleurs » (l. 19-23), dites comment Laâbi perçoit sa propre poésie.
6 – Expliquez : « Je suis vivant » (l. 26).

L'arbre de l'Île Cimbulon qui porte des feuilles qui vivent et cheminent.
Gravure tirée d'un ouvrage du XVIᵉ siècle.

MAROC
TAHAR

*B*EN JELLOUN

né en 1944

Tahar Ben Jelloun est né à Fès en 1944. Quand il est âgé de dix ans, ses parents s'installent à Tanger. Ces deux villes devaient laisser une forte empreinte sur l'imaginaire de son œuvre littéraire. Après avoir été élève du lycée français de Tanger, il étudie la philosophie à l'université de Rabat. Il commence à enseigner à Tétouan, puis à Casablanca. Il est associé aux débuts de la revue *Souffles*. En 1971, il part à Paris étudier la sociologie et la psychiatrie sociale. Sa thèse et son activité professionnelle dans ce domaine le familiarisent avec les problèmes d'adaptation des émigrés maghrébins en France. C'est à partir de la consultation de patients originaires d'Afrique du Nord qu'il rédige son essai *la Plus Haute des solitudes,* constat de la misère sexuelle des immigrés. Dans la même direction, plusieurs de ses ouvrages posent le problème du déracinement, de la position de l'individu face à l'hégémonie du groupe, et ils dénoncent sans complaisance tout ce qui touche aux droits ou à la dignité de l'homme.

Une œuvre multiple

Tahar Ben Jelloun a pratiqué toutes les formes littéraires. La poésie avec *Les amandiers sont morts de leurs blessures, À l'insu du souvenir* ou *la Remontée des cendres* (où l'on entend souvent l'écho de la tragédie palestinienne) ; l'essai de type sociologique avec *la Plus Haute des solitudes ;* le théâtre avec *la Fiancée de l'eau.* Mais c'est le roman qui lui a acquis un lectorat important : *Harrouda* invite le lecteur à déchiffrer la texture urbaine de la ville natale, Fès ; *Moha le fou, Moha le sage* laisse la parole au fou pour dénoncer la folie du monde ; les arabesques du récit emprunté au conteur traditionnel dans *l'Enfant de sable* ou *la Nuit sacrée* invitent à une fascinante plongée dans un imaginaire millénaire ; *Jour de silence à Tanger* rend un bel hommage à la figure paternelle…

Journaliste de la presse écrite et radiophonique, Tahar Ben Jelloun a donné un grand nombre d'articles. Il a même pu apparaître à un certain moment comme le porte-parole attitré de l'immigration. Le prix Goncourt, attribué en 1987 à *la Nuit sacrée,* a consacré la portée internationale de son œuvre.

Une œuvre de libération

Poète et romancier, Tahar Ben Jelloun glisse sans rupture de l'une à l'autre des deux formes d'écriture. Dans ses poèmes, il se fait volontiers le porte-parole des humbles et des opprimés (« J'écris pour ne plus avoir de visage. J'écris pour dire la différence »). Ses récits jouent sur ce qu'il appelle « l'irréalisme de l'écriture » : ce sont des interrogations sur l'usage de la langue (comment faire sienne la langue de l'autre ?), sur la mémoire des hommes et des villes (*Harrouda* doit se lire comme un roman-itinéraire, déchiffrant le texte multiple offert par la topographie de la ville de Fès), sur l'irruption de la parole libératrice (*Moha le fou, Moha le sage* dresse la figure populaire du fou contre l'injustice, la répression, la torture). *L'Enfant de sable* et *la Nuit sacrée* ont séduit un large public en recourant à la forme du conte pour poser le problème de l'identité aléatoire : la huitième fille de Hadj Ahmed est déclarée garçon, mais comment vivre cette identité impossible… Toute l'œuvre de Tahar Ben Jelloun est écrite pour conjurer l'enfermement dans cet impossible.

1972	*Cicatrices du soleil* [poèmes]
1973	*Harrouda* [roman]
1976	*Les amandiers sont morts de leurs blessures* [poèmes]
1976	*La Réclusion solitaire* [roman]
1977	*La Plus Haute des solitudes* [essai]
1978	*Moha le fou, Moha le sage* (roman)
1980	*À l'insu du souvenir* [poèmes]
1981	*La Prière de l'absent* [roman]
1983	*L'Écrivain public* [roman]
1984	*La Fiancée de l'eau* [théâtre]
1986	*L'Enfant de sable* [roman]
1987	*La Nuit sacrée* [roman] Prix Goncourt
1990	*Jours de silence à Tanger* [récit]
1991	*Les Yeux baissés* [roman]
1993	*La Remontée des cendres* [poèmes]
1994	*L'Homme rompu* [roman]

« *J'écris pour dire la différence* »

On peut lire ce texte comme un « art poétique » de Tahar Ben Jelloun, précisant la fonction qu'il accorde à l'écriture.

J'écris pour ne plus avoir de visage. J'écris pour dire la différence. La différence qui me rapproche de tous ceux qui ne sont pas moi, de ceux qui composent la foule qui m'obsède et me trahit. Je n'écris pas *pour* mais *en* et *avec* eux. Je me jette dans le cortège de leur aliénation. Je me
5 précipite sur l'écran de leur solitude. La parole acérée. Le vide plus un fragment de vie ramassée miette par miette.

Ce qui m'unit à ceux qui peut-être me lisent ou me liront, c'est d'abord ce qui m'en sépare. Le mot et le verbe sont ce par quoi je réalise la non-ressemblance et l'identité. Communiquer pour moi, c'est aller
10 aussi loin que cette différence est perçue. Je la perçois et la vis à mesure que la déchirure fait son chemin dans un corps, dans une conscience, à mesure que l'anesthésie locale et générale d'une foule est administrée quotidiennement.

Je me donne à l'équivoque tremblement des mots, dans la nudité de
15 leurs limites, et j'affronte ce qui reste. Peu de chose. Me reste la survie de la parole liée et consommée.

Je suis ce qui me manque. Ce manque, c'est tout ce qui constitue ma démarche, mon itinéraire, mon objectif. Ce que je crée, c'est tout ce qui me fait défaut. Je dénonce. La parole. J'enlève le voile. La parole. Par un
20 texte, un poème, je donne un peu de ma différence, et je coupe une tranche de mon insuffisance pour compléter – de façon purement illusoire – le manque de l'autre.

Et je dis les limites.

Ce qui m'infirme se perd. Je le récupère parfois dans un regard, dans
25 un geste de celui ou de celle qui m'ignore et qui ne peut pas faire autrement que de m'ignorer car l'écriture est un territoire où il ne peut se reconnaître. Et pourtant c'est en ces hommes, en ces femmes que le poème jaillit et déborde. Je fixe cette absence et attends la reconnaissance implicite. Me reconnaître c'est enregistrer la différence même si
30 c'est pour me refouler au banc de l'écriture.

Je cadre le geste dans une mémoire furibonde et entame le dépouillement. J'ouvre la page de mes faiblesses, de mes insuffisances, de mes illusions et de mon écart.

Je découvre la honte.

Tahar Ben Jelloun, *Les amandiers sont morts de leurs blessures*,
© Éditions La Découverte.

COMPRÉHENSION ET LANGUE

1 – Quel est le thème général de ce texte ?
2 – Que veulent dire les expressions suivantes ?
– « La différence qui me rapproche de tous ceux qui ne sont pas moi » (l. 1-2) ;
– « Je me donne à l'équivoque tremblement des mots » (l. 14).
3 – Est-ce que cet écrivain s'efforce d'établir une communion entre lui-même et son lecteur ? Si oui, de quelle manière ?
4 – La production écrite est-elle, d'après le texte, une forme de compensation pour son auteur ? Justifiez votre réponse.
5 – Qu'est-ce qui, dans le texte, prépare l'affirmation finale : « Je découvre la honte » ?
6 – Que constatez-vous concernant la construction des phrases ? Par quoi se caractérise le vocabulaire utilisé par Tahar Ben Jelloun pour décrire ?

ACTIVITÉS DIVERSES, EXPRESSION ÉCRITE

« Je n'écris pas *pour* mais *en* et *avec* eux » (l. 3-4). Commentez cette idée et dites quelles sont les motivations qu'ont les écrivains lorsqu'ils rédigent une œuvre.

« *Un petit prince* »

Le passage suivant met en scène le commerçant et sa fille. Le père, qui est au seuil de la mort, a décidé « d'affranchir » Ahmed et de l'inciter à reprendre son état naturel. Il essaie de s'expliquer et de faire part à sa fille de ce qu'il a ressenti au cours des années passées. La confidence avant le dernier soupir a lieu la nuit du vingt-septième jour du mois de ramadan, « la nuit du destin ».

[...] Oui, je t'imaginais grand et beau. Tu as existé d'abord dans mon esprit, ensuite, en venant au monde, tu as quitté le ventre de ta mère mais pas mon esprit. Tu y es restée toute ta vie, jusqu'à ces derniers temps. Oui je t'imaginais grand et beau. Tu n'es pas grande et ta beauté reste
5 énigmatique… Quelle heure est-il ? Non, ne me le dis pas, j'ai toujours su l'heure même en dormant ; il doit être trois heures et quelques minutes. Les anges ont dû déjà faire la moitié du travail. Ils vont toujours par deux. Cela surtout pour le transport de l'âme. En fait l'un se pose sur l'épaule droite, l'autre sur la gauche et dans un même élan, un
10 mouvement lent et gracieux, ils emportent l'âme vers le ciel. Mais cette nuit, ils nettoient. Ils n'ont pas le temps de s'occuper du dernier souffle d'un vieillard. J'ai encore quelques heures pour te parler, jusqu'au lever du soleil, après la première prière du jour, une prière courte, juste pour saluer les prémices de la lumière… Ah ! je te parlais de ta naissance…
15 Quelle joie, quel bonheur. Quand la sage-femme m'appela pour constater que la tradition avait été bien respectée, j'ai vu, je n'ai pas imaginé ou pensé, mais j'ai vu entre ses bras un garçon et pas une fille. J'étais déjà possédé par la folie. Jamais je n'ai vu en toi, sur ton corps, les attributs féminins. L'aveuglement devait être total. Qu'importe à présent. Je garde
20 en moi, pour l'éternité, le souvenir merveilleux de ta naissance. Apparemment je continuais d'être ce que j'étais : un riche commerçant comblé par cette naissance. Mais au fond, dans mes nuits solitaires, j'étais confronté à l'image insupportable du monstre. Oh ! j'allais et je venais, normalement, mais à l'intérieur le mal ruinait ma santé morale et phy-
25 sique. Le sentiment du péché, puis la faute, puis la peur. Je portais tout cela en moi. Une charge trop lourde. Je me suis détourné de la prière. Je manquais de courage. Et toi tu grandissais dans ton habit de lumière, un petit prince, un enfant sans cette enfance misérable. Il n'était pas question de revenir en arrière et de tout dévoiler. Impossible de donner son
30 dû à la vérité. La vérité, mon fils, ma fille, personne ne la connaîtra. Ce n'est pas simple. C'est curieux comme l'approche de la mort nous rend lucides. Ce que je te dis là ne vient pas de moi, je le lis, je le déchiffre sur un mur blanc où se tiennent les anges. Je les vois. Il faut que je te dise combien j'ai haï ta mère. Je ne l'ai jamais aimée. [...] Et puis tes
35 sœurs, elles lui ressemblaient toutes. Je me mets en colère ; je sens la fièvre monter, je dois m'arrêter de parler de cette famille. Toi, je t'ai aimée autant que j'ai haï les autres. Mais cet amour était lourd, impossible. Toi, je t'ai conçue dans la lumière, dans une joie intérieure. Pour

Humilié de ne point avoir de fils, d'héritier mâle, mais « seulement » des filles, un riche commerçant avait décidé de faire passer sa dernière-née pour un garçon. La petite fille fut ainsi appelée Ahmed. Habillée et éduquée comme un vrai garçon, elle devait mener une étrange existence, privée de sa vie de jeune fille, mêlée aux hommes, prise par tous pour un homme. Cette histoire avait déjà été racontée par Tahar Ben Jelloun dans *l'Enfant de sable* (paru en 1985). Dans *la Nuit sacrée*, Ahmed a grandi. Elle (il) donne sa propre version des événements et nous parle de sa vie après la mort de son père. Devenue (ou redevenue) femme, elle se donne corps et âme à la jouissance du moment, goûtant sa liberté et sa féminité retrouvées, loin de son entourage antérieur.

une nuit, le corps de ta mère n'était plus une tombe, ou un ravin froid.
40 Sous la chaleur de mes mains, il fut ranimé, il devint un jardin parfumé ;
pour la première fois un cri de joie ou de jouissance lui échappa. Je
savais à ce moment-là que de cette étreinte naîtrait un enfant exceptionnel. Je crois beaucoup aux pensées qui nous habitent et à leur influence
au moment d'entreprendre une action importante. À partir de cette nuit je
45 décidai d'être attentif avec ta mère. La grossesse se passa normalement.
En rentrant un jour je l'ai surprise en train de soulever une malle chargée. Je me suis précipité pour l'en empêcher ; c'était risqué pour l'enfant
de la lumière qu'elle portait pour moi. Tu comprends qu'après l'accouchement je n'eus pour elle aucune attention particulière. Nos rapports
50 faits de silence, de soupirs et de larmes, reprirent leur cours traditionnel.
La haine, la vieille haine, muette, intérieure, s'installa comme auparavant. J'étais tout le temps avec toi. Elle, lourde et grosse, s'enfermait
dans sa chambre et ne parlait plus. Je crois que cela inquiétait tes sœurs,
qui étaient livrées à elles-mêmes. Moi, j'observais la mise en place du
55 drame. Je jouais le jeu de l'indifférence. En fait je ne faisais pas semblant. J'étais réellement indifférent, je me sentais étranger dans cette
maison. Toi, tu étais ma joie, ma lumière. J'appris à m'occuper d'un
enfant. Cela ne se fait pas chez nous. Et pourtant, je te considérais
comme un demi-orphelin. Après la circoncision et la mascarade, je com-
60 mençai à perdre un peu la tête. Ma passion était contaminée par le doute.
À mon tour je m'isolais, je sombrais dans le mutisme. Enfant gai et
insouciant, tu allais de chambre en chambre. Tu inventais des jeux ; toujours solitaire ; il t'arrivait même de jouer à la poupée. Tu te déguisais en
fille, puis en infirmière, puis en maman. Tu aimais les déguisements.
65 Que de fois je dus te rappeler que tu étais un petit homme, un garçon. Tu
me riais au nez. Tu te moquais de moi. L'image que j'avais de toi se perdait, puis me revenait, troublée par tes jeux. Le vent la soulevait comme
une couverture posée sur un trésor. Le vent fort l'emportait. Tu apparais-
sais alors désemparée, affolée, puis tu retrouvais ta sérénité… Que de
70 sagesse dans ce petit corps qui échappait à toutes les caresses. Te sou-
viens-tu de mes angoisses quand tu jouais à disparaître ? Tu te cachais
dans le coffre en bois peint pour échapper à la vue de Dieu. Depuis qu'on
t'avait appris que Dieu était partout, qu'il savait tout et voyait tout, tu faisais n'importe quelle acrobatie pour te soustraire à sa présence. Tu en
75 avais peur ou tu faisais semblant, je ne sais plus…

Tahar Ben Jelloun, *la Nuit sacrée,*
© Éditions du Seuil, Paris, 1987.

COMPRÉHENSION
ET LANGUE

1 – Quelle est l'idée générale du texte ?

2 – Expliquez les phrases suivantes, en tenant compte du contexte :
– « tu as quitté le ventre de ta mère, mais pas mon esprit » (l. 2-3).
– « Impossible de donner son dû à la vérité » (l. 29-30).

3 – Qu'exprime la notion de « lumière » chez le narrateur ?

4 – À quoi le père attribue-t-il sa lucidité ? Qu'en pensez-vous ?

5 – Quels sont les sentiments du père envers sa femme et ses autres filles ?

6 – Peut-on dire que le locuteur paraît être à la fois père et mère ? Justifiez votre réponse.

7 – Quel jugement le père porte-t-il sur lui-même ? Est-il conscient que son comportement a été insensé ? Relevez des passages qui illustrent vos propos.

8 – À aucun moment, la jeune fille n'interrompt le long monologue de son père. Ce silence vous paraît-il normal ? Qu'exprime-t-il, à votre avis ?

ACTIVITÉS DIVERSES,
EXPRESSION ÉCRITE

1 – Quel jugement portez-vous sur ce père ? Le comprenez-vous ? Le condamnez-vous ?

2 – Cette jeune fille vous paraît-elle avoir elle aussi une part de responsabilité ? Si oui, que lui reprochez-vous ?

3 – Montrez, en partant du cas de cette jeune fille, qu'on ne peut forcer le destin et qu'on ne doit point aller à l'encontre de la nature. Donnez d'autres exemples pour illustrer vos propos.

MAROC
MOHAMED ALAOUI BELRHITI

« *Je ne veux plus* ■■■ *être ton fils* »

Dans ce poème, le poète s'insurge contre le père. Il se veut radical dans sa rupture, et promet l'avènement d'autres valeurs.

Mohamed Alaoui
Belrhiti est né à Fès
en 1952. Il a exercé
la fonction de guide
touristique. Il a suivi
des études littéraires et
est titulaire d'un doctorat
de 3ᵉ cycle.
Son œuvre se compose
essentiellement de poésie :
*Miroirs d'une mémoire
en rupture* suivis
d'*Absences en érection
impuissante* (1977) ;
*Poème soliloque Déchirure
de l'errance* (1978) ;
*Fragments de mort
parfumés* (1980) ;
Ruines d'un fusil orphelin
(1984) ;
Brûlures ferroviaires
(1993).

qu'as-tu à me dire
mon père
je veux apprendre la mort
séduire le désert
5 colorer l'aurore
ignorer le temps
qui vieillit
tous les enfants de l'oasis
savent voyager
10 dans la tempête
étancher
les étoiles
construire
des grains de sable
15 toi mon père
tu es le cheikh
qu'as-tu à me dire ?
je ne veux plus
être ton fils

20 je remplirai
les yeux de tes chamelles
de cire brûlante
j'arracherai
les tripes de tes palmiers
25 j'errerai
dans le mal de ton harem
je féconderai
tes femmes répudiées
et le jour du jour
30 dans le souk
ta voix
et celle du crieur
iront mendier
le monde
35 et ton enfant
déjà mort

Mohamed Alaoui Belrhiti,
Fragments de mort parfumés,
© **Éditions Saint-Germain-des- Prés, 1980.**

COMPRÉHENSION ET LANGUE	
1 – Étudiez la composition et la disposition des vers. 2 – Relevez les répétitions au niveau des structures verbales et nominales. 3 – Étudiez le choix des temps. 4 – Évaluez l'emploi du terme « cheikh » et ses connotations. 5 – À la lumière des remarques qui précèdent, étudiez le rapport au père et le sens des choix du fils.	6 – Étudiez la valeur symbolique des expressions et images du texte. **ACTIVITÉS DIVERSES EXPRESSION ÉCRITE** 1 – Pourquoi, à votre avis, le fils cherche-t-il à rompre avec le père ? Qu'en pensez-vous ? 2 – Rédigez un petit texte dans lequel vous définissez vos rapports (quotidien, moral, affectif...) à votre père ou à votre mère.

Kamel Zebdi est né
à Rabat en 1927.
Attiré par la peinture,
il présente une thèse
à l'école du Louvre
et participe
à de nombreuses
expositions, au Maroc
et à l'étranger.
Il est aussi poète de talent,
bien connu des auditeurs
de la radiodiffusion-
télévision marocaine et
apprécié par les lecteurs
de ses recueils.
Lauréat de l'Académie
française, adepte
d'une poésie le plus
souvent de forme libre,
Kamel Zebdi est l'auteur
des œuvres suivantes :
le Cri du royaume (1961) ;
Kyrielle (1966) ;
Échelle pour le futur
(1973) ; *Sève* (1980).

Décadence

Ce poème est extrait du recueil Kyrielle *(1966).*

La pierre qui vieillit
Qui ne mûrit pas
La note de musique
Qui se répand dans l'air
5 qui rencontre la pierre
Qu'elle n'émeut pas
Décadence

La barbe qui blanchit
Qui ne fleurit pas
10 Décadence

La barque aux flancs brisés
Par le vin fou de la colère
Décadence

L'homme qui passe
15 Errant dans de vains souvenirs
Se détournant du présent
Aux inquiétants sourires
Décadence

Le havre d'un passé morbide
20 Englouti sous les torrents de
Décadence   [l'Histoire

La subjectivité qui n'a ni fond,
Ni saveur communes
Aujourd'hui, si répandue dans l'art
25 De notre époque troublée
Une détresse adorée
Où règne une folie pure
Décadence

Cette psychose de fièvre illusoire
30 Qui déshabille l'Homme
Le présentant démuni
Devant ses vrais problèmes
Décadence

Les foudres des faux génies
35 Qui ignorent la transcendance
Décadence

Les orgueilleux, les potentats
Qui négligent
Ou tentent d'humilier
40 Des valeurs humbles
Des valeurs sûres
Décadence

Ombres amies qui
Dans le tumulte
45 Savez créer le silence
Taches d'encre et de sang
Vous seules
Dans ma mémoire fragile et
                [défaillante
Vivantes, fidèles demeurez !
50 Vitale, votre présence !

Kamel Zebdi, *Kyrielle,*
Imprimerie Nationale, Rabat, 1966,
Droits réservés.

COMPRÉHENSION ET LANGUE

1 – Le mot « décadence » a-t-il le même sens dans toutes les strophes ? Justifiez votre réponse.
2 – Relevez et montrez l'intérêt des personnifications de choses, voire de concepts.
3 – Commentez la 4ᵉ strophe.
4 – Quelles positions le poète adopte-t-il à l'égard du présent et du passé ?
5 – En vous fondant sur la 9ᵉ strophe, montrez ce qui déplaît essen-tiellement au poète.
6 – La dernière strophe ressemble-t-elle aux précédentes ? Pourquoi ?

« *Tronc d'arbre mort* »

Mohamed Khaïr-
Eddine, né à Tafraout
en 1941, connaît une
adolescence agitée et se
passionne très jeune pour
l'activité intellectuelle et
littéraire. Il lance en 1964,
avec Mostafa Nissabouri,
le manifeste *Poésie toute*,
appelant à une écriture
novatrice, qu'il illustre
par les poèmes de
Nausée noire (1964)
et *Faune détériorée* (1966).
Il participe en 1966 à
l'aventure de la revue
Souffles. Fonctionnaire
à Agadir de 1961 à 1963,
il y vit le terrible
tremblement de terre qui
lui inspire son « roman »
Agadir (1967). Il s'installe
en France de 1965 à 1979
et y publie une œuvre
abondante : *Corps négatif*
(1968) ; *Soleil arachnide*
(1969) ; *Moi l'aigre* (1970) ;
le Déterreur (1973) ;
Une odeur de mantèque
(1976) ; *Une vie, un rêve,
un peuple toujours errants*
(1978) ; *Légende et vie
d'Agoun'Chich* (1984), etc.
Son écriture violente,
éclatée, s'élevant contre
toute hégémonie, est
l'une des plus originales
de la littérature
marocaine
de langue française.

De retour au Maroc en 1979, Mohamed Khaïr-Eddine retrouve les régions qu'il aime du sud du Maroc, « ces lieux où la géologie et la métaphysique se mêlent en de multiples images » et où foisonnent mythes et légendes séculaires. Il écrit alors Légende et vie d'Agoun' Chich *(1984), roman dont la trame reprend une histoire qui se passe à une époque où « desperados solitaires, des bandits d'honneur sans troupe qui ne possédaient qu'une mule, un bon fusil, une cartouchière et un poignard […] écumèrent la région sans se préoccuper de leur légende » et sans se douter que, bien plus tard, leur existence tragique allait marquer « d'un sceau indélébile la chronique locale... ».*

Un de ces desperados s'appelait Lahcène Agoun'Chich, ce qui veut dire en chleuh tronc d'arbre mort. Voici comment on lui attribua ce sur-nom. Pour venger sa sœur tuée sur la terrasse de leur maison alors qu'elle dormait enroulée dans des vêtements d'homme, Lahcène sauta
5 sur sa mule et partit pour une destination inconnue. La mort de sa sœur n'était qu'une méprise, il le savait. C'était à lui qu'on en voulait. Une expédition punitive contre ses traqueurs était par conséquent nécessaire. La nuit, il quitta le village sans avertir personne. Il se faufilait, soudé à sa bête, entre les roches aux saillies coupantes, suivant les chemins tor-
10 tueux montants et descendants. Toujours sur ses gardes, il appréhendait les mille aventures mortelles qui jalonnaient sa route, percevait le moindre bruit, le souffle des hyènes et des chacals qui flairent de loin la peur, le désespoir des blessés. C'était l'heure où les serpents par milliers annelaient ce puits d'enfer qu'était la vallée. Il traversa des cours d'eau
15 dont les galets moussus roulaient sous les sabots ferrés de sa mule, des villages endormis où il passa sans être vu, des cimetières où il dut se reposer derrière des buissons de ronces et de jujubiers. Il se nourrissait de gibier, de figues sauvages, d'amandes et se désaltérait à l'eau pure des puits. Sa monture rognait l'herbe courte des hauteurs. Ils figuraient tous
20 deux un équipage apocalyptique, la Justice fondant du ciel armée d'éclairs rouges. Aucune embûche, aucun ennemi ne pouvaient inter-rompre leur course. La mule se sentait libre et son maître rayonnait inté-rieurement car il ignorait l'angoisse et la superstition. La mule avançait silencieusement sur les brindilles et les pierres rêches. Elle ne s'arrêtait
25 qu'au commandement du cavalier. Quand il ne pouvait tenir ouverte-ment tête à ses ennemis, Lahcène avait recours à des stratagèmes com-pliqués. C'est ainsi qu'il se cacha dans une grotte où il s'allongea et se couvrit d'écorce rugueuse. Quand ses traqueurs arrivèrent à l'entrée de la grotte, l'un d'eux, qui y jeta un coup d'œil, dit : « Il n'y a pas d'homme
30 dans cette grotte. Il n'y a qu'un tronc d'arbre mort, un "agoun'chich". » Puis ils s'en furent. Lahcène dut la vie sauve à sa ruse. De traqué, il devint traqueur. Mais comme il était seul et que ses ennemis consti-tuaient une bande redoutable, bien organisée et disposant d'espions et de scélérats capables de renier père et mère par bravade ou pour de l'argent,

il lui fallait prendre à la fois des risques graves et des précautions non
moins hasardeuses... Il était nécessaire qu'on le vît partout en même
temps : dans les souks hebdomadaires, les moussems qui se tenaient
régulièrement dans la vallée ou ailleurs... mais pas chez lui car il crai-
gnait pour les siens. Aussi recourait-il à des procédés tenant plus de la
sorcellerie que de la pure tactique ; il savait exploiter à merveille les
craintes superstitieuses des gens faibles et des femmes. Il se transformait
dans leur esprit en un djinn cruel ou en bête particulièrement dange-
reuse. On le prenait pour une licorne (tagmart is'mdal, littéralement :
jument des cimetières)... Dans l'imaginaire populaire, issue d'un mythe
à jamais perdu, la licorne, animal surnaturel doué d'une énergie fantastique, représentait les forces du Mal. Elle était la reine incontestée de la
nuit. Elle inspirait une terreur innommable aux voyageurs nocturnes.
D'aucuns racontaient la triste fin de ceux qu'elle avait désintégrés, car on
croyait qu'elle se mouvait comme un tourbillon d'étincelles. Du crépus-
cule à l'aube, elle hantait les espaces immobiles dont le silence n'était
entrecoupé que par le crissement quasi imperceptible des insectes et par
la lutte étouffée des prédateurs et de leurs victimes. Son anatomie,
disait-on, était celle d'une vraie jument mais il émanait d'elle un intense
rayonnement. Elle n'était donc pas faite de chair et de sang mais d'une
autre matière. Son antithèse religieuse est Al Boraq, la jument fantastique qui mena le Prophète dans la nuit d'Al Isra', de la mosquée de
Médine à celle de Jérusalem. Al Boraq symbolisait la Science et le Pouvoir du Créateur, tandis que la licorne s'apparentait aux forces malé-
fiques et aux ténèbres.

**Mohamed Khaïr-Eddine, *Légende et vie d'Agoun' Chich*,
© Éditions du Seuil, Paris, 1984.**

Fatiha Boucetta vit et travaille à Casablanca. *Anissa captive*, publié en 1991, est son premier texte. Elle est aussi peintre et photographe.

« *Fiançailles réussies* »

Anissa captive est l'histoire d'une jeune fille tiraillée entre son désir de liberté et les contraintes de son milieu familial et social. Elle relate dans ce passage le souvenir de ses fiançailles.

Fiançailles réussies, réception brillante citée dans quelques journaux mondains. Trois à quatre cents personnes, orchestre fort animé, la mariée beaucoup moins, mais (aux dires des témoins et des photos) resplendissante dans ses tenues belles et chères. Il est toujours flatteur
5 d'être le point de mire d'une assistance nombreuse, et vaniteusement Anissa oublia sa tristesse le temps d'une soirée, sauf en deux occasions : au moment de dire oui, et devant le regard perçant de sa cousine et amie Alia, à qui elle cachait la vérité.

Lorsque les adouls étaient entrés dans la chambre d'Anissa, son voile
10 était pudiquement rabattu et elle voyait – croyait-elle – sans être vue. Elle baissait les yeux aussi timidement qu'elle le pouvait, mais elle donna une sueur froide à son fiancé lorsque la question décisive fut posée.

– Comment s'appelle la mariée ? demanda d'abord l'un d'eux aux
15 « neggafat » (marieuses), assises au fond de la chambre.

– Anissa.

– Anissa, acceptes-tu le projet de ton père de te marier avec ce jeune homme ?

Pas de réponse.
20 – Anissa, acceptes-tu ce que ton père a décidé pour toi ?

Toujours rien.

– Eh bien ? je n'entends pas.

Signe imperceptible de la tête vers le bas.

Du fond de la chambre, la neggafat, Mina, intervint : « Mais oui,
25 sidi, elle accepte », de l'air de dire « n'insistez plus ».

Il ne leur en fallait pas plus. Anissa était légalement mariée. Les notaires se retirèrent, et alors retentirent dans toute la maison les acclamations d'usage. La musique se déchaîna, la famille se congratula et ses belles-sœurs vinrent ensemble lui préciser que désormais elle n'apparte-
30 nait plus à sa famille, mais à la leur.

Puis on vint la chercher, avec ses tantes et ses cousines, et elle fit son entrée au salon où avait été aménagée pour elle une place surélevée, à grand renfort de coussins ; son arrivée ne devait pas passer inaperçue, c'est la coutume, et les neggafat étaient là pour ça.

Fatiha Boucetta, *Anissa captive,*
© **ÉDDIF, Maroc, 1991.**

MAROC DOUNIA CHARAF

Dounia Charaf, née en 1960 à Casablanca, vit à Paris où elle travaille comme bibliothécaire. *L'Esclave d'Amruz*, publié en 1992, est son premier texte.

« *Yaqout* »

Yaqout, esclave soudanaise, voulant échapper à la cruauté de son maître, dénommé Amruz, se réfugie dans un sanctuaire. Un enquêteur est envoyé auprès d'elle.

Prévenue par les enfants du village que l'enquêteur était arrivé, Yaqout l'attendait avec inquiétude. Quand il dut fléchir la tête pour passer par l'étroite entrée du sanctuaire, elle ne vit que ses grandes mains noires. L'esclave eut un sentiment de sécurité qui se dissipa lorsqu'elle rencon-
5 tra le regard de M'bark. L'échange de salutations fut bref. M'bark retint Ahmed en qualité de témoin et le laissa s'asseoir sur le perron. Lui-même s'accroupit de l'autre côté de la longue et étroite tombe en faïence blanche après l'avoir embrassée avec respect. Il faisait face à Yaqout ser-rée dans son haïk, le visage éclairé par les chandelles allumées près d'elle.
10   « Je suis envoyé par le juge de Témara, Sidi Omar, qui te prend sous son aide et te permet de rester ici jusqu'au dénouement, proche si Dieu le veut, de cette histoire. Qui est ton propriétaire ?
       – Et s'il vient me chercher ici ?
       – Tu es en dépôt ici.
15 Yaqout baissa la tête.
       – Amrus El Ghernati. Il habite Salé, derrière la grande mosquée.
       – Ah, et toi, qui es-tu ?
       – Je suis son esclave, Yaqout la Soudanaise.
       – Depuis quand es-tu à son service ?
20   – Quelques mois, il y a deux hivers.
       – Il t'a achetée ?
       Yaqout baissa la tête à nouveau. Les larmes lui montaient aux yeux. M'bark la surveillait sans compréhension. Comme Yaqout ne répondait rien, il reprit :
25   – Cela, ton maître pourra nous le dire. Es-tu née ici, en terre d'Islam ? »
       Yaqout sursauta et se détourna. Elle pleurait à présent par petits san-glots, les mains serrées sur son haïk. M'bark observait directement le visage de Yaqout. Si l'esclave baissait les yeux, c'était par servilité. Il
30 devina dans son attitude raide et farouche une volonté qui le dérouta. Les femmes ne tiennent tête que par les pleurs ou la colère, du moins celles qu'il avait pu approcher. Yaqout se voilait mieux ainsi qu'avec n'importe quel haïk de femme libre. Un sentiment désagréable saisit l'en-quêteur face à cette femme recroquevillée, un sentiment unique qu'il
35 avait espéré ne plus expérimenter : celui qui l'envahit lors de sa nuit de noces, lorsque sa petite épouse le vit pour la première fois, alors qu'il dut profaner une inconnue sans défense.

Dounia Charaf, *l'Esclave d'Amruz*, 1992, Droits réservés.

COMPRÉHENSION ET LANGUE

1 – Quelle image de Yaqout le texte nous donne-t-il ?
2 – Qu'est-ce qu'un « enquê-teur » ?
3 – Expliquez « profaner une inconnue sans défense » (l. 37).
4 – Relevez les termes caracté-risant la détresse de Yaqout.

ACTIVITÉS DIVERSES, EXPRESSION ÉCRITE

1 – Qu'évoque pour vous le sanctuaire ?
2 – Décrivez une enquête.

MAROC
ABDELHAK
SERHANE

Abdelhak Serhane,
né en 1950, est docteur
d'État ès lettres.
Il enseigne à l'université
Ibn Tofaïl à Kénitra.
Il a publié en 1983
Messaouda, qui l'a révélé
en tant que romancier
de valeur. Ses autres
ouvrages,
les Enfants des rues étroites
(1986) et
le Soleil des obscurs (1992)
ainsi que ses recueils,
Livre poème (1989)
et *Chants d'ortie* (1993),
ont confirmé son talent.
Narrateur élégant,
observateur perspicace
et critique, qui dénonce
la misère et les abus
et s'inquiète du
bouleversement
des valeurs,
Abdelhak Serhane est
aussi un écrivain qui sait
mettre en relief la beauté
des lieux et des choses
et traduire les sentiments
les plus profonds.

« *La nostalgie de tes hautes montagnes* »

Quelques années après avoir quitté la ville d'Azrou, le narrateur a la nostalgie de cette cité du Moyen Atlas et de ses anciens amis, « les enfants des rues étroites », même si, à côté du bonheur connu en leur compagnie, il avait aussi souffert de la trahison de certains d'entre eux...

Plusieurs années s'étaient écoulées depuis mon départ d'Azrou. De nouveaux souvenirs avaient remplacé les anciens, mais aucune amitié n'avait pris la place de celles que j'avais laissées derrière moi. Je collectionnais les visages comme des timbres-poste. Malgré moi, malgré tout,
5 je restais attaché à ces visages comme incrustés dans la pierre, imprimés dans l'enfance.

La nostalgie de tes hautes montagnes, de tes rues étroites et poussiéreuses l'été, boueuses l'hiver, de l'odeur de ton foin et de ton herbe, de tes gens victimes du silence de la nuit…, me rappelait vers toi. Je t'ima-
10 ginais dans mes moments de solitude, mais je n'avais pas la force de venir jusqu'à toi ; car la blessure n'était pas tout à fait guérie. J'avais peur de ne plus reconnaître en toi la petite ville sombre de mon enfance. Peur de nous voir changés tous les deux.

Le temps est traître, dit-on. Je savais, en dépit de l'amour que je te
15 portais, que rien ne serait comme avant. Mon regard n'était plus le même. Tu le savais aussi. Me pardonnerais-tu de t'avoir jugée, de t'avoir trahie et de t'avoir livrée nue aux étrangers ?

Je devais le faire pour continuer à vivre. Mais je suis toujours ton enfant. Tu avais essuyé mes larmes, tu avais pansé mes blessures, tu
20 m'avais consolé, tu m'avais permis de grandir et d'assumer l'insolence des mots auprès de tant de haine et de violence.

Je n'ai pas oublié la promesse que je t'avais faite. Je viendrai passer quelques jours de mes prochaines vacances dans ton giron. J'ai besoin de retrouver tes passions et tes odeurs fortes.

Abdelhak Serhane, *les Enfants des rues étroites*,
© **Éditions du Seuil, Paris, 1986.**

COMPRÉHENSION ET LANGUE

1 – Quelle image le narrateur garde-t-il d'Azrou ? Qu'est-ce qu'il veut revoir surtout ?
2 – Ne conserve-t-il que de bons souvenirs de son enfance dans cette ville ? Justifiez votre réponse en vous référant au texte.
3 – Comment comprenez-vous : « peur de nous voir changés tous les deux » (l. 13) et « assumer l'insolence des mots auprès de tant de haine et de violence » (l. 20-21) ?
4 – Sur quel ton l'auteur s'adresse-t-il à sa ville ?
5 – Quel sentiment exprime la dernière phrase ?
6 – Donnez un autre titre à ce texte.

« *Soltane baissa la tête* »

Soltane est un jeune garçon de quinze ans. On vient de le marier à Mina, qui n'a que treize ans. Malgré son sérieux, le jeune « homme » n'arrive pas à subvenir aux besoins de sa femme, de ses parents et de ses six sœurs. Une longue sécheresse a rendu la terre improductive. « La chaleur accablait gens et bêtes », « les puits avaient rendu l'âme depuis longtemps » et Soltane « s'épuisait inutilement à l'ouvrage. Tout ce qu'il réussissait à faire était transformer la terre en poussière ». Il ne lui reste plus d'autre solution que de quitter le village qu'il aime pour la grande ville et ses problèmes...

Soltane avait grandi trop vite. Ses parents l'avaient introduit prématurément dans une vie adulte. Père et époux à la fois, il avait traversé son enfance et son adolescence dans l'usure d'une existence emmurée, coincée entre la passion dévorante d'une mère boulimique et l'extase d'un
5 père ayant reconquis son statut et sa place parmi les hommes du village. En fait, il n'avait ni connu l'enfance ni vécu l'adolescence. Il était un homme à sa naissance. Homme au milieu de femelles inutiles et nébuleuses. Si Larbi avait tout entrepris pour faire de lui un homme dans l'exigence et la dureté. Ce départ lui valait le respect des adultes et l'ad-
10 miration des jeunes garçons du village qui nourrissaient le même rêve que lui en attendant de pouvoir partir.

Soltane baissa la tête par révérence à ce symbole de sagesse et d'autorité. Son regard tomba sur son ombre étalée comme une tache d'encre de Chine sur toute la surface du sol terreux. Malgré l'énormité de la sil-
15 houette et la distance qui le séparait d'elle, il lui trouva une ressemblance stupéfiante avec sa propre image. C'était sa silhouette, il n'y avait aucun doute.

Pour une fois, sa mère ne dit rien. Elle se contenta de verser toutes les larmes de son corps. Chaque jour, elle passait de maison en maison
20 et procurait aux autres femmes l'occasion de partager ses pleurs et son chagrin. Le départ de son fils était un malheur. Pour elle, ce départ rappelait la mort, celle de la présence, du contact physique et quotidien. Chaque départ de ce genre qui animait les conversations des gens et remplissait leurs journées creuses constituait un drame. Une blessure
25 dont la terre souffrirait et se souviendrait longtemps.

Si Larbi releva les yeux sur son fils et poursuivit son monologue, d'une voix brisée par l'émotion :

« Nous continuerons à donner à la terre l'amour et la sueur qu'elle a toujours exigés de nous. Elle est faite pour être travaillée. Et, nous, nous
30 sommes nés pour la travailler. Allah est miséricordieux, mon fils. Il finira par pardonner aux hommes la sécheresse de leur cœur et enverra sa clémence au monde. Il ne faut jamais désespérer. Un jour, la terre redeviendra ce qu'elle était avant. Nous devons espérer et attendre ce jour-là ! »

Abdelhak Serhane, *le Soleil des obscurs,*
© **Éditions du Seuil, Paris, 1993.**

COMPRÉHENSION ET LANGUE

1 – Que nous apprend le narrateur à propos de Soltane ?

2 – Expliquez et commentez le passage se rapportant à l'ombre (2ᵉ paragraphe).

3 – Les réactions du père et de la mère à ce départ ne sont pas similaires. Montrez-le en prenant appui sur le texte.

4 – Que représente la terre pour le vieux père ? Quels sont ses sentiments à son égard ?

5 – Le père parle de la sécheresse du climat et de celle des cœurs. Voyez-vous une relation entre les deux ?

6 – Expliquez le titre et proposez-en un autre.

ACTIVITÉS DIVERSES, EXPRESSION ÉCRITE

« Chaque départ de ce genre […] constituait un drame. Une blessure dont la terre souffrirait et se souviendrait longtemps. » Commentez ce passage en montrant en quoi l'exode rural est un déchirement profond pour le « partant » lui-même et la cause de torts irrémédiables portés à la terre abandonnée. Voyez-vous des solutions à préconiser ?

Edmond Amran
El Maleh, né en 1917
à Safi, dans une famille
marocaine de confession
juive, se consacre dès 1945
au militantisme
et participe à la lutte pour
l'indépendance. En 1959,
il cesse toute activité
politique. Il s'installe
à Paris en 1965.
En 1980, il publie
un « récit-témoignage » :
Parcours immobile.
Un autre de ses ouvrages
paraît en 1982. Il s'agit de
Aïlen ou la Nuit du récit.
Mille Ans, un jour (1986),
renvoie à l'histoire
de ceux qui ont vécu en
paix en terre arabe, pen-
dant mille ans, mais qui,
un jour, ont choisi de partir. Edmond Amran
El Maleh, qui partage
son temps entre le Maroc
et la France, collabore à
divers journaux et revues,
notamment *le Monde.*

« *Effondrement* ■■■ *du temps !* »

Nessim, le personnage principal de Mille Ans, un jour, *est de confession juive.
Il est à la fois lui-même et parfois aussi un peu ses ancêtres, dont il lui arrive
de « revivre » ce qu'ils avaient ressenti ou vécu. Il a quitté les lieux du Maroc
qui l'ont vu naître et il se rappelle...*
*Par « ondes concentriques », sa mémoire le ramène à des péripéties
de son existence. Dans cet extrait, il se souvient de Majid, qu'il avait connu
alors qu'ils étaient tous deux encore jeunes, et qui allait payer de sa vie
sa résistance à l'occupant. C'est un peu à la naissance de la vocation de Majid
que nous assistons ici...*

Plus tard, des années, des siècles plus tard Nessim, dans cette petite
échoppe de Si Elhachmi, Nessim sous le choc de ces visions atroces,
sous le regard de Hamad, sentit se poser sur lui le regard de sa mère, sur-
gie d'une absence sans retour, les mots tendres venaient à lui, caressants,
5 émus de douleur sans un seul cri, sans le moindre déchirement de violence, une plage sereine d'innocence. Nessim aux portes de la vieillesse,
c'est Kiji, l'enchanteur espiègle qui effaçait les rides, ouvrait le lourd
portail qui dérobait à la vue le ravissement des jardins de l'enfance.
Effondrement du temps ! Nessim observait avec l'attention, la vigilance
10 de l'amitié, le trouble qui s'emparait de Majid et dont tous deux s'entrete-
naient si longuement.

 Majid se rendait de plus en plus souvent à Fès. C'était un vendredi, la
prière du vendredi, le destin se plaît à apposer ainsi sa signature, à la
Karaouine la vénérable université qu'on ne peut voir qu'en tournant le
15 dos à la Sorbonne, la foule des fidèles était innombrable, Nessim
connaissait chaque détail du récit que Majid lui en avait fait, ces
hommes assis sur des nattes à même le sol, assis en tailleur et on pouvait
se figurer le nombre par la montagne de babouches qui obstruaient l'entrée de la mosquée, ce recueillement, le murmure imperceptible des
20 lèvres, les doigts qui égrènent le chapelet, le léger et invisible frisson
courant à l'avant-garde d'une onde de choc, Majid était là, sans voir, sans
songer à arpenter l'espace parcouru, les repères abolis il ne pouvait
mesurer ni la distance ni le sablier d'un temps sans grains pour le retenir.
Il avait été au msid[1], la plante de ses pieds gardait l'empreinte de la
25 baguette du fquih[2], la dureté du sol lui meurtrissait encore les fesses et le
bas du dos, le balancement des sourates animait toujours son corps, Alif,
Ba dansaient en mouches énormes sur la loha[3], sa tête bourdonnait de
cris, de rires et de pleurs, secouée par les explosions de joyeuses récréa-
tions, mais dans cette position assise, les jambes repliées sous soi, le
30 corps libre sous sa jellaba fine, l'enfance oubliée, c'était l'annonce d'un
commencement. Il était né et avait grandi dans la lumière méditative du
Coran, son père, le fquih Si Hamza, avait une voix admirable et quand il
scandait les sourates ce chant rentré dans les profondeurs de l'être écla-
tait haut dans le ciel comme le signe de la fusion et de l'anéantissement.
35 Je ne sais comment te dire, confiait-il à Nessim, c'était comme si j'arrivais

d'un voyage dont le commencement se perdait dans la nuit des temps, je découvrais des visages, des paysages, une langue inconnue. On m'accueillit en silence mais avec des regards qui disaient l'attente et la sympathie. Et puis là, dans cette grande mosquée un homme au visage émacié,

40 aigu comme une flamme, était assis devant nous. Je ne sais pas si c'était sa voix ou celle d'un autre, mais quand j'entendis l'invocation à Dieu le miséricordieux, le bismillah… pourtant si familier je fus pris de tremblements, ébloui je vis devant moi s'ouvrir d'immenses portes, les murs s'effaçaient d'un coup, je ne sais pas si j'étais en train de rêver, maintenant

45 une voix dit un poème, je crois bien que c'était celle de l'homme au visage émacié, un chant d'amour dont la puissance fendait la pierre, les larmes coulaient sur mon visage sans que je m'en aperçoive, en d'autres fois j'aurais eu honte de pleurer, mais c'était là une aile légère qui me frôlait, je m'agenouillais pour adorer, le front tout contre la rudesse de la

50 natte, adorer, aveugle, le visage caché, Dieu tout proche, présent dans ce tremblement, cette terre, la nôtre, celle de nos ancêtres souillée asservie courbée sous le joug tyrannique de l'occupant étranger ! La ville était encerclée ce jour-là, Légion étrangère à képi blanc, spahis à burnous rouge montés sur de superbes chevaux, tirailleurs sénégalais, goumiers,

55 bloquaient les issues, les portes de la ville, surveillaient du haut des collines la toile serrée et dense des mille minarets ponctuant les nervures des ruelles glissées dans l'essaim des terrasses couvertes. La ville était encerclée, fermée comme un œuf, la parole embrasait le bois mort, la flamme commençait à courir plus ardente que les cierges à Moulay-

60 Idriss, les boutiques se fermaient sur l'indéchiffrable secret, la marée en se retirant laissait les rues vides dans l'attente menaçante d'un débordement imminent, la chaleur des hammam augmentait d'intensité à la mesure d'un feu purificateur, la ferveur des prières aiguisait le tranchant de la lame, qu'est-ce qui germait dans cet utérus gigantesque, labyrin-

65 thique, le fœtus de l'enfant mort ou du bel adolescent à venir ! Un projet politique mûrissait au sein de cette effervescence et prenait corps dans la clarté de l'expression. À la rude et spontanée riposte des fusils face à l'envahisseur, les armes de la poésie, l'incandescence de la parole sacrée, le calcul et la stratégie politique réfléchie. Majid épousait la courbe de

70 cet éveil. Il était rentré de Fès, à son dernier voyage, Nessim le revoit encore, transfiguré, parlant avec enthousiasme, flamme de ces rencontres, de ce bouillonnement des gens, des idées, mais aussitôt il retombait dans un silence grave, de cette gravité qui marque la décision, l'assurance d'une conviction…

Edmond Amran El Maleh, *Mille Ans, un jour*,
Éditions de la Pensée sauvage, 1986, Droits réservés.

1. École coranique.
2. Maître d'école.
3. Planche sur laquelle les enfants des écoles coraniques écrivent les versets du Coran.

COMPRÉHENSION
ET LANGUE

1 – En vous référant au premier paragraphe, dites quelles sont les différentes « visions » de Nessim.
2 – Relevez quelques expressions qui montrent l'amitié et la confiance existant entre Nessim et Majid.
3 – Nessim est-il un témoin direct de la scène de la Karaouine ? Expliquez.
4 – Que nous apprend le texte sur l'enfance et l'éducation de Majid ?
5 – Comment comprenez-vous les expressions : « c'était comme si j'arrivais d'un voyage dont le commencement se perdait dans la nuit des temps » (l. 35-37) ; « qu'est-ce qui germait dans cet utérus gigantesque, labyrinthique, le fœtus de l'enfant mort ou du bel adolescent à venir » (l. 64-66) ?
6 – Quel est le problème vécu par la ville et ses habitants ? Quelles sont les circonstances historiques de cette scène ?
7 – Quelles sont, d'après le texte (cf. dernière partie), les deux moyens possibles de résistance contre l'occupation étrangère ?

ACTIVITÉS DIVERSES,
EXPRESSION ÉCRITE

Que pouvez-vous dire à propos de la forme de ce texte (volume des paragraphes, longueur des phrases, introduction de phrases nominales, ponctuation, emploi des temps…) ? Justifiez vos propos par des exemples.

MAURITANIE

« Tu t'es fait soleil Kaya Maghan
et quand tes rayons brûlent la parole,
où veux-tu qu'elle se cache
sinon dans les ténèbres ? »

Moussa Diagana, *la Légende du Wagadu,* 1989

Littérature mauritanienne

La littérature de Mauritanie s'est déployée dans les diverses langues pratiquées dans le pays : arabe, français, hassaniyya, pulaar, soninké... Elle se partage entre oralité et écriture, mais les frontières sont souvent moins tranchées qu'on l'a longtemps affirmé : l'oralité s'appuie sur l'écriture et l'écriture se nourrit de l'oralité.

Les bibliothèques du désert

Il y a plusieurs siècles que la Mauritanie utilise l'écriture pour conserver sa tradition savante : manuscrits précieux et ouvrages anciens ont été soigneusement préservés, comme des trésors de famille. La mieux connue de ces « bibliothèques du désert » est celle fondée au milieu du XIXᵉ siècle par Cheikh Sidiyya Al Kabir à Boutilimit, et qui contenait (selon un inventaire réalisé au début du XXᵉ siècle) 683 imprimés et 512 manuscrits, traitant essentiellement de matières liées à la religion musulmane (droit, théologie, mystique). Une opération de sauvetage de ce patrimoine culturel a déjà permis de recenser et de microfilmer plus de deux mille titres d'ouvrages anciens.

Certains de ces textes anciens ont déjà retenu l'attention, comme *Al 'Omda (l'Auxiliaire),* traité de médecine en vers rédigé au milieu du XIXᵉ siècle par Aoufa ould Abou Bekrin, traduit en français dès 1943.

L'un des mieux connus parmi les lettrés mauritaniens, qui ont accumulé ce trésor culturel, est Mokhtar ould Hamidoun (né en 1897 dans la région de Trarza). Il a, au fil d'une très longue vie, rédigé une sorte d'« encyclopédie de la vie mauritanienne » qui attend encore une publication intégrale.

L'érudition mauritanienne possède un classique : *Al Wasît fî tarâjimi 'udabâ'i Shinqît (la Fleur des œuvres des lettrés du Shinkit),* publié en 1911 au Caire par Sid Ahmad ould Alamîne et qui est une anthologie de la tradition orale ancienne. Ahmad Baba Miske lui a consacré une étude en français : *Al Wasît. Tableau de la Mauritanie au début du XXᵉ siècle* (1970).

La tradition orale continue d'être très vivante et la recherche moderne a permis de mesurer la richesse des textes ainsi transmis : proverbes et énigmes, contes et mythes, épopées et chants de louange, etc. De nombreuses publications récentes visent à continuer le travail de sauvegarde du patrimoine.

La littérature en français

Introduite à l'époque coloniale, en particulier dans l'enseignement moderne, la langue française a été utilisée par un certain nombre d'écrivains mauritaniens, soit pour transposer des textes hérités de la tradition, soit pour composer des œuvres originales. Quelques auteurs ont déjà écrit une œuvre comptant plusieurs titres. Oumar Ba, par ailleurs chercheur en sciences humaines à l'I.F.A.N., s'est inspiré de l'oralité (*le Mystère du Bani,* 1960 ; *Paroles plaisantes au cœur et à l'oreille,* 1977). Dans ses *Poèmes peuls modernes* (1965), il montre les ressources du bilinguisme. Assane Youssoufi Diallo Moussa a publié des recueils de poèmes (*Leyd'am,* 1967 ; *la Marche du futur,* 1981). Diagana a porté au théâtre un des grands mythes fondateurs de la région : *la Légende du Wagadu vue par Sia Yatabere* (1990), en en proposant une subtile lecture interprétative. Téné Youssouf Gueye a publié un drame historique (*les Exilés de Goumel,* 1975), des poèmes (*Sahéliennes,* 1975), des nouvelles (*À l'orée du Sahel,* 1975) et un roman (*Rellâ ou les Voies de l'honneur,* 1983). Djibril Sall est un poète dont les recueils (*les Yeux nus,* 1978 ; *Soweto,* 1976) ont paru à Nouakchott, tandis que Moussa Ould Ebnou a publié son premier roman (*l'Amour impossible,* 1990) chez un éditeur parisien.

La littérature mauritanienne en langue française a encore du mal à s'imposer : les auteurs restent en nombre limité, les œuvres n'ont connu qu'une diffusion modeste. Mais elle est riche de promesses, comme le montrent certains inédits récemment révélés (ainsi la pièce de théâtre d'Idoumou ould Mohamed Lemine, *Huis ouvert,* inspirée de *Huis clos* de Jean-Paul Sartre).

Oumar Ba, né en 1917, a été chercheur à l'I.F.A.N. de Dakar et a consacré plusieurs études aux langues de la région du fleuve Sénégal. Il a soutenu une thèse : « Les Peuls du Fouta Toro ». Après un roman d'inspiration ethnologique (*les Mystères du Bani*, 1960), il a écrit de nombreux poèmes, parfois dans des versions bilingues (française et pulaar). Ses *Poèmes peuls modernes* (1966) soulignent son attachement à la culture des Peuls et à ses antiques racines. Il a en outre publié plusieurs recueils poétiques, dont *Paroles plaisantes au cœur et à l'oreille* (1977) et *Odes sahéliennes* (1978), et divers essais.

Au Peul sédentarisé

Ce poème évoque le bouleversement du mode de vie des nomades peuls confrontés au monde moderne. Beaucoup se sont sédentarisés, notamment dans la ville mauritanienne de Rosso, sur la rive droite du fleuve Sénégal.

Peul de Rosso, tu te dis peul et te voici habitant une maison.
    Où est ton étable ? Oh ! disparue
    Et les pâturages et les troupeaux ?
    Assurément tout cela n'est qu'un souvenir.
5   Et comme pour le citadin, le lait et le beurre te coûtent.
De Peul, par Allah, il te reste le nom : Diallo Diéri.

Peul de Rosso, tu revois les campements oubliés :
    Toulel abandonné au silence,
    Kafara te rappelle certes les veillées d'autrefois,
10   Et de même N'Dilincko ;
    Mais M'Bothio à tes yeux n'est plus que l'âge de ta mère.
De Peul, par Allah, il te reste le nom : Diallo Diéri.

Peul de Rosso, mon frère, la vache peut mener loin.
    Derrière elle nous avons suivi le soleil du lever au couchant
15   Et toujours de pâturages en pâturages, d'une marette à un puits.
    Le pasteur a parcouru tous les Foutas[1].
    Aujourd'hui, à l'image du cultivateur, tu grattes la terre
    Et tu discutes des limites, soucieux de sauvegarder les moissons.
De Peul, par Allah, il te reste le nom : Diallo Diéri.

20 Peul de Rosso, à la culotte bouffante.
    Point berger des brebis
    Averti des règles de bienséance
    Aisé et généreux
    Sédi Diallo
25   Tu te verras photographié
    Dans une automobile
De Peul, par Allah, il te reste le nom : Diallo Diéri.

Peul de Rosso, te voici sur les rives du fleuve ;
    Ta naissance est noble
30   Et un jour, sans nul doute, tes pas te ramèneront
    De cette ville au pays du soleil levant,
    À la tête de ce troupeau jailli de l'eau.
De Peul, par Allah, il te reste le nom : Diallo Diéri.

    Toulel : c'est ici que tu es né.
35 De Peul, par Allah, il te reste le nom : Diallo Diéri.

Tosso-Mauritanie, 30 novembre 1985.

Oumar Ba, poème inédit, publié in
***Guide de littérature mauritanienne*, © L'Harmattan, Paris, 1992.**

1. *Régions parcourues par les pasteurs peuls et leurs troupeaux.*

Idoumou Ould
Mohamed Lemine,
né en 1961 à Tidjika
(Mauritanie), a étudié
à l'université Mohamed V
de Rabat. Il est
actuellement professeur
et journaliste. Il a participé
à l'élaboration
et à la rédaction
du *Guide de littérature
mauritanienne* (1992).
Il y a publié un extrait
d'une pièce inédite,
Huis ouvert, qui pose
beaucoup de problèmes
sur la nature et la fonction
du théâtre : quel
répertoire faut-il choisir ?
Quelle est la relation entre
l'acteur et son rôle ?
Où est la place
du spectateur ?

« *Quel théâtre pour nous ?* »

Huis ouvert est une réflexion sur le théâtre : des acteurs sont en conflit avec leur metteur en scène qui veut leur faire jouer une pièce étrangère, Huis clos *(1944), de Jean-Paul Sartre.*

LE METTEUR EN SCÈNE. – Comment ? *Huis clos* ne vous intéresse pas ? Un succès mondial ? Une perle de la production dramatique universelle ?

1er ACTEUR *(moqueur)*. – Un succès mondial ! Une perle... ! Et vous
5   n'avez la bouche pleine que de cela. En quoi cela nous regarde-t-il ? Est-ce que nous sommes ici pour confirmer et perpétuer les succès mondiaux ? Nous ne cherchons même pas à avoir du succès nous-mêmes, voyons ! Alors le succès des autres... Écoutez : cette pièce est écrite par un étranger, pour des acteurs que nous ne sommes pas, et un public qui
10   n'est pas celui-ci *(désignant les spectateurs)*. Un public qui a encore le temps et les moyens d'apprécier... les succès mondiaux. Elle traite de problèmes qui ne sont pas les nôtres, ou, en tout cas, pas encore.

LE METTEUR EN SCÈNE. – L'existence humaine, son absurdité, l'angoisse de l'être, la liberté... enfin toutes les questions récalcitrantes qui se
15   posent à l'homme d'aujourd'hui et narguent son intelligence... ne vous concernent pas, dites-vous ?

1er ACTEUR. – Pas le moins du monde. Nos problèmes à nous sont beaucoup plus concrets... Quotidiens. Ils s'appellent calamités naturelles, analphabétisme, chômage, corruption, détournements de deniers publics,
20   dépendance économique, tyrannie... et j'en passe. Dans ce contexte, la pensée existentialiste, vous savez... Une illustre pensée chez elle... mais un mensonge chez nous. Un grossier mensonge. Eh puis, votre mise en scène de *Huis clos* sent l'hypocrite désir de plaire. Eh puis, c'est incongru : *Huis clos,* chez les nomades, dans le sable... au moment où
25   l'eau s'enfonce de plus en plus profondément dans le sable... au moment où la galette, quand il y a du blé pour en faire, se calcine au soleil... où un monde agonise, inéluctablement, à l'insu du monde ! Et cela pue le fabriqué de toutes pièces. Tenez ! Vous voulez que celui-là joue Inès. Une femme, alors que c'est un homme, rude, musclé. Moi, je joue Gar-
30   cin, un personnage au nom indécent, qui se débat dans un univers céleste, l'au-delà. Nous sommes encore bien vivants, nous... Sur terre, et nous avons faim, sur terre ; et nous chômons, sur terre ; et nous sommes malades, sur terre, et notre société est en détresse.

(Les acteurs se ruent sur le metteur en scène, le rouent de coups et l'ex-
35   *pulsent de la scène. Il revient, résigné. Les acteurs veulent le repousser encore.)*

LE METTEUR EN SCÈNE. – Attendez ! *(Puis, aux spectateurs)* : Mesdames, Messieurs, je ne doute pas que votre verdict appuiera la thèse de la raison.

3ᵉ ACTEUR *(au public)*. – Camarades ! Que l'un d'entre vous veuille bien nous rejoindre ici pour trancher ce litige, afin que le spectacle puisse reprendre. *(Conciliabules, audibles ou non, entre le metteur en scène, un acteur et lui. Pendant ce temps les autres acteurs ramassent les objets éparpillés sur le plancher. Puis le spectateur se tourne vers le public.)*

LE SPECTATEUR. – Ils me mettent dans un embarras inqualifiable. Ils sont fermes, chacun sur sa position, et je n'ai pas, quant à moi, d'éléments sur lesquels je puisse me fonder pour avoir un avis sur la question. Il est vrai que *Huis clos* est un monument de la littérature dramatique universelle. Mais la pièce des acteurs pourrait bien en être un ; qui sait ? […] Pour ce faire, je crois qu'il n'y a qu'une seule solution : vous faire jouer à vous acteurs une partie de chacune des deux pièces. Je me prononcerai après.

(Applaudissements des acteurs.) Bien. Commençons alors par *Huis clos*.
(Le metteur en scène applaudit tout seul.)
Obscurité.

[…]

VOIX. – Maintenant ils vont jouer *Huis clos*. Le juge en a décidé ainsi. Et ils ont accepté la décision du juge. Vous voyez, ce ne sont pas des rebelles irréductibles. Ils savent obéir, quand ils comprennent le sens de l'ordre qu'ils reçoivent. Pour eux, il s'agissait tout simplement de vous faire participer au spectacle. N'était la persistance d'un certain théâtre scandaleusement théâtral, vous seriez là, tous, à leur côté, et vous auriez même été impliqués dans leurs engueulades. La règle est désormais de vous faire jouer, vous-mêmes, le théâtre qui vous plaît, de produire en vous des sentiments en grandeur réelle. Personne n'a plus le droit de vous divertir ! Vous vous divertissez vous-mêmes. Le théâtre, c'est un peu cela : vivre le spectacle au lieu de le subir. Ils vont donc jouer *Huis clos*. Un succès mondial. Savez-vous seulement ce que cela veut dire, un succès mondial ? La pièce de Sartre vous plaira peut-être. Elle vous plaira d'ailleurs sûrement. Vous pourrez même demander aux acteurs de la jouer toute. Ils vous obéiront. Et le spectacle aura eu lieu. Vous pourrez également les laisser jouer, une fois la scène première de *Huis clos* terminée, la partie de leur pièce qu'ils auront choisie de présenter. Et le spectacle aura toujours eu lieu. Moi, je n'ai qu'une chose à vous demander. Vous poser une question stupide : quel théâtre pour nous ? […]

Idoumou Ould Mohamed Lemine, *Huis ouvert* (inédit),
in Nicolas Martin Granel, Idoumou Ould Mohamed Lemine,
Georges Voisset, *Guide de littérature mauritanienne*,
© L'Harmattan, Paris, 1992.

COMPRÉHENSION ET LANGUE

1 – Sur quoi porte la discussion entre le metteur en scène et les acteurs ?

2 – Quelles sont les préoccupations du metteur en scène et quelles sont celles des acteurs ?

3 – L'arbitrage des spectateurs a été en faveur de qui ?

4 – En quoi consiste la décision des spectateurs ?

5 – Expliquez l'expression : « un théâtre scandaleusement théâtral » (l. 58-59).

6 – Quelles conceptions de l'art dramatique l'auteur développe-t-il ici ?

7 – Expliquez la répétition de l'expression « sur terre » dans les lignes 31 à 33.

ACTIVITÉS DIVERSES, EXPRESSION ÉCRITE

1 – Organisez un débat sur les différentes conceptions de l'art.

2 – Rédigez un paragraphe sur l'art pour l'art et un autre sur l'art engagé.

MAURITANIE

AHMEDOU OULD ABDEL QADER

Ahmedou Ould Abdel Qader est l'auteur d'un roman, *Al qabr al majhul (le Tombeau oublié)*, publié en arabe à Tunis en 1984. Le thème du récit s'inspire d'une pratique funéraire répandue en Mauritanie : pour marquer son respect, on entasse des branchages sur la tombe d'un personnage considéré comme un saint. L'héroïne du roman, Maïmouna Mint El Hadi, réfugiée dans une tribu de chasseurs, les Némadis, qui vit en marge des autres groupes, retrouve la tombe de son fils honorée comme celle d'un saint.

« *Le tombeau retrouvé* »

Maïmouna n'a jamais pu revenir sur la tombe de son enfant, mort en bas âge.

Les Némadis de Senad s'approchèrent des confins de Rgaïta dès l' commencement de l'été. Maïmouna Mint El Hadi, heureuse d'être deve nue Némadi, avait essayé d'oublier son passé, d'en tourner à jamais le pages. Elle avait d'ailleurs tout oublié, sauf son enfant : elle attenda
5 toujours une occasion de se recueillir sur sa tombe.

Un jour, elle s'éloigna des siens, prétextant un besoin quelconque Elle avait repéré, tout près de leur bivouac, le lieu où l'enfant étai enterré. Dès qu'elle s'approcha de l'arbre millénaire aux branche ployantes, sa forme lui revint en mémoire, mais elle hésita prise d'un
10 sorte d'inquiétude, un sentiment de frayeur :

« Est-ce bien lui ? Mais c'est beaucoup plus grand ! Celui-ci es gigantesque, digne des temps anciens. »

Elle fit quelques pas, hésitante, et entendit une voix tout près d'elle la peur l'immobilisa sur place. Elle eut honte, et courut se cacher entr
15 les petits acacias touffus, aux branches entremêlées. Son regard se port à nouveau sur le tas de branchages ; et elle se dit :

« Le doute n'est pas possible ! Le jour où je l'ai enterré, j'étais émue la folie, et je tenais absolument à marquer l'endroit par un gros tas, pou qu'il ne disparaisse pas trop vite. Cependant en voici au moins cent foi
20 plus que ce que j'ai pu ramasser et entasser.

Elle aperçut un groupe de bergers des Awlad Hmeidane s'approche des lieux et jeter leur charge de branchages et de rameaux avec respect e humilité. Maïmouna se cacha encore plus entre les petits arbres, se pro tégeant du regard des bergers qui certainement la reconnaîtraient s'ils l
25 voyaient. Elle les entendit dire : « Seigneur ! Au nom de cet illustre défunt donne-nous pluie, prospérité et sérénité… » Et chacun prit une poignée d sable sur la tombe et s'en frotta le visage et le corps, avant de se retirer

Maïmouna réfléchit un moment, consternée :

« Mon Dieu ! Moi l'infortunée, c'est donc là la tombe de mon enfan
30 mort avant d'avoir reçu un nom ! Seigneur ! Il est devenu un lieu d pèlerinage et de charisme. Puisses-tu par son charisme m'épargner l'op probre ! Me blanchir la face après que Sellami l'ingrat l'ait noircie pa son manquement à sa parole et Talebna par sa tyrannie ! Mais… Oui. J n'ai besoin de rien d'autre que de demeurer auprès des miens, les Néma
35 dis. Et je visiterai plus souvent la tombe de mon pauvre enfant.

Elle s'approcha enfin de celle-ci, s'acquitta des rites du pèlerinag comme l'avaient fait les bergers, et elle s'en retourna vivement à l recherche des siens, les Némadis.

Ahmedou Ould Abdel Qader, *le Tombeau inconnu*
in Nicolas Martin Granel, Idoumou Ould Mohamed Lemine
Georges Voisset, *Guide de littérature mauritanienne*
© L'Harmattan, Paris, 1992

Deiloul l'avisé

Ce conte, recueilli dans un travail universitaire d'Abdallah Ould Ahmed,
« Le Conte, véhicule d'idées morales et reflet de la société » (1982), appartient
à la catégorie des contes développant une sagesse populaire. Il renvoie
à une expression proverbiale bien connue : « sage comme Deiloul ».

Il était une fois un homme sage nommé Deiloul. Il avait un grand troupeau de chameaux qu'il faisait prospérer et dont il se nourrissait lui et sa famille.

Une nuit une de ses filles aperçut la tête de quelqu'un près de la bosse
5 d'une chamelle du troupeau. Elle appela son père et lui dit : « Père ! connais-tu la nouvelle : notre chamelle Sweïda est rentrée cette nuit avec deux bosses ! » Il lui répondit : « Cela prouve, Dieu soit loué ! que les pâturages sont bons. Nous devons continuer encore quelques jours à envoyer les bêtes dans la même direction qu'aujourd'hui. » L'homme qui
10 les épiait entendit ces propos échangés entre le père et la fille et retourna rapporter la nouvelle à ses complices : « Rien ne nous presse ! Passons toute la nuit ici. Il sera temps au matin d'aller chercher les animaux et de les emmener ! »

Au milieu de la nuit, Deiloul et les siens chargèrent leurs affaires sur
15 les chameaux et prirent la route derrière le troupeau au complet à l'exception d'un chameau mâle, d'une chamelle séparée de son petit et d'un chamelon séparé de sa mère. On les attacha et on les abandonna sur l'emplacement du campement.

Quand l'un des razzieurs sortait un peu de son sommeil, il entendait
20 le concert des cris du chameau, de la chamelle et du chamelon, et se rendormait sur ses deux oreilles. Au matin ils se levèrent et partirent vers l'endroit où Deiloul et sa famille avaient campé. Ils trouvèrent l'emplacement désert.

Cité dans Nicolas Martin Granel, Idoumou Ould Mohamed
Lemine, Georges Voisset, *Guide de littérature mauritanienne*,
© L'Harmattan, Paris, 1992.

COMPRÉHENSION
ET LANGUE

1 – À quels traits formels reconnaît-on que ce texte est un conte ?
2 – Pourquoi la fille de Deiloul dit-elle que la « chamelle Sweïda est rentrée cette nuit avec deux bosses » (l. 6-7) ?
3 – En quoi Deiloul est-il « avisé » ?
4 – Quelle impression est produite par la dernière phrase ?

ACTIVITÉS DIVERSES,
EXPRESSION ÉCRITE

Connaissez-vous des contes qui, comme celui-ci, développent une expression proverbiale bien connue ? Racontez-les.

TUNISIE

« J'écris et le langage s'émeut
et le roc s'enflamme
et la lumière éventre les déserts arides. »

Moncef Ghachem, *Car vivre est un pays,* 1978

La littérature francophone de Tunisie

Moins importante en volume que la littérature en langue nationale, moins bien diffusée dans le pays et moins lue, la littérature francophone de Tunisie paraît aussi quantitativement moindre que la littérature francophone d'Algérie et même du Maroc.

Considérations socio-historiques

Bien que la langue française ait été présente en Tunisie dans certains programmes scolaires, avant même l'établissement, en 1881, du protectorat français, la littérature de langue française n'y débute véritablement qu'à l'orée du XXᵉ siècle avec, par exemple, les œuvres du romancier Mahmoud Aslan et celles du poète Salah Farhat. S'exprimant dans une langue qui, du fait du protectorat, était la langue la plus importante dans l'enseignement, y compris dans les filières bilingues, cette littérature fut aussi, spontanément, celle des communautés minoritaires (celles des Juifs, des Maltais et des Italiens) qui côtoyaient, dans la capitale tunisienne, la communauté majoritaire d'origine arabo-berbère, de culture arabe et de religion islamique. Toutes ces communautés avaient en effet pour langue maternelle ou pour langue de communication courante l'arabe tunisien, langue de la communauté arabe, mais ne connaissaient pas l'arabe classique, langue de culture que seules les élites dominaient.

Pourtant, à la notable exception d'Albert Memmi, la littérature francophone de Tunisie, contrairement à celles du Maroc ou de l'Algérie, n'a pas produit d'écrivains de grande envergure avant l'indépendance du pays. Paradoxalement, elle connaît une grande expansion depuis les années 70, qu'il s'agisse de l'œuvre des écrivains expatriés en France, en Suisse, en Italie, aux États-Unis, au Canada (Meddeb, Mellah, El Houssi, Bekri, Béji, Tlili, Bouraoui...) ou de celle des Tunisiens vivant et, pour la plupart, éditant au pays (Anouar Attia, Bécheur, Ghachem, Djedidi...). Ce flux ne semble pas près de s'interrompre, en dépit des difficultés d'édition dues à un recul de l'usage et de la maîtrise de la langue française, pourtant moins net qu'ailleurs au Maghreb, mais aussi à l'exiguïté du marché national ainsi qu'à une critique littéraire défaillante, et ce malgré une presse particulièrement florissante et très lue.

Heureusement, ces facteurs négatifs sont compensés par une industrie de l'impression très développée et plutôt performante, des éditeurs imaginatifs et combatifs et des mesures non négligeables d'aide à la production culturelle.

Originalités tunisiennes

Sans doute parce que l'affrontement avec le colonisateur, sans être moins radical, a été moins dramatique qu'en Algérie par exemple, peut-être aussi parce que la plupart des œuvres marquantes ont été conçues après l'indépendance, cette littérature frappe d'abord par un amuïssement du conflit colonial et de ses conséquences sociales, même si c'est un écrivain tunisien qui a théorisé la sociologie de la relation coloniale (Albert Memmi, *Portrait du colonisé*, précédé de *Portrait du colonisateur*, 1957).

De façon plus générale, il semblerait que cette littérature ait moins succombé au « devoir de violence », bien qu'elle soit très souvent anticonformiste et iconoclaste, caractéristiques qu'illustrent les poèmes de Salah Garmadi ou de Moncef Ghachem, entre autres.

Est-ce parce qu'il s'agit, à de rares exceptions près, d'une littérature d'intellectuels et même de professeurs ? On ne peut l'affirmer avec certitude ; en revanche, la complexité de son écriture et le fait qu'elle use – et parfois abuse – des techniques de déconstruction du récit ou du poème ainsi que des jeux plus ou moins subtils de l'intertextualité ne sont sans doute pas étrangers à ce phénomène.

Plus encore que ses voisines, elle est surtout une littérature produite par des écrivains bilingues qui s'en souviennent et le rappellent dans leurs écrits, discrètement ou de façon ostentatoire. Cette littérature joue en effet des interférences et subvertit chacun des codes par un recours allusif ou véhément à l'autre, comme le montrent par exemple des œuvres aussi différentes que celles de Salah Garmadi et d'Abdelwahab Meddeb. La langue arabe semble en tout cas y jouer, en profondeur, un rôle important et complexe, et certains écrivains, depuis toujours et non à la suite d'une décision réfléchie de renouer avec des racines perdues, écrivent et publient aussi en arabe.

Un autre phénomène marquant mérite d'être signalé : le nombre important et croissant de femmes écrivains ; constat qui peut également être fait en ce qui concerne la littérature tunisienne de langue arabe et qui s'explique par une présence effective de la femme dans la vie tunisienne moderne.

Enfin, la variété des styles et des écritures, la richesse de la palette des écrivains : poètes et romanciers – rarement nouvellistes ou dramaturges – créent une remarquable diversité dans le paysage qu'offre cette littérature ; les autobiographies classiques y voisinent avec des récits fantastiques ou des recherches de déconstruction narrative, les poèmes versifiés y côtoient les vers libres ou les poèmes en prose, les textes nostalgiques ou exotiques y font écho aux libelles subversifs ou aux fulgurances lyriques ou mystiques.

Quelques écrivains

Albert Memmi, avec *la Statue de sel* (1953), donne au pays son premier grand roman francophone, s'imposant d'emblée dans le domaine du récit, assez mal représenté avant lui sauf par des œuvres ethnographiques ou historiques sans véritable ambition ni envergure (Mahmoud Aslar, Tahar Essafi ou Hachemi Baccouche). Avant de quitter la Tunisie, Memmi publie encore *Agar,* autre roman d'idées, lui aussi de facture classique. Fixé en France, il s'adonne à une écriture plus moderniste et plus marquée par la recherche *(le Scorpion, le Désert)* pour revenir, avec *le Pharaon,* à la veine de ses débuts.

Abdelwahab Meddeb, avec *Talismano* et plus nettement encore, *Phantasia,* subvertit d'entrée de jeu l'écriture autobiographique et documentaire en une aventure intellectuelle à travers l'univers opaque des signes. Mais ces deux textes sont-ils des romans ou poursuivent-ils une quête essentielle qui, par sa nature même, efface les limites génériques et les confins de la vie et de l'œuvre ?

Mustapha Tlili, écrivain radical, à travers des personnages tourmentés qui traversent le monde en état d'exil et de fièvre, dans des narrations fragmentées et multiples, pose les grandes questions de l'identité, de la violence et du néant *(la Rage aux tripes, Le bruit dort, Gloire des sables…).*

Fawzi Mellah, par deux romans de facture différente – l'un est situé dans la Tunisie contemporaine et a des allures de roman sociologique *(le Conclave des pleureuses),* l'autre est historique et méditatif *(Elissa, la reine vagabonde)* –, inaugure une œuvre prometteuse.

Signalons aussi l'originalité des nouvelles posthumes de Salah Garmadi *(le Frigidaire),* la variété des tons du roman unique d'Anouar Attia *(De A jusqu'à T),* la belle méditation de Hélé Béji sur l'identité et la culture *(l'Œil du jour),* la sérénité de Souad Guellouz *(les Jardins du Nord),* le regard pénétrant d'Emna Bel Haj Yahia *(Chronique frontalière),* les prémices de Hafedh Djedidi *(le Cimeterre ou le Souffle du vénérable),* et l'évolution d'Ali Bécheur, nouvelliste et romancier.

Quantitativement plus présente que la littérature romanesque, la poésie tunisienne de langue française n'est pas moins variée. Très marquée dans ses rythmes, sa tonalité et ses thèmes par la poésie française, elle est, chez les premiers poètes (Salah Farhat, Salah Ettri ou Marius Scalési), d'un lyrisme romantique ou symboliste. Plus recherchée au milieu du siècle avec les œuvres d'Abdelwahab Bouhdiba, M'hamed Farid Ghazi ou Abdelmajid Tlatli, elle n'accède à une véritable originalité créative qu'avec les poèmes de Salah Garmadi *(Avec ou sans, Nos ancêtres les bédouins),* qui jouent sur une déconstruction savante et quelquefois instinctive et brutale de la structure et du rythme, expriment un corps libre et tourmenté, chantent la joie ou le malheur sur tous les tons, de la ferveur au cynisme, de l'exaltation à l'ironie ou au sarcasme.

Héritier de cette révolte mais possédant un souffle instinctif incomparable, Moncef Ghachem, de *Cent Mille Oiseaux* à *Cap Africa,* poursuit une œuvre qui, au fil des ans, s'affine et s'approfondit.

Chems Nadir, du *Silence des sémaphores* au *Livre des célébrations,* fait montre d'une maîtrise sereine de la ferveur poétique, qu'il voue à la réalisation d'une synthèse harmonieuse des deux rives de la Méditerranée et des diverses époques de l'Histoire.

Hédi Bouraoui, dans une langue heurtée, qu'il défait et refait à outrance, fustige la violence et les mensonges du monde contemporain et chante la liberté et l'homme universel.

Majid El Houssi, par un jeu sur les signes et la typographie, mime les failles de la personnalité de l'exilé et les appels de la nostalgie et du désir. Il ambitionne, à travers le français, de ressusciter les traces de la langue et de la culture arabes. De même, les poèmes de Claude Benady contiennent toujours, au détour d'une phrase, le souvenir du pays perdu.

Abdelaziz Kacem, dans une langue savante et peu tourmentée, s'interroge sur la gloire des ancêtres et la médiocrité du présent, tandis que Tahar Bekri, lui aussi fasciné par la culture arabe, erre dans ses poèmes d'une contrée à l'autre, à la poursuite d'une sensation à défaut d'un sens.

Enfin, Samir Marzouki, un peu à l'écart, s'efforce de « reprendre à la musique [son] bien », en exploitant les ressources de sa double culture.

Certes, tout ce qui se publie en Tunisie ou à l'étranger n'a pas toujours la profondeur, l'intérêt ou simplement le talent des œuvres de Memmi, Meddeb, Tlili, Garmadi ou Mellah, mais la littérature francophone de Tunisie s'avère vivante et riche, et ses œuvres soutiennent largement la comparaison avec les œuvres tunisiennes de langue arabe.

Village 73, par Gouider Triki.

TUNISIE MARIUS SCALÉSI

Marius Scalési (Tunis 1892-1922), infirme et maladif, d'origine maltaise, a vécu dans le dénuement et le ressentiment, consolé par sa seule poésie, très marquée par l'influence des romantiques et symbolistes français. Il a publié ses poèmes dans la revue *la Tunisie illustrée*. Son recueil *les Poèmes d'un maudit* a paru en 1935.

Lapidation

Ce poème ouvre le recueil posthume de Scalési, les Poèmes d'un maudit, et en reproduit fidèlement le ton général et le contenu : « spleen et idéal » revendiqués l'un et l'autre comme authentiques et nullement livresques.

Ce livre, insoucieux de gloire,
N'est pas né d'un jeu cérébral.
Il n'a rien de la Muse Noire,
De l'Abîme ou des Fleurs du Mal.

5 S'il contient tant de vers funèbres,
Ces vers sont le cri révolté
D'une existence de ténèbres
Et non d'un spleen prémédité.

Infirme, j'ai dit ma jeunesse,
10 Celle des parias en pleurs,
Dont on exploite la faiblesse
Et dont on raille les douleurs.

Car, des plus anciens axiomes,
Lecteur, voici le plus certain :
15 Les malédictions des hommes
Secondent celles du Destin.

Dans l'abandon, dans la famine,
Honni comme un pestiféré,
J'ai fleuri ma vie en ruine
20 D'un idéal désespéré.

Et, ramassant ces pierres tristes
Au fond d'un enfer inédit,
Je vous jette mes améthystes,
Ô frères qui m'avez maudit !

**Marius Scalési,
les Poèmes d'un maudit, 1935.**

Tête d'homme de profil, par Pablo Picasso.

BENADY

Claude Benady, né
en 1922 à Tunis, a créé
et animé en Tunisie
plusieurs revues littéraires
(la Kahéna, Périples).
Installé en France depuis
1957, il poursuit une œuvre
poétique caractérisée par
sa douceur, son ouverture
au monde et la place
qu'y tient la nostalgie
du pays natal :
Chansons du voile, 1941 ;
le Dégel des sources, 1954 ;
Un été qui vient de la mer,
1972 ;
Marguerite à la source, 1975.

La traversée du désert

Marguerite à la source *célèbre la femme aimée à qui le poète raconte
l'essentiel : l'amour, l'enfance, la vie.*

Dans cet espace ouvert aux confins du regard
le pain de seigle aura goût de festin
trempé dans l'huile douce de la terre retrouvée.
Le raisin chantera des noms de jeunes filles
5   et le rire cuivré des cymbales de la mer
conduira les bergers à travers champs d'amour
et moissons de beautés vers leur éternité.

Quand le jour griffera de sa lanière de feu
le dos nu des épis qui ont servi de couche
10   aux passeurs de rêves, le temps sera venu
de prendre à pleines mains la vie toute tiède encore
de son bain de soleil.

Alors, entre les branches moussues de véronèse,
ils entreront dans les Cités, ici, là-bas, ailleurs.

Claude Benady, *Marguerite à la source,*
Périples, 1975, Droits réservés.

COMPRÉHENSION
ET LANGUE

1 – Expliquez l'expression « les
branches moussues de véronèse » (v. 13).
2 – Quel temps verbal domine
dans le poème ? Pourquoi ?
3 – Quelles sont les expressions
qui renvoient à l'univers méditerranéen ? À quels mots du
dernier vers ces expressions
s'opposent-elles ?
4 – Expliquez le rapport entre le
poème et son titre.

ACTIVITÉS DIVERSES,
EXPRESSION ÉCRITE

Rédigez quelques paragraphes
où vous montrerez en quoi ce
texte est poétique.

Mosaïque romaine, musée de Carthage.

TUNISIE
ALBERT
MEMMI
né en 1920

Né à Tunis en 1920, Albert Memmi est issu d'une famille d'artisans, plutôt pauvre ; il fréquente le lycée Carnot de Tunis où il suit les cours de Jean Amrouche.

Il se spécialise en philosophie à l'université d'Alger puis à Paris, où il épouse une Française. Revenu à Tunis, il enseigne et dirige la page littéraire d'un hebdomadaire indépendantiste. Mais, quelques mois après l'indépendance, il s'installe définitivement à Paris où il mène une carrière de professeur, de chercheur et de directeur de collection.

L'œuvre

Dans *la Statue de sel,* roman démonstratif de facture classique, Albert Memmi traite les thèmes traditionnels de l'identité problématique et de la difficulté des rapports intra- et inter-communautaires. Alexandre Mordekhaï Benillouche, juif tunisien pauvre, y passe par les étapes obligées du roman d'éducation : découverte de l'école, de la sexualité, de la solitude, de la solidarité. Mis à l'école rationnelle de l'Occident, il rejette l'Orient superstitieux et timoré ; écœuré par les calculs sordides et les compromissions de l'Occident, empêché par sa condition de minoritaire de participer pleinement au devenir de la nation dont il se sent pourtant solidaire, il est figé dans ses contradictions, comme la statue de sel de la Bible.

Agar, roman du couple mixte, qui porte le nom de l'épouse étrangère d'Abraham, raconte l'inéluctable effilochement d'un amour confronté aux différences culturelles.

Le Scorpion, construction complexe à partir des papiers laissés par Émile, un écrivain, ordonnés et commentés par son frère, médecin, multiplie les possibles narratifs, toujours à la recherche de la même énigme de l'identité.

Le Désert relate l'histoire imaginaire de l'aïeul, le prince Jubaïr Ouali El Mammi, inspiré par la figure de l'historien et philosophe tunisien Ibn Khaldoun, partant à la reconquête d'un royaume perdu pour ne retrouver que « le royaume du dedans ».

Le Pharaon, situé dans les années qui précèdent l'indépendance de la Tunisie et les quelques mois qui la suivent, est une chronique historique où se rencontrent des personnages ayant fait l'histoire du pays : Bourguiba, Mendès France… sous leur nom véritable ou des noms d'emprunt. Mais il s'agit aussi d'un roman psychologique qui analyse le comportement d'un sexagénaire succombant à une passion ravageuse qui met en péril son équilibre et les certitudes sur lesquelles il a bâti sa vie. « Bigame public et privé » pendant

un certain temps, l'archéologue Armand Gozlan, sommé de choisir entre deux femmes et deux pays, opte pour la sécurité au détriment de l'aventure, mais il en conservera toute sa vie le regret.

Le Mirliton du ciel, recueil de poèmes, marque le retour au pays natal, à ses odeurs et saveurs spécifiques. C'est le chant de la nostalgie heureuse, des souvenirs du cocon familial.

L'ensemble des essais, depuis *Portrait du colonisé,* précédé de *Portrait du colonisateur,* offre une réflexion sur le rapport de domination et ses différents avatars ainsi que sur les comportements et attitudes qu'il induit.

L'écriture

L'œuvre de Memmi se caractérise par un effort constant d'analyse, d'introspection, d'élucidation, de mise en ordre qui confine parfois à l'obsession ; une fascination exercée par la question de l'identité et de l'appartenance, du particulier et de l'universel ; un besoin constant de justification, d'explication, de plaidoyer ; une passion très forte éprouvée pour le pays natal ou la communauté d'origine, qui n'exclut nullement la critique, voire le sarcasme.

1953	*La Statue de sel* [roman]
1955	*Agar* [roman]
1957	*Portrait du colonisé,* précédé de *Portrait du colonisateur* [essai]
1962	*Portrait d'un Juif* [essai]
1966	*La Libération du Juif* [essai]
1968	*L'Homme dominé* [essai]
1969	*Le Scorpion* [roman]
1974	*Juifs et Arabes* [essai]
1977	*Le Désert* [roman]
1979	*La Dépendance* [essai]
1982	*Le Racisme* [essai]
1989	*Le Pharaon* [roman]
1990	*Le Mirliton du ciel* [poèmes]

« *S'accepter comme être d'oppression* »

Infériorisé par la situation coloniale dans sa propre cité, le colonisé cherche le moyen de retrouver son équilibre et sa confiance en soi.

Tôt ou tard, il se rabat donc sur des positions de repli, c'est-à-dire sur les valeurs traditionnelles.

Ainsi s'explique l'étonnante survivance de la famille colonisée : elle s'offre en véritable valeur-refuge. Elle sauve le colonisé du désespoir
5 d'une totale défaite, mais se trouve, en échange, confirmée par ce constant apport d'un sang nouveau. Le jeune homme se mariera, se transformera en père de famille dévoué, en frère solidaire, en oncle responsable, et jusqu'à ce qu'il prenne la place du père, en fils respectueux. Tout est rentré dans l'ordre : la révolte et le conflit ont abouti à la victoire des parents
10 et de la tradition.

Mais c'est une triste victoire. La société colonisée n'aura pas bougé d'un demi-pas ; pour le jeune homme c'est une catastrophe intérieure. Définitivement, il restera aggloméré à cette famille, qui lui offre chaleur et tendresse mais qui le couve, l'absorbe et le castre. La cité[1] n'exige pas
15 de lui des devoirs complets de citoyen ? les lui refuserait s'il songeait encore à les réclamer ? lui concède peu de droits, lui interdit toute vie nationale ? En vérité, il n'en a plus impérieusement besoin. Sa juste place, toujours réservée dans la douce fadeur des réunions de clan, le comble. Il aurait peur d'en sortir. De bon gré maintenant, il se soumet,
20 comme les autres, à l'autorité du père et se prépare à le remplacer. Le modèle est débile, son univers est celui d'un vaincu ! mais quelle autre issue lui reste-t-il ?... Par un paradoxe curieux, le père est à la fois débile et envahissant, parce que complètement adopté. *Le jeune homme est prêt à endosser son rôle d'adulte colonisé : c'est-à-dire à s'accepter*
25 *comme être d'oppression.* [...]

Avec son réseau institutionnel, ses fêtes collectives et périodiques, la religion constitue une autre *valeur-refuge* : pour l'individu, elle s'offre comme une des rares manifestations qui puisse protéger son existence originale. La société colonisée ne possédant pas de structures nationales,
30 ne pouvant s'imaginer un avenir historique, doit se contenter de la torpeur passive de son présent. Ce présent même, elle doit le soustraire à l'envahissement conquérant de la colonisation, qui l'enserre de toutes parts, la pénètre de sa technique, de son prestige auprès des jeunes générations.

Albert Memmi, *Portrait du colonisé*,
© Éditions Buchet-Chastel/Corréa, 1957.

1. L'ensemble des forces agissantes dans la vie de la cité, c'est-à-dire, en situation coloniale, la communauté des colons. Le colonisé n'est pas un citoyen. Il est hors cité.

COMPRÉHENSION ET LANGUE

1 – Pourquoi l'auteur a-t-il recours, à deux reprises, aux caractères italiques ?

2 – Quelles sont les deux valeurs-refuges qui s'offrent au colonisé ? Qu'ont-elles de commun ?

3 – Soulignez les connecteurs logiques (conjonctions de coordination, adverbes et locutions adverbiales), puis dégagez la composition du texte.

4 – Analysez les phrases interrogatives. Quel rôle jouent-elles dans l'argumentation ?

5 – Pourquoi ce texte argumentatif prend-il parfois l'allure d'un récit ?

6 – L'auteur vous semble-t-il partisan des valeurs traditionnelles ? Justifiez votre réponse par des indices textuels.

7 – Le tableau peint ici par Albert Memmi se limite-t-il à la situation coloniale ?

ACTIVITÉS DIVERSES, EXPRESSION ÉCRITE

1 – Résumez ce texte en une dizaine de lignes.

2 – Documentez-vous sur d'autres situations de domination : le racisme, le sexisme, le despotisme.

« *Je suis juif… mais pas comme vous* »

*Alexandre Mordekhaï Benillouche, adolescent pauvre à l'esprit libre,
qui appartient à une famille juive de Tunis, vit un conflit larvé avec
son entourage, exacerbé par le contre-exemple de l'Occident, qu'il idéalise
parce qu'il le perçoit à travers les livres.*

Souvent considéré
comme un roman à thèse,
en raison du débat d'idées
qui indéniablement
l'anime, et
de sa construction
manifestement
démonstrative, le premier
récit de Memmi,
la Statue de sel, bâti
sur une charpente
autobiographique, est
l'histoire d'une révolte
radicale et sans issue
contre une famille
oppressive,
une communauté
rétrograde, une patrie
peu tendre envers
ses minorités et
un occupant dénué de
scrupules et de principes.

Ce jour-là, je ne fis pas de nouvelles remarques ; je traînai seul à table, désœuvré, découpant les écorces d'orange en figures géométriques, carrés, losanges, rectangles construisant des ensembles architecturaux, orange sur fond blanc. Les enfants serraient mon père dans un coin,
5 comparant leurs âges et leurs mérites respectifs, criant toujours à l'injustice de la répartition. M'apercevant à l'écart, sans doute frappé visuellement de mon exclusion, n'ayant pas encore le cœur serein[1], mon père lança sournoisement :

– Tout le monde réclame son cadeau sabbatique[2] ; sauf Mordekhaï.
10 Cela lui est égal, il n'est pas juif.

Ce refus me fit mal. Il déclencha mes tumultes. Je voulais bien partir, mais n'aurais pas supporté d'être chassé. Être juif consistait-il en ces rites stupides ? Je me sentais plus juif qu'eux, plus conscient de l'être, historiquement et socialement. Leur judaïsme signifiait faire éteindre par Bou-
15 baker[3], manger du couscous le vendredi ! Encore si la Bible prescrivait le couscous[4] !

– Si, lui affirmai-je, si, je suis juif… mais pas comme vous.

Il ne comprit pas, ramena le problème aux questions qui le préoccupaient.
20 – Si tu étais libre de ta personne, si tu vivais dans ta propre maison, allumerais-tu du feu le samedi ?

Nous y voilà. Il n'avait pas digéré la scène de la veille.

– Bien sûr, répondis-je avec défi.

Les enfants se taisaient, écoutant avec beaucoup d'attention, cherchant
25 à préciser des problèmes qui, déjà, naissaient en eux. Ma mère fit une moue indignée. Comme d'habitude, elle simulait vigoureusement pour émousser les réactions de son mari. Cette fois, cependant, je la sentais désapprobatrice.

– Non, non, laisse-le parler, dit mon père amer. Il vaut mieux que tu
30 saches quel fils tu as.

Lui, savait à quoi s'en tenir. Il opérait une ultime vérification, un passage à la limite. Peut-être n'accepterais-je pas de dire des monstruosités, sinon de les commettre. Il chercha le plus grave :

– Quelle différence y a-t-il entre toi et un musulman ?
35 Il me provoquait ! Son irritation germait.

– Aucune, dis-je. Ou, s'il y en a, je le regrette. J'aurais préféré qu'il n'y en eût pas.

– Peut-être, reprit-il hésitant, épouserais-tu une non-juive[5] ?

– Peut-être bien.

40 En vérité, sur le plan du langage et mis au défi, j'aurais affirmé n'importe quoi. Je ne voyais pas ce que cela entraînerait à vivre. Oui, je refusais, je refusais tout ! tout ce qu'on prétendait m'imposer si gratuitement. Car la vanité de ces pratiques me paraissait indiscutable. Les grands problèmes, les valeurs vraies, le sérieux se trouvaient ailleurs ; je les découvrais tous les jours au lycée, dans les livres, dans la littérature et la philosophie, dans la politique. Allions-nous vers une société socialiste ? La poésie est-elle un exercice mystique ? Le machinisme apporterait-il la justice sociale ? L'art et la morale sont-ils liés ? Voilà des soucis autrement nobles que celui d'utiliser le tramway le samedi ! Je m'exaspérais à constater ma pensée occupée, malgré moi, à des problèmes nains, à vivre en butte à ces mesquineries sacrées.

Ma mère mit son index sur sa tempe et révulsa ses yeux avec l'expression feinte d'une joie intense. Ce qui signifiait que je devenais fou ou que je plaisantais ; c'était évident. Cependant, j'avais tort de pousser si loin la plaisanterie un samedi, surtout devant mon père, un père bon mais irritable…

— Arrête, décida-t-elle, tu commences à tout mélanger !

C'était son expression définitive ; elle voulait dire, tu délires, tu ne fais plus la part de chaque chose, de chaque valeur. Ce qui, dans son univers bien hiérarchisé, était la pire des folies. Mon père hésitait. Pouvais-je aller plus loin ? Que restait-il à perdre ? Négligeant la mimique, les atténuations salvatrices de ma mère, il reprit son élan et lança le test définitif :

— Je suppose que tu ne circonciras pas tes garçons.

Je ne pus répondre aussi vite. J'hésitai. Non que je n'eusse envie de crier : oui ! oui ! oui ! Mais j'étais impressionné par la gravité de leurs attitudes, le pressentiment de leur bouleversement. Les enfants, ma mère se taisaient, effrayés. Mon père attendait, désorienté par la tournure de l'incident.

— Je ne sais pas, articulai-je enfin.

Albert Memmi, *la Statue de sel*,
© **Éditions Gallimard**.

---

1. Allusion à un incident précédent : la veille, Mordekhaï, par défi, a enfreint l'interdiction religieuse en éteignant lui-même l'électricité.
2. Le sabbat, samedi, est jour sacré dans la religion judaïque.
3. Boubaker, musulman, n'a pas à respecter l'interdiction sabbatique d'allumer le feu (ou la lumière).
4. Les traditions juives maghrébines comportent certaines prescriptions non mentionnées dans la Bible.
5. Il est interdit au juif croyant d'épouser une non-juive.

COMPRÉHENSION ET LANGUE

1 – Expliquez la phrase : « Je voulais bien partir, mais n'aurais pas supporté d'être chassé » (l. 11-12).

2 – Pourquoi Mordekhaï appelle-t-il ses frères et sœurs « les enfants » ?

3 – Analysez, dans les détails, l'attitude de la mère.

4 – Montrez que le père est plus sensible que la mère au fossé qui se creuse entre son fils et sa famille.

5 – Que suggère au lecteur la formulation des « grands problèmes », des « valeurs vraies », du « sérieux » (l. 43-44) sous forme de sujets de dissertations philosophiques ?

6 – Expliquez la phrase : « je suis juif… mais pas comme vous » (l. 17).

7 – Quelle idée philosophique transparaît derrière la réponse du narrateur à son père lui demandant quelle différence il y a entre lui et un musulman ?

8 – Comment expliquez-vous la dernière réplique de Mordekhaï ?

ACTIVITÉS DIVERSES, EXPRESSION ÉCRITE

1 – Comparez ce texte à l'extrait du *Passé simple* de Chraïbi (pp. 90-91).

2 – Témoin de la scène rapportée par le texte, consignez dans un rapport écrit le dialogue du père et du fils en respectant la teneur des phrases prononcées.

Roman de la maturité, *le Pharaon*, surnom évocateur du narrateur-archéologue, apparaît, dans le parcours d'Albert Memmi, comme une justification *a posteriori* du choix qu'il a fait de quitter la Tunisie pour la France. Fortement marqué par l'introspection et le monologue intérieur, ce roman traque avec une rare lucidité les faux-fuyants et les attitudes complaisantes. Mais son originalité profonde réside dans le parallèle constant qu'il dresse entre la destinée d'un individu écartelé entre deux femmes et deux cultures, et celle d'une nation qui émerge et se fait, souvent par l'ouverture et quelquefois par l'exclusion.

1. *Zeïtoun, en arabe, signifie « olive » ou « olivier ».*
2. *Pseudonyme donné par l'auteur à un peintre tunisien, sans doute Hatem El Mekki.*
Le mot Seukkar *renvoie au sucre.*
3. *Les arabophones ont souvent du mal à associer les deux voyelles u et i, la première étant inexistante en arabe.*
4. *Le célèbre théologien chrétien est né en Tunisie et y a longtemps vécu.*
5. *Celui qui parle ici est Pic, peintre français né en Tunisie.*

« *L'invité est comme le poisson* »

Armand Gozlan, archéologue, assiste, quelques mois avant l'indépendance de la Tunisie, à une discussion entre artistes-peintres appartenant à des communautés devenues de plus en plus méfiantes au fur et à mesure que s'accélérait le processus inéluctable de l'autonomie. Seukkar, Ben Romdane et Turki sont musulmans, Nataf et Olivier juifs, et Pic chrétien.

Il chercha du renfort dans le regard de Nataf ou d'Olivier (pseudonyme de Zeïtoun)[1], Juifs tous les deux : il ne le trouva pas. Ils suivaient la joute avec amusement, comme si elle ne les concernait pas. *Voilà le pire : ils ne savent même plus qui ils sont. Ceux qui ont perdu la*
5 *mémoire et la maîtrise de leur destin ne comptent plus guère ; or, depuis si longtemps,* nous n'avons plus été que dominés ou protégés.

« Oui, oui, approuvait poliment Seukkar[2] (il disait ui[3], ui, parce que cela faisait plus précieux et à cause de l'arrondi de ses lèvres), mais voyez-vous, mon cher ami, nous ne sommes plus à l'époque de saint
10 Augustin[4], c'est une affaire vieille de huit siècles, aujourd'hui ce pays est arabo-musulman…

– Ce pays est arabe et musulman ! Le ciel aussi est arabe ? L'herbe musulmane ! Bon, vous êtes la majorité, mais que doivent devenir les minorités ? Crever ? Disparaître du paysage[5] ?
15 – Mais nous ne voulons pas que vous partiez, vous êtes des amis, de vieux amis. »

Ben Romdane fut moins précautionneux :

« Un invité ne peut tout de même pas occuper toute la maison, ni surtout y demeurer éternellement ; tu dois connaître le dicton corse : au
20 bout de trois jours, l'invité est comme le poisson, il pue.

– Et voilà ! cria Pic, voilà votre vraie pensée. Nous sommes à jeter aux ordures, comme du poisson pourri ! La valise ou le cercueil, vous ne nous laissez pas d'autre choix : partir ou être enterré ici. »

La température semblait monter de plusieurs degrés, proche de
25 l'ébullition ; l'impétuosité de Pic allait mettre à mal le délicat système de prévenances réciproques qui rendait la vie supportable dans ce bouillonnement de populations hétérogènes.

Le sourire apaisant, Seukkar tentait de panser la blessure de Pic :

« Mais non, mon cher ami, affirmait-il doucement, mais non, je n'ai
30 jamais dit des choses pareilles.

– Tout le monde sait que tu es d'une politesse exquise ; tu ne le dis pas, mais tu le penses, comme tous les tiens ; vous n'avez qu'une idée en tête : notre départ.

– Mon cher ami, vous me peinez. »
35 Seukkar s'obstinait à vouvoyer Pic et tous les Européens, lesquels le tutoyaient, comme il convient entre peintres : le résultat était surprenant.

La statue du cardinal Lavigerie et l'entrée de la Casbah de Tunis à l'époque coloniale.

« Avoue, coupa Turki, dont le nom révélait les origines[6] – le plus bel Arabe de toute la bande –, avoue que nous aurions de bonnes raisons… Tiens, regarde. »

40 Il alla vers la porte, l'ouvrit toute grande et, désignant de son doigt tendu l'énorme statue de bronze du cardinal Lavigerie[7] qui barrait l'entrée de la Médina[8] :

« Tu trouves ça… normal ? »

Pic haussa les épaules :

45 « Si ça dépendait de moi, tu pourrais la faire sauter tout de suite, en sortant d'ici, et tu sais pourquoi ? Parce que c'est une merde. Il faut en débarrasser le paysage, et en prime, pendre le confrère qui a fait ça.

– Eh bien, dit Turki avec un mouvement de menton, ce sera notre premier acte collectif de liberté. »

Albert Memmi, *le Pharaon,*
© Albert Memmi

---

6. *Le nom Turki atteste l'origine turque du personnage. Il s'agit sans doute du peintre Zoubeïr Turki.*
7. *Homme d'Église qui a œuvré à la renaissance du passé chrétien de la Tunisie en profitant de la situation coloniale.*
8. *La ville arabe ancienne, par opposition à la ville européenne, plus récente.*

TUNISIE
SALAH
GARMADI

Salah Garmadi,
né à Tunis en 1933,
arabisant et linguiste, est
l'auteur de nombreuses
traductions, du français
vers l'arabe et de l'arabe
vers le français. Poète
bilingue, il publie en 1970
Avec ou sans, qui com-
porte une partie en arabe
Allahma al hayya
(la chair vive), puis
Nos ancêtres les bédouins
dont certains textes, écrits
initialement en arabe,
ont été adaptés en français.
Humoriste et surtout
anticonformiste, il écrit,
dans les deux langues,
une poésie très libre
et très sensuelle. Il meurt
accidentellement en 1982.
Un recueil de nouvelles,
posthume et bilingue,
le Frigidaire, est publié,
en 1986 par les soins
de son fils. Ce recueil très
original inaugure, dans
la littérature maghrébine,
un fantastique de type
kafkaïen qui, ne sacrifiant
pas l'humour, produit
un effet des plus étranges.

« *Nanti de ma seule tête* »

*Extrait de la première nouvelle du recueil posthume auquel elle donne son titre,
ce texte présente une phase intermédiaire du « démembrement », au sens
propre, du narrateur-personnage qui voit les différentes parties de son corps
cesser, l'une après l'autre, de l'aimer et de lui obéir et doit les garder
au réfrigérateur en attendant des jours meilleurs qui ne viennent pas.*

Je fus donc contraint de sortir en public et de continuer à vivre chez
moi nanti uniquement de ma tête et de mes deux bras. Je réussissais,
d'ailleurs assez facilement, il faut bien le dire, une nouvelle opération
déambulatoire qui m'eût rempli d'admiration, si j'avais eu le temps et la
5 possibilité de m'observer. Juché sur mes deux mains, la tête pendante, je
parcourais la ville ainsi renversé, le vent sifflant dans ma chevelure,
comme disait l'autre[1]. En un mot, je marchais sur les paumes des mains
auxquelles j'avais fait faire des sandales particulièrement adaptées et qui
me coûtèrent fort cher du reste, eu égard à la pénurie de cuir. Cependant
10 l'espoir demeurait de voir mon tronc au moins se conserver intact au frigidaire pour des jours, sinon meilleurs, du moins un peu moins mauvais.
Ceci, sans compter que cette manière relativement originale d'apparaître
dans la vie publique m'avait valu plusieurs succès de salon. Certes on ne
poussait pas l'humour jusqu'à accepter de danser avec moi, mais on
15 m'invitait souvent à des sauteries[2] où j'avais déjà brillé lors de ma
période tronc-qui-saute[3], et on se divertissait tellement à ma vue que
plusieurs divorces en furent évités et que ce genre de réunions devint
beaucoup moins insupportable pour mon meilleur ami et pour moi-
même, si j'ose m'exprimer ainsi.

20 Mais hélas, toutes les bonnes choses ont une fin ! Non seulement
mes membres conservés au frigidaire – qu'il avait fallu changer plusieurs fois dans l'intervalle, pour avoir les marques les plus vraies, les
plus ultramodernes et super-réfrigératrices – ne cessaient de se ratatiner,
y compris le tronc qui, en plus, se couvrait de poils noirs de plus en plus
25 longs au fur et à mesure qu'il s'amenuisait, mais vingt et un ans plus tard
exactement, mes bras et mains cessèrent conjointement de m'aimer. Ils
me firent mal. Pourtant j'hésitai longtemps avant de les punir en les laissant à la maison au frigidaire, car je dois à la vérité scientifique fondamentale et appliquée[4] de dire que malgré ma vivacité d'esprit, je ne vis
30 pas tout de suite la manière dont je pourrais continuer à déambuler dans
la vie publique, nationale et internationale[5], nanti de ma seule tête.

Cela sans parler du fait que les vertus conservatrices de mes réfrigé-
rateurs – ne dites pas Frigidaire mais dites...[6] – successifs s'avéraient pour
le moins décevantes. À quoi cela allait-il servir de placer mes bras et
35 mains dans ce meuble onéreux qui ne ferait que les ratatiner et les couvrir de longs poils noirs ? Et puis d'ailleurs avec quoi les y mettrais-je ?
Je pourrais certes y déposer ma main gauche à l'aide de la droite ou réci-
proquement, mais l'autre ? […]

Mais quelques années plus tard, je ne me rappelle plus exactement
40 combien, car je dois avouer que ma mémoire, une sorte de mémoire du
monde, déclinait sans cesse, quelques années plus tard donc, ma tête,
oui, vous avez bien lu, très cher lecteur, ma tête elle-même, bien que
choyée, entourée de coton et regardant la beauté, cessa brutalement de
m'aimer. Elle me fit mal et il y avait, après celle du cuir, pénurie d'aspi-
45 rine. Pour la punir je ne pouvais pas la laisser à la maison, pour la bonne
raison qu'elle y était déjà et que moi, j'avais renoncé à sortir et à fréquen-
ter le monde. Il ne restait plus que le frigidaire. J'étais du reste fort
curieux de l'ouvrir à nouveau après ces quelques années passées et de
voir ce qu'étaient devenues mes pièces détachées.

50 Roulant gaîment par terre, ma tête se dirigea en saignant vers ce
noble sanctuaire. D'un bond, elle l'ouvrit à l'aide des quelques dents qui
subsistaient dans sa bouche, puis, d'un second bond, elle s'installa sur le
cinquième rayon, et, tout de suite elle se mit à se ratatiner et à se couvrir
de poils noirs, sans m'avoir laissé le temps de m'apercevoir que mes
55 autres restes avaient entièrement disparu.

Salah Garmadi, *le Frigidaire,*
© **Alif, Tunis, 1986.**

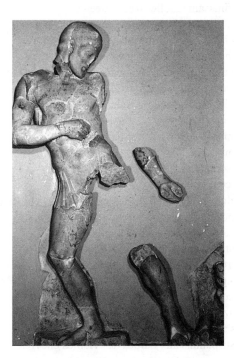

Statue antique.

1. *Allusion à un motif fréquent dans la chanson contemporaine, « les cheveux dans le vent ».*
2. *Petites fêtes, réceptions.*
3. *Allusion à un moment précédent du récit, lorsque le narrateur n'avait en moins que ses deux jambes.*
4. *Jeu de mots sur l'expression « science fondamentale et appliquée ».*
5. *Réutilisation surprenante d'une formule usée, très courante dans le langage politique.*
6. *Frigidaire, nom de marque, s'est imposé, dans la langue courante, à la place du mot technique :* réfrigérateur.

137

TUNISIE
SALAH
GARMADI

Sidi-Bou-Saïd[1]

Lieu exotique et touristique par excellence, Sidi-Bou-Saïd a vu défiler des cohortes d'écrivains et d'artistes occidentaux séduits par son charme. Mais c'est un enfant du pays qui en parle dans ce poème.

Oh mon cœur friand m'en lasserai-je un jour
des mimosas[2] frileux fleurissant mes retours
des tombes[3] de joie jeune en forme de soleil
des aubes anodines trempées de vin vermeil
5   des couleurs enivrées de nos murs blancs et bleus
des pas précipités de notre émoi à deux
des bains[4] de minuit fous sens dessus-dessous
de nos trois pêcheurs éternellement debout
des yeux cernés d'amour du laisser-faire
10 des enfants adoptés par de tendres mégères
des vieilles finissantes folles d'adolescents
des dattes de lumière des pastèques de sang
des peintres ivres-morts ressaoulant nos vieux morts
du soleil à chair nue ressuscitant nos corps
15 du cyprès amoureux du plus blanc de nos murs
du calitous[5] aux feuilles becquetant nos murmures
des appels déchirants des cordes de nos lyres
de nos moutons farcis farcissant nos délires
du golfe immobile aux paillettes de moire
20 du va-et-vient d'amis inaugurant la foire
du sable parsemé de semis de chair nue
de ma table couverte de roucoulades aiguës
des pavés reluisant du soleil de nos pas
de l'éclat croustillant des jours à pourquoi pas
25 du rouge bigarré des souvenirs heureux
du paon se promenant comme un bouquet de feu
du pain offert de nuit au mendiant cul-de-jatte
du thé aux pignons blancs[6] répartis sur la natte
de nos couscous pétris de sève agneline
30 des dos bronzés de neuf aux vertèbres câlines
des passants au nez crochu au bec de lièvre[7]
des baisers suspendus aux barbes des vieilles chèvres
oh mon cœur friand m'en lasserai-je un jour

Salah Garmadi, *Nos ancêtres les bédouins,*
P.-J. Oswald, Paris, 1975, Droits réservés.

COMPRÉHENSION ET LANGUE

1 – Étudiez l'anaphore et l'accumulation dans ce poème. Quel effet rythmique donnent-elles au poème ?

2 – Montrez que l'appréhension du monde se fait par les cinq sens.

3 – Repérez quelques allitérations et étudiez-en l'effet.

4 – Relevez les personnages, la faune et la flore grâce auxquels Garmadi réussit à suggérer la vivacité de son village.

5 – Analysez l'expression du bonheur dans ce poème.

6 – Vous semble-t-il que le poète sacrifie à l'exotisme ?

7 – Pourquoi le dernier vers reprend-il le premier ?

ACTIVITÉS DIVERSES, EXPRESSION ÉCRITE

1 – Comparez ce texte à l'autre extrait de Garmadi que contient cette anthologie. Que constatez-vous ?

2 – Réunissez quelques poèmes dédiés à des lieux d'élection.

---

1. Très beau village perché sur une colline, au nord de Tunis. Garmadi y habitait.
2. Arbre méditerranéen, le mimosa à fleurs jaunes est très fréquent en Tunisie.
3. Construit sur une colline, le village de Sidi-Bou-Saïd comporte un très beau cimetière.
4. Sidi-Bou-Saïd est une station balnéaire.
5. Déformation, dans le dialecte tunisien, du nom français de l'eucalyptus.
6. Le thé se consomme fréquemment avec des pignons, variété de fruits secs.
7. Un bec-de-lièvre est une déformation des lèvres et de la mâchoire.

Le surréalisme dans le monde arabe

Dès son surgissement, le surréalisme (lancé en 1924 à Paris par André Breton et ses amis) a proclamé son refus des limites et des frontières. Son principe même est d'être un mouvement de libération de la pensée, s'affranchissant du contrôle de la raison et luttant contre les idées et les valeurs reçues : il choisit comme armes le recours au rêve, à l'inconscient, à l'écriture automatique (se développant d'elle-même, en laissant la main courir sur le papier), à la poésie sous toutes ses formes. Son but est une révolution dans tous les domaines, « changer la vie » est son mot d'ordre.

Les surréalistes ne pouvaient pas ne pas s'insurger contre la colonisation. Ils prennent vigoureusement position en 1925 contre la répression du soulèvement d'Abd-el-Krim au Maroc. Ils manifestent bruyamment en 1931 contre l'Exposition coloniale de Paris, patronnée par Lyautey (ils publient un de leurs tracts les plus incisifs : *Ne visitez pas l'exposition coloniale*).

Le surréalisme s'est donc trouvé en accord avec les mouvements de libération politique et intellectuelle à travers le monde. Le réveil de la négritude s'est ostensiblement réclamé de son influence. Dans le monde arabe, si le surréalisme a trouvé des correspondants enthousiastes au Machrek, son influence a été plus diffuse au Maghreb.

Le surréalisme en Égypte et au Liban

Publiée en 1964, l'anthologie de *la Poésie surréaliste* donne un bon panorama de l'audience surréaliste dans le monde. On y relève la présence d'auteurs égyptiens (Georges Henein et Joyce Mansour) et libanais (Georges Schehadé).

Georges Henein a été l'introducteur du surréalisme en Égypte. Il avait pris contact avec André Breton et ses amis à Paris en 1934. De retour au Caire, il y publie des pamphlets virulents et fonde, autour des idées surréalistes, le groupe Art et Liberté (1937), qui réunit des écrivains et des peintres (Ramsès Younane, F. Kamel, H. El Temisamy).

À partir de 1945, la revue *la Part du sable* est l'organe du mouvement surréaliste égyptien, qui se maintient jusqu'aux années 50, malgré un environnement politique et culturel très oppressant. Les premières poésies d'Edmond Jabès, qui sont publiées en Égypte, jouent, de manière très surréaliste, sur l'absurde et l'incongruité des images. D'origine égyptienne, Joyce Mansour apporte au surréalisme son goût du macabre et de la transgression.

Au Liban, il n'y a pas eu de groupe surréaliste proprement dit. Mais Georges Schehadé, qui a connu le surréalisme lors de ses études en France, en accepte l'influence dans le recueil de ses *Poèmes* (1938) et surtout dans l'étrange *Rodogune Sinne* (1947). Son théâtre reste tout imprégné d'une fantaisie poétique qui se plaît aux divagations de l'absurde. Les images obscures et violentes du poète syrien Kamal Ibrahim témoignent aussi d'un surréalisme assumé. Un groupe de jeunes exilés arabes (les Irakiens Abdul Kader El Janaby, Haïfa Zangana et Salah Faïk, l'Algérien Farid Lariby, le Libanais Ghazi Younès) fonde en 1973 la revue *le Désir libertaire,* qui se réclame en langue arabe du surréalisme et part en guerre contre toutes les limitations dont souffre le monde arabe. La revue affirme, dans une belle proclamation : « La poésie, quand elle se réalise, est toute la révolution. Les gestes de la révolution seront passionnés de poésie ou ne seront rien ; et la poésie sera en eux ou ne sera pas. »

Le surréalisme au Maghreb

Aucun groupe constitué d'intellectuels maghrébins ne s'est directement revendiqué du surréalisme. Mais une parenté surréaliste se reconnaît dans l'œuvre de quelques écrivains majeurs. Kateb Yacine donne dans *Nedjma* le compte rendu d'une expérience intérieure partagée par toute sa génération, à la recherche d'une identité perdue : descente dans l'hallucination, le rêve, le délire, la folie... Il a lui-même reconnu avoir travaillé dans un état second, laissant une grande part à l'inconscient, porté par le désir de conjoindre l'amour et la révolution.

Mohamed Khaïr-Eddine a probablement découvert le surréalisme à travers l'œuvre de Césaire : il en a retiré le goût de l'exploration intérieure par l'écriture, dans l'exacerbation de fantasmes communs à toute une société. Son œuvre, qui cède volontiers aux suggestions de l'automatisme psychique, peut se lire comme l'analyse sauvage de l'imaginaire social marocain.

Habib Tengour reconnaît sa filiation surréaliste, quand il adapte en 1981 (dans un article de la revue *Peuples méditerranéens*) le *Manifeste* de Breton : il y montre l'homme magrébin, ce « rêveur définitif », se détournant de la vie réelle (surtout quand elle s'écoule dans le désenchantement et la frustration des lendemains de révolution) pour garder enfoui en lui-même le plus violent désir de liberté. Son œuvre retrouve comme une évidence la thématique de l'amour fou, de la poésie comme pierre de touche de la vraie vie.

TUNISIE
MONCEF

GHACHEM

Moncef Ghachem, né en 1947 à Mahdia, écrit des poèmes souvent violents sur des sujets sociaux. Sa poésie se caractérise par son souffle instinctif et son allure parlée, proche du cri et de la vocifération, mais il a exploré des voies différentes et nourri un dialogue fécond avec d'autres poètes du monde, francophones ou non : *Cent Mille Oiseaux* (1975) ; *Car vivre est un pays* (1978) ; *Cap Africa* (1991).

COMPRÉHENSION ET LANGUE

1 – Ponctuez le texte. Combien de phrases comporte-t-il ? Quelle en est la structure ?

2 – Distinguez le ton qui caractérise chaque partie.

3 – Repérez et analysez quelques métaphores.

4 – Relevez des exemples d'utilisation inhabituelle de la langue et analysez-les.

5 – Qu'est-ce qui, à votre avis, fait de ce texte un poème ?

6 – Que signifie l'expression « qu'on me socio-mobilise » (l. 22-23)

7 – Quel est le sujet du poème ?

ACTIVITÉS DIVERSES, EXPRESSION ÉCRITE

Rédigez un paragraphe commençant par : *Si j'étais...*

Qu'on me socio-mobilise

Ce poème un peu provocateur illustre un type d'écriture qui a fait le succès du poète mais dont ses derniers textes se sont détournés.

l'hiver cinq heures du matin dans l'avenue-gangrène
et voici l'Univers[1] l'occasion de broyer un verre
Mellassine Babsouika Halfaouine Debbaghine Belvédère[2]
un quart d'heure de crachats revenant vers le T.G.M.[3]

5   si j'étais fils d'un tel dix-mille-pieds-d'oliviers
si j'étais fils d'un tel chaque-soir-à-la-télé
tu sais si je parlais gentiment si j'étais carthaginois
affairiste et les bras longs si j'étais
propagandiste bureaucrate lèche-bottes cravaté

10   si j'étais prof' de français très cultivé bien
démagogue si je revendiquais évidemment les vérités
évidentes jeunesse-vieillesse si ma mère
militait pour la femme émancipée

si j'étais artiste-peintre de déserts et
15   dromadaires si j'exposais deux fois l'an au Hilton
ou si je touristais comme ceux qui se rapetissent
si je savais présenter comme il faut aux vacanciers
si je darboukais[4] dgermanisais[5] et folklorisais et djerkais[6]

si j'étais gardien de plage privée ou de musée
20   si j'étais vendeur de jasmin ou cuisinier je serais
photographié au nom du beau soleil on me ferait la
bise j'aurais tout ce qu'il faut pour qu'on me socio-
mobilise je ne serais pas chômeur ni chien crevé messieurs
je ne serais pas sur les fiches on m'ouvrirait
25   les portes on m'appellerait monsieur j'aurais mon
compte en banque et mon whisky aux cocktails de
l'Africa[7]
et
cætera

**Moncef Ghachem, *Car vivre est un pays*,
© Éditions Caractères, Paris, 1978.**

1. Bar de Tunis, situé avenue Habib Bourguiba, qui, dans les années 60, servait de lieu de rendez-vous aux étudiants « de gauche ».
2. Quartiers de Tunis.
3. Gare reliant Tunis à sa banlieue nord et située également avenue Habib-Bourguiba.
4. Verbe formé sur darbouka, *instrument de musique à percussion ; au sens figuré : flatterie, flagornerie.*
5. Dgermaniser signifie ici « parler allemand ».
6. Le jerk *est une danse occidentale, à la mode dans les années 60.*
7. Comme le Hilton, *grand hôtel de Tunis.*

TUNISIE
CHEMS NADIR

Mohamed Aziza,
né en 1940, a écrit
sous son vrai nom
des essais sur l'art, et
sous le pseudonyme
de Chems Nadir (soleil
du nadir ou soleil noir)
des recueils de poèmes :
Silence des sémaphores,
le Portique de la mer, 1978 ;
le Livre des célébrations,
1983 ; un recueil
de contes poétiques :
l'Astrolabe de la mer, 1980
et un entretien avec
L.-S. Senghor
la Poésie de l'action (1980).

Célébration ■■■ *des points cardinaux*

La poésie de Chems Nadir ambitionne d'embrasser passé et présent, Orient et Occident, Afrique et monde arabe, par un même regard chaleureux et lucide, dans une langue d'ouverture et de louange, riche de ses multiples composantes culturelles.

Dans le silence de tes savanes,
Dans la rumeur confuse de tes forêts,
Afrique, mon continent d'ambre[1],
J'entends le bruit mémorable
5   Du premier arrachement
Quand la frêle créature verticale
S'extirpa du limon originel[2].
Les séismes succédaient alors aux déluges
Et les dinosaures coulaient,
10   Vivantes îles chavirées,
Dans les eaux de la fonte.

Dans tes grottes humides,
Aux blessures couvertes de tes escarpements,
Afrique, mon continent d'ambre,
15   Je lis la geste[3] première transcrite
       Ocre et brune, magique
Par les mains inspirées des Fondateurs.

Sous les bras feuillus de tes arbres à palabres[4]
Sur tes pistes poudreuses qu'ébranlent les caravanes
20   Afrique, mon continent d'ambre,
J'écoute le vent raconter la sagesse dogon[5].
Et que l'homme soit le grain de l'univers !
Que devant sa volonté, s'agenouillent
L'auroch et le mammouth domptés.
25   Que les fruits de la mer pullulent dans ses nasses[6].
Que sous ses pas, lèvent, rythme ondoyant, les moissons
Et qu'au bout de ses doigts tendus
Resplendisse la myriade des météores.

Chems Nadir, *le Livre des célébrations,*
© Éditions Publisud, Paris, 1983.

1. *Substance aromatique de couleur noire.*
2. *Allusion à la théorie scientifique selon laquelle les premiers hommes auraient vécu en Afrique.*
3. *L'épopée héroïque.*
4. *L'arbre à palabres est l'arbre sous lequel, sur la place des villages africains, se réunissent les hommes pour se concerter et prendre les décisions d'intérêt commun.*
5. *Ethnie et culture d'Afrique noire.*
6. *Sortes de filets, pièges à poissons.*

COMPRÉHENSION ET LANGUE

1 – Lequel des « points cardinaux » est célébré ici ? Analysez le rythme du poème.
2 – Quelles périodes de l'histoire humaine le poète évoque-t-il ?
3 – Montrez que ce texte a une tonalité épique.

ACTIVITÉS DIVERSES, EXPRESSION ÉCRITE

Exposé : Maghreb et Afrique.

TUNISIE
MUSTAPHA TLILI

Mustapha Tlili, né
à Fériana en 1937, est issu
d'une ancienne famille
traditionnelle. Il fait
des études de philosophie
et de sciences politiques
et vit aux États-Unis, puis
à Paris. Fonctionnaire
international, il publie
plusieurs romans :
la Rage aux tripes (1975) ;
Le bruit dort (1978) ;
Gloire des sables (1982).
Tous sont centrés sur
les thèmes de l'exil,
de la violence politique,
de l'attraction-répulsion
exercée par l'Occident,
sa culture et ses capitales :
Paris et surtout New York.

« *La rage noire de la vengeance* »

Jalal, étudiant algérien, suit à la Sorbonne les cours de philosophie de Burdeau, professeur brillant et humaniste. Parisien, partisan naturel mais sans engagement personnel de la libération de l'Algérie, il reçoit une lettre de son oncle racontant une brutale action de l'armée française contre sa ville natale, Tébessa, en représailles contre le soutien de la population aux rebelles.

Tu te souviens encore de cette nuit terrible. La nuit pluvieuse du 20 mars 1960. Jusqu'alors, pour toi, la guerre, c'était en quelque sorte une angoisse abstraite, mais tu *savais* que l'Algérie, quoi qu'il arrive, en sortirait indépendante. L'A.L.N.[1] se battait, les frères partout faisaient le
5 travail nécessaire, le F.L.N.[2] organisait l'ensemble, il y avait des idées, il y avait de la stratégie, bref l'Algérie était dans de bonnes mains. Dans cet ensemble, toi, Jalal, tu t'étais trouvé la place qu'il fallait. L'Algérie indépendante aura besoin d'intellectuels, d'un futur agrégé de philosophie comme toi, un grand professeur qui réorganisera son enseignement,
10 attirera l'attention internationale sur elle par ses grands travaux et sera son porte-parole auprès de l'intelligentsia occidentale. Tu seras ce personnage-là. Mais voilà, la lettre d'oncle Salah a tout foutu en l'air. […]

La lettre d'oncle Salah était brève, mais elle en disait assez pour faire monter en toi, des pieds à la tête, une rage noire, effrayante. La rage
15 noire de la vengeance.

Brûler Paris, brûler la Sorbonne, brûler toute cette ignoble hypocrisie au nom de laquelle Djazaïr[3], ta mère bien-aimée, ton seul soutien dans la vie depuis ta plus tendre enfance, a été atrocement mutilée. Ah, si tu pouvais te procurer une mitraillette ou quelques grenades à cet instant où
20 tu venais de finir la lecture de la lettre d'oncle Salah ! Tu irais te planter debout en plein milieu des Champs-Élysées, ou mieux encore, en plein milieu de l'amphithéâtre Descartes[4], à cette heure-là même, précisément, pendant que Burdeau enrichissait la culture universelle de son bavardage infâme sur la naissance de la raison, et tu tuerais, tuerais, tuerais jusqu'à
25 l'épuisement. Tu l'aurais fait pour venger Djazaïr, Saâd, oncle Salah et le bonheur de Tébessa pulvérisé dans la nuit acide de la steppe. Sur le moment tu l'aurais fait, tu n'aurais pensé à rien d'autre, ni à Burdeau, ton protecteur spirituel que tu admirais et respectais, ni à tes amis qui pouvaient se trouver dans l'amphithéâtre : à Jean-Claude, à Patrick, Patrick
30 l'ami, Patrick le frère, à Philippe Moreau, à Maurice et à tous les autres amis du Cluny[5].

Mustapha Tlili, *la Rage aux tripes,*
© Éditions Gallimard, Paris, 1975.

1. *Armée de libération nationale.*
2. *Front de libération nationale dont l'A.L.N. est la branche armée.*
3. *Le prénom de la mère de Jalal signifie en arabe « Algérie ».*
4. *Grand amphithéâtre de la Sorbonne.*
5. *Célèbre café proche de la Sorbonne, dans le Quartier latin.*

COMPRÉHENSION ET LANGUE

1 – Quels types de phrases dominent dans les premier et dernier paragraphes ?
2 – Pourquoi cette narration est-elle faite à la deuxième personne du singulier ?
3 – Quels choix stylistiques permettent de rendre compte du sentiment violent éprouvé par le narrateur ?
4 – Percevez-vous ce texte comme un appel à la vengeance ou comme une mise en garde contre les réactions irrationnelles provoquées par la violence ?

ACTIVITÉS DIVERSES, EXPRESSION ÉCRITE

Rédigez la lettre de l'oncle Salah.

TUNISIE
HÉDI
Bouraoui

Hédi Bouraoui est né à Sfax en 1932. Depuis la fin de ses études, il vit au Canada où il est enseignant-chercheur, et auteur d'études et d'articles critiques, notamment sur la littérature maghrébine. Poète prolifique, il a publié *Tremblé* (1969), *Éclate module* (1972), *Vésuviade* (1976), *Sans frontières* (1979), *Haïtu-vois* (1980), *Ignescent* (1982) …

*Sotto voce*¹

■■■■

La poésie de Hédi Bouraoui, qui use et volontiers abuse du jeu de mots, prend presque toujours l'allure d'un réquisitoire ou d'un plaidoyer. Elle n'est jamais dénuée de message.

Ma tête-écran tremble ses démentis
Mes cheveux-antennes projettent leurs soucis

     Calvitie idéologique

Les consommateurs sinistres y reflètent leurs
5   Omissions qui se débattent
Tel un art qui dilate l'énormité

       Magique

Et les programmes en conserve alignent
Leur air de tourterelles porte-parole
10 Des cassettes à stratagèmes font fi
Du crève-cœur de l'oubli
Le disque tourne et l'indéfini crie
Plastiqué en couleur le chant isolé
Du Dépit

15   Hymne international du système abondant
En bobines à conditionner le refus des ans
Le graffiti de mes combines prend la relève
Mais les ondes brouillées sillonnent seules
Mon singulier traqué

20   Orchidée qui s'achève

         Hédi Bouraoui, *Vésuviade,*
     © **Éditions Saint-Germain-des-Prés, Paris, 1976.**

1. Indication figurant sur les livrets d'opéra ou de chant et qui, provenant de l'italien, signifie « à voix basse ».

COMPRÉHENSION ET LANGUE

1 – Repérez trois métaphores maxima (nées de la juxtaposition de deux mots, sans déterminant). Montrez l'effet qu'elles produisent.
2 – Quel est le champ lexical prédominant dans ce poème ? Quel en est le thème ?
3 – Quelles sont les instances que le poète oppose et autour desquelles il construit son texte ?
4 – Relevez les irrégularités caractérisant la fin de certains vers et les alinéas. Quel en est le but ?
5 – Expliquez le dernier vers. Pourquoi est-il isolé de celui qui le précède ?
6 – Expliquez le titre du poème.

ACTIVITÉS DIVERSES, EXPRESSION ÉCRITE

Rédigez un plaidoyer pour la télévision ou un réquisitoire contre ce média.

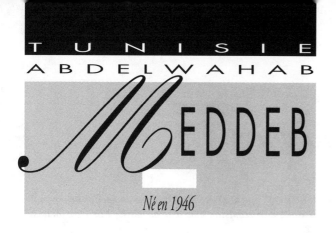

TUNISIE
ABDELWAHAB
*M*EDDEB

Né en 1946

Né en 1946 à Tunis d'une famille de la bourgeoisie intellectuelle traditionnelle, Abdelwahab Meddeb fait des études de lettres à Tunis puis à Paris où il s'installe, menant parallèlement une œuvre de romancier original, de traducteur – « passeur » entre l'arabe et le français – et de chercheur universitaire.

L'œuvre

Talismano est un roman où se reconnaissent les thèmes et les façons d'écrire des auteurs maghrébins mais subvertis, noyés dans une langue que les emprunts et les greffes, sans jamais tourner au procédé, éclairent d'un jour étrange. « Cahier d'un retour au pays natal », récit qui est aussi plongé dans les dédales des signes, est une interrogation sur l'être et les sollicitations ontologiques et culturelles qui le fondent et le défont.

Phantasia, qui raconte aussi une marche, mais cette fois dans Paris, est également une quête du sens et de soi, à travers la poursuite d'une image féminine : Aya. Les limites génériques éclatent avec ce récit qui est aussi poème et sans doute essai, et dont l'écriture est fondée sur une conciliation, une synthèse entre la langue arabe et la langue française.

Le Tombeau d'Ibn Arabi, comme les « tombeaux » de Mallarmé, hommage et pastiche, dialoguant avec le texte du mystique arabe d'Andalousie, médite sur l'exil et l'errance dans des stances qui miment la fulgurance de la poétique des mystiques.

La traduction-adaptation des *Dits de Bistami,* mystique persan du VIIIe siècle, trace l'arrière-fond du paysage du *Tombeau* : écriture nerveuse et limpide qui, à travers de courts dialogues, des anecdotes, des aphorismes, propose un art d'être au monde, une pensée synthétique et analogique qui ne distingue pas l'intelligence, la sensation et la sensibilité.

L'écriture

« Notre condition, écrit Meddeb à propos des écrivains maghrébins, est de voltiger d'une langue à l'autre au risque du vertige. » Fragments de phrases arabes transcrites ou traduites, mots ou expressions empruntés à d'autres langues, voire icônes ou autres signes, jeu sur l'absence ou la présence des déterminants, redondances ou ellipses savantes, toute une série de procédés – qui confinent parfois à l'obsession comme la prédilection pour la préposition *à* – dotent la phrase de Meddeb d'une certaine étrangeté propre à suggérer, à l'intérieur du français, une langue absente, la langue arabe.

La narration, constamment subvertie grâce à d'autres techniques comme le changement de pronom qui décline le narrateur-locuteur, tantôt à la première personne, « tantôt tutoyé ou honoré par le vous », ou l'intertextualité qui y introduit plusieurs plans de référence, aboutit à un récit qui n'est pas éloigné du poème et ne se distingue pas totalement de l'essai.

Déambulatoire, la prose de Meddeb suit le rythme d'une marche-errance où le regard dévore les signes du monde et les superpose, les déplace, les interroge pour tenter de les déchiffrer. Cette opération de déchiffrement, qui n'exclut pas une approche sensuelle, une appréhension physique, est très proche de la quête des grands mystiques de l'Islam dont Meddeb est un lecteur assidu : Hallaj, Ibn Arabi, Bistami. Le vocabulaire religieux, la tonalité mystique donnée au désir érotique, la méditation et l'introspection en sont les signes les plus évidents. « Je me situe, écrit-il, entre les langues, entre les cultures, entre les territoires, entre les continents, entre les genres enfin. » De même, son œuvre oscille, souvent sans repère, entre les « paysages du dehors » et les « visions du dedans », louvoie entre la fête charnelle, le lyrisme érotique et la réflexion austère, la contemplation extatique. Œuvre exigeante, quelquefois obscure, souvent solennelle, elle jette un pont entre deux cultures rivales et complices, exhibant à tour de rôle l'une pour éclairer ce que l'autre étouffe et refoule.

1979	*Talismano* [roman]
1986	*Phantasia* [roman]
1987	*Le Tombeau d'Ibn Arabi* [suite poétique]
1989	*Les Dits de Bistami* [traduction de l'arabe]

XXᵉ siècle

« *Alef, lâm, mîm* »

Ce texte est extrait du chapitre II de Phantasia. *C'est une méditation poétique sur trois lettres énigmatiques qui forment certains versets du Coran.*

D'une main, je tire le rideau. De l'autre, j'ouvre le Livre[1]. Je croise la « Liminaire[2] », gravée dans la mémoire, incipit qui excave l'arabesque de ses lettrines dans l'azur et l'or de l'enluminure. En face de la belle page, je suis ébloui par les lettres qui introduisent à la « Génisse », la plus
5 longue sourate, classée en tête des Écritures. Initiatiques lettres الم *alef, lâm, mîm*[3], qui ouvrent cinq autres sourates. Initiales éparpillées, réticentes à former mot. Les soumettrais-je à la souveraineté du sens, entre l'épanchement et la plénitude, la fortune et le blâme ? Les sonderais-je en leur mystère ? Dans les rivages de la douleur et de la promesse, sur le
10 mode interrogatif négatif, l'*alef*[4], lauréat, se dresse debout. Il est celui qui subsiste et englobe. Il projette son ombre droite sur les signes qui transcrivent la langue. De multiples points en lui bougent. Il est le principe duquel dérivent les lettres, comme de un les nombres. Il commande à l'alphabet de loger dans les vingt-huit mansions lunaires[5]. Le *lâm* est la
15 lettre de la proximité et de l'autonomie, de l'union et de la séparation. Décomposée, *l.â.m.*, elle contient et l'*alef*, premier, et le *mîm*, intégral. L'*alef*, en position médiane, est un pont entre le commencement et le parachèvement. Le livre débute par trois lettres qui gravissent les trois degrés de la voix. Si l'*alef* est émis du fond de la gorge, le *lâm* s'articule
20 au milieu du palais et le *mîm* par les lèvres. Orphelines, ces trois lettres suggèrent d'entrée la règle trilitère qui distribue l'essentiel des radicaux que compte la langue[6]. Elles trônent au-dessus des mots. Quand tu les prononces, la chair frémit et la pensée pose sa première pierre. En chacune de ces lettres, le verbe s'incarne. En elles, l'hébreu hante[7]. D'une
25 lettre à l'autre, le même fil tisse des étoffes différentes. À l'*alef* droit comme un ا, répond la figure aux trois membres de l'*alef* oblique א[8]. L'un grandit à l'ombre de l'autre sous un ciel traversé par l'éclair qui fouette mon sang au cœur du désert. Derrière ces alphabets, je regarde vers l'Orient fondateur. Entre les deux fleuves[9], le limon fertile attire le
30 nomade, dès sa sortie du climat hostile, à l'instar de l'Akkadien ancêtre. En invoquant le dieu *Shamash*[10], patron des voyageurs, je reconnais l'arabe شمس, soleil, ogre qui dévore mes troupes sur l'aride steppe. La voix akkadienne éclaire chaque matin dans mon dialecte. Dès que je nomme le soleil j'invente l'écriture.

Abdelwahab Meddeb, *Phantasia*, Sindbad, Paris, 1986.

1. *Le Coran.*
2. *Première sourate (ensemble de versets) du Coran.*
3. *Lettres correspondant à A, L et M et ne formant pas un mot ayant un sens déchiffrable mais constituant le verset introducteur de plusieurs sourates.*
4. *Première lettre de l'alphabet arabe.*
5. *L'alphabet arabe comporte vingt-huit lettres et le mois lunaire vingt-huit jours.*
6. *La plupart des radicaux des mots de la langue arabe sont « trilitères », c'est-à-dire composés de trois lettres.*

7. *La langue arabe et la langue hébraïque sont toutes deux d'origine sémitique.*
8. *Il s'agit de l'aleph arabe et de l'aleph hébraïque.*
9. *La Mésopotamie, c'est-à-dire l'Iraq actuel, entre le Tigre et l'Euphrate.*
10. *Dieu du panthéon akkadien.*

Lieu de la mémoire, Tunis est l'un des personnages essentiels de *Talismano,* premier roman d'Abdelwahab Meddeb que hantent aussi d'autres lieux réels et symboliques. Présent et passé de l'individu et de la ville, de la famille et du pays se mêlent et s'interpénètrent, à la recherche d'un sens entrevu mais qui sans cesse se voile. La déambulation est aussi méditation et rigoureuse recherche.

« *Me voici de retour* »

Ce texte figure au début du premier roman de Meddeb. Le narrateur adulte traverse sa ville natale, refaisant l'itinéraire de son enfance.

Me voici de retour exprimé ville à dédale, ému à me distraire d'enfance : à retrouver des saveurs anciennes à travers les déduits de Tunis. Les portes, bleu doux tendre, clous noirs, repères où s'incrustent les ébats incertains de la mémoire. À percer le secret des rues et impasses
5 qui ne furent jamais foulées, n'était-ce itinéraires anciens d'une enfance que je ne fabule pas paradisiaque perte.

Bab 'Asal[1], porte, puis rue sentimentale : je savais enfant que tel menuisier était un parent vague. Il ne me reconnaissait pas. Mais à le voir à l'œuvre, mètre en main, crayon à l'oreille, j'étais fasciné et au
10 mépris : n'est-il l'unique manuel de la famille à dénombrer notables, théologiens, commerçants aisés, féodaux, bureaucrates, médecins, notaires, avocats, juges ?

Corps frêle, il est seul à posséder la certitude maligne du geste. Jamais je ne m'étais arrêté pour le voir franchement à l'œuvre. Je savais
15 simplement qu'il était présence : repère séduisant édulcorant la planante menace que représentait la traversée de la ville : d'un étage à l'autre, de la villa, de la senteur fraîche et matinale des fleurs printanières à cette âcre odeur de pisse qui est loin du nom ('asal égale miel) qui la désigne.

Prime rupture. Comme de hantise, le portail vert rouge blanc du
20 hammam où ma mère m'emmenait enfant : devant ce spectacle indélébile, corps nus, femmes grosses, retenues de violence qui parfois éclate, querelle de seaux. Et le sang coule.

Fardeau des livres sur ce chemin de l'école.

En ce retour, je ne tiens pas à refaire les itinéraires familiers : j'ai
25 suivi la muraille, marché de meubles frustes, à scruter les menuisiers populaires ; l'atelier de tel parent était à l'écart, dans la rue principale qui traverse le quartier.

Tandis que les ruelles adjacentes s'éparpillent de reconnaissance : des amis de mon père habitaient une maison dont l'entrée est couverte de
30 mosaïques émaillées : couleurs andalouses, motifs industriels[2]. À retrouver quelques visages souvent vieillis, pâtissiers, bouchers, vendeurs de légumes, grilleurs de viande ; autres senteurs d'épices, piments marinés, câpres, variantes[3], conserves. Cumin.

La façade de l'école Halfawîne, qui enfant me fascinait, qui mainte-
35 nant me paraît décor dérisoire. La mosquée restaurée, belle, marbre et nudité ocre, chaleureuse pierre, relents d'italianismes[4] impliqués, motifs floraux, chapiteaux ioniques ou composites.

Le jeu des enfants n'a pas changé : billes, trou à sous : trésor à gagner qui varie selon la poussée des saisons ; seul le tintement des misérables
40 pièces légères, argentées, à la gravure passée, dure toute l'année.

1. « Porte du Miel ». Il s'agit d'un quartier de la vieille ville de Tunis qui tire son nom d'une ancienne porte de la médina fortifiée.
2. Il s'agit ici de mosaïques émaillées, d'inspiration andalouse, mais dont les motifs sont sans originalité parce que reproduits en quantité industrielle.
3. Petites tranches de légumes marinés.
4. Influences de l'architecture italienne.

Harmonie du soir, par Rovel.

Les hammams nombreux : surtout ceux que je n'ai jamais fréquentés. Bruyance à redécouvrir neuve. Ronronnements jaunes des narghilehs[5].

Sueurs secrètes des femmes : l'intimité suinte, effluves d'amour sous des voiles au port souvent négligé, attirant.

45 Le corps serré, légère bousculade. Odeur fertile, pincée et œillade à raviver le désir, toujours là, quasi enfantin.

Les impasses inconnues ou dans le passé dédaignées. Un frisson en cette paisible et florissante reconstitution des pas. Les pagnes[6] aux couleurs géométriques sèchent sur la terrasse du hammam Qa'addîn qui a 50 signifié ma consécration mâle parmi les circoncis et les hommes.

Réticences. Scènes lucides des machinations célibataires. Au fond, tout loin, l'insurmontable oppression prime. Il y a soleil. La rue monte après Bab Swiqa vers l'école des filles et les premiers amours brûlants, feu rougi. Maison mystérieuse d'un oncle boiteux aux postillons fidèles, 55 tabernacle où brille, ô ténèbres, ô prestigieuse armoire, l'arbre généalogique qui assure l'ascendance bédouine, l'origine chérifienne, sahrawîe, Saqiat al-Hamra[7], pérégrination des ancêtres. L'agréable sensation qui te lie à jamais racine te coagulant sédentaire faussaire car le désir te projette vers de tels aïeux nomades, vers le mythe.

60 Les visages et les rues qui ne voyagèrent jamais, dont tu connais les percées dominicales et les temps morts du vendredi[8] arrangent en toi une série de questions collées à la peau car tu sais qu'il suffit d'un pas pour t'en éloigner sans retour.

Abdelwahab Meddeb, *Talismano*,
Sindbad, Paris, 1987.

5. *Récipient en verre comportant un tuyau servant à aspirer, à travers de l'eau, la fumée d'un tabac particulier.*
6. *Au bain maure, on porte des pagnes.*
7. *Ville de l'ancien Sahara espagnol. L'origine « chérifienne » signifie une filiation à partir de la famille du prophète Mahomet.*
8. *En Tunisie, on chôme tout le dimanche mais aussi vendredi et samedi après-midi. C'est vendredi qu'a lieu la grande prière hebdomadaire en Islam.*

COMPRÉHENSION ET LANGUE

1 – Par quels pronoms personnels le narrateur est-il désigné au début puis à la fin du texte ? Pourquoi ce changement ?

2 – L'itinéraire à travers la ville arabe, ou médina, est l'occasion pour le narrateur d'évoquer son ascendance. Quels sont les détails du texte qui y font référence ?

3 – Quels sentiments s'associent à l'évocation de ce retour à la ville de l'enfance ?

4 – Repérez les mots et expressions qui permettent de déceler que le regard du narrateur est chargé de culture.

5 – Pourquoi le souvenir du passage de l'enfance à la pré-adolescence est-il lié à certains lieux en particulier ?

6 – Pourquoi Meddeb utilise-t-il souvent des phrases nominales ?

ACTIVITÉS DIVERSES, EXPRESSION ÉCRITE

1 – Tracez une carte sommaire reconstituant la déambulation du narrateur à travers les lieux ou quartiers qu'il nomme.

2 – Si la narration ne suivait pas le cours de la promenade du narrateur, les éléments évoqués ou décrits se présenteraient-ils, à votre avis, dans le même ordre ?

*M*ELLAH

Fawzi Mellah, né en
1946 à Damas (Syrie),
enseignant et chercheur
(*De l'unité arabe, essai
d'interprétation critique*,
1985), vit à Genève.
Il a écrit des pièces
de théâtre (*Néron ou
les Oiseaux de passage ;
le Palais du non-retour*)
ainsi que deux romans
d'inspiration différente :
le Conclave des pleureuses,
publié en 1985 à partir
d'une enquête menée sur
des viols réels ou une
rumeur de viols, procède
à une descente dans
les labyrinthes d'une ville,
d'une société
et d'une politique ;
*Élissa ou la Reine
vagabonde*, constitué
d'une longue lettre écrite
par la fondatrice
de Carthage à son frère
et ennemi, demeuré en
Phénicie, est une profonde
méditation sur l'Histoire,
la politique et,
plus simplement,
les rapports humains.

« *Aïcha-Dinar* »

Le narrateur-personnage du Conclave des pleureuses, *poursuivant
son interminable enquête, cherche à trouver des renseignements auprès
d'une matrone de bidonville dont il sait qu'il va reconnaître en elle la mère
du saint ou du fou qu'il a rencontré au début du roman.*

On m'entraîne vers le taudis de Aïcha-Dinar et Tawfik-Grain-de-Sel,
son fils cadet. Il semble que rien ne se passe ici sans l'accord – au moins
tacite – de ces deux personnages. Ce sont les notables de la Montagne
Rouge[1]. Ses seules légendes. Outre l'aura que leur confère leur sainte
5 ascendance, Aïcha-Dinar et ses enfants ont bien d'autres qualités à leur
actif, des qualités séculières et plus humaines. Ainsi, la mère du saint[2]
est-elle réputée pour sa double capacité d'amasser de l'argent et de
paraître toujours pauvre : « L'argent est la saleté du monde, répète-t-elle
souvent, il faut le cacher ! » C'est de ce rapport ingrat, étrange et désin-
10 volte qu'elle entretient avec l'argent que lui vient son surnom : Dinar[3].
La force physique de son fils cadet fascine, inquiète et protège. Les soldats français et sénégalais[4] en avaient souffert à l'époque des coups de
main contre l'occupant. Lui-même en a conservé quelques cicatrices,
une légende, un sens inouï de la clandestinité et son surnom : Grain-de-
15 Sel. À l'approche d'un uniforme, il fond dans le quartier comme du sel
dans l'eau ! Mes enfants-guides grouillent de ces mille informations
lorsque nous atteignons la porte verte du taudis. Le chiffre sept y est
imprimé à l'intérieur d'une main ouverte[5] et que le dessinateur aurait
voulu dorer.

20 La suspicion, l'insistance de l'Œil-de-Moscou[6] et ma colère enfantine
m'ont poussé vers ce taudis ; je n'ose y entrer. Les enfants m'y entraînent… et mon désir de vengeance.

Aïcha-Dinar est toujours aussi menue, aussi sèche et aussi tatouée
que naguère. Dieu merci, elle ne m'a pas reconnu (le pouvait-elle après
25 tant d'années ?). Fidèle à son ancienne habitude, elle ne pose aucune
question, ne s'informe pas même de l'identité de son visiteur ni des
causes de l'entrevue. Elle me sert à manger : des doigts-de-roi, des
oreilles-de-juge et des petits-mensonges[7] !

Pour m'éclaircir la voix et vaincre mes troubles, je lui parle de ses
30 tatouages. Elle s'étonne : « À l'époque du miel et de la confiance nous
n'avions pas besoin de cartes d'identité ; le nom du père et les tatouages
suffisaient. On peut falsifier une carte d'identité, on ne peut pas déformer
un tatouage ! » Je me rends à l'argument en lui disant tout de même que la
vie en ville impose d'autres règles et qu'il est légitime que la république
35 veuille identifier ses enfants par d'autres moyens que les tatouages : « Ta
ville et ta république ne sont que par hasard, me répond-elle : elles cherchent leurs racines et leurs origines. Pour nous, elles sont ici : inscrites
sur nos peaux. » Elle dévoile ses bras : j'y lis des étoiles à cinq branches[8],
un croissant de lune, un soleil, un vague point d'interrogation… Je n'ose

40 lui parler des motifs de ma visite. Je ne peux lui parler des viols. De nouveau, je me suis fourvoyé. Encore une fois, ma piste va se brouiller. Aïcha-Dinar est trop diabolique (ou trop naïve ?) pour répondre à mes questions. Je n'ose pas la fixer ; toujours j'ai eu peur de son regard. Je promène mes yeux sans les poser nulle part. La chambre est sombre et
45 tiède. Je tente d'assainir ma mémoire et de ne conserver de Aïcha-Dinar que le souvenir d'une pauvre mère bouleversée par le mutisme et la cécité de son enfant, mendiant un pourboire à quelques veuves en quête de miracles [...].

Fawzi Mellah, *le Conclave des pleureuses*,
© Éditions du Seuil, Paris, 1987.

1. Jebel Lahmar, bidonville de Tunis.
2. Le fils aîné d'Aïcha-Dinar, un fou ou un saint, est l'un des personnages principaux du roman.
3. Le dinar est l'unité monétaire officielle de la Tunisie.
4. L'armée française d'occupation utilisait des divisions d'Africains noirs, surtout sénégalais.
5. Le dessin de la main ouverte est censé protéger du mauvais œil.
6. Rédacteur en chef du journal qui emploie le narrateur. Son surnom lui vient de son passé d'homme d'appareil dont on suppose qu'il ne s'est pas débarrassé.
7. Gâteaux salés ou sucrés. Les petits-mensonges sont des gâteaux ayant l'apparence de pièces farcies... mais sans farce (note de l'auteur).
8. Signe censé représenter les cinq piliers de l'islam : la profession de foi, la prière, le jeûne, l'aumône et le pèlerinage.

COMPRÉHENSION ET LANGUE

1 – Que révèle, chez Aïcha-Dinar, la phrase : « L'argent est la saleté du monde, il faut le cacher » (l. 8-9) ?

2 – Dégagez la composition du texte.

3 – Quelle portée a le discours d'Aïcha-Dinar sur les tatouages ? Son comportement à l'égard des autorités ainsi que celui de son fils ont-ils changé après l'indépendance ?

4 – Montrez que ce personnage vit à l'intérieur d'un univers de signes et se comporte en gardienne d'une tradition. Dites pourquoi le narrateur utilise le verbe « lire » (l. 38) pour évoquer ses tatouages ?

5 – Quelle importance ont cette femme et son fils à l'échelle du bidonville qu'ils habitent ?

6 – Expliquez la formule : « À l'époque du miel et de la confiance » (l. 30).

7 – Pensez-vous que cette visite permettra au narrateur de découvrir quelque chose en rapport avec son enquête ?

ACTIVITÉS DIVERSES, EXPRESSION ÉCRITE

1 – Retrouvez, dans votre anthologie, des exemples d'utilisation de sobriquets et de surnoms pour désigner des personnages.

2 – Cherchez pourquoi le narrateur désire se venger d'Aïcha-Dinar.

BEL HAJ
YAHIA

Emna Bel Haj Yahia,
née en 1936, philosophe
de formation,
a publié en 1991
Chronique frontalière,
un roman assez proche
de l'essai. Elle y confronte
deux types de femmes et
deux destinées.

« *Zonta* »

Ce texte, extrait du début du roman, en donne le ton général et le sens : l'angoissante et lancinante interrogation sur soi et sur sa société, issue d'un déchirement manifestant une fascination-répulsion pour la modernité et la tradition, engendre une forme de schizophrénie dont on meurt ou dont on guérit mais qui est toujours une insupportable souffrance.

Zeïneb douze ans, sa mère quarante. Un air de liberté venait de souffler, d'une manière insolite, sur les femmes du pays[1]. La brise d'un après-midi printanier avait dû suggérer à sa mère un rêve de folie et avait dû la pousser à sortir dévoilée pour faire des courses et rendre visite à
5 ses parents[2]. Elle prit sa fille par le bras et, le nez en l'air, Zeïneb observait en marchant à côté de sa mère, sa tête haute et dégagée, sa silhouette pour la première fois sans voile, dans les blanches rues d'une capitale qui venait de mettre son cœur en bandoulière.

Arrivées devant la maison des grands-parents, elles n'eurent besoin
10 ni de frapper ni d'ouvrir, puisque la lourde et immense porte marron était comme d'habitude grande ouverte et que le grand-père était assis dans le grand hall, devant l'entrée, trônant comme à l'accoutumée sur la banquette en bois d'ébène, au dossier surélevé, sculpté et orné de frises géométriques repeintes en bronze et en vert olive. En les voyant arriver, son
15 turban blanc et son éclatante barbe blanche se mirent à trembler comme deux étages d'une maison prise de secousses. Il fit l'effort de les saluer puis dit à sa fille sur un ton grave qu'il était inadmissible qu'elle arrivât « zonta » chez lui. « Zonta » = nue.

Sur la tête de Zeïneb, le mot tomba comme un couperet. Quel effet
20 fit-il à sa mère ? Elle ne le sut jamais.

« Zonta » garde encore dans son oreille une drôle de résonance. Mot chargé de honte et de peur. Mot crime à la figure.

Elle ne put supporter ni l'insulte dont son grand-père venait de gratifier sa mère, ni l'outrage que, de toute évidence, cette dernière venait de
25 lui faire subir. Comme un vent de sable brûlant, une douleur schizoïde[3] entra par la grande porte toujours ouverte et emporta Zeïneb dans deux blessures contradictoires. Lequel des deux visages l'a le plus ébranlée ? Lequel du bégaiement de sa mère rougissante, ou de la blême colère de son grand-père l'a soumise à plus rude épreuve ?

30 Rien de cette scène ne se serait incrusté dans la mémoire n'eût été l'indomptable mot prononcé par le patriarche à l'adresse de sa fille. Mot d'autant plus insoutenable qu'il sortait de la bouche entourée de l'aura la plus blanche, dans la plus grande et la plus belle maison du Tunis de son enfance, par l'après-midi le plus parfumé de jasmin et de mimosa d'une
35 époque en fête. Sa mère devint à ses yeux nue comme un ver, et Zeïneb collait à elle dans le tourbillon qui la dénudait à vue d'œil.

Emna Bel Haj Yahia, *Chronique frontalière,*
Droits réservés.

COMPRÉHENSION ET LANGUE

1 – Dégagez les éléments de la description qui donnent du grand-père l'image d'un patriarche.
2 – Que suggère, chez ce dernier, l'assimilation du dévoilement à la nudité ?
3 – Quels sentiments Zeïneb éprouve-t-elle devant la réaction de son grand-père ?
4 – Montrez que l'effet de la scène décrite s'est prolongé, chez la petite fille, au-delà de l'enfance et de l'adolescence.
5 – Expliquez l'expression : « une capitale [...] bandoulière » (l. 7-8).

ACTIVITÉS DIVERSES, EXPRESSION ÉCRITE

Documentez-vous sur la situation de la femme en Afrique.

---

1. Probable allusion à la proclamation du Code du statut personnel, dispositions législatives visant à l'abolition de l'inégalité entre les sexes et prises par la jeune République tunisienne, sous l'impulsion de son Président.
2. Dans les premières années de l'indépendance, le port du voile traditionnel, sans être interdit, était la cible d'une campagne idéologique d'envergure.
3. Entraînant une rupture, un dédoublement de la personnalité.

TUNISIE
SOUAD GUELLOUZ

Souad Guellouz, enseignante, a publié un premier roman en 1975, *la Vie simple.* Dans *les Jardins du Nord*, elle s'essaye au genre autobiographique dans le but de redonner vie à un univers familial fait de chaleur et de pudique tendresse.

COMPRÉHENSION ET LANGUE

1 – Quel type de croyant El Haj Salah incarne-t-il ? Que pensez-vous de son enseignement ?

2 – Montrez que le portrait physique du grand-père exprime la fascination qu'il exerce.

3 – Ce portrait vous semble-t-il authentique ou retouché par la nostalgie ?

4 – Étudiez l'emploi des temps de la narration.

ACTIVITÉS DIVERSES, EXPRESSION ÉCRITE

Comparez la figure du grand-père des *Jardins du Nord* à celle de la grand-mère de *l'Œil du jour* (p. 152), notamment en ce qui concerne leur rapport à la foi.

« *C'était tout simplement la Foi* »

La figure du patriarche incarne souvent l'objet principal de la révolte des personnages. Ici, le grand-père, installé dans son univers et ses certitudes, ne provoque que de l'admiration.

El Haj Salah régnait en patriarche sur tous les habitants de cette maison. Il régnait sans difficulté. Il avait pour lui l'allure, l'instruction, des biens au soleil et même un bureau de notaire. Mais ce qui lui conférait le plus de prestige aux yeux des siens, c'était son titre d'imam, et dans sa
5 maison, cela ne pouvait s'oublier.

El Haj Salah prêchait à la mosquée le vendredi et c'était après lui que se faisaient les gestes rituels de la prière de tous les fidèles.

Chez lui, toute la vie familiale et quotidienne était imprégnée de religion. On n'invoquait pas Dieu sans raison, on ne mentait jamais quand
10 on avait commencé par dire « Wallah[1] » et tout le monde savait, petits garçons et petites filles compris, pourquoi les femmes ne jeûnaient pas certains jours de Ramadhan[2]. Le soir, à la veillée, El Haj Salah expliquait à tous la vraie charité qui ne se crie pas sur les toits et qui n'est pas forcément matérielle. « Ne critiquez pas la laideur d'un être, il est
15 comme vous créature de Dieu », disait-il. « Ne dénoncez pas la femme adultère, couvrez-la de votre silence comme vous couvririez de laine un mendiant transi de froid. »

Il leur expliquait également la nécessité d'un corps pur pour celui qui veut aller vers Dieu. Il leur donnait des détails extrêmement précis sur le
20 bain pris après les règles, après un accouchement, après des rapports sexuels. La clarté de son regard et la maîtrise de sa voix bannissaient toute équivoque. Nul n'aurait songé à rougir, encore moins à ricaner. D'ailleurs il considérait comme définitivement acquis et compris par tous le principe « *là haya fiddine*[3] ».
25 Souvent il leur lisait de longs extraits du Coran. Sofia aimait regarder son grand-père lire. Elle aimait aussi l'écouter. Il s'asseyait sur un petit matelas placé sur une natte, son burnous sur les épaules, la main gauche tenant le Livre Sacré, la main droite posée à plat sur un genou. Il lisait lentement, gravement, pieusement. Alors, toute la poésie et, avec elle,
30 toute la paix du monde pénétraient dans les cœurs. C'étaient la douceur et la joie, l'harmonie avec l'univers, la raison de vivre sur terre, la splendeur intérieure.

C'était tout simplement la Foi.

Souad Guellouz, *les Jardins du Nord*, 1982,
Droits réservés.

---

1. Littéralement, « par Dieu » ; façon habituelle de jurer, supposée non mensongère en raison de l'invocation du nom du Créateur. – 2. Mois de jeûne dans la religion islamique. Lorsqu'elles ont leurs menstrues, les femmes ne sont pas autorisées à jeûner. – 3. « Pas de pudeur dans les questions touchant à la religion », principe selon lequel tout ce qui a trait aux rites religieux doit être expliqué aux croyants sans faux-fuyant et fausse honte, notamment tout ce qui concerne l'hygiène et la sexualité.

« *Cet univers qui n'était plus le mien* »

L'Œil du jour *est centré sur la figure de la grand-mère qui, vivant en harmonie totale avec une culture qui est la sienne et dont les hautes réalisations dépassent ses capacités de femme analphabète, offre un contraste frappant avec celle de la narratrice, cultivée mais marginalisée au sein de sa culture d'origine par ses choix philosophiques et existentiels.*

[...] Mes préoccupations étaient aussi étrangères à sa compréhension que son esprit croyant[1] l'était pour moi, quelque chose dont on reçoit des vestiges confus ne transparaissant pas, happés par eux-mêmes. Ces deux extrêmes passent l'un à côté de l'autre, comme au bord d'une route la voi-
5 ture longe des rangées d'arbres que multiplie la profondeur de la forêt, dans une indistinction figée par la vitesse, la distance, l'éloignement croissant, l'écran des fossés, des clairières cachées, le paysage fantomatique d'une nature masquée dont on ne retient que le mouvement du voyage.

Cette méconnaissance ne m'abâtardissait pas. Exclue, mais non
10 déchue de cet univers qui n'était plus le mien, et de ses vertus d'immortalité, côtoyer son silence et son retrait exerçait sur moi une mystérieuse extravagance et m'accordait le loisir merveilleux d'une activité qui n'avait rien à voir avec lui, la vie d'un tableau qui existait pleinement sans le soutien d'une vérité transcendante. J'y posais le pied, la main, les
15 yeux sans m'y fondre ni m'y engloutir.

Voilà que je l'entends maintenant réciter sa prière tout de travers, et j'en ris doucement. Elle tronque les lettres et en fabrique des vocables fantaisistes, au milieu d'un verset[2] place une césure là où il n'en fallait pas, coupe un mot en deux et agrège la syllabe finale au mot suivant,
20 intervertit consonnes et voyelles, comble les défaillances de sa mémoire par des inventions, tord le lexique jusqu'au barbarisme – et tout cela formait un amphigouri[3] naturel et confiant qui, par je ne sais quelle énigme, se rattachait pourtant au texte sourd, tronqué, malhabile de mon intelligence.

Lorsque je lui faisais remarquer que c'était tout faux, en m'amusant à
25 lui faire répéter correctement, elle s'emmêlait de plus belle et se sentait désemparée, dans une contrée totalement étrangère au chemin phonétique où elle avait creusé toute sa vie l'idiome de son salut, et ses automatismes reprenaient spontanément le dessus comme une seconde nature. Elle ajoutait en riant : « Ça ne fait rien, aucune importance, Dieu
30 m'aura quand même entendue ! » persuadée en cela que Dieu était pareil à ces musiciens qui, en auditionnant leurs élèves, préféreront ceux qui, malgré quelques maladresses, auront joué leur morceau avec musicalité, cœur et esprit, plutôt que ceux qui auront fait preuve d'une technique irréprochable, mais desséchée.

Hélé Béji, *l'Œil du jour*,
Éd. Maurice Nadeau, Lettres Nouvelles, 1985.

1. *Son esprit de croyante.*
2. *Il s'agit des versets du Coran dont la récitation fait partie de la prière des musulmans.*
3. *Langage ou écrit involontairement obscur, embrouillé, peu intelligible.*

Hélé Béji, né à Tunis en 1948, est littéraire de formation et vit en France. Après un essai sur les indépendances, *le Désenchantement national* (1982), elle publie en 1985 un roman où tout se déroule entre deux trajets d'avion, du lever au coucher de « l'œil du jour ». À travers la demeure de l'enfance et l'image de la grand-mère paternelle, dans un récit en demi-teintes, tendre et parfois satirique, elle pose le problème de l'identité, de l'appartenance ou peut-être plus simplement du bonheur.

COMPRÉHENSION ET LANGUE

1 – Expliquez la distinction « exclue, mais non déchue de cet univers… ».
2 – Définissez les sentiments et l'attitude de la narratrice à l'égard de sa grand-mère.
3 – Qu'est-ce qui révèle que la grand-mère est analphabète ?
4 – Étudiez les tableaux comparatifs du premier et du dernier paragraphes.

ACTIVITÉS DIVERSES, EXPRESSION ÉCRITE

Réunissez des portraits de grands-parents peints dans des romans français ou francophones.

TUNISIE
HAFEDH
DJEDIDI

Hafedh Djedidi, né en 1954 à Hammam-Sousse, est enseignant, journaliste et animateur de théâtre. Lauréat à deux reprises du concours littéraire de l'A.C.C.T., il a publié deux recueils de poèmes très marqués par Saint-John Perse (*Rien que le fruit pour toute bouche*, 1986 ; *Intempéries*, 1988), et deux romans, le premier en collaboration avec Guy Coissard (*Chassés/croisés*, 1986).

COMPRÉHENSION
ET LANGUE

1 – En vous aidant de la note 2, expliquez le nom donné au cheval destiné à Dhafer.

2 – Caractérisez l'attitude des deux personnages. Lequel montre le plus d'assurance ?

3 – Montrez que la destinée de l'« Élu » est préparée depuis longtemps.

4 – Sachant que le récit se déroule en Tunisie, pourquoi, à votre avis, l'auteur fait-il dire à Saber que Barguellil vient d'une oasis d'Algérie ?

ACTIVITÉS DIVERSES,
EXPRESSION ÉCRITE

Réunissez une documentation sur le rôle joué par le cheval dans la culture arabe.

« *Barguellil* »

Fait de récits « cousus bout à bout », le Cimeterre ou le Souffle du Vénérable consacre son premier chapitre à des « fragments des Mémoires de l'Élu », Dhafer.

Sur le pas de la porte, je jetai un coup d'œil sur la grande steppe qui s'étendait devant à perte de vue. Nous contournâmes l'habitation et débouchâmes devant une petite étable où se tenaient deux pur-sang arabes, sellés. À notre approche, ils piaffaient de leurs pattes de devant,
5 comme s'ils exécutaient une danse d'accueil.

Am-Saber[1] les détacha et me tendit les rênes du premier qui était d'un noir luisant.

– C'est ton cheval. Je l'ai baptisé pour toi Barguellil[2], un peu à cause de sa couleur.

10 Il monta en selle et continua : « Il vient d'une longue généalogie de chevaux habitués aux grands espaces des basses steppes et du Sahara. Il est intraitable, mais d'une intelligence certaine. La première souche a été élevée par feu mon grand-père. La tradition veut qu'à l'Élu revienne le meilleur étalon. C'est Zaki-Mustapha, mon frère, qui te l'envoie. Il ne te
15 décevra pas, monte. »

J'engageai mon pied dans l'étrier et je sautai, heureux de ces premiers mouvements à l'air libre. Mais dès que je fus en selle, Barguellil se cabra brusquement, comme gêné par mon poids. J'eus beau m'agripper à sa crinière abondante, il n'en continua pas moins de se cabrer. Je paniquai
20 tandis qu'il essayait de me désarçonner. Quand il se calma, je n'en revenais pas d'être encore sur selle.

Suant à grosses gouttes, je jetai un regard peu rassuré à Am-Saber. Il souriait.

– Barguellil a fait tout le trajet de Ouergla[3] jusqu'ici sans cavalier.
25 Maintenant il sait qu'il a un maître. Partons, à présent, ils doivent nous attendre.

Et il talonna son cheval sans me laisser le temps de poser la moindre question. Je fis comme lui. Barguellil fit un bond en avant, manquant de me faire tomber et s'élança à la suite de son compagnon.

Hafedh Djedidi, *le Cimeterre ou le Souffle du Vénérable*,
© Présence Africaine, 1990.

---

1. Am signifie « oncle paternel » et le prénom Saber, étymologiquement, renvoie à la patience. Saber, oncle de Dhafer, est son initiateur.
2. En arabe, ce nom signifie « éclair de la nuit ». C'est aussi le nom du héros noir d'un roman historique en arabe du Tunisien Béchir Khraïef.
3. Oasis d'Algérie.

TUNISIE
ANOUAR

Anouar Attia, auteur
d'un roman unique mais
profond et savoureux,
est né en 1939 à Mateur,
petite ville proche de
Bizerte. Il est enseignant
d'anglais à l'université
de Tunis I. *De A jusqu'à T
ou Reflets changeants
sur Méditerranée* (1987)
est une œuvre où s'est
reconnue toute une
génération de Tunisiens,
liés par un double rapport
passionnel à leur jeune
nation et leur vieille
civilisation, comme
à la France et à sa culture.
Lyrique, caustique,
humoristique, ce roman,
dont on reconnaît certains
personnages à peine
transformés par la fiction,
raconte une longue
et douloureuse quête
de soi et des autres, qui,
dans les remous ayant
marqué les dernières
années du pouvoir
de Bourguiba, aboutit à
une sereine illumination.

« *Comme le boulanger…* »

La fin du roman en explicite le titre énigmatique. Lotfi, marié à Afifa mais père d'un enfant vivant en France, supportant assez mal une période politique agitée mais très attaché à son pays, n'a pas cessé de s'interroger sur lui-même et sur la Tunisie.

Pour une raison que je ne cherchai pas à analyser au début, le vent de l'Histoire que je sentais passer en moi me soufflait, amplifiées, les paroles du psy[1]. Écrire, comme il disait, de A jusqu'à Toi, de A à T. T comme Tunisie… Puis je me dis : comme le boulanger qui sait pétrir
5 la pâte doit faire du pain, comme le maçon qui sait manier la truelle doit construire une maison, comme La Mama[2], qui savait faire du couscous, en faisait à profusion, ceux qui savent écrire doivent le faire, doivent témoigner… envers et contre l'ambiguïté… malgré l'écrasante et multiple aliénation… même avec plein de points de suspension…

10 La nuit vient de tomber. Les clameurs de la ville s'estompent, s'effacent complètement. Mon quartier lui aussi s'est vidé. Le rideau est tombé sur le jour le plus long[3]. Ce soir aussi, contrairement à ce qu'on a pu supposer, il y aura couvre-feu.

J'ai besoin de réfléchir, de marcher…
15 Je sors dans le jardin. […]
… Soudain je comprends. Finie l'agitation du cœur et de l'esprit qui dure depuis au moins dix ans. Brusque harmonie d'une belle mosaïque de mon archéologie que je regardais de trop près, que je regarde maintenant de suffisamment loin. L'écume des jours s'est transformée en destin.
20 Je regarde le ciel. Des millions d'étoiles, vieilles et jeunes comme l'éternité. Je pense à ma Méditerranée : j'en ai toujours la nostalgie durant les nuits d'hiver. Je ne la regarderai plus à un jet de pierre de moi : les reflets à sa surface sont à cette distance cassés, aveuglants ; je la regarderai à l'horizon, là où elle est beau tapis d'or et d'argent.
25 Écrire de A jusqu'à T, devenu exigence, qui à l'origine était suggestion de psy. Parler, même en voix de psy, de Moha[4], de paria, mais pas en voix de son maître, pas en voix d'apparat, pas en voix de papa. Pas en exorcisme non plus, puisque j'ai compris. Ce ne sera pas au psy, mais à toi l'ami, que j'écrirai une lettre. Témoigner… Emprunter de nouveau les
30 chemins tortueux qui m'ont mené, miraculeusement, à une paix.

Mais témoigner ne va pas de soi. Demain non plus, qui ne saurait être simples slogans, simples chansons… J'ai encore besoin de réfléchir, de marcher. Le jardin est trop petit, comme l'a été tout à l'heure la maison. Je dis à Afifa que je sors devant la maison, sans m'éloigner. Elle
35 s'inquiète à tort ; notre quartier est isolé, loin de tout danger. […]

Cour intérieure d'une maison de campagne, par August Macke.

Parler ne va pas de soi… Mais Demain qui est plus fort que moi sera plus fort que ce couvre-feu qui soudain m'étouffe. Il est minuit. Absorbé dans mes pensées, je marche, et ne m'arrête pas…

La détonation sèche d'un fusil qui tue se répercute, dirais-je-dirait-
40 on, au loin et dans mon cœur.

La Mama disait que si je vivais jusqu'à quatre-vingts ans, j'aurais l'impression de vivre dans mes enfants, proches et lointains, mais je *vis* déjà dans mes enfants…

Comme tu es bonne, Afifa, d'être là en cet instant. Je te dirai des
45 mots brefs mais éloquents.

La lettre doit s'écrire, mais elle s'écrira augmentée du coup de fusil. Les coups de fusil n'ont jamais tué Demain ; ils l'invitent souvent.

Et si, pour écrire la lettre, le souffle vient à me manquer, je te dirai, cher ami, de l'écrire pour moi ; ou alors Afifa te le dira…

50 Je me sens devenir poussière d'étoile, goutte d'eau dans Méditerra-née, cadavre sur le pavé.

Et toi, mon ami, après avoir lu la lettre, ou l'avoir écrite pour moi, tu la donneras à lire, pour que ne se rompe la naturelle piété qui relie le parent à l'enfant, à ceux qui demain feront mieux que nous, à ton fils, à
55 Sami[5], à Printanière[6], à mon enfant qui n'est pas né[7]…

**Anouar Attia, *De A jusqu'à T ou Reflets changeants
sur Méditerranée,* © Publisud, 1987.**

1. Au début du roman, Lotfi, désemparé, rend visite à un ami psychologue pour voir clair en lui-même. Celui-ci lui conseille d'écrire. – 2. Grand-mère vivant dans sa petite ville natale à laquelle Lotfi rend visite dans un chapitre du roman. – 3. Jour de manifestations joyeuses, à la suite du renoncement du gouvernement à la décision d'augmenter le prix du pain, décision qui avait provoqué de graves incidents et l'instauration du couvre-feu. – 4. Personnage secondaire du roman, interné dans un asile psychiatrique. – 5. Fils de Lotfi. – 6. Transposition du prénom arabe d'une petite fille, personnage secondaire du roman. – 7. Il s'agit de l'enfant porté par Afifa, l'épouse tunisienne, et non de Sami, fils de la Française, Huguette.

COMPRÉHENSION ET LANGUE

1 – Le narrateur-héros meurt-il dans cette dernière page du roman ? Relevez les phrases qui peuvent y faire penser et montrez-en l'ambiguïté.

2 – Si Lotfi est effectivement tué pour n'avoir pas respecté le couvre-feu, cela change-t-il quelque chose au message qu'il laisse ? Dites en quoi ce message est optimiste.

3 – Pourquoi est-il indifférent que ce message soit délivré par lui ou par son ami ?

4 – Montrez que le projet d'écrire et ses caractéristiques et exigences sont définis négativement et positivement, par ce qu'ils ne sont pas et ce qu'ils sont.

5 – Sur quelle alternance ce texte est-il construit ?

6 – Étudiez les deux tableaux métaphoriques par lesquels le narrateur rend compte de la brusque prise de conscience qui lui permet de comprendre, en un instant, ce qu'il s'est essayé vainement à déchiffrer durant dix années.

7 – Analysez l'emploi des temps verbaux. Montrez-en le rapport avec le contenu.

ACTIVITÉS DIVERSES, EXPRESSION ÉCRITE

1 – Quels sont les pays africains riverains de la Méditerranée ? Repérez-les sur une carte.

2 – Rédigez quelques paragraphes où vous expliquerez ce que signifie pour vous le verbe « écrire ».

Ali Bécheur est né
à Sousse, troisième ville de
Tunisie, en 1939.
De formation juridique,
il est venu assez tard
à l'écriture littéraire avec
un roman d'apprentissage
qui semble
autobiographique
(*De miel et d'aloès*, 1989),
puis un recueil
de nouvelles
(*les Saisons de l'exil*, 1991)
et un deuxième roman
(*les Rendez-vous manqués*,
1993).

« *Tout a changé, Sidna* »

*Un personnage traverse le Tunis d'aujourd'hui en se représentant tout un pan
de l'histoire du pays, lié à l'installation du protectorat français. La fin de
cette première nouvelle du recueil* les Saisons de l'exil *retrouve l'époque
contemporaine.*

La bourrasque a renversé tous les châteaux de sable, la girouette de
l'Histoire tournoyé dans la rose des vents. Et ce vent-là, qui sait s'il soufflait de la mer ou du continent, ou de la poitrine de l'homme affamé ? Ou
bien, peut-être des rêves irréalisables qui hantent sa tête ?

5   Il n'y a plus de Bey, ni de favoris, ni de généraux d'opérette. Non
plus que de Résident Général, ou de « Prépondérants[1] ». Ton palais,
Sidna[2], est devenu un musée[3]. Le même trait de plume qui, naguère,
avait scellé le Traité[4], l'a abrogé. L'Occident a rembarqué sur les mêmes
navires qu'empruntèrent, jadis, les colons affluant du septentrion. On a
10   déboulonné la statue du cardinal[5]. L'usage de haschich est interdit, sous
sanction pénale.

À l'envers de la Porte, que nul ne songe plus à refermer, la Ville feint
ne s'être aperçue de rien. En son mitan, de part en part, serpente toujours
la même balafre : l'enfilade des souks. Des essaims de touristes y bour-
15   donnent, en quête de quelque caverne enchantée où trônerait un Ali
Baba[6] de bazar.

Lui, une fois encore, il s'apprête à remonter la faille, se frayant un
chemin dans la cohue. Ainsi font les rivières fourbes qui rebroussent
chemin vers leurs sources premières. Lui, personne ne l'interpelle, per-
20   sonne ne le hèle. Nul boutiquier pour lui proposer un tapis, ou un plateau
de cuivre : il n'a pas la tête d'un chaland. Aurait-il fini par ressembler à
la Ville : couturé d'estafilades, taciturne ? Médiéval ?

Il va son chemin entre deux haies de transistors, vociférant au seuil
des échoppes. Cette mélopée, hachée par la scansion des percussions, que
25   le miaulement du *naï*[7], l'étirant, écartèle, il sait qu'il ne l'aime pas. D'où
vient alors qu'à l'entendre se mette à vibrer en lui une corde profonde ?
Il lui semble que cette pulsation, c'est le rythme même de son cœur.

À mi-course, il hésite un instant : se laissera-t-il, aujourd'hui, tenter
par une diversion ? Laissant cette faune braisée à ses trocs, à ses souve-
30   nirs futurs et à ses pièces à conviction, il tournera peut-être au coin de
quelque venelle, ou, peut-être bifurquera-t-il à l'angle d'un *sbat*[8] ? Même
lui ne le sait pas. À quoi bon savoir ? Peu importe l'itinéraire : comme
l'errance, le dédale est immuable.

Un instant, l'absorbe le spectacle d'une touffe d'épineux s'agrippant
35   entre les moellons déchaussés d'un pan de muraille. À travers l'entre-
bâillement d'une porte cintrée s'entraperçoit un coin de patio sommé de
sa citerne ; au-dessus, sur des cordes tendues, pend du linge, giflant le
frissonnement de la brise de claquements mouillés.

Palais du bey de Tunis. Gravure de W.-L. Palmer.

Maintenant, il n'entend plus le tintement du burin sur le cuivre, non
40 plus que l'appel du muezzin. L'odeur grasse de suint, il ne la sent plus. Il
marche dans son labyrinthe, sans savoir vers quoi. En vérité, ce n'est pas
lui qui avance, mais la Ville qui, d'angle écorné en pan de mur délabré,
d'avancée en décrochement, d'auvents revêtus de tuiles romaines en
colonnade torsadée, lui dévoile ses dérisoires mystères : les chemins
45 parcimonieux de son cœur.

Dors en paix, Sidna, dans ta tombe décrépite. Les enfants des écoles
ne savent rien de tes fredaines. La Ville a oublié jusqu'à ton nom. Tout a
changé, Sidna : le monde, la Ville, les hommes eux-mêmes. Les odeurs et
les bruits ne sont plus ceux d'antan. La senteur de la menthe s'est noyée
50 dans les vapeurs d'essence. Et les couleurs, elles se sont éteintes, minées
par un mal sans remède. Ses yeux ne perçoivent de toutes parts qu'écor-
chures, fêlures, lézardes : cicatrices d'une cité désertée par l'Histoire.

Et même la mémoire, ils l'ont modifiée. Les ancrages ont dérivé au
loin. Les phares du souvenir n'éclairent plus que le vide. Il ne reste, sur
55 le sable durci de la mer absente, qu'un filet aux mailles disjointes.

C'est vrai, Sidna, plus rien n'est pareil. Mais l'âme ?

Ali Bécheur, « Ville sans mémoire »,
les Saisons de l'exil, © **Cérès Éditions, Tunisie, 1991.**

*1. Le « Résident Général », au temps du protectorat, représentait le gouvernement
français en Tunisie. Les « Prépondérants » sont les colons. – 2. Littéralement,
« notre seigneur », « notre maître » ; cette expression était utilisée pour s'adresser
au bey, roi de Tunisie. Elle équivaut à « altesse ». – 3. Le palais du bey est actuellement
le musée du Bardo. – 4. Le traité du protectorat, imposé à la Tunisie par la France en
1881. – 5. La statue du cardinal Lavigerie (voir l'extrait du* Pharaon *d'Albert Memmi)
érigée à l'emplacement d'une vieille porte de la médina. – 6. Personnage d'un conte des
Mille et Une Nuits où il est question d'une caverne enchantée pleine de trésors. – 7. Flûte
de roseau (note de l'auteur). – 8. Passage couvert (note de l'auteur).*

COMPRÉHENSION ET LANGUE

1 – Quel effet l'auteur veut-il créer en faisant s'adresser un narrateur contemporain à un personnage historique de la fin du XIXe siècle ?

2 – Sur quel tableau métaphorique est construit le premier paragraphe ? Expliquez les questions de la fin de ce paragraphe.

3 – En vous intéressant à la distribution des pronoms personnels et adjectifs possessifs dans les différents paragraphes, déterminez le choix qui a présidé à la composition du texte.

4 – Essayez, à travers les détails concernant le personnage qui traverse les souks, de vous faire de lui une idée assez claire. Quels éléments essentiels vous manquent pour pouvoir y arriver ?

5 – La comparaison entre la ville ancienne et la ville moderne est-elle faite à l'avantage de l'une des deux ?

6 – Comment comprenez-vous la dernière phrase du texte ?

7 – Quel est, à votre avis, l'objectif d'une telle narration ?

ACTIVITÉS DIVERSES, EXPRESSION ÉCRITE

1 – Cherchez, dans votre manuel, d'autres textes où la description se fait en fonction de la déambulation d'un personnage.

2 – Comparez votre ville (ou votre village) lorsque vous étiez enfant et ce qu'elle est devenue aujourd'hui. Votre développement devra comprendre au moins trois paragraphes.

TUNISIE
ABDELAZIZ
KACEM

Abdelaziz Kacem,
né en 1933 à Bennan,
professeur d'arabe,
haut fonctionnaire et
poète bilingue, a publié
en français un recueil
unique (*le Frontal*, 1983),
dont l'inspiration puise
abondamment dans
le riche patrimoine
de la culture arabe.

Al

Dans l'ensemble du poème « Al », Abdelaziz Kacem multiplie à volonté les mots français d'origine arabe qu'il écrit en italique. Voici deux brèves sections de ce long poème.

V

Dans les cieux de jadis
Du bout de leur phosphorescent *calame*[1]
Les lanciers de l'esprit
5 Penchés sur le berceau du monde
Chatouillaient l'invisible volée des étoiles
Pour tracer l'*Al*[2] divin
L'*Al* liminaire des premiers balbutiements
L'*Al* d'*alchimie* de lumière
10 Ou d'*almanach* des temps apprivoisés
Zénith moiré
Prélude aux crépuscules d'*alkermès*[3]
Aux nuits enrobées de *lilas*
Les *amiraux* du sable à même l'horizon
15 Désaltéraient leurs flottants *méharis*[4]

VI

Avant le jour sonna l'heure de l'*algarade*[5]
Les naufragés du port
Ne purent alors parer l'*avarie*
De leurs trop mal ancrés *chébecs*[6]
20 Mais je n'ai cessé de livrer bataille
Contre ce moi qui ne sera jamais le mien
Je me suis fait dès lors éboueur anonyme
Dans ces villes rivalisant de suie
Dans ces rues qu'un trop-plein de vie inonde
25 D'effroi et de solitude nombreuse
Descendant si bas d'une si haute ascendance
J'ai peine à remonter la pente
À malaxer la boue pour ramasser le nom
Aux multiples splendeurs éclaboussées

Abdelaziz Kacem, *le Frontal,*
Maison tunisienne de l'édition, Tunis, 1983.

1. Plume, stylet, tout instrument servant à écrire.
2. Agglutination des lettres aleph (A) et lem (L) formant l'article défini arabe et que l'on retrouve dans plusieurs mots français.
3. Liqueur de cannelle et de girofle, additionnée d'aromates et dont la couleur est rouge.
4. Jeunes dromadaires, très véloces.
5. Attaque brusque.
6. Embarcations à voiles et à rames.

COMPRÉHENSION ET LANGUE

1 – Quels sont les actants principaux de la section V ?
2 – Qui est le locuteur de ce texte ? Quel rapport y a-t-il entre lui et les actants évoqués dans la question précédente ? Quel est le vers du poème qui précise ce rapport ?
3 – Pourquoi l'auteur use-t-il et abuse-t-il volontairement de mots français d'origine arabe ?
4 – Choisissez deux ou trois métaphores et commentez-les.
5 – Dégagez la composition du texte.
6 – Quels sont les vers du poème que l'on peut qualifier d'épiques ?

ACTIVITÉS DIVERSES, EXPRESSION ÉCRITE

1 – Cherchez d'autres mots français d'origine arabe.
2 – Comparez ce texte à l'extrait de *Phantasia* d'Abdelwahab Meddeb. Ont-ils un sujet commun ?

TUNISIE

MAJID

EL HOUSSI

Majid El Houssi, né en 1941 à Bou Merdès, est enseignant de français et vit en Italie. Il a publié plusieurs recueils de poèmes (*Je voudrais ésotériquement te conter*, 1972 ; *Imagivresse*, 1973 ; *Ahméta-O'*, 1980 ; *Iris Ifriqiya*[1], 1981). Son écriture, volontiers brisée, voire obscure, est fortement marquée par les souvenirs concrets du pays délaissé.

COMPRÉHENSION ET LANGUE

1 – Quel rôle jouent les blancs dans le texte ? Quels autres signes typographiques contribuent à donner la même impression ?

2 – Pourquoi ce texte finit-il par la conjonction « et » ?

3 – Le texte exprime poétiquement la langue arabe « effacée ». Essayez de traduire en prose ce qui en est dit.

4 – Quel est le champ lexical prédominant ? Quel est le thème du poème ?

5 – Quel rapport voyez-vous entre ce thème et l'écriture du poème ?

ACTIVITÉS DIVERSES, EXPRESSION ÉCRITE

« Belgacem est devenu fou » : vous écrivez une lettre à Mabrouka pour l'en informer et tenter de le lui expliquer.

« *Dans mon froid d'absence* »

Ce texte constitue la première partie d'un long poème.

I   *À Jean Breton*

je vis   mon exil de froid de brouillard
je vis dans l'attente   attente-attente   ATTENTE
de re-trouver ma langue effacée
par la torture de l'acculturation dans les voussures de mon être
5   ma langue de sollicitation et présence pieuse
de l'extrême et de l'éphémère
ma langue architecture d'instants de café maure
où *Saïd* nous contait
des demeures d'argile et de paille
10   et   des moutons multipliés dans l'ombre
ma langue où mabrouka et belgacem[2] murmuraient
des choses vraies comme le lait cru
Saïd   l'horizon a dissous des poitrines de rivages
et l'oncle salah est parti lui aussi
15   emportant son fusil
vers l'ombre lasse des douars[3] –
(le ciment-armé a étranglé les vapeurs de terre)
sous l'inexpugnable soleil –
la saveur des *salamandres d'or*
20   il ne reste *Saïd*
que les jours d'hommes attelés
et   j'ai perdu ma feuille de menthe
ma touffe de jasmin que je portais à l'oreille droite
le soir[4]
25   mes frères mes amis : je ne connais plus leurs noms
dans mon froid d'absence   d'exil
dans l'invincible jaillissement de la brume
belgacem est devenu fou   m'ont-ils raconté
et hédi   hédi est parti   partis lahbib mohamed mostafa
30   et   abdallah et

Majid El Houssi, *Iris Ifriqiya*,
© Éditions Saint-Germain-des-Prés, Paris, 1981.

1. Ifriqiya *est l'ancien nom arabe de la Tunisie, lui-même venant du latin* Africa.
C'est en effet la Tunisie qui a donné son ancien nom à l'ensemble du continent africain.
2. *Prénoms arabes (le premier féminin, le second masculin) très courants.*
3. *Mot arabe désignant les hameaux.*
4. *Geste habituel chez les hommes tunisiens, signe de joie de vivre.*

Tahar Bekri, né en 1951 à Kasserine, est un enseignant installé en France. Il écrit des textes nourris de souvenirs du pays et de réminiscences de la culture arabe, mais aussi des poèmes moins marqués culturellement, dédiés souvent aux grands espaces marins ou désertiques évoquant le déplacement ou l'errance. (*le Laboureur du soleil ;* 1983 ; *le Chant du roi errant*, 1985).

COMPRÉHENSION ET LANGUE

1 – Étudiez le rythme et la tonalité de ce texte poétique et le rôle qu'y jouent les anophores et les apostrophes.

2 – Analysez l'évolution du thème de l'errance dans ce texte.

3 – Relevez les métaphores les plus importantes.

4 – Quels éléments de ce poème relèvent de la couleur locale arabe ?

5 – Quels éléments épars de l'histoire du « roi errant » reconnaît-on dans ce texte ?

ACTIVITÉS DIVERSES, EXPRESSION ÉCRITE

Transcrivez en prose et dans une langue directement accessible ce qui vous semble le plus important dans ce texte.

« *J'avais…* »

« Le roi errant » est le prince-poète préislamique Imru-ul Qays, jouisseur invétéré qui, spolié de son trône, part à sa reconquête, errant jusqu'à sa mort à la recherche d'alliés qui sans cesse se dérobent.

[…]

Le chant a séduit les dieux du village
Ô Qays[1] l'amour a égaré mes chaînes

Le vent a embaumé mes voyages
La lumière a semé ses songes

5 Étrange chevelure rebelle
La vie a saisi mes chimères de mer vaine

J'avais une terre au bout de ma peine
La mort l'a habitée

J'avais une coupe de mes chants pleine
10 L'étoile l'a renversée

J'avais une source au sein de la fontaine
La mer l'a ignorée

J'avais un soleil qui caressait la plaine
La nuit l'a dérobé

15 J'avais un fleuve pour lit pour ma reine
Le désert l'a ensorcelé

J'avais une oasis que je partageais avec la lune
L'ombre l'a brûlée

Et l'air surprend les lacs de mes haltes frivoles
20 Départs qui recommencent soleils qui se déchaînent

Chasseur d'illusions à la poursuite de son ombre
Lasses sont tes traces au faîte de la chanson fière

Ô nuit d'amour qui omet la plainte du chantre éreinté

Pierres esseulées que nulle brise ne caresse
25 Le vent attise vos blessures complaintes de la brisure

Caravanes de la souffrance cessez vos pleurs
Ici je ramasse mes brûlures contre pluies et bures

Ici il me souvient la coupe de ta bouche qui éclose
Ô belle lune qui m'attelle à ses pétales effarés

Tahar Bekri, *le Chant du roi errant,*
© **L'Harmattan, Paris, 1985.**

1. Poète arabe préislamique qui a chanté l'amour.

Samir Marzouki,
né en 1951 à Tunis et fils
d'un écrivain arabophone,
est enseignant de français
à l'université de Tunis I et
poète bilingue. Sa poésie, en
arabe comme en français
(*Braderie*, 1990),
sous des airs vieillots
et nostalgiques, explore
les ressources de l'humour
et de l'intertextualité,
mais elle se veut surtout
une musique.

COMPRÉHENSION ET LANGUE

1 – Ponctuez ce poème. Pourquoi, à votre avis, l'auteur n'a-t-il pas jugé utile de le faire ?

2 – Comment les strophes s'organisent-elles sur le plan du rythme ? Quel trait formel permet de déterminer des groupes de strophes à l'intérieur du poème ?

3 – Étudiez la distribution des rimes du poème.

4 – À qui s'adresse le « je » du poème ? Résumez le récit implicite qu'il renferme.

5 – Que représente « le nomade » dans le poème ? Ce comparant renvoie-t-il au même comparé du début jusqu'à la fin du texte ?

ACTIVITÉS DIVERSES, EXPRESSION ÉCRITE

Documentez-vous sur les nomades et le nomadisme en vue de préparer un exposé oral.

Le nomade

■

Inspiré de la poésie arabe d'Andalousie dont la structure, proche de celle de la chanson, réutilise, au niveau du refrain, la même rime, du début jusqu'à la fin du poème, ce texte, classique par son inspiration, apparaît surtout comme un exercice de virtuosité rythmique.

Je suis un nomade
Au son de l'aubade[1]
Du vent du désert
Je fuis la misère

5 J'ai connu les villes
Les façons civiles
Les jouissances viles
Les soleils serviles

Je suis un nomade
10 Quand mon cœur s'évade
Je me fais farouche
Pour croquer ta bouche

Pour peupler l'attente
J'ai planté ma tente
15 Sur tes flancs qui tentent
Et je te contente

Je suis un nomade
Et ma camarade
Il y a longtemps
20 Je ne fus content

Quand je te disais
Je suis la rosée
J'aime m'amuser
À chassé-baiser[2]

25 Je suis un nomade
Je n'ai pas de rade
Je n'ai pas de port
Je pars à l'aurore

C'était mon langage
30 Car rien ne m'engage
Demain je le gage
Je plierai bagages

Je suis un nomade
Et mes mots sont fades
35 J'ai pris l'habitude
De la solitude

À rêver départ
Et temps qui sépare
J'ai perdu ma part
40 De bonheur épars

Je suis un nomade
Mais je veux rester
Dans tes yeux maussades
J'ai pu exister

**Samir Marzouki, *Braderie*,
© Maison tunisienne de l'édition,
Tunis, 1990.**

---

1. *Chanson ou pièce de musique proférée ou jouée à l'aube.*
2. *Néologisme formé par un décalque de « chassé-croisé ».*

ÉGYPTE

« Au commencement était le mot,
était l'homme. »

Edmond Jabès, *Du blanc des mots
et du noir des signes*, 1953-1956

Littérature égyptienne

L'expédition militaire de Napoléon Bonaparte (1798-1801) a paradoxalement inauguré une longue tradition de relations étroites entre l'Égypte et la France. Elle a encouragé la recherche scientifique sur l'Égypte ancienne, qui connut un brillant développement grâce aux travaux de Champollion, le premier à comprendre et traduire les textes des inscriptions pharaoniques. Mais elle a aussi favorisé la renaissance *(nahda)* de l'Orient arabe. Méhémet-Ali, qui régna sur l'Égypte de 1804 à 1849, modernisa le pays en faisant appel à des techniciens français pour réformer l'armée, l'administration, les services de santé, et créer une industrie nationale. La construction du canal de Suez (1859-1869) resserra les liens avec la France et beaucoup d'Européens s'installèrent alors sur les bords du Nil, en particulier à Alexandrie.

Enseignement et presse de langue française

Des établissements scolaires français, religieux d'abord (à partir de 1844), laïques ensuite (depuis 1909), accueillirent les enfants des expatriés, mais aussi des jeunes gens issus de la société égyptienne. Une presse francophone s'était développée. Si les journaux nés de la campagne de Bonaparte (*le Courrier d'Égypte* ou *la Décade égyptienne*, créés en 1798) n'avaient suscité aucun intérêt en Égypte, en revanche une presse d'information ouverte aux problèmes économiques se développa dans le dernier tiers du XIXᵉ siècle, avec *le Nil* (créé en 1866), *le Bosphore égyptien* (créé en 1881), dans lequel Arthur Rimbaud devait publier son récit d'exploration du Harar. Des revues comme *la Revue d'Égypte* (dont Maurice Barrès, en 1906, saluait la qualité), *l'Égypte nouvelle* (1922), *la Semaine égyptienne* (1926), *la Revue du Caire* (1938) témoignent de la vigueur d'une vie intellectuelle égyptienne en français. La langue française, langue de la modernisation économique et technique du pays au XIXᵉ siècle, est peu à peu devenue la langue de culture moderne et d'ouverture pour les classes aisées. La crise de Suez (1956) devait porter un coup fatal à cette situation. Aujourd'hui, une coopération culturelle de qualité a redonné espoir à la francophonie égyptienne. L'Égypte est membre de l'Agence de coopération culturelle et technique depuis 1983.

Écrivains égyptiens

L'existence d'une abondante presse égyptienne francophone est l'un des facteurs qui expliquent l'apparition d'une littérature en français.

Parmi les nombreux poètes qui s'inscrivent dans la mouvance des modèles français, romantiques d'abord, puis parnassiens et symbolistes, il faut sans doute distinguer les talents plus originaux d'Ahmed Rassim Bey (1895-1958), qui chante son grand amour impossible pour celle qu'il dénomme « Nysane », et de Jean Moscatelli (1905-1965), qui cherche « une poésie plastique avec des mots plus nus » et s'inspire des grands poètes arabes et persans. Mais c'est l'influence du surréalisme, à partir de 1930, qui suscite les œuvres marquantes, souvent provocatrices, de Georges Hénein (1914-1973) ou Joyce Mansour (1928-1986). Edmond Jabès (1912-1991), dans sa période égyptienne, invente de merveilleuses chansons, lumineuses et aériennes. Son œuvre ultérieure, dans sa prédilection pour une thématique liée au « désert », est restée marquée par son expérience de sa jeunesse égyptienne.

La fiction s'est d'abord nourrie du trésor des contes traditionnels. Albert Adès et Albert Josipivici ont construit leur *Livre de Goha le Simple* (1919) autour des aventures d'un personnage de farce, célèbre dans tout le monde arabe. Wacif Boutros Ghali rassemble en 1923 une série de contes et légendes : *les Perles éparpillées.*

Le roman présente le tableau nuancé de la vie égyptienne. Il faut noter la part importante de l'écriture féminine. Niya Salima, épouse française d'un notable égyptien, pose dès 1908 le problème de la répudiation *(les Répudiées).* Out-el-Kouloub, qui appartient à la bourgeoisie traditionnelle musulmane, montre des femmes encore prisonnières des vieilles structures sociales et familiales (*Harem,* 1937; *le Coffret hindou,* 1951; *Hefnaoui, le Magnifique,* 1961). Andrée Chedid (d'origine libanaise, mais née en Égypte), a situé plusieurs de ses œuvres dans son pays natal (*le Sommeil délivré,* 1952 ; *le Sixième Jour,* 1960, ainsi que *Nefertiti ou le Rêve d'Akhnaton,* 1974). Fawzia Assaad, née dans la communauté copte, évoque dans *l'Égyptienne* (1975) les difficultés rencontrées par les jeunes intellectuelles égyptiennes.

Francois Bonjean a transposé dans le cycle de *Mansour* (1924-1929) les souvenirs de son ami, le lettré égyptien Ahmed Deif. Élian J. Finbert s'est fait le témoin de la vie du petit peuple des campagnes (*le Batelier du Nil,* 1928). Au risque de choquer, Albert Cossery a peint la misère des bas-fonds dans *les Hommes oubliés de Dieu* (dont la première édition parut au Caire en 1941), ou *Mendiants et orgueilleux* (1955).

Par ailleurs, les traductions en francais ont donné une plus large audience à quelques grands textes d'écrivains égyptiens de langue arabe, en particulier à Taha Hussein (*le Livre des jours,* 1929-1947), préfacé par André Gide.

ÉGYPTE

FRANÇOIS

BONJEAN

François Bonjean (né à Lyon en 1884, mort à Rabat en 1963) a été professeur en Égypte de 1919 à 1924. Il y reçut les confidences d'un lettré égyptien, Ahmed Deif, dont il fit la matière d'une *Histoire d'un enfant du pays d'Égypte* en trois volumes (*Mansour*, 1924 ; *Mansour à l'Azhar*, 1927 ; *Cheikh Abdou l'Égyptien*, 1929). À travers la quête spirituelle de son héros, Mansour, étudiant de l'université El Azhar (fondée au Xe siècle et célèbre dans tout le monde musulman), il donne une bonne idée de ce qu'a été l'atmosphère de la « renaissance » intellectuelle dans l'Égypte du début du siècle. Après plusieurs séjours en Orient, François Bonjean a fini ses jours au Maroc, auquel il a consacré un beau roman, *Confidences d'une Fille de la Nuit* (1939).

« *Mon double obscur* »

Mansour, le narrateur, étudie la théologie à l'université El Azhar. Il y est le disciple fervent d'un professeur renommé, Cheikh Abdou l'Égyptien, qui développe dans son enseignement le thème de l'accord de l'Islam et de la raison.

Depuis mon enfance, ma vie se partageait en deux : la partie claire et la partie ténébreuse. Le bon sens, le courage, plus tard le savoir, éclairaient l'une ; l'imagination fiévreuse de notre peuple faisait, dans l'autre, grimacer des monstres. La peur de certains dangers, et les pratiques des-
5 tinées à leur échapper remplissaient la vie des gens au milieu desquels je vivais. Sur la trame des monotones journées, ces croyances brochaient un monde de cauchemar. L'existence la plus lisse devenait dramatique. Quelques hommes passaient pour capables de faire intervenir les puissances calmes et claires contre les visages de poix.
10 Cheikh Abdou, lui, tonnait contre cette espèce de religion poussée à l'ombre de l'islam. La partie claire de mon esprit donnait raison à Cheikh Abdou. L'autre se dérobait, refusait le combat. Pour mieux dire, il y avait en moi deux toulbas[1], dont l'un était seul à mériter le nom de disciple. L'autre se bouchait les oreilles. Les deux se tournaient le dos,
15 n'échangeaient jamais une parole…
Un soir, j'eus le courage de soumettre à une rude épreuve mon double obscur. Je revenais, très fatigué, d'El Azhar, et trouvai la petite cour de tante Nafoussa plus noire que la mort. Aussitôt la pensée des afrites[2] m'envahit. En même temps, je me rappelai le raisonnement
20 de mon maître. « Puisque personne n'a jamais été tué par un afrite, il n'y a qu'à s'avancer, essayer de le toucher ; on s'aperçoit alors qu'il n'y a rien ! »
« Voilà, me dis-je, une occasion excellente de savoir à qui je dois me fier désormais ! Cheikh Abdou ! Protège-moi ! »
25 J'avance dans la cour, les bras en avant, comme un aveugle, et finis par heurter un mur. Voici la porte de l'escalier, à ma droite. Je sais qu'il y a, sous cet escalier, un cabinet, endroit où l'on dit que les afrites se tiennent de préférence. Je frissonne, tout en cherchant la rampe, mais commence à monter. Horreur ! J'ai vu, je suis sûr d'avoir vu remuer quelque
30 chose dans un coin ! Tout mon poil se hérisse. Maintenant, ce sont des yeux que je vois briller !
Plus mort que vif, je montai quand même deux ou trois marches et me jetai sur le coin pour toucher l'afrite… Bien entendu, je ne sentis rien, sinon la joie de cette victoire de Cheikh Abdou sur le Mansour obs-
35 cur. L'Égyptien envahissait la totalité de mon être. Il devenait le Pharaon de ma méfiance, et des épouvantes de ma race.

**François Bonjean, *Cheikh Abdou l'Égyptien*,
© PUF.**

1. *Disciples d'un maître religieux.*
2. *Esprits plus ou moins malfaisants.*

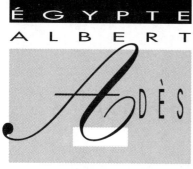

Albert Adès
(né au Caire en 1893,
mort en 1921)
a rencontré
Albert Josipovici (né
à Constantinople en 1892,
mort en 1931) lors d'un
bal à Héliopolis, près du
Caire, en 1910. Les deux
jeunes gens écrivent
en commun un roman,
les Inquiets, qui paraît en
1914, puis une chronique
inspirée du personnage
folklorique de Goha
(qu'on appelle ailleurs
Jeha ou Djoha), célèbre
dans tout le monde arabe
(il a aussi inspiré
Kateb Yacine ou
Rachid Boudjedra). Leur
Livre de Goha le Simple
(1919), qui fut concurrent
de Marcel Proust pour le
prix Goncourt, fut traduit
en plusieurs langues.

« *Envoie ! Envoie !* »

■■■

*Goha est le seul garçon des treize enfants de l'artisan Mahmoud.
Malheureusement, il est très laid et plutôt simple d'esprit. Voici l'anecdote
qui l'introduit dans le roman, devant la fenêtre de Cheikh-el-Zaki, éminent
professeur de l'université Al Azhar.*

Cheikh-el-Zaki ouvrit la fenêtre. Des lampes s'éclairaient, bigarrant
les murs de taches jaunes et grises. La foule se retirait dans les cafés, les
salles de danse, les tabagies. Accroupis à côté de leur panier ou de leur
âne, les marchands se reposaient en se contant des histoires gaies.

5   Seul de tous ses confrères, un restaurateur ambulant remontait la rue
en quête d'un client. Il n'en avait pas encore rencontré, bien qu'à maintes
reprises il eût parcouru le quartier. Dessous l'énorme plateau qu'il portait
sur sa tête, montait par moments un appel :

    « Envoie ! Envoie !

10   – Eh ! que veux-tu qu'il t'envoie ? cria un marchand de friture occupé
à ranger ses poêles. À force de tracasser Allah, tu vas te faire envoyer
une grosse calamité sur la tête ! »

    Un mendiant couché sur la terre, les jambes nues, les mains déchar-
nées, se lamentait :

15   « Seigneur ! arrache-moi cette douleur !

    – Allah va s'embrouiller ! » ricana le poissonnier. Il s'approcha du
mendiant : « Il y a six mois que je t'entends gémir… Qu'est-ce que tu as ?

    – Ce que j'ai ? répliqua le mendiant. Il me serait plus facile de te dire
ce que je n'ai pas ! » Et il poursuivit son invocation : « Allah ! pitié !

20 Épargne-moi ! Épargne-moi cette lèpre qui ravage mon pied ! Guéris-moi
de cette toux qui secoue mes entrailles ! Rends-moi l'œil que j'ai perdu !

    – Assez ! assez ! fit le poissonnier. Allah aura plus tôt fait de créer un
homme que de réparer ton vieux corps ! »

    Et se tournant vers le restaurateur, il le poussa en avant par les
25 épaules :

    « Quant à toi, ne viens plus m'assourdir… Si tu veux vendre ta pour-
riture, va chez les roumis[1] !

    – Pauvre Goha ! murmura Cheikh-el-Zaki en voyant le restaurateur
s'éloigner docilement. Encore un métier qui ne lui convient pas… Voilà
30 bien vingt jours qu'il traîne son quartier de mouton dans toutes les rues
d'El-Kaïra[2]. »

    Goha, qui faisait claquer ses babouches sur le sol, répétait, consterné,
le mot du poissonnier. Sans doute ses provisions n'étaient plus de la première fraîcheur, les boulettes exhalaient des odeurs fétides, les radis
35 dépérissaient. Néanmoins il se remit à chanter : « Envoie ! Envoie ! »

    « Son père s'acharne à en faire un homme, dit Waddah-Alyçum. Il
devrait pourtant se résigner à le laisser tranquille.

    – Pauvre Goha ! répéta Cheikh-el-Zaki. Que d'histoires étranges il
court sur ton compte ! »

    […]

Rue du Caire au XIXᵉ siècle.

40   Pareil à quelque profanateur, Goha s'avançait, pâle, les yeux creusés
     par la fatigue, et d'une voix forte jetait son appel dans la nuit. Depuis son
     entrée dans la carrière, il n'avait jamais rencontré pareille indifférence à
     l'égard de ses victuailles. Il s'imaginait que, par l'effet d'un enchante-
     ment, la rue se vidait à son approche.
       « Envoie ! Envoie ! »
45   Mais il ne répéta pas ce mot, car il venait de comprendre que sa for-
     mule abrégée avait perdu sa vertu magique et que Mahomet était mécon-
     tent. Il se souvint de la phrase complète et, avec véhémence, s'écria :
       « Envoie vers moi ceux qui ont faim ! »
       Aussitôt, dans un bruissement d'ailes, une ombre immense glissa sur
50   sa tête : le quartier de mouton dans les serres, un épervier remontait vers
     le ciel. Le plateau roula sur le sol, les boulettes s'écrasèrent dans la boue.
     Goha ne se troubla pas et ce fut d'une voix douce qu'il fit remarquer au
     Prophète sa méprise :
       « Tu t'es trompé, nabi³, je te demandais un client.
55   – De quoi te plains-tu ? Tu demandais un client, il t'est venu du
     ciel », dit le vendeur de friture avec un gros éclat de rire.
       Puis ce fut le tour du porteur d'eau :
       « Tu demandais ceux qui ont faim, l'épervier avait faim. »
       Goha, au milieu du désastre, les remerciait de tant de sollicitude et le
60   porteur d'eau, pour marquer l'étrangeté de sa pensée, fit claquer ses mains :
       « Allah lui-même s'est moqué de Goha ! » s'exclama-t-il.
       Quant à Cheikh-el-Zaki, il dit à son compagnon :
       « Comment les hommes se comprendraient-ils, quand un tel malen-
     tendu peut se produire entre la créature et le Dieu qui l'a créée… ? »

Albert Adès et Albert Josipocivi, *le Livre de Goha le Simple*, 1919.

COMPRÉHENSION ET LANGUE

1 – Comment le personnage de Goha est-il introduit dans la narration ? Quel est l'effet obtenu ?

2 – Qu'est-ce qui manifeste la stupidité de Goha ?

3 – Qu'est-ce qu'un « profanateur » (l. 41) ? En quoi Goha ressemble-t-il à un profanateur ?

4 – Comment l'incident de l'épervier est-il annoncé dès le début du texte ?

5 – De quelle « sollicitude » (l. 61) Goha remercie-t-il les assistants ?

6 – Quelle idée se fait-on de Goha à la fin du texte ?

7 – Quelle est la leçon tirée de l'anecdote ?

8 – Relevez les détails qui donnent des images précises de la vie populaire au Caire.

ACTIVITÉS DIVERSES, EXPRESSION ÉCRITE

Recherchez d'autres textes sur le personnage de Goha ou Djoha. Est-il toujours présenté de la même façon ? Joue-t-il toujours le même rôle ?

1. Chrétiens.
2. Le Caire.
3. Prophète.

UT-EL-KOULOUB

Out-el-Kouloub, née
en Égypte en 1892,
décédée à Graz (Autriche)
en 1968, appartenait
à la grande bourgeoisie
musulmane égyptienne.
Cette femme cultivée,
passionnée de littérature
française, devenue veuve
alors qu'elle était encore
jeune, a longtemps tenu
un salon littéraire ouvert
aux écrivains égyptiens
comme aux étrangers
de passage. Elle a publié
une série de romans,
dont les personnages
principaux sont souvent
des femmes et qui brossent
le tableau de la vie
égyptienne dans
la première moitié du
XXᵉ siècle (*Harem*, 1937 ;
Zanouba, 1950 ;
le Coffret hindou, 1951 ;
la Nuit de la destinée,
1954 ; *Ramza*, 1958 ;
Hefnaoui, le Magnifique,
1961).

« *Son premier bain de mer* »

Hefnaoui le Magnifique, héros du roman qui porte son nom, est un grand bourgeois du Caire du début du siècle, riche commerçant, député à la nouvelle assemblée. Après la mort de sa femme, il épouse sa servante, Zakeya, qui lui donne enfin un fils, Abdel Kérim. Comme les bains de mer deviennent à la mode, Hefnaoui décide d'emmener sa famille à la plage de Ras el Bahr.

Zakeya trembla de frayeur en traversant le Nil en barque pour gagner la petite cité de paillotes. Elle serrait son fils contre elle et se cramponnait d'une main à la manche d'Hefnaoui. Leur case était une des plus belles de la plage. Ibrahim[1] et une servante, qui les avaient précédés,
5 avaient déjà tout arrangé et le repas était prêt. Cependant Zakeya ne se sentait pas en sûreté entre ces minces parois de roseaux. Elle ne voulut pas, pour la nuit, se séparer d'Abdel Kérim ni de son mari. Ils dormirent tous trois dans la même chambre sur le même lit et elle s'éveillait, inquiète, au moindre bruit.
10 Dès le lendemain leur existence s'organisa. Hefnaoui, jovial, eut vite lié connaissance avec ses voisins et pris le chemin du café. Zakeya qui s'occupait elle-même de son fils et veillait à la cuisine et au ménage de la paillote, comme elle faisait à Darb el Mobeida[2], n'osait pas sortir. À peine apparaissait-elle sur l'étroit balcon qui entourait le fragile édifice ;
15 elle rentrait vite dès qu'elle se sentait regardée, gênée d'avoir le visage nu, car à Ras el Bahr les femmes ne portaient pas de voile.

Ses voisines vinrent lui rendre visite. Elles la mettaient au courant de la vie à Ras el Bahr et lui demandaient pourquoi elle n'allait pas se baigner.
20 « Tu as tort, lui disaient-elles, l'eau de mer a les plus grandes vertus, elle guérit toutes les maladies des yeux et de la peau ; elle conserve la jeunesse. Et ne dit-on pas aussi qu'elle permet d'avoir d'autres enfants ?

– Mais je ne sais pas nager, objecta timidement Zakeya.

– Tout s'apprend, dit une voisine. Ce n'est d'ailleurs pas nécessaire.
25 Et si un mauvais sort te poursuit, il disparaîtra dès que tu seras entrée dans la mer. »

Zakeya rapporta cette conversation à Hefnaoui. Celui-ci l'engagea à suivre l'avis des voisines : si Zakeya prenait des bains de mer comme les autres femmes, elle n'en serait que plus évoluée et pourrait, oubliant ses
30 origines, lui faire honneur dans son quartier, pensait-il. Il n'était pas ennemi du progrès et avait toujours aimé affirmer sa position sociale.

Le lendemain, il conduisit sa femme à Damiette : il fallait acheter le tissu nécessaire à la confection du costume de bain. Ils passèrent toute la journée à visiter le port et les ruelles. Comme ils n'étaient guère pressés,
35 il l'emmena même dans deux fabriques, une de meubles et une autre de chaussures, les seules industries locales. Ils mangèrent naturellement du « fessih », ce poisson salé et décomposé qui est une des spécialités de la ville.

Aidée par ses voisines, Zakeya termina bien vite le costume de bain
40 et elle put se joindre à un groupe matinal de femmes qui l'emmenèrent
prendre son premier bain de mer. Il n'était que cinq heures du matin,
mais la plage de Ras el Bahr se couvrait déjà d'ombres noires qui se
mouvaient dans la pâleur de l'aube. Sans les cris joyeux qui se répercu-
taient au loin ou les interpellations amusées qui fusaient d'un groupe à
45 l'autre, on aurait cru assister à une procession lugubre qui serait venue
apaiser les génies de la mer. Les femmes, en effet, étaient seules admises
sur la plage à cette heure matinale. C'était seulement à partir de sept
heures que les hommes pouvaient venir se baigner, quand les femmes
s'étaient toutes retirées chez elles.

50 Portant une large veste en taffetas noir et des pantalons bouffants du
même tissu qui leur tombaient jusqu'aux chevilles, un bonnet sur la tête
pour serrer leur chevelure et parfois une ceinture à laquelle étaient atta-
chées deux calebasses destinées à les maintenir à la surface de l'eau et
qui leur donnaient l'aspect d'étranges oiseaux aquatiques, ces femmes,
55 habituées à vivre dans le harem, se sentaient soudain rendues à la liberté.
Elles criaient toutes en même temps comme pour mieux affirmer cette
liberté enfin reconquise. Avant de pénétrer dans la mer, elles prenaient
de l'eau dans le creux de leur main, se lavaient le visage et les yeux ;
elles en buvaient même un peu, convaincues de ses bienfaits, puis elles
60 couraient à la mer, s'accroupissaient dans l'eau, riaient, criaient, s'appelaient ; les plus hardies s'offraient au coup de fouet de la vague.

Sa mélaya[3] enlevée, Zakeya se trouva très mal à son aise dans son
costume de baigneuse, semblable à celui des autres. Le bain ne la tentait
pas. Mais ses voisines la prirent par la main et l'entraînèrent. Elle poussa
65 un cri quand ses pieds nus touchèrent l'eau froide ; elle hurla quand un
rouleau d'écume vint déferler sur elle. S'arrachant aux mains qui voulaient la retenir, elle regagna le rivage en courant ; elle trébucha, tomba
et ne se sentit en sûreté que sur le sable sec, enveloppée à nouveau de sa
mélaya.

70 Ce fut sa seule tentative, elle ne regarda plus dès lors que de loin la
mer ennemie.

Out-el-Kouloub, *Hefnaoui, le Magnifique*,
© Éditions Gallimard, Paris, 1961.

1. Domestique d'Hefnaoui.
2. Quartier du Caire où habitent Hefnaoui
et sa famille.
3. Vêtement qui sert de peignoir.

ÉGYPTE
ÉLIAN J.
FINBERT

Élian J. Finbert, né
en Palestine en 1899, mort
à Chartres en 1977, a été
élevé en Égypte, dans
un petit village du delta
du Nil. Il a étudié
au collège français de
Tantah (Égypte), puis
à Genève. En 1919,
il revient s'installer à
Alexandrie, où il fonde
avec Carlo Suarès
une revue littéraire :
les Messages d'Orient.
Après un premier roman,
*Sous le signe de la licorne
et du lion* (1925),
il s'établit en France où
il publie plusieurs œuvres
d'inspiration égyptienne
(*le Batelier du Nil*, 1928 ;
les Contes de Goha, 1929 ;
Hussein, 1930 ;
le Fou de Dieu, 1933).
Il a rassemblé en plusieurs
volumes un florilège
de proverbes du monde
entier (dont le
Livre de la sagesse arabe,
1948).

« *Ces hiéroglyphes vivants* »

*À la suite d'un chagrin d'amour, Occacha, modeste batelier du Nil, est parti
à l'aventure sur les routes. Frappé par les paroles que lui adresse un vieux
cheikh aveugle, il perçoit différemment la réalité extérieure et découvre tout
un réseau de correspondances dans le monde qui l'entoure. « Chaque sensation
qui se projetait et se propageait en lui réveillait d'autres sensations qu'il avait
éprouvées dans un temps très ancien et qui se mettaient à vivre comme
une ruche bourdonnante. » Hommes et animaux lui apparaissent
comme des « êtres étranges ».*

À voir défiler ces groupes de femmes, d'hommes, d'enfants, d'animaux dans la lumière blanche du jour, il eut brusquement l'impression
que les hautes murailles des temples, les granits roses des statues qu'il
avait touchés de ses doigts en Haute-Égypte s'étaient vidés de leurs ins-
5 criptions et qu'elles s'étaient éparpillées devant lui.

Voici venir les montreurs de singes, les bateleurs qui vendent de
fausses paroles, les joueurs de violes, les danseuses aux joues fardées,
les jongleurs, les troupeaux de moutons avec la bergère qui est une
bédouine aux yeux fendus. Des ânes, des taureaux se suivent avec leurs
10 conducteurs aux hanches maigres et de jeunes garçons qui portent au
milieu de leur crâne rasé une touffe de cheveux. Un barbier accroupi fait
glisser son rasoir sur une tête savonnée, près de la borne du chemin ; un
potier tourne son tour, enfoncé dans la glaise noire, tandis que les jarres
et les gargoulettes sèchent autour de lui.

15 Il se sentit emprisonné par ces hiéroglyphes vivants, accourus de si
loin et qui répétaient partout les mêmes mouvements et les mêmes
gestes. On lui avait pourtant raconté que les hommes qui avaient élevé
ces monuments et ces êtres à figures d'animaux avaient été des adora-
teurs d'idoles et n'étaient pas des musulmans ; que les flèches de Dieu les
20 avaient dispersés et qu'ils avaient été ensevelis sous les sables avec leurs
villes et leurs œuvres sataniques. Mais il ne pouvait s'empêcher de se
rapprocher d'eux en pensée, de les retrouver incarnés dans tous ces personnages qui passaient et de leur prêter la même âme et les mêmes
mobiles.

25 À la plaine uniforme, rafraîchie de canaux et de rigoles, s'ajoutèrent
d'autres attraits, ceux-là venus de très loin. Ils lui demeuraient fermés
comme s'il ne dût jamais pénétrer au-delà de leurs masses luisantes et
métalliques. Mais les puissances et la force qu'ils recelaient faisaient
qu'il s'en approchait avec des désirs de les caresser, de les apaiser et de
30 se familiariser avec eux. Les tracteurs, les pompes hydrauliques, les
automobiles, les canots à vapeur, tous ces animaux en acier qui marchent seuls sur la terre et sur l'eau et l'avaient tout d'abord épouvanté, il
s'y était accoutumé. Rien ne lui plut autant que de suivre leur mécanisme
précis et de constater la maîtrise que pouvait avoir l'homme sur eux.

35   Il ne leur reconnaissait aucune beauté. À la batteuse mécanique il préférait le noreg[1] à cylindres aiguisés qui décortique les épis ; au moulin à vapeur, les deux grosses meules que tournent les jeunes femmes sur le seuil de leur hutte. Lorsque Radwan bey el-Dib fit venir une haute machine à lames brillantes qui creusait des sillons mieux et plus vite

40   qu'une centaine de buffles attelés, il avait approuvé les fellahs[2] qui le lendemain refusèrent d'y toucher, et se rendirent aux champs avec l'antique charrue. Lui-même n'avait-il pas une nuit, en compagnie d'autres bateliers, tenté de couler un remorqueur qui projetait de la fumée noire sur le Nil et contre lequel ils se sentirent tous pris d'une haine instinctive

45   parce qu'il n'avait pas la proue gracieuse, parce qu'il avait des soubresauts lorsqu'il se mettait en marche et que son sillage creusait des vagues qui faisaient danser les canges[3] et les barques ?

     Chaque bourg, chaque village qu'il traversait, quoique identiques à tous les autres, lui révélaient ainsi la structure éblouissante de son pays.

50   Il comprit qu'il appartenait, comme le Nil qui l'enserre dans ses deux bras arqués, à tout cet ensemble vivant et divers qu'est cette terre glaiseuse et noire.

Élian J. Finbert, *le Batelier du Nil,*
© Éditions Grasset, Paris, 1928.

Peinture du tombeau
de Nakt à Thèbes.

1. Instrument agricole pour décortiquer le maïs ou le blé.
2. Paysans.
3. Barque légère et étroite qui navigue sur le Nil.

ÉGYPTE
ALBERT
OSSERY

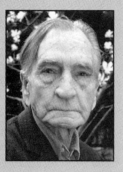

Albert Cossery, né
au Caire en 1913, a vécu
en Égypte jusqu'en 1945.
Il a consacré son œuvre
à l'évocation de son pays
natal, dans des nouvelles
et des romans
qui paraissent d'abord
au Caire (*les Hommes
oubliés de Dieu*, 1941 ;
*la Maison de la mort
certaine*, 1944), puis à
Paris où il s'est établi
après la Seconde Guerre
mondiale
(*les Fainéants dans
la vallée fertile*, 1948 ;
Mendiants et orgueilleux,
1955 ;
la Violence et la Dérision,
1964 ; *Un complot
de saltimbanques*, 1976).
Sans complaisance,
ces récits évoquent
des personnages démunis,
réduits à la misère dans
une société étouffante,
qui savent pourtant
manifester une ironie
et une vitalité à toute
épreuve.

« *Une voie stratégique* »

Karim habite une chambre d'un immeuble en bordure de mer, dans une ville indéterminée du Proche-Orient gouvernée par un tyran que des révolutionnaires veulent combattre par la dérision. Karim reçoit un jour la visite d'un policier chargé d'une enquête à son sujet.

L'étrange policier ouvrit son dossier, en retira une feuille et sembla la consulter.

« Tu habites ici depuis longtemps ?

– Une semaine à peu près. Comme tu le vois, je viens de m'installer.
5 J'ai l'intention de meubler cette pièce d'une façon tout à fait moderne. J'attendais un menuisier mais, malheureusement, il vient de perdre sa femme, et m'a laissé en panne. Je dois faire appel à un autre. »

Le policier poussa un soupir et hocha la tête, comme s'il lui était pénible de détruire de si belles illusions.
10 « Tu ferais mieux de t'en abstenir, dit-il.

– Pourquoi ?

– Parce que tu ne peux pas continuer à habiter ici. C'est défendu.

– Comment, défendu ? »

Les yeux du policier se rapetissèrent, et il se pencha sur Karim
15 comme s'il allait lui révéler un terrible secret.

« Sais-tu, mon brave, que cet immeuble est situé sur une voie stratégique ! »

Bien que cette déclaration fût de nature à provoquer l'hilarité, Karim demeura imperturbable. Pas le moindre sourire ne vint égayer son
20 visage. Au contraire, il parut fortement impressionné par ce qu'il venait d'entendre. Sur un ton de contrition – celui d'un citoyen intéressé au fonctionnement des affaires du pays – il répondit :

« La corniche, une voie stratégique ! Je ne le savais pas, Excellence ! Sur mon honneur, je ne le savais pas.
25 – Eh bien, je te l'apprends. Sache que la corniche est une voie straté-gique de première importance. Des hommes politiques, des représen-tants d'États étrangers, des chefs militaires prestigieux, empruntent quo-tidiennement cette voie.

– C'est bien vrai, dit Karim, mais je ne vois pas en quoi cela me
30 concerne.

– Tu ne vois vraiment pas ?

– Non, par Allah ! Je ne vois pas. J'ai beau faire un effort je ne saisis pas.

– Alors je vais être obligé de t'instruire. Voilà : tu es un homme dan-
35 gereux !

– Moi ! Que me reproche-t-on ?

– Rien pour le moment, admit le policier. N'empêche que tu es sur la liste noire. On s'est déjà occupé de toi, n'est-il pas vrai ?

– C'est juste. Je ne le nie pas. Mais c'était il y a des années, sous l'an-
40 cien gouvernement. »

De nouveau, le policier hocha la tête et prit même un air apitoyé
comme si de pareils arguments étaient moins que stupides. Vraiment,
ces révolutionnaires étaient d'une naïveté désarmante.

« Si tu n'aimais pas l'ancien gouvernement, dit-il, il n'y a aucune rai-
45 son pour que tu aimes celui d'à présent. Les fortes têtes comme toi, on
les connaît. »

L'éclatante justesse de cette sentence stupéfia Karim et le rendit muet
pour un moment. Quoi répondre à cela ? Il n'allait pourtant pas se laisser
déborder par l'extravagance de ce policier minable. Il fallait tenir jus-
50 qu'au bout.

Il protesta de sa bonne foi.

« Quelle erreur, Excellence ! Moi, ne pas aimer le gouvernement !
Mais il faudrait être aveugle pour ne pas l'aimer. Regarde-moi : suis-je
aveugle ? Je te dirai franchement que je considère le gouvernement
55 actuel comme mon propre père. Quelle autre preuve puis-je te donner de
mon respect pour lui ?

– Au fait, où est-il ton père ?

– Il est mort, répondit Karim. Je suis orphelin. »

Soit que l'occasion lui parût inespérée, soit qu'il voulût forcer son
60 rôle de rebelle repenti, Karim se trouva bientôt au bord des larmes. Pla-
çant son front entre ses mains, il se mit à marmonner, en pleurnichant
presque, des bribes de phrases où il était question de sa malchance et des
malheurs endurés par lui dès sa plus tendre enfance. L'effort qu'il faisait
pour atteindre à ce réalisme de mélodrame, s'il ne convainquit pas entiè-
65 rement le policier, sembla, pour le moins, l'avoir ébranlé. Il demeurait
silencieux, attendant que s'apaisât cette douleur intempestive. Mais
Karim lui porta un coup fatal en lui parlant de sa pauvre mère, décédée à
la suite d'une maladie étrange (qui ressemblait fort à l'asthme) dont il
décrivit les symptômes et les ravages avec la précision d'un médecin
70 patenté.

À cette description, une ombre de tristesse voila les yeux du policier ;
ses traits prirent une expression désabusée et mélancolique. Il y avait
trente ans qu'il pratiquait son métier ; il n'avait plus rien à apprendre sur
les vicissitudes de l'existence. Son scepticisme sur les bienfaits de l'ordre
75 et, surtout, son manque total d'ambition, l'avaient maintenu à l'échelon
inférieur, dans une profession où le cynisme et la brutalité étaient les
seules vertus pour accéder aux grades. De profonds sentiments humani-
taires le prédisposaient à la fraternité avec les hommes. Ce jeune homme
aurait pu être son fils ; il était touché par sa souffrance, feinte ou réelle.
80 « De quoi vis-tu ? Tu travailles ?

– Mais certainement, dit Karim. Je suis constructeur.

– Constructeur de quoi ?

– Je construis des cerfs-volants. »

Albert Cossery, *la Violence et la Dérision,*
© Albert Cossery.

COMPRÉHENSION ET LANGUE

1 – Qu'est-ce qu'« une voie stratégique » ?

2 – Qu'est-ce qui rend le policier « étrange » ?

3 – En quoi la déclaration du
policier peut-elle « provoquer
l'hilarité » (l. 17) ?

4 – Karim vous semble-t-il de
« bonne foi » (l. 51) ? Y a-t-il
des éléments du texte qui pourraient laisser entendre qu'il n'est
pas sincère ?

5 – Qu'est-ce que le texte nous
apprend sur Karim ?

6 – Expliquez : « sur un ton de
contrition » (l. 21) ; « réalisme
de mélodrame » (l. 64) ; « les
vicissitudes de l'existence »
(l. 73).

7 – Relevez des exemples d'ironie. À quoi tient cette ironie ?

ACTIVITÉS DIVERSES, EXPRESSION ÉCRITE

1 – Comment imaginez-vous la
suite du texte ? Quelle va être la
réaction du policier à la révélation de l'étrange profession de
Karim ?

2 – Commentez le titre du roman
d'où est tiré le texte (*la Violence
et la Dérision*). La dérision peut-
elle être une violence ?

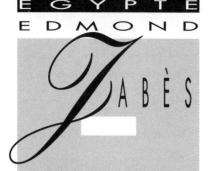

ABÈS

Edmond Jabès (Le Caire, 1912-Paris, 1991) a écrit des poèmes ressemblant à des chansons, allègres ou acides, jouant sur l'absurdité et l'esprit surréaliste (*Je bâtis ma demeure*, 1943-1957). Exilé en France à partir de 1957, il a entrepris une vaste interrogation sur l'écriture à partir d'une réflexion sur le livre-origine de la culture juive, la Bible. Il porte depuis toujours la plus grande attention aux mots, à leurs correspondances sonores comme à l'irradiation mystérieuse de leur noyau de sens. Il a construit ses textes en un vaste ensemble cyclique : *le Livre des questions* (1963-1973) ; *le Livre des ressemblances* (1976-1980) ; *le Livre des limites* (1982-1987). Ses « poésies complètes » forment le volume *le Seuil le Sable* (1990).

« *Chansons pour le repas de l'ogre* »

Ces trois chansons datent des années 1943-1945 et figurent dans la série « Chansons pour le repas de l'ogre » (dédiées « à la mémoire de Max Jacob », poète juif mort de son arrestation par les nazis). Leur esprit s'éclaire de l'épigraphe : « [...] parce qu'il y a peut-être une chanson liée à l'enfance qui, aux heures les plus sanglantes, toute seule défait le malheur et la mort. »

Chanson pour trois morts étonnés

Nous étions trois morts
qui ne savions pas ce que nous étions venus chercher
dans cette tombe ouverte.
Le plus vieux d'entre nous dit : « C'est beau ! »
5　L'autre : « Il fait chaud… »
Et moi qui sortais à peine de mon sommeil,
naturellement je dis :
« Déjà ? »
Nous étions trois ombres
10　sans lèvres, sans cou
avec des rires
sous le bras
à défaut de rêves.
Et une jeune fille
15　rendue à la nuit
pour nous tenir compagnie.

*　*　*

Chanson triste

Quand les six chevaux éventrés
Atteignirent enfin ! l'oasis,
Dans le monde divisé,
Plus un homme n'arrosait la joie.

5　Quand les six chevaux éventrés
Atteignirent enfin ! l'oasis,
De l'année – qui l'eût cru ? –
Pas un jour ne portait un homme.

Quand les six chevaux éventrés
10　Atteignirent enfin ! l'oasis,
Autour du puits abandonné,
Plus un palmier ne balançait ses rires.

Quand les six chevaux éventrés
Atteignirent enfin ! l'oasis,
15　Plus un insecte ne régnait sur
Le moindre brin d'herbe vivant.

Chanson de l'année tragique

Janvier, la neige rouge
Interdit l'avenir.

Tous les râles, Février,
Tous les râles conspirent.

5 Mars, la voix des morts
Surprend les traînards.

Tous les râles, Avril,
Tous les râles fleurissent.

Mai, la terre joue
10 À changer de visage.

Tous les râles, Juin,
Tous les râles saignent

Juillet, l'espoir crève
Comme un chien galeux.

15 C'est en Août qu'autrefois
On fêtait les montagnes

Tous les râles, Septembre,
Tous les râles grondent.

Octobre, un désespéré
20 Fait des signes à la terre.

Soleil, Novembre, soleil
Réchauffe un peu la terre.

Une nuit de Décembre
J'ai péri de t'attendre.

Edmond Jabès, *Je bâtis ma demeure,*
© **Éditions Gallimard, Paris, 1959.**

ÉGYPTE

GEORGES

HÉNEIN

Georges Hénein, né au Caire en 1914, décédé à Paris en 1973, appartenait à une grande famille de confession copte : son père avait été le représentant diplomatique de l'Égypte en Italie, puis en France. Les textes expérimentaux qu'il publie dès 1934 le rapprochent du surréalisme dont il devient comme le correspondant en Égypte. Autour du mouvement Art et liberté, puis autour des éditions La Part du sable, il regroupe les jeunes intellectuels d'avant-garde, qu'ils s'expriment en français ou en arabe. Mais à partir de 1948, Hénein prend ses distances par rapport à l'orthodoxie surréaliste. En 1960, il est contraint de quitter l'Égypte. Il s'installe à Paris où il écrit dans différents hebdomadaires. Son œuvre, forte et dense, comprend des poèmes et des essais : *Déraisons d'être* (1938) ; *Un temps de petite fille* (1947) ; *l'Incompatible* (1949) ; *le Seuil interdit* (1956) ; *le Signe le plus obscur* (1977).

« *Il est parfois difficile de ■■■ s'orienter* » – *Le piège*

Ces deux textes (le premier a été publié au Caire, le second à Paris, après la mort du poète) sont très représentatifs de la manière de Georges Hénein : goût du rêve, sens de l'absurde, volonté de provocation...

« Il est parfois difficile de s'orienter »

Même à l'intérieur de nos demeures, il est parfois difficile de s'orienter. Un ami très cher s'est ainsi laissé surprendre par les glaces. « Pas de visites avant le printemps », lit-on à sa porte. Sa souffrance est grande car il déteste l'imprévu. Trop de choses se passent à l'avenant. Dès que
5 l'on s'attarde auprès d'un être ou d'un objet, dès que l'on suit des doigts la courbe d'un sein, la granulation d'un rire, d'obscures vendettas vous désignent. Qui respire s'accuse.

Une fillette saute à la corde sur une terrasse. Ne souffrant pas ce jeu, quelqu'un monte et coupe la corde. L'enfant continue à sauter. « Je suis,
10 dit-elle, dans le domaine de l'invisible. » Un être à surveiller de près. Peut-être, s'il le faut, une amie...

Comment ne pas rester rêveur quand on considère ses semblables ? L'un demande de quoi écrire, l'autre recule devant une adresse. À l'heure de la fermeture, on en est au même point.

Georges Hénein, *l'Incompatible*,
in Alexandrian, *Georges Hénein,* Seghers, Paris, 1981.

* * *

Le piège

le sort est une panthère chaude
et l'instant où l'on est frôlé
prend – dans la grande moquerie nocturne –
un goût d'orgie sarrasine

5 puis se fait la lumière
et l'on s'aperçoit que l'essentiel
c'est de bien conserver
les objets que l'on ne désire plus.

Georges Hénein, *le Signe le plus obscur,* Puyraimont, 1977.

COMPRÉHENSION ET LANGUE

1 – Quelle est la phrase du texte qui vous semble le mieux résumer le premier poème ?
2 – Le texte donne-t-il des exemples d'« imprévu » (l. 4) ?
3 – Qu'est-ce qu'une « vendetta » (l. 6) ?
4 – Comment pourrait-on poursuivre la phrase : « Peut-être, s'il le faut, une amie... » (l. 11) ?
5 – Quel est « le piège » dont il est question dans le second poème ?

Joyce Mansour, d'origine
égyptienne, mais née en
Angleterre (Bowden,
1928-1986), s'est reconnue
dans le mouvement
surréaliste dont le projet
s'accordait à sa violence
intime et à son humour
ravageur. Ses poèmes
expriment son désarroi
intérieur, dans un climat
de morbidité parfois
insoutenable (*Cris*, 1953 ;
Déchirures, 1955 ;
les Gisants satisfaits,
1958). On a rassemblé
après sa mort un gros
volume de son œuvre
complète (1991).

Déchirures

Le titre du recueil Déchirures *définit la tonalité de ces trois poèmes, oniriques
et agressifs, jouant sur des fantasmes de maladie et de mort.*

Danse avec moi, petit violoncelle
Sur l'herbe mauve magique
Des nuits de pleine lune.
Danse avec moi, petite note de musique
5 Parmi les œufs durs, les violons, les clystères.
Chante avec moi, petite sorcière
Car les pierres tournent en rond
Autour des soupières
Où se noie la musique
10 Des réverbères.

* * *

La marée monte sous la lune pleine des aveugles.
Seul avec les coquillages et l'eau glauque du petit jour
Solitaire sur la plage mon lit lentement se noie.
La marée monte dans le ciel titubant d'amour
5 Sans dents dans la forêt j'attends ma mort, muette,
Et la marée monte dans ma gorge où meurt un papillon.

* * *

Il y a du sang sur le mur
Contour d'un homme qui a été.
Des béquilles couchées qui ne boiteront plus
Des lits en désordre sur des hommes déchiquetés
5 Et le silence assis sur l'hôpital effondré
Après la bombe.

**Joyce Mansour, *Déchirures*,
© Les Éditions de Minuit, Paris, 1955.**

COMPRÉHENSION
ET LANGUE

1 – Quels est le sens du mot
« onirique » ? Quels sont les
éléments « oniriques » que vous
relevez dans ces trois poèmes ?
2 – Relevez les éléments liés au
thème de la maladie et de la
mort.
3 – Étudiez les reprises et les
parallélismes dans le premier
poème. Quel est l'effet produit ?
4 – Expliquez : « l'eau glauque
du petit jour » (v. 2 dans le
second poème).
5 – Quel est le thème du troisième poème ?

LIBAN

« Toute culture est un balcon sur le vide.
Nous nous parlons de balcon à balcon.
Le vide, c'est aussi cela, entre nous,
qui devient le ciel. »

Salah Stétié, *la Unième Nuit*, 1980

Littérature libanaise

Carrefour entre trois continents, le Liban, tout au long de son histoire, a été ouvert à toutes les cultures avec lesquelles il est entré en contact. Si l'arabe est la langue maternelle et officielle des Libanais, la langue française occupe dans le pays, depuis longtemps, une place de choix. Dès la fin du XIXᵉ siècle, des écrivains libanais, comme le poète Michel Misk, choisissent le français comme langue d'expression.

Les débuts

La littérature libanaise d'expression française a donc cette particularité de n'être pas le fruit du mandat français (1920-1943), puisque le premier grand texte, *Antar,* de Checri Ganem, date de 1910. L'écriture en langue française fut alors le moyen à la fois d'exprimer la révolte contre l'oppression ottomane et de mettre en évidence l'identité libanaise que les soubresauts du « vieil homme malade » tentaient de mettre en cause. C'est d'ailleurs cette même langue française qui sera utilisée par Charles Corm pour s'insurger contre la présence française dans *la Montagne inspirée* (1934), aux accents barrésiens, car c'est d'abord le véhicule des valeurs républicaines que les Libanais voient en elle. En outre, si l'enseignement du français, en parallèle avec l'arabe, se fait dès les années 1850 grâce à la présence des missions religieuses, il perpétue la tradition libanaise bilingue, et parfois trilingue, qui remonte à l'Antiquité grecque.

La première génération d'auteurs libanais (Chekri Ganem et son frère Khalil Ganem, journaliste et poète, Jacques Tabet, poète et romancier, Jean Béchara Dagher, poète lui aussi) se caractérise par une inspiration romantique et orientalisante, volontiers mélancolique.

Entre les deux guerres mondiales apparaît une génération plus engagée dans la vie nationale, avec d'abord Charles Corm, fondateur de la *Revue phénicienne* (1920), éphémère mais prestigieuse, où il veut montrer la continuité du Liban moderne avec le grand passé phénicien. Hector Klat, Élie Tyane, Michel Chiha célèbrent la vocation du Liban à être un trait d'union entre l'Orient et l'Occident. Évelyne Bustros est la première femme écrivain libanaise.

La maturité

Cependant, il faudra attendre la fin du mandat et les années 50 pour que la littérature libanaise d'expression française franchisse l'étape de l'imitation pour atteindre la maturité avec trois auteurs : Georges Schehadé, dramaturge et poète, Farjallah Haïk, romancier, et Fouad Gabriel Naffah, poète. Cette nouvelle génération d'écrivains va, par des voies différentes, plier la langue française à l'expression de la libanité. Si celle-ci est prise de conscience de la différence dans l'œuvre de Farjallah Haïk, qui s'apparente par beaucoup d'aspects à Albert Camus, si elle est recherche formelle où la rigueur, quasi mathématique, permet l'expression du moi le plus intime, menacé de folie, chez Fouad Gabriel Naffah, elle est avant tout intrusion de la dimension poétique dans l'ordre des choses chez Georges Schehadé. Classé dans les ouvrages d'histoire littéraire parmi les auteurs du « nouveau théâtre », Schehadé détruit les structures théâtrales héritées du classicisme et du XIXᵉ siècle : *l'Émigré de Brisbane* est une tragédie dont le ressort est l'espace, et non la volonté des dieux, et *les Violettes* un vaudeville où le quiproquo menace d'explosion la planète tout entière ; mais c'est pour faire la part belle à la poésie, seule capable de racheter le monde et l'homme : *Histoire de Vasco,* manifeste contre la guerre, et *la Soirée des proverbes,* récit de la pureté retrouvée, en sont des témoignages éclatants. Quant à son œuvre poétique, publiée sous le titre neutre de *Poésies,* elle comporte des poèmes courts, en vers libres, parfois semblables dans leur forme et leur légèreté aux haïkus japonais : à chaque page elle incite le lecteur à percevoir le monde autrement, par l'association incongrue de termes, par une syntaxe souvent disloquée où surgit, à chaque vers, cette beauté semblable à « la rencontre d'un parapluie et d'une machine à coudre sur une table de dissection », selon le mot de Lautréamont que les surréalistes ont rendu célèbre.

L'épanouissement

La génération d'écrivains libanais de langue française qui s'épanouit dans les années 60 va emprunter les voies ouvertes par Georges Schehadé. Elle est favorisée par l'exceptionnelle liberté d'expression et par la stabilité politique dont jouit le Liban. Beyrouth, en particulier, est un foyer de culture très vivant, où se rencontrent tous les intellectuels du monde arabe, où se noue tous les jours le dialogue entre l'Orient et l'Occident. Les cafés et les trottoirs de la rue Hamra, qui ne dort jamais, grouillent de jeunes gens et de jeunes filles, d'artistes et d'intellectuels qui refont le monde toutes les nuits, les salles de théâtre affichent plusieurs créations par saison, les cinémas se disputent les films de Fellini, d'Antonioni ou de la « nouvelle vague ».

Nadia Tuéni est sans doute la plus représentative des enfants spirituels de Georges Schehadé. Elle chante encore et toujours le Liban, mais un Liban déjà presque mythique, car les premières menaces d'un possible éclatement se dessinent. Nadia Tueni, dans ses poèmes, en a la prémonition, et elle tente de conjurer le désastre, comme elle se dresse contre sa propre mort, annoncée par la terrible maladie qui la submerge : sa poésie incantatoire a valeur d'exorcisme.

Cette génération a le grand mérite de diversifier la production en langue française, puisque à la poésie, au roman (Andrée Chedid, qui devient auteur à succès, Vénus Khoury-Ghata), au théâtre (Gabriel Boustany), viennent s'ajouter l'essai (Sélim Abou, auteur de plusieurs ouvrages sur l'identité culturelle et d'un remarquable essai d'anthropologie sur l'immigration libanaise en Argentine, *Liban déraciné,* 1978) et le commentaire politique sur l'actualité (Claire Gebeyli).

Le poète Salah Stétié, dont l'œuvre est de très haute tenue, a publié plusieurs essais sur la création poétique (*les Porteurs de feu,* 1972 ; *la Unième Nuit,* 1980) qui égalent les plus subtils théoriciens de la poésie.

En 1975, la guerre, qui va ravager le Liban pendant dix-sept ans, éclate. Elle provoque aussi un trou noir dans la littérature libanaise, puisqu'elle réduit au silence les écrivains, pétrifiés par l'horreur. Le sentiment général est qu'aucun mot n'est assez fort pour en dire l'atrocité, aucun cri assez puissant pour recouvrir le vacarme des obus, et qu'aucune rigueur ne peut donner de structure au chaos, et si Amin Maalouf, émigré en France en 1976, commence à écrire (*les Croisades vues par les Arabes,* 1983, et *Léon l'Africain,* 1986), c'est apparemment pour parler d'autre chose. Mais les eaux souterraines poursuivent leur cours, et les jeunes écrivains reprennent l'œuvre là où l'avaient laissée leurs aînés : à la parole interrompue en 1982 de Nadia Tuéni, succède celle de Jad Hatem, et, en 1993, Maalouf écrit enfin son premier roman sur le Liban, *le Rocher de Tanios* (prix Goncourt), comme un signe de réconciliation avec le pays, d'appartenance retrouvée.

Écrire malgré la guerre

Plusieurs observateurs ont noté que la guerre n'avait pas interrompu l'activité traditionnelle de l'édition libanaise.

Malgré les difficultés innombrables, des titres nouveaux avaient pu paraître. Des éditions remarquablement soignées des « œuvres complètes » de Nadia Tuéni (en 1986) ou de Fouad Gabriel Naffah (en 1987), réalisées à Beyrouth, témoignent de la volonté de maintenir contre la guerre la vitalité de l'esprit.

Ainsi, cette littérature libanaise d'expression française, première-née des littératures francophones du monde arabe, a su, malgré les soubresauts et les crises, conserver ses particularités. Favorisée par un enseignement scolaire bilingue et par la permanente ouverture du Liban au monde, elle est expression d'une conscience et d'une personnalité sans jamais se laisser enfermer dans le ghetto du pittoresque et de l'exotique, cherchant à dire l'universel par-delà le particulier, de la même manière que les Libanais se perçoivent à la fois comme citoyens de leur pays et citoyens du monde.

Maison à Dayr-al-Qamar, 1981, par Olga Limansky.

Checri Ganem (1861-1929) peut être considéré comme le père de la littérature libanaise d'expression française. Sa pièce maîtresse, *Antar,* constitue la première grande manifestation de cette littérature. Joué pour la première fois à l'Odéon (Paris) en 1910, *Antar,* qui met en scène Antara al-'Absi, l'illustre guerrier arabe du VIᵉ siècle (héros du Sirat d'Antar, « le Roman d'Antar », qui célèbre son courage, sa virtuosité et son talent poétique), fut applaudi à l'unanimité par le public et les critiques français enthousiasmés à l'époque par les pièces héroïques à la manière de *Cyrano de Bergerac.* Représentation vivante de l'âme orientale, chevaleresque et sentimentale, *Antar* est considéré aussi comme une des plus éclatantes manifestations que le nationalisme arabe a organisées à Paris à la veille même de la guerre de 1914. Checri Ganem a publié des poèmes (*Ronces et fleurs,* 1890) et plusieurs pièces (dont *Tamerlan,* 1908).

« *Le moment de la mort* »

Gravement blessé à l'épaule par la flèche empoisonnée de Zoubeir, Antar apprend aux derniers moments de sa vie que son rival Amarat va attaquer son camp dès qu'il aura appris la nouvelle de sa mort. Il fait alors évacuer le camp et prie son épouse bien-aimée Abla de partir au plus vite. À Cheyboub, son frère, qui essaie en vain de le convaincre d'aller chercher un remède à sa blessure chez le roi Moundhir, Antar répond pour protéger, mort ou vivant, le convoi qui emmène sa bien-aimée :

ANTAR

On ne peut reculer le moment de la mort.
Pourquoi donc s'avilir en se montrant avide ?
Un matin bien rempli vaut mieux qu'un grand jour vide.
....
Tu pleures ? Depuis quand pleure-t-on un guerrier
5　Qui vide, avec honneur et gloire, l'étrier ?

CHEYBOUB

Je pleure sur nous tous, sur ton pays, ta race,
Tout ce qui va mourir de ta mort. Ô ciel, grâce !

ANTAR

L'avenir d'une race et d'un pays n'est pas
Dans un homme, fût-il l'arbitre des combats,
10　Le roi du monde. Rien n'arrête un peuple en marche.
Il monte ! Je le vois monter de marche en marche,
Du levant au couchant, dans un tel flamboiement
Que l'astre d'or pâlit au sein du firmament.
Qu'importe aux aigles fiers et même aux hirondelles
15　Une plume de plus ou de moins à leurs ailes !
Je ne suis qu'une plume, ami…

CHEYBOUB

　　　　　　　　Non pour les tiens,
Antar, non pour les tiens.

ANTAR

　　　　　　　Et même pour les miens !
La douleur sera vive et sans doute profonde.
Mais pour naître ou créer, tout souffre dans le monde.
20　Même la graine, pour germer, pourrit d'abord,
Car la vie est un fruit de l'arbre de la mort.
Va, pars ! tu me verras un jour prochain peut-être,
Du noir sillon que fait ma mort réapparaître
En un autre moi-même. Où le semeur passa
25　Montera sous ses pas la graine qu'il lança.
Pars ! Et veille sur elle, ami, gardien fidèle !
… Qui sait ce qu'il sera celui qui naîtra d'elle.

Antar, 1946.

[Après avoir fait ses adieux à son frère auquel il intime l'ordre de partir, Antar demeure seul ; il monte sur son cheval et attend courageusement et la mort et l'ennemi.]

[La pièce se termine sur ces dernières paroles d'Antar :]

Ah ! je sens que le froid m'envahit peu à peu,
Mes yeux se troublent. Quoi ? c'est déjà ton étreinte,
Ô Mort ! Attends ! C'est moi qui t'étreindrai sans crainte,
Mais à cheval et lance au poing, comme autrefois,
30　Quand je te contraignais d'obéir à ma voix,
Et que mon bras guidait ta marche aveugle et folle […].
　　(Il monte, par un dernier effort, sur son cheval.)
Et maintenant, mon âme, ouvre tes ailes, vole.
……………………………………………………………
Il semble que je dors d'un sommeil conscient.
Je vois un vol d'oiseau qui vient de l'Orient ! […]
35　Il s'approche, il m'entoure, il passe et puis repasse !
Mais c'est ma vie, ma vie entière qui m'enlace
Comme un linceul des jours que j'ai vécus, tissés !
Jours de rêve ! d'amour ! de lutte ! Le passé
Se déroule. Je vois où mon linceul commence :
40　Oh ! vos fils sont de soie et d'or, jours de l'enfance !
Seuls vous êtes ainsi, brillants et purs, seuls ? Seuls !
… C'est donc nous qui tissons, nous-mêmes, nos linceuls !
… C'est bien le mien ! La mort de ses doigts le replie !
Elle m'ensevelit dans les plis de ma vie !…
45　Reste immobile, Antar… Il faut qu'en arrivant…
L'ennemi… voie Antar… prêt…
　　(En ce moment arrive Amarat à la tête de ses hommes armés.)

AMARAT

Ah ! Vivant !

LES AUTRES, *tournant les talons*

Vivant ?

**Checri Ganem, *Antar*,
1910, Droits réservés.**

LIBAN
CHARLES CORM

Charles Corm
(Beyrouth, 1894-1963)
est l'auteur de
la Montagne inspirée
(1934), recueil de poèmes
divisé en trois cycles :
« le Dit de l'enthousiasme »,
« le Dit de l'agonie »,
« le Dit du souvenir ».
Écrit à la gloire du Liban,
ce recueil fut considéré par
certains Libanais comme
« leur épopée nationale ».

COMPRÉHENSION ET LANGUE

1 – À quoi correspond le jeu anaphorique ? Faites le plan de ce poème à partir de votre réponse.
2 – Le paganisme est-il vraiment un facteur d'unité ? Quel sentiment anime le poète le long de ce texte ? Comment se manifeste-t-il ?
3 – Étudiez le souffle épique dans ce poème à partir des champs lexicaux et du rythme (enjambements et rejets).
4 – Quelle(s) remarque(s) faites-vous sur l'emploi de la majuscule dans « Temps », v. 11 ?

ACTIVITÉS DIVERSES, EXPRESSION ÉCRITE

« Un lien étroit lie les peuples à leurs langues. Celles-ci vivent et meurent avec eux. »
Comment, à votre avis, peut-on assurer une longue vie à sa langue ?

Le Dit du souvenir

Dans « le Dit du souvenir », dernier cycle de la Montagne inspirée, *le poète rappelle aux Libanais leur passé glorieux, la grandeur de leurs ancêtres, la beauté de leur pays, l'ardeur de l'âme libanaise, comme s'il voulait leur redonner confiance en eux-mêmes et les inciter à puiser dans leur passé la force et le courage pour affronter le présent et l'avenir et regagner le respect du monde entier en suivant le chemin tracé par leurs ancêtres.*

Langue de mon pays, ô première figure
De proue, à l'horizon de l'univers ancien,
Toi qui gonflas d'orgueil la voile et l'aventure
    Des aïeux phéniciens :

5 Si je rappelle aux miens nos aïeux phéniciens
C'est qu'alors nous n'étions au fronton de l'histoire,
Avant de devenir musulmans ou chrétiens,
Qu'un même peuple uni dans une même gloire,
Et qu'en évoluant, nous devrions au moins,
10 Par le fait d'une foi d'autant plus méritoire,
Nous aimer comme aux Temps où nous étions païens !

Hélas ! tous les écrits des peuples de la terre,
Ces alphabets divers qui sont nos rejetons
Leur chantent leurs hauts faits et nous osons nous taire
15   Sur nos titres féconds !

Langue de mon pays, dites-nous notre histoire,
Dites à nos enfants que tout semble humilier,
Qu'ils peuvent être fiers d'avoir eu dans la gloire
    Des gloires par milliers !

20 Langue de mon pays, donnez-nous confiance,
Faites-nous croire encor en nous et nos aïeux,
Gardez-nous notre rang, gardez notre audience
    À la table des dieux !

Et vous, nos émigrants, courageuses pléiades,
25 Vous qui continuez cet essor rayonnant,
Par lequel nos aïeux, de cyclade en cyclade,
    Fouillaient les continents ; [...]

Vous qui gardez ce sang dont l'ardeur vous travaille,
N'allez pas l'égarer sous un ciel étranger ;
30 Rentrez vous reposer de vos dures batailles,
    Sous nos fleurs d'oranger ;

Venez vivre et mourir dans vos vieilles murailles,
Revenez parmi nous, cent fois les bienvenus ;
Ne vous déchirez pas d'atroces funérailles,
35   Ô soldats inconnus !

Charles Corm, *la Montagne inspirée,*
1934, Droits réservés.

Farjallah Haïk est né
à Beit Chebab en 1912.
Sa famille était
particulièrement attachée
au sol natal et aux
traditions libanaises.
Doté d'une imagination
vive et d'un grand sens
de l'observation, Haïk
a construit une œuvre
qui ne manque pas
de virulence dans
la dénonciation
du fonctionnement
de la société libanaise :
les intrigues villageoises,
la condition de la femme
en milieu urbain,
l'influence prépondérante
du clergé. Mais il exprime
aussi, à travers un art
consommé du roman,
l'amour du terroir,
la tendresse à l'égard
des petites gens
et la compassion
pour leurs drames.
Il est l'auteur de plusieurs
essais et romans dont
Barjoute (1940), *Al Ghariba*
(1947), *Abou Nassif*
(1948), *l'Envers de Caïn*
(1955), *les Meilleures
Intentions* (1962)

« *Ce pain merveilleux* »

*« Le génie n'est que l'enfance retrouvée à volonté », disait Baudelaire. C'est par
et à travers les yeux d'Ernestine, une Française mariée à un avocat libanais,
que Farjallah Haïk décrit le cérémonial d'un culte au cours duquel
une paysanne libanaise transforme le pain de campagne en hostie.*

Un jour, Ernestine a voulu voir comment on fait ce pain merveilleux,
mince et onctueux comme une étoffe de soie. À côté de la maison, tout
près d'un mur d'appui, une vieille femme était assise, les pieds tendus en
avant. Sur une petite table basse, elle aplatissait, avec ses deux mains
5   unies par les pouces, des boules de pâte en les saupoudrant avec un peu
de farine. Un rond se formait peu à peu et devenait de plus en plus
mince. Puis la femme lui façonnait une bordure en le faisant tourner
d'une main et le pressant de l'autre. Et alors lui apparut ce grand secret
de l'adresse paysanne. La femme prenait le rond de pâte, l'élevait en l'air
10   en le battant de tout l'avant-bras, le tournoyait jusqu'à ce qu'il devînt de
l'épaisseur d'une feuille de papier. Elle le déposait ensuite sur un coussin
qu'elle renversait sur le *çage*[1]. De temps en temps, elle glissait sous le
çage quelques éclisses, des aiguilles de pin en y soufflant un peu. Et le
pain sortait, tout blond, faisant un petit frou-frou, transparent comme
15   une hostie. Ce qui l'émerveilla davantage, ce fut cette grave application
de la femme, ce silence, cette sorte de recueillement avec lequel elle faisait sa besogne. Comme s'il se fût agi d'un rite dont l'accomplissement
eût exigé toute la ferveur de sa race. Il y avait sur son visage une flamme
qui se projetait de son dedans de femme juste. Ses yeux suivaient chaque
20   mouvement de ses mains. Manier ainsi la peine des hommes, le don de
la terre, ne peut être que l'apanage de quelques élus.

Farjallah Haïk, *Al Ghariba,*
1947, Droits réservés.

*1. Plaque de tôle convexe chauffée par
un feu doux.*

COMPRÉHENSION ET LANGUE	Qu'est-ce qui, dans le texte, donne au produit matériel une valeur spirituelle ?
1 – Qui sont les personnages de ce récit ? Lequel observe ? Lequel est observé ? Comment appelle-t-on cette technique ? 2 – Quels gestes le personnage observé accomplit-il ? Que révèle l'emploi des verbes d'action du caractère de ce personnage et du style de l'écrivain ? 3 – Quelle est la valeur symbolique du travail accompli ?	4 – Comment l'emploi de la comparaison et de la métaphore religieuses contribue-t-il à opérer ce passage du matériel au spirituel ? **ACTIVITÉS DIVERSES, EXPRESSION ÉCRITE** Montrez que « le travail véritable est un trésor » et apporte le bonheur et la satisfaction.

GEORGES SCHEHADÉ

1910-1989

Poète et dramaturge de talent, grand maître de la littérature libanaise d'expression française contemporaine, ouverte à tous les courants littéraires français, et particulièrement au symbolisme et au surréalisme, Georges Schehadé appartient aussi bien à la littérature libanaise qu'à la littérature française. Traduit et apprécié plus que tout autre écrivain libanais, il est non seulement « l'un des plus grands et des plus authentiques parmi les poètes de notre temps » (Pierre Robin), mais aussi, et au même titre que Beckett, Ionesco, Genet et Adamov, l'un des plus grands créateurs du théâtre nouveau des années 50.

La vie

Né le 2 novembre 1910 à Alexandrie, d'une vieille famille libanaise qui avait dû fuir le Liban lors des affrontements sanglants de 1860, Georges Schehadé fait ses études primaires, secondaires et universitaires en Égypte.

Après avoir obtenu sa licence en droit, il s'installe au Liban où il enseigne la littérature française à l'École supérieure des lettres de Beyrouth. Fortement attaché à son pays, Schehadé ne l'a définitivement quitté pour la France que lors des événements de 1978. « Je suis resté jusqu'au dernier moment dans mon quartier […], il n'y avait plus moyen de se ravitailler […], je suis parti la mort dans l'âme… »

Schehadé manifeste très tôt une passion pour l'écriture : « Tout petit j'avais le goût des mots. J'étais en dixième, je crois, quand j'ai entendu la première fois le mot "azur", j'ai trouvé ça extraordinaire, "azur", je l'ai emporté avec moi dans mon cartable » (cité par Salah Stétié).

La poésie

À l'âge de douze ans, il commence à écrire des poèmes. Ses premiers poèmes, publiés par *la Revue du Commerce* et remarqués par les surréalistes, l'encouragent à chercher sa voie dans la poésie de langue française.

À ces premières poésies succèdent *Rodogune Sinne,* pièce imprégnée de surréalisme, écrite à la sortie du collège et publiée en 1946, longtemps après, et *Poésie zéro ou l'Écolier sultan,* considéré par Salah Stétié comme « le livre d'une enfance ingénue et savante ».

Viennent ensuite les recueils de l'âge adulte : *Poésie I, Poésies II, Poésies III* et *Si tu racontes un ramier.* Publiés successivement en 1938, 1948, 1949 et 1951 puis en 1952 en un seul volume, ces recueils font de Schehadé un poète sans précédent qui a pu se dégager des thèmes et des courants traditionnels qui limitaient la poésie de ses compatriotes pour s'ouvrir aux nouvelles tendances universelles de la poésie. À tous ces recueils s'ajoute *le Nageur d'un seul amour,* publié en 1985 après un long silence.

Le théâtre

Si l'œuvre poétique de Schehadé est essentielle, c'est surtout son œuvre dramatique qui révéla son nom au grand public cultivé. Sa première pièce, *Monsieur Bob'le,* créée en 1951 par Georges Vitaly au théâtre de la Huchette, à Paris, trace l'histoire d'un personnage mystérieux qui a su exercer sur les habitants de son petit village de Paola Scala une influence extraordinaire. Parti un jour à la recherche des vérités pures, Monsieur Bob'le laisse les habitants de son village dans l'attente indéterminée de son retour.

À cette pièce où l'humour se marie avec la poésie pure, succède dans l'œuvre dramatique de Schehadé *la Soirée des proverbes,* créée en 1954 par la compagnie Renaud-Barrault, qui met en scène Argen-George, personnage lui aussi engagé dans la quête de l'absolu.

Si ces deux pièces symbolisent le drame du poète à la recherche d'un idéal jamais atteint, *l'Histoire de Vasco,* créée en 1956 au théâtre Sarah-Bernhardt et saluée successivement à Paris, à Zurich et à Lyon, et *les Violettes,* comédie bouffe avec chansonnettes, créée en 1960, introduisent pour la première fois un thème d'actualité : il s'agit de la bombe atomique et de la recherche mise au service de l'industrie militaire.

Le Voyage, créé au théâtre de l'Odéon en 1961, trace l'histoire du jeune Christopher qui rêve de voyages lointains pour trouver peut-être du nouveau dans l'inconnu…

L'Émigré de Brisbane, dernière œuvre dramatique de Schehadé, créée en 1967 par la Comédie-Française, est construit autour d'un personnage principal qui, à la différence des autres personnages imaginés par le poète, réussit à réaliser son rêve, ce qui entraîne de graves conséquences dans son village.

Grand Prix de la francophonie en 1987, Schehadé s'est éteint à Paris deux ans plus tard.

1946	*Rodogune Sinne* [théâtre]
1951	*Monsieur Bob'le* [théâtre]
1952	*Poésies* [poésie]
1954	*La Soirée des proverbes* [théâtre]
1956	*Histoire de Vasco* [théâtre]
1960	*Les Violettes* [théâtre]
1961	*Le Voyage* [théâtre]
1967	*L'Émigré de Brisbane* [théâtre]
1985	*Le Nageur d'un seul amour* [poèmes]

Poésies

Ces deux poèmes sont complémentaires parce qu'ils expriment l'un la nostalgie de l'émigré pour son pays d'origine, l'autre la compassion de celui qui est resté au pays pour son compatriote émigré.

Je rêve en criant dans la maison des feuilles

Je rêve en criant dans la maison des feuilles
C'est moi c'est moi disait la chanson fatiguée
Oh qu'on la délivre
Et que je m'en aille en emportant
5 Le mannequin de perles
Les bois sont morts
Et par la plaie les feuilles s'envolent.

* * *

Sur une montagne

Sur une montagne
Où les troupeaux parlent avec le froid
Comme Dieu le fit
Où le soleil est à son origine
5 Il y a des granges pleines de douceur
Pour l'homme qui marche dans sa paix
Je rêve à ce pays où l'angoisse
Est un peu d'air
Où les sommeils tombent dans le puits
Je rêve et je suis ici
10 Contre un mur de violettes et cette femme
Dont le genou écarté est une peine infinie.

Georges Schehadé, *Poésies,*
© Éditions Gallimard, Paris, 1952.

L I B A N

G E O R G E S

S CHEHADÉ

Monsieur Galard, un émigré qui a fait fortune en Australie, revient au pays pour léguer sa fortune à son seul enfant, un fils naturel dont on ne connaît pas l'identité. Mais l'annonce de la mort de M. Galard met le village et son maire dans l'embarras, car il s'agit de faire avouer à l'épouse de Picaluga, de Scaramella ou de Barbi que l'une d'elles a été autrefois la maîtresse de M. Galard. L'attrait de l'héritage incite le mari de chacune à souhaiter que son épouse l'ait autrefois trompé. La pièce s'achève sur un coup de théâtre : M. Galard n'est pas mort et il n'a pas d'enfant, mais chaque villageois s'est entre-temps révélé sous son plus mauvais jour.

« *Tout comme le vent* »

Barbi, pour accaparer la fortune de l'Émigré, essaie de persuader sa femme Maria d'avouer qu'elle a été la maîtresse de l'Émigré et de dire que l'un de ses fils est fils de M. Galard.

MARIA. – Étrange pays ! (*Elle jette, de loin, un regard sur la photo de M. Galard.*)

BARBI. – M. Galard, j'ai vu son cercueil, n'était ni court ni long, attention ! Il était très bien. Et quand on n'est ni grand ni petit, on est chez soi
5 en Australie, d'après les règlements.

MARIA. – Sans doute avait-il la bonne taille.

BARBI. – Et il l'a prouvé, le coquin ! (*Il rêve. Après un temps.*) Mais enfin, comment cela se passe-t-il ?

MARIA. – Quoi ?

10 BARBI. – Je parle pour me détendre, Maria. (*Il revient à son idée et hausse la voix.*) Comment se fait-il que des gens comme moi ou toi, Maria, ou bien les autres, tous ceux que tu vois à Belvento ou dans les vallées, piétinant la terre à gros souliers, la bourrant de coups pour gagner leur vie (*avec amertume*), le pain et l'eau quoi ! avec le sel
15 comme friandise, une fois partis ailleurs, exactement en Australie, deviennent d'illustres titulaires… élégants… galants…
[…]
Je t'ai dit que je vais m'occuper du curé. Ça suffit. Laisse-moi rêver à de grandes choses, Maria ! Et étudier, en bon gros que je suis, les métamorphoses de M. Galard et son ascension depuis qu'il a quitté Belvento, pieds
20 nus, maigre comme une corde maigre, et tirant son ombre après lui. Aide-moi, Maria, toi qui n'es pas bête (*d'une voix insinuante*), qui n'es pas bête du tout.

MARIA. – Tu veux quoi ?

BARBI. – Savoir comment on monte l'escalier. Par quels moyens on
25 débouche. Et de pauvre et de gueux, on devient brusquement puissant et bien nanti. Et rempli comme une gargoulette. Et bavant l'or comme un chien enragé.

MARIA. – Le travail, Barbi.

BARBI. – Qui donc a travaillé plus que moi ? Plus saigné ?… Touche mes
30 mains, elle sont encore brûlantes. Le travail ? Laisse-moi rire, Maria.

MARIA. – La chance peut-être.

BARBI. – Tu ne sais pas ce que tu dis. Qui a meilleure chance que moi ? (*Il regarde Maria.*) Une femme belle encore, et lourde… qui est mienne, (*il montre sa maison*), notre maison tranquille, où je dors et ronfle, et
35 j'allonge et repose mes bras. Cette nuit en Sicile vraiment parfumée, avec dans le ciel mille petites choses à déchiffrer. (*D'une voix joviale :*)

L'Émigré de Brisbane à la Comédie-Française, 1967.

Des copeaux de fer-blanc pour moi ! *(Un temps.)* Qui a plus de chance que Barbi ?

MARIA. – La vie pour chacun est différente…

40 BARBI, *l'interrompant, ironique.* – … et l'on a ce qu'on mérite. Non, non, Maria, ce n'est pas ça.

MARIA. – Qu'est-ce donc, alors, Barbi ?

BARBI. – J'ai un scarabée d'or qui gratte dans ma tête… Une petite aiguille… d'abeille qui m'a piqué. *(Il rentre la tête dans ses épaules et* 45 *porte la main à sa nuque, comme s'il avait été piqué à cet endroit.)* Je comprends tout… Je vois tout, cette nuit. Je suis illuminé ! Approche Maria, je vais t'expliquer l'origine des richesses… leurs immensités… leurs violences, et leur… mélancolie. *(Hébété. Directement devant lui. D'une voix forte.)* C'est-le-vent !

50 MARIA. – ?…

BARBI. – Oui. Le vent ! Tout commence avec lui… *(Changeant de ton.)* On quitte Belvento comme une petite guenon *(il jette un coup d'œil sur la photo de M. Galard),* n'est-ce pas, Monsieur Galard ? avec dans la poche trois pommes de terre à faire frire, et sachant à peine compter, et 55 l'on s'embarque sur un vieux navire rétamé comme une marmite, chevelu et puant l'ail marin. Et dès que s'éloigne la terre dans les rayures de la vapeur, quand s'éclipsent les petites lumières paralysées du rivage, le vent brusquement défait son grand baluchon… et vous sort ses images soufflantes, ses inventions et ses diableries. Et ses idées. Or qu'est-ce 60 donc l'argent, voulez-vous me dire, sinon, au départ *(avec mépris)* une petite idée, qui vous traverse l'esprit un beau matin ? Et qui fait son chemin. Oui, tout commence avec le vent !… Non pas le vent d'ici : timide, chrétien, bien peigné, qui fait voler les cerfs-volants, et éteint les cierges à l'église par mesure d'économie. *(Illuminé.)* Mais l'autre, Maria !… 65 l'autre vent, avec son imagination immense, ses aigles et ses crabes, et les sorciers qui marchent avec lui ; n'est-ce pas Monsieur Galard ?… *(Il s'arrête pour reprendre souffle. Puis brusquement.)* Maria, Maria !… le vent d'Australie souffle, cette nuit, dans ma tête… *(à voix basse)* et m'inspire une affaire… *(Un temps.)* Dis qu'un de mes fils est de 70 M. Galard… dis que mon fils est fils du vent !

Georges Schehadé, *l'Émigré de Brisbane*, tableau 5, scène v,
© Éditions Gallimard, Paris, 1965.

LIBAN

GEORGES SCHEHADÉ

Dans un pays sans nom, où la guerre fait rage, le capitaine Septembre est à la recherche du jeune coiffeur Vasco – qui préfère rêver plutôt que de se battre – pour l'enrôler de force. Égaré en pleine forêt, Septembre rencontre deux personnages étranges, César et sa fille Marguerite, qui vivent dans une roulotte et conversent avec des corbeaux. Marguerite tombe amoureuse de Vasco en écoutant le portrait qu'en fait Septembre, et part à son tour à sa recherche sans l'avoir jamais rencontré. Finalement enrôlé par ruse, Vasco devient un héros malgré lui et meurt en accomplissant un exploit guerrier, au moment où Marguerite l'aperçoit enfin. *Histoire de Vasco* est un virulent manifeste contre la guerre, et prône le rêve comme unique activité digne de l'être humain.

« *Je suis en rêve* »

Dans un espace scénique en partie occupé par une charrette, lieu magique connoté de l'idée de voyage, César et sa fille Marguerite s'adonnent à leur activité favorite, le rêve.

MARGUERITE, *de la charrette, d'une voix particulière.* – Je suis en rêve… laisse-moi.

CÉSAR. – À quoi rêve ma fille ? C'est important. Sait-on jamais comment glisse et grandit le mensonge dans une âme ? Un rêve est une lucarne. *(À*
5 *Marguerite :)* Rêve tout haut, pour que je voie.

MARGUERITE. – …

CÉSAR. – Je te dis de rêver tout haut, autrement je te réveille.

MARGUERITE, *d'une voix de dormeuse.* – Je suis avec quelqu'un.

CÉSAR. – Tout de suite ? Déjà ? Eh bien, tu t'en fourres, Marguerite, ma
10 fille ! Disons les choses comme elles sont, dans cette solitude. Tu n'es pas avec un corbeau, au moins ?

MARGUERITE, *d'une voix lente.* – Je suis dans une église, père.

CÉSAR. – Cela me plaît beaucoup. Mais que fais-tu dans ce lieu si peu à la mode, Marguerite, ma fille ?

15 MARGUERITE, *lentement.* – Je suis en rêve… laissez-moi. Je marche sur les dalles d'un chemin dans une église ornée de bergers enfants qui ont, chacun, deux flûtes à la bouche…

CÉSAR, *à lui-même.*– Tout ça finira par un sacrilège, je le crains. *(À Marguerite :)* Dépêche-toi de quitter ce sanctuaire.

20 MARGUERITE. – … et je suis si bellement habillée, père… si pauvre et si belle… *(César commence à s'intéresser au récit de sa fille)* qu'on me jette des fleurs… que je ne vois pas…

CÉSAR, *avec une curiosité respectueuse.* – Moi non plus.

MARGUERITE. – J'avance, merveilleuse et abandonnée… en protégeant
25 mes pas… comme si j'étais noisette… ou corps léger…

CÉSAR, *il est à genoux.* – Mon ange, Marguerite !

MARGUERITE. – Il touche mes cheveux comme un sable amer… et, ouvrant ses ciseaux, il en fait deux flammes : mon cœur et le sien… unis pour toujours !

30 CÉSAR, *à voix basse.* – Ne va pas si vite, Marguerite ; laisse-moi écouter !

MARGUERITE. – L'ombre, ici, est une seconde lumière qui double tout ce que je vois… ainsi l'ombre de la rose est une rose plus légère…

CÉSAR, *il s'est agenouillé. À voix basse.* – Il n'y a plus de vent.

MARGUERITE. – … et je me demande pourquoi j'ai tant de bonheur… je
35 ne suis pas la plus belle… et mon amour n'est pas le plus grand. À présent, le jour me quitte en me laissant ses mains… et ses pas de violettes dans un jardin… et je rencontre près d'une fontaine… un petit coiffeur… L'eau n'a pas de bruit…

CÉSAR, *il est à genoux.* – Ainsi soit-il.

40 MARGUERITE. – Voilà, père, comment je suis devenue : Madone… et fiancée à un petit coiffeur. Et je serais morte de faim dans ce lieu de lumière, n'était la mangeoire d'un cheval, pleine de bluets et de pain.

CÉSAR. – Ce rêve est le plus beau rêve de notre vie, Marguerite ! Mes cheveux blancs, ce soir, sont une couronne d'amour, pour ma fille.

45 MARGUERITE, *elle se met subitement à ronfler.* – Rrrr… rrrr… rrrr…

CÉSAR, *il écoute, surpris, n'en croyant pas ses oreilles.* – Elle ronfle ? *(Il se lève.)* Tu ronfles, Marguerite ? Après tout ce que tu as dit !

MARGUERITE, *elle ronfle.* – Rrrr… rrrr… rrrr…

CÉSAR. – Tu ne rêvais donc pas ? tu dormais ! Il ne s'est rien passé de
50 vrai dans cette charrette ? *(À lui-même, furieux :)* Elle m'a mis dedans !

**Georges Schehadé, *Histoire de Vasco,* tableau 1, scène II,
© Éditions Gallimard, Paris, 1956.**

© Éditions Gallimard, Paris, 1956.

Jean-Louis Barrault et Annie Fargue
dans *Histoire de Vasco*, 1957.

COMPRÉHENSION
ET LANGUE

1 – À quel genre littéraire se rattache ce passage ? Répondez en précisant les différents éléments qui justifient votre réponse.
2 – Quels sont les personnages de cette scène et quels rapports entretiennent-ils les uns avec les autres ?
3 – Relevez dans le texte un passage caractéristique de la fusion de l'humour et de la poésie propre au théâtre de Schehadé.
4 – Analysez le contenu du rêve de Marguerite.
5 – Étudiez dans ce texte les différents éléments du comique.

ACTIVITÉS DIVERSES,
EXPRESSION ÉCRITE

Commentez ce propos de Gaston Bachelard : « Le rêve a le pouvoir de créer un monde neuf pour l'être miraculeusement préservé de tout changement et de toute maturation. »

« *Porteur de feu* »

S'« *il est rare que le critique fût lui-même poète* », les Porteurs de feu
de Salah Stetié est considéré comme aussi purement poétique
que les plus beaux poèmes de ce poète « *de haute race* ».
Dans ce passage, l'auteur analyse le déchirement du poète arabe.

— « Déchirement orphique », – la situation de l'homme arabe
appelle spontanément Orphée, et le chant. Elle appelle aussi et provoque, sur d'autres plans, du politique à l'économique et au social, une
action qui est en train de s'accomplir et qui vise, en son terme réalisé, à
5 ressouder l'homme arabe avec son histoire et celle-ci avec l'histoire du
monde. L'histoire du monde va de plus en plus vite. Pour la rejoindre, le
monde arabe marche aussi rapidement qu'il peut. Son évolution inscrit
de puissants sillons dans le champ de l'événement visible, mais les
sillons qu'elle creuse dans les consciences ne sont ni moins profonds, ni
10 moins accueillants aux semences. Il reste qu'il n'est pas d'exemple de
pays ainsi bousculés par l'Histoire qui ne soient devenus, très vite, inten-
sément créateurs. De l'essayiste, du philosophe, du dramaturge, de l'artiste arabe, on pourra beaucoup attendre désormais. Mais le poète qui est
l'homme du déchirement parce qu'il est l'homme d'une guérison, le poète
15 arabe est déjà là. Qui parle. Qui dit. Qui chante. Qui annonce le nouvel
état des choses. Qui approche ses doigts de la blessure et travaille intuiti-
vement, par vocation de poète, à rapprocher les lèvres de la plaie, à fonder le corps nouveau. Écoutons la remarque exaltée du poète Adonis :
« Notre terre n'est pas seulement une *“waste land”*, comme l'a dit de
20 l'Europe le poète anglais T.S. Eliot : elle est plus que cela, elle est chaos
et désordre. En même temps, nous voyons briller sur elle le signe du
feu. » Il ajoute : « Quel climat spirituel et humain plus riche que celui-là,
et plus tragique ? C'est un climat unique, écrasant. C'est le climat de
l'homme, à la fois pilote et perdu, celui de la poésie universelle. »
25 Cette citation n'est pas isolée, et l'on pourrait en fournir bien d'autres
qui vont dans le même sens. Ainsi donc le poète arabe se rend compte de
l'ampleur de la situation historique dans laquelle il se trouve plongé et de
son rôle de porteur de feu – je veux dire de ce feu qui soude l'épars ou le
ressoude. Le poète le sait d'instinct : il est créateur de cohérence. « *Dans*
30 *cette “séparation de corps” qui dure encore entre deux mondes de l'es-*
prit, sa tâche est la conciliation », affirme Saint-John Perse. Créateur
d'unité, le poète est d'abord sollicité de créer, par le poème, son unité
personnelle, et de fixer, par projections et figures, tirées du chaos originel, ses propres constellations dans le ciel de la Parole. Plus bouleversé
35 sera le chaos originel, plus disparates seront les éléments – « intérieurs »
et « extérieurs », « subjectifs » et « objectifs » – dont le poète a la garde
secrète, plus rude sera sa tâche et plus malaisé l'apport de son ordre.

Salah Stetié, *les Porteurs de feu*,
1972, Droits réservés.

Salah Stetié, diplomate
de carrière, reconnu
unanimement comme
un remarquable critique
et essayiste, est l'un
des plus grands poètes
de sa génération (*la Mor-
tabeille*, 1972 ; *la Unième
nuit*, 1990 ; *Inversion de
l'arbre et du silence*, 1981).
Né en 1929 à Beyrouth,
il représenta le Liban
à l'Unesco et collabora à
plusieurs revues littéraires
(*Mercure de France,
la Nouvelle Revue française,
Europe…*).

COMPRÉHENSION ET LANGUE

1 – Précisez le rôle de chacun
des articulateurs logiques utilisés dans ce passage.
2 – Étudiez la structure de ce
passage et son rapport avec le
type de texte auquel il appartient.
2 – En quoi ce passage ressemble-t-il à un texte poétique ?
Justifiez votre réponse à l'aide
d'exemples tirés du texte.
4 – Expliquez à travers le texte
le symbolisme de l'expression
imagée « porteur de feu ».

XXᵉ siècle

Ce que lumière cache

Recueil posthume, la Terre arrêtée, *constitué de poèmes écrits à des dates différentes, manque d'unité chronologique ; en revanche, il apparaît comme la quintessence de la poésie de Nadia Tuéni.*

Pour G.T.

Nadia Tuéni (1935-1983), décédée trop tôt, a incarné dans son être et dans sa poésie ce qu'il y a de noble et d'unique dans les métissages libanais. Sa quête de l'harmonie et de l'équilibre, de l'osmose du sensuel et du spirituel, quête individuelle s'il en est, acquiert, grâce à l'acte poétique, une dimension collective. Si le surréalisme, comme mise en évidence d'une logique autre par le biais d'images surprenantes, constitue l'armature formelle de sa poésie, son inspiration dépasse largement la plongée dans l'inconscient parce qu'elle est constamment sous-tendue par l'interrogation métaphysique (*le Rêveur de terre*, 1975 ; *Liban, vingt poèmes pour un amour*, 1979).

Il y a incendie dans la lumière.
Un cri plane et se pose.
Les choses de la nuit sont graves.

Devenir l'envers du sanglot,
5   être une enfant de Terre
et la lune mon cerf-volant.

Je reconnais ton rire à l'odeur de tes gestes.
Tes yeux vont de colère
chercher une autre nébuleuse.
10 À l'heure d'incendie dans la lumière,
sur tes paumes des mots fragiles,
tes cheveux bleus de porcelaine.

Quelque part l'acier nonchalant de la mer.
Quelque part un homme à deux futurs se dresse.
15 Or la vie s'invente au fur et à mesure,
comme un fleuve, en coulant.

Ici j'insère un soupir
temps de respiration des roses.
Là entre ciel et moi,
20 la virgule du nuage.

Ô tous ces mondes comprimés
dans un battement de cœur,
ces marées qui gonflent mes veines.
Ô royauté de la misère,
25 pour qui regarde seul, l'imaginable espace.

Tailler dans l'épaisseur de la clarté, tailler,
afin de découvrir ce que la lumière cache.
Nos yeux s'ouvrent alors sous le fouet du jour,
au linge noir des paysages.

Nadia Tuéni, *la Terre arrêtée,*
1984, Droits réservés.

COMPRÉHENSION ET LANGUE

1 – Relevez les indications temporelles et spatiales. Que remarquez-vous ?
2 – Relevez les phrases nominales. Quel est l'effet produit ?
3 – Comment comprenez-vous le titre ?
4 – À quelle condition découvre-t-on, selon Tuéni, ce que cache la lumière ?

Liban : 20 poèmes pour un amour est publié en 1979. Il se propose d'être une réponse à la guerre libanaise par une tentative d'évasion dans le refuge de l'arrière-plan, sorte de géographie subjective. Le poète ne cherche pas, à la manière d'un peintre réaliste, à transcrire les détails d'un tableau, le paysage extérieur est intériorisé. Ainsi, toutes les dimensions de la vérité libanaise se retrouvent, se rencontrent et se confondent dans l'espace étroit de vingt poèmes qui les fertilisent de la semence d'une vision fantaisiste.

Beyrouth

La métamorphose du réel en insolite s'opère ici grâce à la fiction, au souvenir et à la symbiose du paysage et du moi. Beyrouth apparaît comme une ville de commerce et de négoce, charnière entre l'Orient et l'Occident, espace où se noue l'Histoire et où se heurtent les idéologies, ville de luxe et de confort mais aussi ville roturière, ville de paradoxe au destin agité, mais ville glorieuse qui survit au malheur.

Qu'elle soit courtisane, érudite, ou dévote,
péninsule des bruits, des couleurs, et de l'or,
ville marchande et rose, voguant comme une flotte,
qui cherche à l'horizon la tendresse d'un port,
5 elle est mille fois morte, mille fois revécue.
Beyrouth des cent palais, et Béryte des pierres,
où l'on vient de partout ériger ces statues,
qui font prier les hommes, et font hurler les guerres.
Ses femmes aux yeux de plages qui s'allument la nuit,
10 et ses mendiants semblables à d'anciennes pythies.
À Beyrouth chaque idée habite une maison.
À Beyrouth chaque mot est une ostentation.
À Beyrouth l'on décharge pensées et caravanes,
flibustiers de l'esprit, prêtresses ou bien sultanes.
15 Qu'elle soit religieuse, ou qu'elle soit sorcière,
ou qu'elle soit les deux, ou qu'elle soit charnière,
du portail de la mer ou des grilles du levant,
qu'elle soit adorée ou qu'elle soit maudite,
qu'elle soit sanguinaire, ou qu'elle soit d'eau bénite,
20 qu'elle soit innocente ou qu'elle soit meutrière,
en étant phénicienne, arabe, ou roturière,
en étant levantine aux multiples vertiges,
comme ces fleurs étranges fragiles sur leurs tiges,
Beyrouth est en Orient le dernier sanctuaire,
25 où l'homme peut toujours s'habiller de lumière.

**Nadia Tuéni, Liban : 20 poèmes pour un amour,
1979, Droits réservés.**

COMPRÉHENSION ET LANGUE
---

1 – Étudiez le jeu des oppositions et des anaphores dans ce poème.
2 – Relevez deux champs sémantiques dominants.
3 – Peut-on découper ce texte ? Pourquoi ?
4 – Le poète identifie la ville à une femme : sur quelle figure de style se construit cette image ?
5 – « Peut-on inscrire ce poème dans le cadre du « nationalisme libanais » ? Justifiez votre réponse.

Pays

La représentation poétique du Pays n'exclut pas la prise en compte des réalités – bien au contraire. Ce poème, publié en 1972 dans le recueil Poèmes pour une histoire, *traduit la prémonition qu'a l'auteur de ce que sera la guerre, trois ans plus tard.*

Pays d'ombres
moi qui voyage tel qu'en moi-même
plus loin que la beauté des nuits.
Quand dorment les rivières dans les calices
5 et que s'élève un vent d'orties.
Pays d'ombres
je serai cette fleur-là à la forme vorace
pour saluer la pierre et le soleil ensemble
au midi des couleurs.
10 Il fut un âge de verre bleu
semblable à la soif sur la peau profonde des hommes ;
la douleur s'éteint de vie
nous sommes captifs d'un même instant.
Pays d'ombres au plein de tes yeux
15 avec la mort plus droite qu'un amant
et la plaine aux joues si diaphanes qu'on dirait une terre ancienne ;
c'est l'histoire à deux bêtes du ciel et de la mer
la vague pourpre des déserts par quoi se trahit le matin
et l'astre au galop de ton corps.
20 Vos automnes ont l'haleine dure
vos chemins se perdent en route
nul n'aurait pu dire les mains pâles, n'était-ce
la fuite du cri comme une étoile
aux yeux cernés parce que quotidienne.
25 Qu'importe vos bras tendus de racines
dans le lit du mourant chaque bruit a des ailes
mais ce n'est pas d'amour que la terre est précieuse.
Pays d'ombres
ma vie frappe à vos lèvres et la lumière se casse.
30 Ô vous de Samarie telles le vent et son masque
la douceur de vos larmes est intacte,
partons ; n'avons-nous pas servi sous un même printemps ?
Pays d'ombres
un seul cri de la naissance jusqu'à la mort, un seul ;
35 et puis sur la montagne des hommes multipliés.

Nadia Tuéni, *Poèmes pour une histoire,*
1972, Droits réservés.

COMPRÉHENSION ET LANGUE

1 – Quelle est la valeur de l'anaphone « Pays d'ombres » ?
2 – Y a-t-il un champ sémantique de la lumière, qui s'oppose à celui de l'ombre ?
3 – Étudiez le jeu d'oppositions de l'unifié et du démultiplié. Commentez, dans cette perspective, les deux derniers vers du poème.
4 – En quoi ce poème est-il prémonitoire ?

ACTIVITÉS DIVERSES, EXPRESSION ÉCRITE

Le poète a souvent été, dans l'histoire humaine, en particulier dans la Cité grecque, un éveilleur de consciences, doté de dons prémonitoires. Documentez-vous sur les poètes « engagés », classiques et contemporains.

Amin Maalouf, né au Liban en 1949, a fait à Beyrouth des études de sciences sociales pour se lancer dans le journalisme. Affligé par les scènes affreuses des débuts de la guerre libanaise, il choisit de quitter le pays en 1976, pour s'installer avec sa famille en France où il continue à exercer son métier de journaliste. Conscient de l'importance du rôle que les Libanais peuvent jouer entre l'Orient et l'Occident, Amin Maalouf a décidé de procéder à une nouvelle lecture des grands événements qui ont marqué l'histoire de son pays et du monde arabe et qui peuvent, vus différemment par les uns et par les autres, amener au rapprochement des peuples et favoriser leur dialogue.
Les Croisades vues par les Arabes, son premier ouvrage (1983), est d'abord un livre d'historien.
Viennent ensuite les romans *Léon l'Africain* (1986), *Samarcande*, (1988), *les Jardins de lumière* (1991), *le Premier Siècle après Béatrice* (1992) et *le Rocher de Tanios* (1993), couronné par le prix Goncourt.

« *Mon étroite parcelle de mer* »

Après avoir raconté les différents épisodes liés à la vie de Tanios et à ses aventures, au siècle passé, dans le village de Kfaryabda, le narrateur nous apprend la disparition énigmatique de Tanios le jour même où cheikh Francis, le seigneur du village, le désigne comme son seul successeur. Ce texte, tiré des dernières pages du roman tissé à la manière d'une légende autour d'une histoire vraie, nous plonge avec l'auteur-narrateur dans une profonde méditation sur les raisons qui ont amené Tanios et plusieurs autres habitants de sa Montagne à la quitter un jour comme si le départ était leur seul salut…

Demeurent, en tout cas, bien des zones d'ombre que le temps n'a fait qu'épaissir. Et d'abord celle-ci : pourquoi Tanios, après être sorti du village en compagnie du muletier, était-il revenu s'asseoir sur ce rocher ?

On peut imaginer qu'à l'issue de sa conversation avec Nader[1], qui
5 l'aurait une fois de plus exhorté à quitter sa Montagne, le jeune homme hésitait. On pourrait même énumérer les raisons qui avaient pu l'inciter à partir et celles, au contraire, qui auraient dû le retenir… À quoi bon ? Ce n'est pas ainsi que se prend la décision de partir. On n'évalue pas, on n'aligne pas inconvénients et avantages. D'un instant à l'autre, on bas-
10 cule. Vers une autre vie, vers une autre mort. Vers la gloire ou l'oubli. Qui dira jamais à la suite de quel regard, de quelle parole, de quel ricanement, un homme se découvre soudain étranger au milieu des siens ? Pour que naisse en lui cette urgence de s'éloigner, ou de disparaître.

Sur les pas invisibles de Tanios, que d'hommes sont partis du village
15 depuis. Pour les mêmes raisons ? Par la même impulsion, plutôt, et sous la même poussée. Ma Montagne est ainsi. Attachement au sol et aspiration au départ. Lieu de refuge, lieu de passage. Terre du lait et du miel et du sang. Ni paradis ni enfer. Purgatoire.

À ce point de mes tâtonnements, j'avais un peu oublié le trouble de
20 Tanios, devant mon propre trouble. N'avais-je pas cherché, par-delà la légende, la vérité ? Quand j'avais cru atteindre le cœur de la vérité, il était fait de légende.

J'en étais même arrivé à me dire qu'il y avait peut-être, après tout, quelque sortilège attaché au rocher de Tanios. Lorsqu'il était revenu s'y
25 asseoir, ce n'était pas dans le but de réfléchir, me dis-je, ni de peser le pour et le contre. C'est de tout autre chose qu'il ressentait le besoin. La méditation ? La contemplation ? Plus que cela, la décantation de l'âme. Et il savait d'instinct qu'en montant s'asseoir sur ce trône de pierre, en s'abandonnant à l'influence du site, son sort se trouverait scellé.

30 Je comprenais à présent qu'on m'eût interdit d'escalader ce rocher. Mais, justement, parce que je l'avais compris, parce que je m'étais laissé persuader – contre ma raison – que les superstitions, les méfiances, n'étaient pas infondées, la tentation était d'autant plus forte de braver l'interdit.

35 Étais-je encore lié par le serment que j'avais fait ? Tant de choses s'étaient passées ; le village avait connu, depuis l'époque pas si lointaine de mon grand-père, tant de déchirements, de destructions, tant de meurtrissures, qu'un jour je finis par céder. Je murmurai pardon à tous les ancêtres et, à mon tour, je montai m'asseoir sur ce rocher.

40 Par quels mots décrire mon sentiment, mon état ? Apesanteur du temps, apesanteur du cœur et de l'intelligence.

Derrière mon épaule, la montagne proche. À mes pieds, la vallée d'où monteraient à la tombée du jour les hurlements familiers des chacals. Et là-bas, au loin, je voyais la mer, mon étroite parcelle de mer,
45 étroite et longue vers l'horizon comme une route.

Amin Maalouf, *le Rocher de Tanios*,
© Éditions Bernard Grasset, Paris, 1993.

COMPRÉHENSION
ET LANGUE

1 – Dégagez la structure du passage.
2 – Sur quels éléments repose la similitude entre Tanios, le héros du XIXᵉ siècle, et le narrateur du XXᵉ siècle ?
3 – Ce que le narrateur dit du rapport entre la légende et la réalité vous semble-t-il paradoxal ? Pourquoi ?
4 – Que pensez-vous de la phrase qui clôt le passage ?
5 – Qu'est-ce qui, dans ce texte, vous semble relever du pittoresque ? Qu'est-ce qui, au contraire, est universel ?
6 – Entre l'image mythique que l'émigré garde de son pays et la réalité, il y a un abîme. Comment Maalouf l'exprime-t-il ?

ACTIVITÉS DIVERSES,
EXPRESSION ÉCRITE

En vous référant à l'histoire contemporaine de votre pays, expliquez les différentes raisons de l'émigration et précisez ses retombées sur la situation actuelle de votre pays et sur celle du monde arabe.

1. Muletier savant, ami de Tanios, qui n'aspirait qu'à partir.

Scène de village, par Philippe Mourani.

LIBAN
FOUAD GABRIEL NAFFAH

Fouad Gabriel Naffah
(1925-1983),
probablement le premier
poète libanais d'expression
française à être sorti
de l'art imitatif pour
atteindre la création pure,
a produit une œuvre
poétique où la recherche
formelle est mise
au service d'une quête
métaphysique
douloureuse, hantée par
la mort et par un absolu
qui se refuse
constamment.
Écrivant des après-midi
entiers dans de minuscules
cafés beyrouthins,
interné plusieurs fois,
il a paradoxalement élargi
l'expérience personnelle à
des dimensions cosmiques,
s'inscrivant ainsi
dans la lignée d'un
Gérard de Nerval ou
d'un Stéphane Mallarmé.
Son premier recueil,
la Description de l'homme,
du cadre et de la lyre
(1950), entièrement écrit
en alexandrins non rimés
et non ponctués, a obtenu
le prix René Laporte
en 1964.

Fin septembre

Ayant pour point de départ les transformations de la nature libanaise à la fin du mois de septembre, ce poème est une méditation sur le thème universel de la fuite du temps.

J'écoute ce matin un vent prémonitoire
Annoncer des cheveux sur le point de blanchir
Des vœux en agonie et des peurs en éveil
Le jaune qui commence et le vert qui finit
5   J'écoute mais d'où vient la voix d'un nouvel âge
Qui dit à l'improviste à l'âme « déménage »
Il l'invite à souffrir si jeune de vieillesse
Faut-il croire aujourd'hui le messager d'octobre
Non, je dois à l'été de douter de l'automne
10 Allons voir si le ciel confirme le message
Si le ciel répond bleu jeunesse est rassurée
Allons voir Oh regrets Depuis quand ces nuages
Pourquoi le bel azur est ainsi bousculé
Le temps change ô mon âme il faut se résigner
15 La montagne a déjà compris l'inévitable
La voilà qui renaît dans un effort modeste
Prête après tant de rose à porter du violet[1].

Fouad Gabriel Naffah, *la Description de l'homme,*
du cadre et de la lyre, **Dar an-Nahar, Beyrouth, 1987,**
Droits réservés.

1. Couleur de demi-deuil dans la religion chrétienne.

COMPRÉHENSION ET LANGUE	
1 – L'incrédulité du poète face à la fuite du temps : quelles en sont les causes ? Comment se manifeste-t-elle ?	la nature que chez l'homme ? À quoi le voyez-vous ?
	6 – Faites le plan du poème.
2 – Dans cette perspective, expliquez le vers 5 et appréciez sa place dans l'ensemble du poème.	**ACTIVITÉS DIVERSES, EXPRESSION ÉCRITE**
3 – Étudiez la symbolique des couleurs dans ce poème.	D'autres poèmes que celui de Naffah évoquent la fuite du temps et les réactions qu'elle suscite chez l'homme, particulièrement aux XVIe, XIXe et XXe siècles. Essayez d'en retrouver au moins un de chaque siècle et comparez-les à celui-ci.
4 – Quels rapports le poète entretient-il avec la nature ?	
5 – Y a-t-il plus de sagesse dans	

LIBAN
SÉLIM ABOU

Sélim Abou, né
à Beyrouth en 1928,
enseigne la philosophie
et l'anthropologie
à Beyrouth. À partir
de 1958, il centre
ses recherches sur
la problématique des
relations interethniques et
des contacts des cultures.
Il a publié
l'Identité culturelle (1986),
Liban déraciné (1978),
*Cultures et Droits
de l'homme* et
Retour au Paraná.

« *L'identité culturelle* »

L'une des composantes essentielles de l'identité d'un être humain est son identité culturelle. Mais comment définir celle-ci ? C'est ce à quoi tente de répondre Sélim Abou.

À l'origine, l'identité culturelle était un concept scientifique largement utilisé par les anthropologues anglo-saxons. Mais l'usage qui en était fait demeurait frappé d'ambiguïté. La *cultural identity* était le plus souvent définie par référence au « patrimoine culturel », c'est-à-dire au *passé* de
5 la culture, et rarement au *présent,* c'est-à-dire à la culture en gestation et en action. Certes, le changement d'identité était-il analysé comme un corollaire[1] du changement social et culturel, mais la permanence, ou du moins la continuité dans le changement n'était guère expliquée. En devenant le slogan mobilisateur des revendications identitaires, le concept
10 s'est dépouillé de son ambiguïté, pour ne plus signifier que la référence au patrimoine culturel, censé fonder la nation ou le groupe, scellant ainsi la tendance au repli sur soi et à la clôture. […]

Il est urgent de rendre au concept sa valeur opératoire. L'identité culturelle ne se réfère pas seulement au patrimoine, mais aussi et surtout à
15 la culture qui l'a produit et qui ne peut donc s'y réduire. Nous avons défini la culture comme […] « l'ensemble des *modèles* de comportement, de pensée et de sensibilité qui structurent les *activités* de l'homme dans son triple rapport à la nature, à la société, au transcendant ». *Modèles* et *activités* sont ici les mots clés. Les modèles sont le moyen
20 terme entre le patrimoine, c'est-à-dire l'ensemble des biens de civilisation produits par la culture, et la culture vivante elle-même, c'est-à-dire l'ensemble des activités qui ont pour fonction souterraine d'actualiser et de réinterpréter le patrimoine pour y trouver des réponses adéquates aux défis que constituent les événements nouveaux. Les modèles s'ajustent
25 aux données nouvelles et se modifient en conséquence, mais ils se modifient à partir de ce qu'ils sont, en s'enrichissant de combinaisons inattendues et, partant, de possibilités inédites.

Une culture vivante est sans cesse en changement, mais elle change à partir de son patrimoine assumé et réinterprété et garde donc un profil
30 qui lui est particulier. On parle trop facilement, par exemple, d'une « américanisation » mondiale de la culture […]. Pour prendre un exemple de détail, un « drugstore » ne s'implante à Paris qu'en s'adaptant au style de vie des Français, et s'il modifie tel trait de leur comportement collectif, la modification s'inscrit dans la dynamique même de ce style de vie.

Sélim Abou, *l'Identité culturelle,*
© Éditions Anthropos, Paris, 1986.

1. Conséquence d'un fait, ce qui va de pair avec lui.

LIBAN
CLAIRE GEBEYLI

Claire Gebeyli, née à
Alexandrie en 1935, de
parents grecs, est libanaise
par son mariage et par
le cœur. Depuis 1988,
elle se consacre
à l'écriture. Rédactrice,
responsable de rubriques
à *l'Orient-le Jour*,
le quotidien libanais en
langue française, elle
introduit le commentaire
poétique dans l'actualité
journalistique.
Une sélection de ces textes
a fait l'objet du numéro
annuel de *la Corde raide*
(1986) sous le titre
« Dialogue avec le feu ».
Elle est aussi l'auteur de
Poésies latentes (1968),
Mémorial d'exil (1975)
et de *la Mise à jour*, qui
a obtenu le prix de
l'A.C.C.T. en 1980, ainsi
que le prix Edgar Poe en
1985.

Sommeil

■

*Les atrocités de la guerre du Liban provoquent immanquablement des réactions
chez le poète. Mais l'écriture sert ici d'exutoire et tient lieu d'euphémisation
de l'horreur.*

Une fois de plus, Seigneur...

Les enfants couchés sur les dalles, les mères affolées, la panique qui
gagne les ruelles.

Le poisson métallique des balles, le ciel dévoré par le vacarme, le
5 vertige de la corde au-dessus du vide, et ce reproche dans le regard que
nul n'a le temps de recueillir. On évacue les écoliers par les fenêtres...

Les arbres de la cour ont-il compris ce qui se passe ? Ont-ils reconnu
l'araignée agrippée à leurs branches, la plainte des oiseaux chassés de
leur verdure ? Compagnons d'un autre temps, ils tâtent de leurs feuilles
10 la grille face à la rue vide de toute vie.

L'enfant dort maintenant, et l'on voit perler sous ses cils le souvenir
de ces heures…

Dans le jardin voisin, bavardent les cigales et le cartable sali se cache
sous l'armoire. Deux veines se gonflent sur son front et ses narines trem-
15 blent entre le rêve et l'oreiller. Qu'il semble seul, qu'il semble triste, son
corps enfoui dans le sommeil.

Et vous, mes mains avec vos os, avec vos ongles, votre équipage de
muscles, que faites-vous de cette corde qui tire, tire vers la nuit, le ciel,
la terre et les enfants qui dorment ?

**Claire Gebeyli, « Dialogue avec le feu »,
la Corde raide, 1986, Droits réservés.**

COMPRÉHENSION ET LANGUE

1 – Quel usage Claire Gebeyli fait-elle des phrases nominales ?
2 – Comment les éléments de la nature sont-ils utilisés pour exprimer
l'horreur de la guerre ?
3 – Le thème de « la corde au-dessus du vide » (3ᵉ strophe) est repris
et enrichi à la fin du poème. Qu'exprime-t-il ?
4 – Quels liens stylistique et sémantique unissent l'enfant et son
cartable ?
5 – Le titre du poème vous semble-t-il justifié ?

Andrée Chedid, née au Caire en 1920, est une Libanaise d'Égypte, établie à Paris depuis 1946. Son œuvre est abondante et comprend, outre des essais et des pièces de théâtre, des romans qui lui ont valu une audience importante (*le Sommeil délivré*, 1952 ; *le Sixième Jour*, 1960 ; *l'Autre*, 1962 ; *la Cité fertile*, 1972 ; *Néfertiti ou le Rêve d'Akhenaton*, 1974 ; *le Survivant*, 1982 ; *la Maison sans racines*, 1985). Ses poèmes sont distribués dans une vingtaine de recueils. Les déchirements de sa patrie lui ont inspiré des textes pudiques et forts, (*Cérémonie de la violence*, 1976).

« *Tu es ma vie* »

Om Hassan n'a plus que son petit-fils, Hassan, sur qui elle fonde beaucoup d'espoirs. Mais l'épidémie de choléra qui ravage la ville du Caire ne l'épargne pas, et la grand-mère espère qu'à force d'amour elle parviendra à arracher son petit-fils à la mort.

Elle se leva et resta longtemps debout, les bras croisés. Puis, cherchant à s'occuper, elle poussa plusieurs fois le piston de la lampe. Une chaude lumière inonda de soleil les murs et le plafond. Elle regarda autour d'elle comme si elle venait de surgir d'un puits.

5 Mais, s'apercevant que l'éclairage gênait l'enfant – il gémissait, la figure plissée, les paupières clignotantes, se tournant d'un côté puis de l'autre –, la vieille s'efforça aussitôt, en desserrant une vis, d'adoucir les rayons, de replonger peu à peu la chambre dans sa pénombre.

Depuis quelques heures elle n'osait pas faire boire Hassan. Il ne par-
10 venait plus à garder une seule gorgée ; au moindre contact d'un linge mouillé, tout son corps frissonnait. Pourtant il avait soif, et ses dents étaient recouvertes d'un enduit gommeux. La vieille retourna s'asseoir près de lui, après avoir jeté un regard mauvais en direction du robinet, plus luisant que durant le jour et qui paraissait les narguer.

15 « Il ressemble à Saïd[1] », songeait-elle en fixant le visage de l'enfant. Le même front crevé de petits sillons, les lignes profondes de chaque côté de la bouche. Partout la peau paraissait trop large ; la femme s'ingé-
nia, en la lissant du bout des doigts, de faire disparaître tout ce filet de rides. « On dirait un pruneau sec et bleu. » Seuls les yeux, par éclairs, se
20 mettaient à vivre, laissant filtrer un regard acéré et tragique. Au bout d'un moment, il parla :

« Je vais mourir, dit-il.
– Ne dis pas cela.
– Mourir, continuait-il.
25 – Ce n'est pas vrai.
– Mon maître est mort et moi je vais mourir, reprit-il d'une voix cassée.
– Ton maître n'avait personne pour le veiller. Toi, tu m'as.
– Je vais mourir comme mon maître. »
30 Elle pensa qu'il ne l'entendait plus et cependant elle insista :
« Ni les hommes, ni la mort ne t'arracheront à moi.
– Je vais mourir, c'est comme ça, s'obstinait Hassan.
– Ce n'est pas comme ça. » Il fallait le tirer de cette résignation. Elle se pencha jusqu'à frôler les joues moites, et reçut en pleines narines l'ha-
35 leine froide de l'enfant. « Tu es ma vie », lui souffla-t-elle sans reculer. « Entends-moi bien : tu es ma vie. »

**Andrée Chedid, *le Sixième Jour*,
© Éditions Flammarion, Paris, 1960.**

*1. Le mari d'Om Hassan et, par consé-
quent, le grand-père de Hassan.*

Jad Hatem,
né à Beyrouth en 1951,
poursuit une carrière
de professeur au
croisement de la théologie,
de la philosophie et de
la littérature. Cette triple
veine, outre des essais,
notamment sur
la littérature libanaise
d'expression française,
nourrit plusieurs recueils
de poésie dont trois
publiés : *Énigme et chant*
(1984), *Au sortir du visage*
(1988) et
l'Offrande vespérale
**(1989). Poésie de la quête
du sens, de soi et
de l'autre, croisant chair
et pensée, elle dénonce
la scandaleuse opacité
de l'être.**

1. *Roche volcanique vitreuse, souvent utilisée par les sculpteurs.*

« *Dieu crée les êtres* ■ *deux à deux* »

Le poète voit dans l'univers une harmonie que l'œil des autres êtres humains ne perçoit pas. Il en est ainsi dans ce poème.

Dieu crée les êtres deux à deux
Hommes et femmes en diagonale
Attelage et vent à l'embouchure du vertige
Arbre et nuage, l'un en l'autre verdoyant
5   Ombre et bruyère à la renverse
Guerre et lune courtisant gel et braise
Ange et pierre obsidienne[1] en torsion
Terre et ciel s'entrebutinant
Opium et diable hors du pli
10   Pieuvre et papillon chaos fugace
Guêpe et sel du temps, l'un par refus de l'autre
Guépard et soleil se tatouant mutuellement
Aube et turquoise un baiser
Épervier et trèfle divinateurs
15   Fleur et serpent abusivement
Baume et dague fraises d'une même gorge
Rouge et or impulsivement
Amant et fleuve sans repères
Mer et cormoran en expansion
20   Homme et Dieu au vif de la plaie.

**Jad Hatem, *l'Offrande vespérale*,
© Jad Hatem, 1989.**

COMPRÉHENSION ET LANGUE	4 – Comparez les vers 1 et 20. Quelles conclusions pouvez-vous tirer de cette comparaison ?
1 – Justifiez les couples mis en évidence par le poète. 2 – Les couples des vers 6 et 11 sont-ils harmonieux ? Pourquoi ? 3 – Les associations sur lesquelles repose le poème donnent-elles naissance à des images poétiques ? Pourquoi ?	ACTIVITÉS DIVERSES, EXPRESSION ÉCRITE À votre tour, essayez d'associer des éléments pour constituer un réseau poétique d'images.

LIBAN
VÉNUS
KHOURY-GHATA

Vénus Khoury-Ghata, née en 1937 à Beyrouth où elle a grandi, vit en France depuis 1973. Elle y poursuit une œuvre variée, à la fois romanesque (*Dialogue à propos d'un Christ ou d'un acrobate*, 1975 ; *Alma cousue main*, 1977 ; *le Fils empaillé*, 1980 ; *Vacarme pour une lune morte*, 1983) et poétique (*Terres stagnantes*, 1968 ; *Au sud du silence*, 1975 ; *les Ombres et leurs cris*, prix Apollinaire en 1980 ; *Un faux pas au soleil*, 1982).

COMPRÉHENSION
ET LANGUE

1 – Quelle sorte de métaphores la narratrice utilise-t-elle pour parler des langues ?
2 – Quelles sont, selon la narratrice, les qualités du franbanais ?
3 – Montrez que, pour manifester sa révolte, la narratrice tourne en ridicule son père et le « touriste français ».

ACTIVITÉS DIVERSES, EXPRESSION ÉCRITE

La narratrice qualifie, un peu abusivement, le « franbanais » de langue. Que sont : une langue, un langage, un dialecte, un idiome, un idiolecte, un sociolecte, un sabir ? (Aidez-vous du dictionnaire.)

« *Le franbanais* »

Frédéric, le héros du roman, Diane, la narratrice, Yaya, Mumuche et leur mère sont terrorisés par un père tyrannique et obtus, dans le Beyrouth de l'immédiat après-mandat.

Veillées silencieuses, tissées de rires étouffés et de rires à naître, veillées où seules discutent les aiguilles à tricoter de notre mère.

On évite de parler sous le toit de notre père, puisque toute phrase prononcée est automatiquement analysée.

5 On ne parle que le français, seule langue admise par le chef de famille qui ne s'est jamais consolé du départ de la France et qui clame à la moindre contrariété :

« J'aurais dû me tirer une balle dans la tête, le jour où Weygand[1] est rentré chez lui. »

10 Un orphelin de quarante et quelques années, notre père.

Sa tendre mère, la France, l'a abandonné parmi les barbares qui ne parlent pas sa douce langue, ou qui la parlent, et c'est plus dramatique, avec un accent qui lui enlève toute sa douceur.

Mais on parle aussi le « franbanais » lorsque les mots de la langue
15 maternelle font des bulles de savon à la surface de la langue du pays protecteur et vaguement colonisateur. Cette langue composite qui ne ressemble à aucune autre fera-t-elle, un jour, l'objet de thèses en Sorbonne et suscitera-t-elle le même intérêt que le grec et le latin pourtant dites langues mortes, alors que la nôtre, touchons du bois, se porte très bien ?

20 L'intérêt que fait naître le « franbanais », langue née du besoin de s'exprimer en arabe et en français à la fois, grandit tellement qu'on a vu un ambassadeur de France en poste dans notre pays passer les trois années de son séjour à collectionner des « franbanismes ». Il rédigera sans doute un dictionnaire à l'usage des touristes venus à la découverte
25 de notre peuple et de nos ruines, quand il prendra sa retraite.

Dans ce métissage entre deux langues, la France, comme il se doit, tient le rôle du Blanc séducteur, et notre pays, celui de l'indigène engrossée dans le but de faire des mots ni trop blancs, ni trop noirs et qui vagissent avec la même aisance en français qu'en arabe. Ce métissage ne touche
30 pas uniquement la composition de la phrase, mais son esprit également.

Nulle surprise ne doit se lire sur le visage du Français respectueux des us et des coutumes de l'autochtone quand ce dernier l'invite « à se faire voir », comprendre « revenir plus souvent ». Ou quand il lui reproche de « blanchir son visage sur son dos », (tirer la couverture à soi) ou lorsqu'il
35 lui conseille de « montrer la largeur de ses épaules », en d'autres termes de s'en aller.

Vénus Khoury-Ghata, *le Fils empaillé*,
© **Éditions Belfond, Paris, 1980.**

1. Le général Weygand était haut-commissaire de France au Liban pendant le mandat.

LIBAN
EZZA

EZZA AGHA MALAK

Ezza Agha Malak, née
en 1942, est professeur
de linguistique et
de littérature françaises
à l'Université libanaise.
Après la publication
en 1985 de *Migration*,
Ezza Malak publie, en
1991, deux autres recueils
de poèmes :
*Entre deux battements de
temps* et *Quand les larmes
seront pleurées*. Elle passe
de la poésie au roman
en publiant en 1992
une série de récits :
Chagrin d'amour,
Cette douce tyrannie et
la Terrasse et la Colline.

COMPRÉHENSION ET LANGUE

1 – Quelles sont les différentes séquences de la chaîne narrative qui constituent l'action ?

2 – Quelles sont les manifestations psychiques et physiques de l'« angoisse » ressentie par le narrateur ?

3 – À quel moment de la narration découvrons-nous que celui qui dit « je » est un chien ? Relevez les termes et les expressions qui dévoilent son identité.

ACTIVITÉS DIVERSES, EXPRESSION ÉCRITE

Les larmes sont-elles toujours la manifestation physique d'une émotion ? Justifiez votre réponse en recourant à des situations vécues ou observées dans la vie quotidienne.

« *Les chiens pleurent* »

Extrait de Chagrin d'amour, *voici une méditation sur la séparation et l'absence dont le narrateur est un petit caniche nain.*
Sa maîtresse part avec l'homme qui le hait et qu'il hait. Par un sens intuitif qui, en général, distingue les chiens, il prévoit un malheur. Le narrateur-caniche, dénonce à sa manière l'hypocrisie humaine.

Le grincement de la clé dans la serrure de la porte qui se referme, me fait mal, me perce les oreilles, comme à chaque sortie sans moi, comme à chaque disparition de bandoulière, dix ans durant. La séparation est atroce, fût-elle momentanée. Je regardais, sans rien voir, le petit écran
5 laissé allumé en vue de meubler ma solitude. Cet appareil qui m'enchantait ne me disait plus rien. Toutes ces lignes irisées, toutes ces couleurs attirantes qui s'interféraient, se dissociaient, montaient, redescendaient, ont perdu toute signification ; mon petit compagnon de tous les soirs était incapable de me tirer de ce vide froid et assommant, plus effrayant
10 que jamais, plus aigu que jamais, que tous les soirs qui ont précédé. Mais qui vont suivre aussi. Car mon angoisse de ce soir est toute nouvelle, toute différente. Crainte diffuse, mélange de panique et d'inquiétude. Je sentais mon collier se resserrer autour de mon cou à m'étouffer. J'avais un sentiment plus ou moins précis de quelque chose qui arrive-
15 rait, qui n'existait pas encore. Une intuition qu'il se passerait quelque chose de grave. Comme un fou, je me suis élancé de mon siège. Je me ruai, debout, sur la porte fermée, tapant, griffant, épluchant l'émail brillant du bois, comme si mes griffes pouvaient exprimer mon affolement, comme si mes abois inaudibles pouvaient dire mon malheur. Sont-
20 ils partis ? Partis tout à fait ? M'entendra-t-elle ?

Je me sentais perdu. Seul avec mon désespoir et avec ce pressentiment terrible qui m'envahissait. Pantelant, le faciès contre la moquette grise du sol, je repris ma position de vieux môme dans le vieux fauteuil. Je pleurais. Sans larmes. Mais bien sûr que les chiens pleurent quand ils
25 ont du chagrin. Peu importent ces indices futiles des émotions, ces manifestations physiques, combien factices, combien souvent menteuses, que l'espèce humaine appelle larmes. Les crocodiles en ont. Les humains s'en servent à la manière des acteurs dans certaines situations. Ils y ont recours pour attendrir, pour émouvoir, ou même arriver, malicieuse-
30 ment, hypocritement… Que sais-je moi de ces comportements humains louches, incompréhensibles pour un petit caniche nain qui ne pèse guère plus de cinq kilos et dont le cervelet ne dépasse pas le volume d'une noisette ? Si les hommes, eux, pleurnichent parfois, avec des larmes, moi je pleure. Véritablement. Sans larmes.

Ezza Agha Malak, « Récits bleus », *Chagrin d'amour,*
1992, Droits réservés.

LIBAN

NABIL HAÏDAR

Nabil Haïdar, libanais de souche, est né et a grandi au Sénégal dans une famille de commerçants. Il vit sur le mode de la déchirure son appartenance mythique et mystique au Liban, et celle, plus prosaïque à ses yeux, à l'Afrique. Son roman *le Déserteur* (1983) en porte la trace sous forme de violence verbale et d'imaginaire morbide.

« *L'immeuble craque* »

Pendant la guerre du Liban, le narrateur, perdu dans un Beyrouth de cauchemar, rencontre une jeune femme, Marie, dont il tombe amoureux et qui finit par le quitter. Il effectue une dernière tentative pour la retrouver.

Une voiture arrive en trombe et m'éblouit de ses phares. Elle me dépasse. Je reste un moment adossé au mur, dégoulinant d'eau, le souffle court. Bien après seulement, j'ai repris haleine et me suis glissé furtivement sous le porche de ce vieil immeuble d'Achrafieh[1] miraculeusement

5 debout et, dans l'obscurité, évitant les sacs de sable[2] qui obstruent presque le vestibule, haletant je monte les escaliers aux marches de bois. Bientôt, je trouve la porte de l'appartement de Marie. Un frisson me parcourt l'échine. Pourquoi est-ce que je tremble ?

La pluie crépite sourdement. Je plaque mon oreille contre le battant,
10 et j'écoute pendant quelques secondes…

L'immeuble craque tel un vivant…

Il y a de la lumière sous la porte. Une musique douce me parvient, lointaine.

Je caresse le mur. Marie ! Rien qu'un battant nous sépare, mon
15 amour et moi, comme la vie la mort !

Nous pourrions, si vous voulez, pousser cette porte doucement ; la clé est sur la serrure. Et entrer. Comme vous pouvez le constater, le logement, un deux-pièces minuscule, a été récemment rénové… Seule la chambre à coucher est meublée : un vieux sommier dans un coin (le mur
20 est lézardé, et la peinture s'écaille de ce côté), des rideaux de velours cachent une fenêtre sans battants, une armoire d'acajou (la glace est brisée), une commode encombrent la pièce…

Je vais m'asseoir un moment là, par terre. Ne faites pas attention à moi. Voyez-vous, si je ferme les yeux, je verrai Marie assise à mon côté,
25 sa main dans la mienne, ses cheveux sur mon cou, et son parfum poivré… Déjà, elle se lève, nue, elle déplace un meuble, elle change un disque, peut-être…

Je vais baisser la lumière ; les choses prendront un contour moins précis ; tout cela vous semblera enveloppé, enrobé de brume. Alors, sans
30 doute, vous aurez l'impression, vous aussi, de flotter…

Nabil Haïdar, *le Déserteur,*
NEA, Dakar, 1983.

COMPRÉHENSION ET LANGUE

1 – Relevez le champ sémantique du délabré et de l'évanescent. Ces deux champs sémantiques vous semblent-ils contradictoires ?

2 – Montrez comment, de la ville à l'appartement puis aux objets, l'espace du narrateur se rétrécit.

3 – Le temps, lui aussi, se réduit à l'instant présent. Comment le narrateur le met-il en évidence ?

4 – Quelle est, selon vous, la signification de ce double rétrécissement spatial et temporel ?

ACTIVITÉS DIVERSES, EXPRESSION ÉCRITE

Avez-vous, déjà éprouvé ce sentiment de rétrécissement de l'espace et du temps ? dans quelles circonstances ?

---

1. *Quartier de Beyrouth.*
2. *Pendant la guerre, pour se protéger des éclats d'obus, les Beyrouthins entassaient des sacs de sable devant les portes et les fenêtres des appartements.*

ORIENT

**« Si tu aimes le désert
Parle dans le Mot. »**

Kamal Ibrahim, *Celui-ci, Celui-moi*, 1971

Écritures francophones orientales

Au Liban ou en Égypte, des ensembles de textes forment ce qu'on peut appeler une littérature libanaise ou une littérature égyptienne de langue française, définie par l'origine des écrivains, l'articulation des thématiques avec le pays, l'existence de revues et d'éditions locales, etc. Il n'en va guère de même dans les autres pays de l'Orient arabe, où la production littéraire est plus limitée. Pourtant, en Syrie, en Iraq, comme dans la diaspora palestinienne, des écrivains ont choisi de s'exprimer en français par attachement à une tradition francophone locale ou par plaisir d'expérimenter l'écriture dans une langue étrangère.

La langue française dans l'Orient arabe

À l'époque de l'Empire ottoman, la France a toujours joué le rôle de puissance tutélaire pour les chrétientés locales. L'archevêché de Babylone, établi en 1638, revenait nécessairement à un prélat français. Les missionnaires ont ouvert des écoles pour former le clergé local, et les meilleurs élèves pouvaient aller poursuivre leurs études en France. La première école étrangère autorisée à Bagdad, en 1881, fut une école française.

L'influence exercée par la langue française a été multipliée par le prestige de la recherche scientifique francophone dans des domaines spécifiques à l'Orient. Un savant tel que Louis Massignon a contribué au renouvellement des études islamiques. Dans le domaine profane des sciences historiques, l'orientalisme français a été l'un des principaux responsables de la redécouverte des civilisations antiques.

Écrivains francophones de Syrie

Les relations entre la France et la Syrie sont très anciennes. Le mandat français (1920-1945) renforça l'influence des missions et des écoles installées depuis plusieurs siècles. Une presse francophone fut un temps florissante, avec *les Échos de Syrie* (1928-1945) et *la Voix de Syrie* (1949).

Des auteurs syriens essayistes, philosophes, historiens ont utilisé le français dès le début du XXᵉ siècle. Georges Samné ou Nadra Mutran ont mis le français au service de leur militantisme national. Le juriste Edmond Rabbath, de renommée internationale, a laissé une œuvre abondante (*Unité syrienne et devenir arabe,* 1937). D'orientation plus littéraire, René Khawwam, installé à Paris, s'est fait le traducteur de nombreux grands textes de la culture arabe. On lui doit en particulier une traduction nouvelle des *Mille et Une Nuits.*

Journaliste, Édouard Saab a longtemps travaillé comme correspondant du journal *le Monde ;* il a publié un essai très bien informé, *la Syrie ou la Révolution dans la rancœur* (1970). Charif Khaznadar s'est tourné vers le théâtre : avant de s'installer en France, il a travaillé en Syrie où il a adapté des œuvres européennes.

Le plus abondant des écrivains syriens de langue française est sans doute le poète et romancier d'avant-garde Kamal Ibrahim, natif de Lattaquié, installé à Paris où il enseigne la philosophie et où il a publié une œuvre brûlante et déchirée.

La parution récente du roman de Myriam Antaki, née à Damas (*les Caravanes du soleil,* 1991), montre que la tradition de l'écriture en langue française se perpétue en Syrie.

De l'Iraq à la Palestine

En Iraq, en Jordanie et dans les autres pays élimitrophes, la pratique développée du français est liée à l'existence d'écoles françaises. Dans son autobiographie *Adieu, Babylone* (1975), qui raconte son enfance et sa jeunesse à Bagdad dans les années 30 et 40, Naïm Kattan montre la complexité linguistique de son pays de naissance. Après son exil au Canada, Naïm Kattan est devenu un écrivain américain de langue française.

Le long séjour à Paris du diplomate palestinien Ibrahim Souss l'a encouragé à publier en français ses romans qui se proposent, sur le sujet grave des conflits proche-orientaux, de lutter contre la violence et l'intolérance (*Loin de Jérusalem,* 1987 ; *les Roses de l'ombre,* 1989).

Porte d'Ishtar à Babylone.

SYRIE
MYRIAM ANTAKI

Myriam Antaki, née
à Damas en Syrie,
s'est fait remarquer
par un premier roman,
la Bien-aimée (1985).
Vivant à Alep, elle connaît
bien la Syrie du Nord,
dont elle ressuscite
le passé glorieux dans
les Caravanes du soleil
(1991). Utilisant
les découvertes
archéologiques récentes,
elle redonne vie à la
prestigieuse cité d'Ebla
qui était florissante il y a
cinq mille ans, mais qui fut
conquise et incendiée
par Sargon d'Akkad.

« *Je deviendrai un poisson* »

Tiadamu, l'héroïne et narratrice des Caravanes du soleil, *devenue orpheline,
a été recueillie, adolescente, dans le temple de la déesse Ishtar d'Ebla,
mais elle cherche à s'en échapper. Dans sa solitude, elle trouve un réconfort
dans la compagnie de l'enfant Barad, orphelin lui aussi.*

J'attends la nuit pour fuir, son silence obscur me servira de remparts.
J'observe autour de moi ce qui bouge, ce qui change, dernier jour de
dédain dans les murs du temple. Je traîne dans la cour, les pèlerins, les
sacrificateurs, les prêtres échangent des mots, toujours les mêmes,
5 comme le sourire d'une éternelle tristesse.

À midi, il fait très chaud. Les enfants déjeunent au soleil et la sueur
perle sur leur front. Barad, lui, n'aime pas la soupe : ce bouillon de mouton mêlé de blé concassé le dégoûte. Il renverse son bol, tant pis s'il ne
va pas grandir. Il m'appelle, me faisant de grands signes :

10 « Tiadamu, viens jouer aux osselets. »

J'accours, j'adore mon petit Barad. Il lèche ses lèvres pour les net-
toyer, secoue entre les deux mains ses cubes magiques, les jetant à terre.

« Regarde, tu seras reine ! »

Je pouffe de rire et dis :

15 « Et toi, Barad ? »

Il refait son tour, lève des yeux émerveillés sur moi et dit en tapant
des mains :

« Maman revient. »

J'hésite et, d'une voix douce et basse, je dis :

20 « Où est ta maman ? »

Il est triste.

« Seulement à toi je dis. »

Barad parle tout bas comme pour dévoiler un secret inviolable :

« Elle est partie quand je suis né. Il y a loin, très loin, un grand fleuve
25 qui s'appelle le Tigre. Là, il y a plein de poissons d'or pour les enfants. »

Il s'arrête, j'attends puis je lui dis :

« Ta maman a été te chercher du poisson ! »

– Oui. Quand je dors, elle me parle. Je vois son panier tout plein.
Quand j'ouvre les yeux, elle s'en va. »

30 Je caresse les cheveux de Barad, les mettant en désordre.

« Jette les osselets pour voir ce que tu deviendras ? »

Ses yeux rient, il est heureux!

« Regarde, Tiadamu. Je deviendrai un poisson et maman me
pêchera. »

**Myriam Antaki, *les Caravanes du soleil*,
© Éditions Gallimard, Paris, 1991.**

COMPRÉHENSION
ET LANGUE

1 – Expliquez : « ses cubes
magiques » (l. 12).
2 – Pourquoi Barad parle-t-il
« tout bas » (l. 23) ?
3 – Quelle valeur symbolique
donneriez-vous à la dernière
phrase ?
4 – Comment imaginez-vous la
vie dans le temple d'après les
éléments fournis par le texte ?

ACTIVITÉS DIVERSES,
EXPRESSION ÉCRITE

Recherchez des textes littéraires
qui évoquent un passé très
reculé (par exemple, la vie à
Carthage dans l'Antiquité).
Quelles images donnent-ils de
ce passé ? Qu'en pensez-vous ?

BRAHIM

Kamal Ibrahim, né à
Lattaquié (Syrie) en 1942,
a étudié au Liban où
il s'est révélé par des
poèmes publiés en revue.
En 1967, il s'est installé en
France ; il y enseigne
la philosophie. Dans son
premier recueil (*Babylone.
La vache la mort*, 1967),
la critique a découvert
« un désespoir non moins
souriant que lucide, un
écorchement ». Son œuvre
comprend une dizaine
de titres, dont
Celui-ci Celui-moi, 1971 ;
l'Existerie, 1978 ;
la Firance, 1980,
étrange entreprise
de décomposition
et de déconstruction
du vocabulaire français.

COMPRÉHENSION
ET LANGUE

« Au commencement »
1 – Quelle suggestion introduit
dans les vers 1-2 la mise en relation des mots « commence-
ment », « Babylone », « blé » et
« astres » ?
2 – Relevez les parallélismes
syntaxiques. Quel est l'effet
produit ?

« Si nous avions »
3 – Proposez une analyse de la
syntaxe du poème.
4 – Quel est le thème général de
ce poème ?

« *Au commencement* » – « *Si nous avions* »

*Ces deux poèmes empruntés au premier recueil de Kamal Ibrahim rendent
compte de son goût pour une poésie disloquée et violente.*

« Au commencement »

Au commencement
Babylone mangeait le blé des astres
Pour me lire les couleurs

De sa vie je gardais le sang étroit d'une blessure…
5 À chaque ciel j'ouvrais le temps et les nombres
À chaque terre j'oubliais de dire son nom

Au bout de ma colline
J'expliquais les yeux et les jambes

*   *   *

« Si nous avions »

Si nous avions la vie jusqu'à mort de nous
Avec infiniment de sanglots et de bouches
Par un dos craché sur le mur des ombres
Un triste enfer désossé de remords…

5 Nos vies diraient nos yeux
Détachés de ce long silence
Éblouis nos corps à nous
Se rencontreraient avec
Nous
10 – Qui nous sommes ? –
Habités de nous
Jusqu'à moelle de nous

Nos gueules de pleurs
Nos vies débordent

Kamal Ibrahim, *Babylone*,
© Flammarion,
Paris, 1967.

La mosquée Omeyyades à Damas.

PALESTINE
IBRAHIM SOUSS

Ibrahim Souss,
né à Jérusalem, a fait de
solides études musicales
(piano et composition) à
Paris et à Londres.
Il a été le représentant
diplomatique de l'O.L.P.
auprès de l'Unesco (1975-
1980) et de différents
États (France à partir
de 1978 ; Sénégal à partir
de 1980). Après un recueil
de poèmes en langue
française (*les Fleurs de
l'olivier*, 1985), il s'est
tourné vers le roman avec
Loin de Jérusalem (1987)
et *les Roses de l'ombre*
(1989). Il y exprime une
volonté de réconciliation
des différentes cultures
coexistant au
Proche-Orient, qui anime
aussi les poèmes de
*Au commencement était
la pierre* (1993).

« *Quand je la vis
pour la dernière fois* »

Le roman Loin de Jérusalem *est ainsi résumé par l'éditeur : « Il est arabe. Elle est juive. Ils s'aiment. Ils vivent en Palestine avant 1948. » Nous donnons ici la page d'ouverture.*

Quand je la vis pour la dernière fois, elle me tournait le dos. Elle se tenait en bas des marches, menant à la véranda, à proximité du petit bassin, sous le magnifique peuplier qui dominait notre jardin. Ses cheveux blonds flottaient et laissaient entrevoir, par moments, la blancheur de
5 son cou. Silencieuse, elle regardait le peu d'eau qui restait dans le bassin.

Depuis le portail du jardin j'apercevais le balancement de l'arbre. Tout autour régnait la désolation. Les seuls bruits qui se mêlaient à la plainte du vent dans le feuillage étaient ceux de lointaines fusillades. L'air avait une odeur nauséabonde de fumée et de détritus.

10 Mes lèvres esquissèrent son nom, Gabriella, et mon corps ébaucha un mouvement vers elle. Mais tout resta figé. Elle, moi, et pendant une infime seconde le vent aussi, comme si la scène se destinait à la mémoire. Cette scène précise, ni celle d'avant, ni celle d'après.

La veille, le 25 avril, en fin d'après-midi, une violente explosion
15 avait secoué les murs de la maison. « C'est la maison des Qrounfol », hurla ma mère.

Nous étions tous dans la pièce principale où nous passions nos journées et nos nuits. Nous avions réparti plusieurs matelas ; quelques chaises et deux tables basses en complétaient le décor austère. Nous par-
20 lions peu. Juste les échanges utiles. Ma mère ne s'adressait jamais à Gabriella, elle ne la regardait même pas. Elle évoquait de temps à autre, les larmes aux yeux, mon père mort sous les décombres de l'hôtel Sémiramis, le 5 janvier de cette année 1948. Depuis, nous vivions tous ensemble dans notre maison de Katamôn, un des beaux quartiers de
25 Jérusalem.

Pendant trois mois, trois longs mois, notre vie avait été ponctuée par le bruit du canon, le crépitement d'armes de tout genre, les bulletins et commentaires diffusés par les différentes radios arabes et étrangères. Nous étions dans l'attente de quelque chose d'indéfinissable.

Ibrahim Souss, *Loin de Jérusalem*, © Liana Levi, 1987.

COMPRÉHENSION ET LANGUE

1 – Quels sont les éléments qui permettent de situer le texte historiquement et géographiquement ?

2 – À partir de la première phrase, comment allez-vous imaginer la suite du roman ?

3 – Relevez les éléments qui annoncent la fin d'une époque.

4 – Expliquez la dernière phrase.

IRAQ
NAÏM KATTAN

Naïm Kattan est né en
1928 dans la communauté
juive de Bagdad.
Après avoir commencé
des études de droit,
il bénéficie en 1947 d'une
bourse pour s'inscrire
en lettres à la Sorbonne. Il
émigre en 1954
à Montréal et s'intègre
alors à la vie culturelle
du Canada. D'abord
journaliste de la presse
écrite et audiovisuelle,
il entre en 1967 au Conseil
des arts du Canada où
il occupe des fonctions de
responsabilité. Il dispense
un enseignement dans
plusieurs universités ;
son action culturelle
lui vaut d'importantes
distinctions honorifiques.
Ayant choisi le français
comme langue
d'expression et d'écriture,
il publie des essais,
le Réel et le théâtral
(1970), *le Repos et l'oubli*
(1987), et des textes
narratifs, *Adieu Babylone,*
(1975), *les Fruits arrachés*
(1981),
la Fortune du passager
(1989) et *la Réconciliation*
(1993).

« Nous parlons tous ■■ arabe »

Adieu Babylone évoque la jeunesse de l'auteur à Bagdad et les discussions animées qui réunissaient alors des jeunes gens de toutes origines : Juifs, Chaldéens, Arméniens, Musulmans… Mais c'est parfois l'occasion de prendre conscience d'une identité particulière.

À Bagdad, chaque communauté religieuse a sa façon de parler. Que nous soyons juifs, chrétiens ou musulmans, nous parlons tous l'arabe. Nous sommes voisins depuis des siècles. Nos accents, certains vocables sont nos marques distinctives. Pourquoi les chrétiens rallongent-ils cer-
5 tains mots ? On dit qu'ils perpétuent ainsi les traces d'une origine nordique. Mais alors, les musulmans nordiques, ceux de Mossoul, devraient parler comme des chrétiens. Le parler juif est émaillé de mots hébraïques. Cela s'explique par une ancienne familiarité avec la Bible et les prières. Mais comment expliquer la présence de mots turcs et persans
10 dans notre dialecte ? Nous aurions eu de plus nombreux contacts avec les envahisseurs et les pèlerins que n'en eurent les Bédouins. Que dire alors des musulmans contraints à l'époque ottomane d'apprendre non pas l'arabe mais le turc à l'école ?

   Il suffit que nous ouvrions la bouche pour que nous révélions notre
15 identité. Dans nos mots s'inscrit l'emblème de nos origines. Nous sommes Juif, Chrétien et Musulman, de Bagdad, de Basrah ou de Mossoul. Nous avons une langue commune : celle des Musulmans de la région. Inépuisable source de confusion et de cruelles moqueries. Y a-t-il un meilleur divertissement pour un jeune Musulman que d'écouter
20 une vieille Juive du quartier pauvre d'Abou Sifaine s'adresser à un fonctionnaire musulman ? Elle estropie quelques mots juifs les faisant suivre d'une ou deux expressions musulmanes courantes. Avec force contorsions de la bouche elle n'arrive qu'à mal prononcer son propre dialecte. L'effet est immanquablement comique.
25   Les Juifs semi-illettrés émaillent toujours leurs phrases d'un ou deux termes musulmans quand ils s'adressent à d'autres Juifs. Emprunter aux Musulmans quelques mots prouverait qu'on en compte dans ses relations, qu'on les fréquente et qu'on ne se contente pas de la pauvre compagnie des Juifs. Les riches parmi les Juifs n'ont pas moins honte de leur
30 accent et ils ne manquent jamais l'occasion de glisser quelques mots anglais ou français dans leur conversation. Un enfant qui appelle son père « papa » ou « daddy » donne déjà des garanties d'une future aristocratie.
   Les Musulmans ne font des emprunts qu'à la langue littéraire. Ils n'éprouvent aucun besoin de porter un jugement défavorable sur leur
35 dialecte. Et ils n'ont recours aux dialectes des Juifs et des chrétiens que pour égayer des convives. Dans la bouche d'un Musulman, un mot typiquement juif est synonyme de ridicule. Dans les milieux intellectuels affranchis, si on ne songe pas à se moquer de l'accent juif on songe encore moins à l'emprunter.

Parmi tant de Musulmans, il paraissait insolite que Nessim parlât avec son propre accent[1]. Était-ce encore une plaisanterie ? Non, il ne s'adressait pas exclusivement à moi. Il avait toute la latitude de le faire malgré la présence des autres. Mais non, il ne s'adressait pas à moi. Il ne me regardait même pas. Il interpellait Nazar, Said et les autres. Il ne fallait surtout pas accorder de l'importance à cette nouvelle fantaisie. Tacitement, tout le monde voulait rattacher ce débordement d'un dialecte de comédie à l'esprit gouailleur de Nessim. Cela ne tirait pas à conséquence. Gardons-nous surtout de donner une signification quelconque à cette plaisanterie. Nessim persistait et il ne riait point. On aurait dit qu'il apportait un soin particulier à choisir tous les mots juifs qui d'habitude provoquent l'hilarité des Musulmans. Imperturbable, il plaidait la cause de Balzac et disait toute sa ferveur pour Stendhal, qu'il venait de découvrir. Je choisis lâchement le silence. Sans cesser de déployer son enthousiasme pour le roman français, Nessim me sommait de prendre parti. Le voilà qui me pose une question directe. Inutile de me dérober. Il ne me lâchera plus. Je choisis un moyen terme. Mes mots n'étaient ni ceux des Juifs ni ceux des Musulmans. Je m'exprimais en arabe littéraire, coranique. Sur un ton persifleur et dans une colère contenue, voilà que Nessim me corrige : « Tu veux dire… » Et il traduit en parfait dialecte juif. Ses lèvres se serraient dans un mouvement de haine. Il exagérait notre accent. Dans son regard, je lisais, mêlée de commisération, la tristesse. Je le trahissais. J'avais honte de prononcer devant les autres les mots de l'intimité, du foyer, de l'amitié. Nessim m'acculait à la solidarité du groupe. Je ne pouvais sans m'humilier rejeter notre langue commune. Elle n'était plus celle de l'amitié mais celle du clan. Je m'écoutais parler et les vocables juifs apparaissaient dans leur étrangeté, dans leur froide nudité. Mes phrases restaient figées. Avant de les prononcer, je les entendais résonner dans mon oreille. Je récitais une leçon apprise. Je glissais un mot français. Impitoyable censeur, Nessim, les traduisait aussitôt en dialecte juif. Personne ne souriait. D'un commun accord on accepta la nouvelle règle du jeu. Sans rechigner, les Musulmans ne prêtaient pas une attention particulière à la nouvelle langue qui affirmait sa présence inusitée. D'habitude on nous regardait sans nous voir. Sourdement, on reconnaissait maintenant les traits de notre visage. On prenait acte d'une nouvelle couleur dans la panoplie. Plus tard, tout rentrera dans l'ordre, personne n'ayant envie d'admettre l'existence de cas particuliers.

Dans notre groupe, nous n'étions ni Juifs ni Musulmans. Nous étions Irakiens, soucieux de l'avenir de notre pays, par conséquent de notre avenir à chacun de nous. Sauf que les Musulmans se sentaient plus irakiens que les autres. Nous avions beau leur dire: « Voici notre terre et nous sommes là depuis vingt-cinq siècles. » Nous les y avions précédés. Nous ne les convainquions pas. Nous étions différents. [...] Notre identité était entachée. Soit. Nessim assumait cette différence. Il voulait la faire admettre. Il n'avait pas l'intention de convaincre et n'avait pas de preuves à produire. Il présentait un fait. Nous étions Juifs et n'en avions pas honte.

Naïm Kattan, *Adieu Babylone*
© Julliard, Paris, 1975.

1. Nessim utilise ce jour-là le dialecte juif.

COMPRÉHENSION
ET LANGUE

1 – Comment le texte montre-t-il que « chaque communauté religieuse a sa façon de parler » (l. 1) ?
2 – Expliquez : « Dans nos mots s'inscrit l'emblème de nos origines » (l. 15).
3 – Pourquoi Nessim utilise-t-il son dialecte et non l'arabe commun ?
4 – Qui prononce la phrase : « Il ne fallait surtout pas accorder d'importance à cette nouvelle fantaisie » (l. 44- 45) ?
5 – Expliquez : « Je choisis lâchement le silence » (l. 53).
6 – Quelle est « la nouvelle règle du jeu » (l. 71) que Nessim a imposée ?
7 – Quel est le résultat obtenu par l'attitude de Nessim?

ACTIVITÉS DIVERSES,
EXPRESSION ÉCRITE

1 – Débat : langue et identité. Dans quelle mesure l'identité propre d'un individu ou d'un groupe est-elle déterminée par la langue qu'il utilise ?
2 – Avez-vous déjà eu le sentiment que votre manière de parler vous définissait dans votre identité ? Racontez.

RENCONTRE DES CULTURES

« Ce qui distingue surtout les Arabes [...] :
on sent qu'ils sont nés dans cet Orient
d'où sont sortis tous les arts,
toutes les sciences, toutes les religions. »

Chateaubriand, *Itinéraire de Paris à Jérusalem*, 1811

Orient / Occident : la rencontre des cultures

L'Orient n'est pas une réalité de la géographie, mais une « province de l'esprit », disait un personnage du dramaturge Jacques Audiberti. La rencontre entre l'Orient et l'Occident s'est opérée autant dans l'imaginaire, dans l'exaltation de fantasmes que par le contact direct, à l'occasion de voyages, d'expéditions guerrières, de croisades, d'entreprises de commerce.

L'Europe a érigé l'Orient, notamment le Proche-Orient arabe, en lieu de l'ailleurs, de la différence, du merveilleux, de la volupté, de la mélancolie aussi et d'une sourde angoisse devant la mort. Quand on va vers l'Orient, pays de l'or, des enchantements, mais aussi de l'origine des religions, il semble que les interdits tombent et que l'on s'approche d'une révélation suprême. Tel est le discours que tiennent ouvertement nombre de textes européens sur l'Orient.

Premières découvertes

Dès le XVIIe siècle, des voyageurs français donnent des relations de leurs séjours dans les pays orientaux. Jean Thévenot (1633-1667) fit plusieurs voyages en Syrie et en Perse dont il rapporta une *Relation d'un voyage fait au Levant* (1664), où il rend compte de ses surprises devant des habitudes étranges (par exemple celle de boire du café, alors inconnu en Europe). Chardin, Tavernier, François Bernier vont jusqu'en Perse, jusqu'aux Indes… Antoine Galland, qui accompagna de 1670 à 1675 l'ambassadeur de France à Constantinople, découvrit des manuscrits de contes anciens qui le ravirent : il se fit le traducteur des *Mille et Une Nuits,* qui répandirent l'image séduisante d'un Orient enchanté.

Au XVIIIe siècle, l'Orient devient le cadre idéal pour des récits à portée philosophique, sociale, religieuse : Montesquieu publie les *Lettres Persanes* (1721), Voltaire *Zadig* (1748)… Il est alors évident que la sagesse vient de l'Orient.

Les voyages initiatiques

Au XIXe siècle, l'expression « voyage en Orient » se charge d'un sens plus spécifique : elle désigne à la fois une expédition touristique dans les pays qui formaient alors l'Empire ottoman et une remontée aux sources mêmes de l'imaginaire. Forbin, qui voyage en Égypte pour augmenter la collection d'antiquités égyptiennes du Louvre, exprime bien la charge fantasmatique du voyage en Orient lorsqu'il écrit de son passage à Louqsor : « J'étais enfin arrivé dans ce lieu, dont mon imagination fut si longtemps occupée. » Tous les voyageurs romantiques éprouvent le même désir de confronter les images de leur imagination avec les paysages visités et d'y retrouver leurs hantises secrètes. Ce qu'ils attendent de l'Orient, c'est d'y découvrir la terre primordiale du sacré, révélant, à qui sait voir, le secret de l'énigme de la vie. De l'Orient jaillit la vérité et la lumière, dans l'allégresse solaire des climats chaleureux.

Les récits des écrivains-voyageurs ont connu une large diffusion. Chateaubriand publie en 1811 *l'Itinéraire de Paris à Jérusalem,* récit de son voyage effectué en 1806-1807. Lamartine a donné de l'Orient des tableaux souvent vaporeux (1835). Gérard de Nerval part en Orient pour un ressourcement initiatique qui fait de son *Voyage en Orient* (1851) une œuvre subtile, mêlant descriptions et fantaisie. Gustave Flaubert, lui, se déclare déçu de n'avoir pas trouvé dans la réalité du voyage (1849-1850) le mirage de son rêve oriental. Eugène Fromentin, peintre-écrivain, qui était allé chercher en Algérie la lumière de sa peinture orientaliste, se rend en Égypte en 1869. Pierre Loti est rejoint, dans tous les pays visités, par sa hantise de la mort.

Littérature exotique / littérature coloniale

Le développement de la colonisation devait nécessairement influer sur le regard littéraire porté sur l'Orient. Si une littérature exotique continue de s'attacher au pittoresque, au risque de s'arrêter à la surface des êtres et des choses, si beaucoup de textes, véhiculant stéréotypes et préjugés, se font les complices, voire les artisans de la domination coloniale, il se développe aussi une littérature critique, et même militante, contestant la colonisation. Plus ou moins enracinée dans les pays d'installation, la littérature des colons tente parfois de dire de l'intérieur leur relation complexe à la terre de leur établissement.

Il est impossible de citer tous les écrivains qui ont fait un sort littéraire aux pays du Maghreb et de l'Orient. André Gide (*les Nourritures terrestres,* 1897 ; *l'Immoraliste,* 1902), découvrant en Algérie le chemin d'une libération sensuelle, prolonge les mythologies romantiques de l'Orient. Marius et Ary Leblond (*l'Oued,* 1907) sont les archétypes des littérateurs coloniaux, continués par les frères Tharaud ou par Myriam Harry. Pierre Mac Orlan déploie une mythologie coloniale que popularisera le cinéma (*la Bandera,* 1931). Guy de Maupassant, qui avait rapporté de ses voyages au Maghreb des articles sévères pour certaines mœurs coloniales, en avait fait la satire dans *Bel-Ami* (1885). Albert Camus, né en Algérie, qui fait de son pays natal le décor nécessaire de ses premiers romans, incarne toutes les contradictions de la littérature des Français au Maghreb.

Alphonse de Lamartine
(1790-1869), poète
à succès du premier
romantisme
(*Méditations poétiques,*
1820 ;
*Harmonies poétiques
et religieuses*, 1830),
est battu aux élections
de 1831 et 1832. Il décide
alors d'entreprendre un
grand périple en Orient
(Beyrouth, Palestine,
Syrie, Constantinople),
qui durera de juillet 1832
à juillet 1833. Il voyage en
grand seigneur, affrétant
un bateau pour sa famille
et ses amis et dépensant
sans compter : il en
restera ruiné. Sa fille Julia
meurt pendant le voyage.
Lamartine sera fortement
marqué par les paysages
et les civilisations
rencontrés. Il publie
en 1835 le compte rendu
de son voyage en Orient
que parfois
son imagination magnifie.

« *Un sens prophétique* »

Lamartine arrive au Liban alors que vient de reprendre le conflit entre Turcs et Égyptiens. Ibrahim Pacha, fils du vice-roi d'Égypte, Méhémet-Ali, s'est emparé de la Syrie et du Liban. À partir d'une anecdote sur ces événements récents, Lamartine développe une rêverie très romantique sur l'Orient, terre des origines humaines et source de connaissances perdues.

Un Arabe me contait aujourd'hui l'entrée d'Ibrahim dans la ville de Bayruth[1]. À quelque distance de la porte, comme il traversait un chemin creux dont les douves[2] sont couvertes de racines grimpantes et d'arbustes entrelacés, un énorme serpent est sorti des broussailles et s'est
5 avancé lentement, en rampant sur le sable, jusque sous les pieds du cheval d'Ibrahim ; le cheval, épouvanté, s'est cabré, et quelques esclaves qui suivaient à pied le pacha se sont élancés pour tuer le serpent ; mais Ibrahim les a arrêtés d'un geste, et tirant son sabre, il a coupé la tête du reptile qui se dressait devant lui et a foulé les tronçons sous les pieds de son
10 cheval ; la foule a poussé un cri d'admiration, et Ibrahim, le sourire sur les lèvres, a continué sa route, enchanté de cette circonstance, qui est l'augure[3] assuré de la victoire chez les Arabes. Ce peuple ne voit aucun incident de la vie, aucun phénomène naturel, sans y attacher un sens prophétique et moral ; est-ce un souvenir confus de cette première langue
15 plus parfaite qu'entendaient[4] jadis les hommes, langue dans laquelle toute la nature s'expliquait par toute la nature ? Est-ce une vivacité d'imagination plus grande qui cherche entre les choses des corrélations qu'il n'est pas donné à l'homme de saisir ? Je ne sais, mais je penche pour la première interprétation ; l'humanité n'a pas d'instincts sans motifs,
20 sans but, sans cause ; l'instinct de la divination a tourmenté tous les âges et tous les peuples, surtout les peuples primitifs ; la divination a donc dû ou pourrait donc peut-être exister ; mais c'est une langue dont l'homme aura perdu la clef en sortant de cet état supérieur, de cet Éden dont tous les peuples ont une confuse tradition ; alors, sans doute, la nature parlait
25 plus haut et plus clair à son esprit ; l'homme concevait la relation cachée de tous les fait naturels, et leur enchaînement pouvait le conduire à la perception de vérités ou d'événements futurs : car le présent est toujours le germe générateur et infaillible de l'avenir ; il ne s'agit que de le voir et de le comprendre.

Alphonse de Lamartine, *Voyage en Orient*, 1835.

COMPRÉHENSION ET LANGUE

1 – Quelle image le texte donne-t-il d'Ibrahim Pacha ?
2 – Qu'est-ce que Lamartine entend par l'« instinct de la divination » (l. 20) ?
3 – Expliquez : « l'homme concevait la relation cachée de tous les faits naturels » (l. 25-26).

---

*1. Ancienne orthographe de Beyrouth. – 2. Fossés remplis d'eau. –
3. Présage. – 4. Comprenaient.*

Histoire du barbier

*Le roi de Casgar, ravi par « l'histoire du petit bossu » qu'on vient de lui raconter, juge
qu'il est impossible de trouver plus extraordinaire. Le défi est relevé par les assistants,
et le barbier prend à son tour la parole.*

Sous le règne du calife Mostanser Billah[1], prince si fameux par ses
immenses libéralités envers les pauvres, dix voleurs obsédaient les chemins des environs de Bagdad et faisaient depuis longtemps des vols et
des cruautés inouïes. Le calife, averti d'un si grand désordre, fit venir le
5 juge de police quelques jours avant la fête du baïram[2] et lui ordonna,
sous peine de la vie, de les lui amener tous les dix.

   Le juge de police fit ses diligences, et mit tant de monde en campagne, que les dix voleurs furent pris le propre jour du baïram. Je me
promenais alors sur le bord du Tigre ; je vis dix hommes, assez riche-
10 ment habillés, qui s'embarquaient dans un bateau. J'aurais connu[3] que
c'étaient des voleurs, pour peu que j'eusse fait attention aux gardes qui
les accompagnaient ; mais je ne regardai qu'eux ; et, prévenu que
c'étaient des gens qui allaient se réjouir et passer la fête en festin, j'entrai
dans le bateau pêle-mêle avec eux, sans dire mot dans l'espérance qu'ils
15 voudraient bien me souffrir dans leur compagnie. Nous descendîmes le
Tigre, et l'on nous fit aborder devant le palais du calife. J'eus le temps de
rentrer en moi-même et de m'apercevoir que j'avais mal jugé d'eux. Au
sortir du bateau, nous fûmes environnés d'une nouvelle troupe de gardes
du juge de police, qui nous lièrent et nous menèrent devant le calife. Je
20 me laissai lier comme les autres, sans rien dire : que m'eût-il servi de
parler et de faire quelque résistance ? C'eût été le moyen de me faire
maltraiter par les gardes, qui ne m'auraient pas écouté : car ce sont des
brutaux qui n'entendent point raison. J'étais avec des voleurs ; c'était
assez pour leur faire croire que j'en devais être un.

25   Dès que nous fûmes devant le calife, il ordonna le châtiment de ces
dix scélérats. « Qu'on coupe, dit-il, la tête à ces dix voleurs. » Aussitôt le
bourreau nous rangea sur une file, à la portée de sa main, et, par bonheur, je me trouvai le dernier. Il coupa la tête aux dix voleurs, en commençant par le premier, et, quand il vint à moi, il s'arrêta. Le calife,
30 voyant que le bourreau ne me frappait pas, se mit en colère : « Ne t'ai-je
pas commandé, lui dit-il, de couper la tête à dix voleurs ? Pourquoi ne la
coupes-tu qu'à neuf ? – Commandeur des croyants, répondit le bourreau,
Dieu me garde de n'avoir pas exécuté l'ordre de Votre Majesté ! Voilà
dix corps par terre, et autant de têtes que j'ai coupées ; elle peut les faire
35 compter. » Lorsque le calife eut vu lui-même que le bourreau disait vrai,
il me regarda avec étonnement, et, ne me trouvant pas la physionomie
d'un voleur : « Bon vieillard, me dit-il, par quelle aventure vous trouvez-
vous mêlé avec des misérables qui ont mérité mille morts ? » Je lui
répondis : « Commandeur des croyants, je vais vous faire un aveu
40 véritable : j'ai vu ce matin, entrer dans un bateau ces dix personnes

Illustration pour *les Mille et Une Nuits,* par Achille Deveria.

COMPRÉHENSION
ET LANGUE

1 – Qu'est-ce qui explique la méprise du barbier (l. 9-15) ?
2 – Expliquez : « dix voleurs obsédaient les chemins des environs de Bagdad » (l. 2-3).
3 – Expliquez : « J'eus le temps de rentrer en moi-même » (l. 16-17).
4 – Pourquoi le barbier ne dit-il rien quand on le débarque avec les voleurs (l. 20-24) ?
5 – Quelle leçon peut-on tirer de l'histoire du barbier ?
6 – Qu'est-ce qu'un « babillard » ?
7 – Quelle est la vertu dont se glorifie le barbier ?
8 – Qu'ont en commun les six frères du barbier ?
9 – Quel est l'effet produit par le fait de placer à la fin du conte l'annonce du conte suivant ?

dont le châtiment vient de faire éclater la justice de Votre Majesté ; je me suis embarqué avec elles, persuadé que c'étaient des gens qui allaient se régaler ensemble, pour célébrer ce jour, qui est le plus célèbre de notre religion. »

45   Le calife ne put s'empêcher de rire de mon aventure ; et, tout au contraire de ce jeune boiteux[4], qui me traite de babillard, il admira ma discrétion et ma contenance à garder le silence. « Commandeur des croyants, lui dis-je, que Votre Majesté ne s'étonne pas si je me suis tu dans une occasion qui aurait excité la démangeaison de parler à un autre.
50 Je fais une profession particulière de me taire ; et c'est par cette vertu que je me suis acquis le titre glorieux de silencieux. C'est ainsi qu'on m'appelle pour me distinguer de six frères que j'eus. C'est le fruit que j'ai tiré de ma philosophie ; enfin, cette vertu fait toute ma gloire et tout mon bonheur. – J'ai bien de la joie, me dit le calife en souriant, qu'on vous ait
55 donné un titre dont vous faites un si bel usage. Mais apprenez-moi quelle sorte de gens étaient vos frères : vous ressembliez-vous ? – En aucune manière, lui repartis-je ; ils étaient plus babillards les uns que les autres ; et, quant à la figure, il y avait encore grande différence entre eux et moi : le premier était bossu ; le second, brèche-dent ; le troisième,
60 borgne ; le quatrième, aveugle ; le cinquième avait les oreilles coupées ; et le sixième, les lèvres fendues. Il leur est arrivé des aventures qui vous feraient juger de leur caractère, si j'avais l'honneur de les raconter à Votre Majesté. » Comme il me parut que le calife ne demandait pas mieux que de les entendre, je poursuivis sans attendre son ordre.

Les Mille et Une Nuits, **traduction Galland.**

1. Le calife Mostanser Billah fut élevé à cette dignité l'an 640 de l'hégire, c'est-à-dire l'an 1226 de J.-C. Il fut le trente-septième calife de la race des Abbassides (note d'A. Galland).
2. Nom turc de la fête de fin du ramadan.
3. Reconnu.
4. Personnage qui a introduit le récit du barbier.

Antoine Galland (1646-1715), qui avait fait partie de la suite de l'ambassadeur de France à Constantinople, avait appris l'arabe, le turc, le persan. Professeur au Collège de France, il s'est passionné pour les anciens contes arabes dont il avait découvert plusieurs manuscrits. Il les traduit et les publie en français, révélant ainsi aux lecteurs européens le monde merveilleux de l'Orient. L'accueil fait à l'ouvrage fut triomphal, et de nombreuses traductions nouvelles ou imitations virent le jour. Même si on a pu reprocher à Galland d'avoir parfois édulcoré le texte original, de n'avoir pas respecté les citations poétiques et de faire parler les personnages comme à la cour de Louis XIV, il a réussi à rendre la fascination des vieilles histoires orientales et il a apporté aux lecteurs européens une vision éblouissante du monde arabe.

« *Un oiseau appelé roc* »

L'histoire de Sindbad le Marin, qui était sans doute à l'origine une œuvre particulière, intégrée par la suite au cycle des Mille et Une Nuits, *a été rédigée dès le IXᵉ siècle, auprès des califes abbassides de Bagdad. Elle reflète les légendes qui entouraient les premiers grands voyages arabes dans l'océan Indien. Au cours de son second voyage, le marchand Sindbad se retrouve oublié sur une île déserte.*

À la fin, je me résignai à la volonté de Dieu ; et, sans savoir ce que je deviendrais, je montai au haut d'un grand arbre, d'où je regardai de tous côtés si je ne découvrirais rien qui pût me donner quelque espérance. En jetant les yeux sur la mer, je ne vis que de l'eau et du ciel ; mais ayant
5 aperçu, du côté de la terre, quelque chose de blanc, je descendis de l'arbre, et, avec ce qui me restait de vivres, je marchai vers cette blancheur, qui était si éloignée que je ne pouvais pas bien distinguer ce que c'était.

Lorsque j'en fus à une distance raisonnable, je remarquai que c'était une boule blanche, d'une hauteur et d'une grosseur prodigieuses. Dès
10 que j'en fus près, je la touchai et la trouvai fort douce. Je tournai alentour, pour voir s'il n'y avait point d'ouverture ; je n'en pus découvrir aucune, et il me parut qu'il était impossible de monter dessus, tant elle était unie. Elle pouvait avoir cinquante pas en rondeur.

Le soleil alors était près de se coucher. L'air s'obscurcit tout à coup,
15 comme s'il eût été couvert d'un nuage épais. Mais si je fus étonné de cette obscurité, je le fus bien davantage quand je m'aperçus que ce qui la causait était un oiseau d'une grandeur et d'une grosseur extraordinaires, qui s'avançait de mon côté en volant. Je me souvins d'un oiseau appelé roc, dont j'avais souvent entendu parler aux matelots, et je conçus que la
20 grosse boule que j'avais tant admirée, devait être un œuf de cet oiseau. En effet, il s'abattit et se posa dessus comme pour le couver. En le voyant venir, je m'étais serré fort près de l'œuf, de sorte que j'eus devant moi un des pieds de l'oiseau, et ce pied était aussi gros qu'un gros tronc d'arbre. Je m'y attachai fortement avec la toile dont mon turban était
25 environné, dans l'espérance que le roc, lorsqu'il reprendrait son vol le lendemain, m'emporterait hors de cette île déserte. Effectivement, après avoir passé la nuit en cet état, dès qu'il fut jour, l'oiseau s'envola et m'enleva si haut que je ne voyais plus la terre ; puis il descendit tout à coup avec tant de rapidité que je ne me sentais pas. Lorsque le roc fut posé et
30 que je me vis à terre, je déliai promptement le nœud qui me tenait attaché à son pied. J'avais à peine achevé de me détacher, qu'il donna du bec sur un serpent d'une longueur inouïe. Il le prit et s'envola aussitôt.

Le lieu où il me laissa était une vallée très profonde, environnée de toutes parts de montagnes, si hautes qu'elles se perdaient dans la nue, et
35 tellement escarpées qu'il n'y avait aucun chemin par où l'on y pût monter. Ce fut un nouvel embarras pour moi, et, comparant cet endroit à l'île déserte que je venais de quitter, je trouvai que je n'avais rien gagné au change.

En marchant par cette vallée, je remarquai qu'elle était parsemée de
40 diamants ; il y en avait d'une grosseur surprenante. Je pris beaucoup de
plaisir à les regarder ; mais j'aperçus bientôt de loin des objets qui dimi-
nuèrent fort ce plaisir et que je ne pus voir sans effroi. C'était un grand
nombre de serpents, si gros et si longs, qu'il n'y en avait pas un qui n'eût
englouti un éléphant. Ils se retiraient, pendant le jour, dans leurs antres,
45 où ils se cachaient à cause du roc, leur ennemi, et ils n'en sortaient que la
nuit.

Je passai la journée à me promener dans la vallée et à me reposer de
temps en temps dans les endroits les plus commodes. Cependant le soleil
se coucha ; et, à l'entrée de la nuit, je me retirai dans une grotte où je
50 jugeai que je serais en sûreté. J'en bouchai l'entrée, qui était basse et
étroite avec une pierre assez grosse pour me garantir des serpents mais
qui n'était pas assez juste pour empêcher qu'il n'y entrât un peu de
lumière. Je soupai d'une partie de mes provisions, au bruit des serpents
qui commencèrent à paraître. Leurs affreux sifflements me causèrent
55 une frayeur extrême et ne me permirent pas, comme vous pouvez le penser, de passer la nuit fort tranquillement. Le jour étant venu, les serpents
se retirèrent. Alors je sortis de ma grotte en tremblant, et je puis dire que
je marchai longtemps sur des diamants sans en avoir la moindre envie. À
la fin, je m'assis ; et malgré l'inquiétude dont j'étais agité, comme je
60 n'avais pas fermé l'œil de toute la nuit, je m'endormis après avoir fait
encore un repas de mes provisions. Mais j'étais à peine assoupi que
quelque chose, qui tomba près de moi avec grand bruit, me réveilla.
C'était une grosse pièce de viande fraîche ; et dans le moment, j'en vis
rouler plusieurs autres du haut du rocher, en différents endroits.
65 J'avais toujours tenu pour un conte fait à plaisir ce que j'avais
entendu dire plusieurs fois à des matelots et à d'autres personnes touchant la vallée des diamants, et l'adresse dont se servaient quelques marchands pour en tirer ces pierres précieuses. Je connus bien qu'ils m'avaient
dit la vérité. En effet, ces marchands se rendent auprès de cette vallée
70 dans le temps que les aigles ont des petits ; ils découpent de la viande et
la jettent par grosses pièces dans la vallée ; les diamants sur la pointe desquels elles tombent s'y attachent. Les aigles, qui sont, en ce pays-là, plus
forts qu'ailleurs, vont fondre sur ces pièces de viande et les emportent
dans leurs nids, au haut des rochers, pour servir de pâture à leurs aiglons.
75 Alors les marchands, courant aux nids, obligent, par leurs cris, les aigles
à s'éloigner, et prennent les diamants qu'ils trouvent attachés aux pièces
de viande. Ils se servent de cette ruse parce qu'il n'y a pas d'autre moyen
de tirer les diamants de cette vallée, qui est un précipice dans lequel on
ne saurait descendre.

Les Mille et Une Nuits, **traduction de Galland.**

COMPRÉHENSION ET LANGUE

1 – Quels sont les épisodes de cette aventure de Sindbad ? Comment sont-ils reliés ?

2 – Quelle est la dimension de l'œuf de l'oiseau roc (l. 9) ?

3 – Relevez les éléments qui donnent au récit un caractère merveilleux.

4 – Relevez les expressions qui montrent au lecteur que Sindbad trouve lui-même incroyable tout ce qui lui arrive.

5 – Comment Sindbad apparaît-il au lecteur dans cet épisode ?

6 – Pourquoi Sindbad souligne-t-il que les marchands lui « avaient dit la vérité » (l. 69) ?

7 – Expliquez : « adresse » (l. 67).

8 – Quelle est l'image que le lecteur peut se faire des pays lointains visités par Sindbad ?

ACTIVITÉS DIVERSES, EXPRESSION ÉCRITE

Voici quelle est la suite immédiate du texte : « J'avais cru jusque-là qu'il ne me serait pas possible de sortir de cet abîme, que je regardais comme mon tombeau ; mais je changeai de sentiment, et ce que je venais de voir, me donna lieu d'imaginer le moyen de conserver ma vie. » Imaginez ce moyen découvert par Sindbad.

Gérard de Nerval
(1808-1855), poète de
« l'épanchement du rêve
dans la vie réelle »,
accomplit en 1843 un
grand voyage en Orient
(Le Caire et l'Égypte ;
Beyrouth et le Liban ;
Constantinople), dont
il tire un récit publié
d'abord en revue, puis en
volume (1851). Nerval y
mêle de façon inextricable
la réalité et la fiction,
les détails pittoresques
et les suggestions
symboliques, les souvenirs
et les emprunts livresques.
L'Orient y devient le lieu
magique originel,
source des puissances
de l'imaginaire.

« *Dans les rues du Caire* »

Ce qui fascine Nerval dans la ville du Caire, c'est l'épaisseur historique que lui révèle chacune de ses promenades.

Le Caire doit à ses inépuisables carrières du Mokatam, ainsi qu'à la sérénité constante de son climat, l'existence de monuments innombrables ; l'époque des califes, celle des soudans et celle des sultans mamelouks[1] se rapportent naturellement à des systèmes variés d'archi-
5 tecture dont l'Espagne et la Sicile ne possèdent qu'en partie les contre-épreuves ou les modèles. Les merveilles moresques de Grenade et de Cordoue se retracent à chaque pas au souvenir, dans les rues du Caire, par une porte de mosquée, une fenêtre, un minaret, une arabesque, dont la coupe ou le style précise la date éloignée. Les mosquées, à elles
10 seules, raconteraient l'histoire entière de l'Égypte musulmane, car chaque prince en a fait bâtir au moins une, voulant transmettre à jamais le souvenir de son époque et de sa gloire ; c'est Amrou, c'est Hakem, c'est Touloun, Saladin, Bibars ou Barkouk, dont les noms se conservent ainsi dans la mémoire de ce peuple ; cependant les plus anciens de ces
15 monuments n'offrent plus que des murs croulants et des enceintes dévastées.

La mosquée d'Amrou, construite la première après la conquête de l'Égypte, occupe un emplacement aujourd'hui désert entre la ville nouvelle et la ville vieille. Rien ne défend plus contre la profanation ce lieu
20 si révéré jadis. J'ai parcouru la forêt de colonnes qui soutient encore la voûte antique ; j'ai pu monter dans la chaire sculptée de l'imam, élevée l'an 94 de l'hégire, et dont on disait qu'il n'y en avait pas une plus belle ni une plus noble après celle du prophète ; j'ai parcouru les galeries et reconnu, au centre de la cour, la place où se trouvait dressée la tente du
25 lieutenant d'Omar, alors qu'il eut l'idée de fonder le vieux Caire.

Une colombe avait fait son nid au-dessus du pavillon ; Amrou, vainqueur de l'Égypte grecque, et qui venait de saccager Alexandrie, ne voulut pas qu'on dérangeât le pauvre oiseau ; cette place lui parut consacrée par la volonté du ciel, et il fit construire d'abord une mosquée autour de
30 sa tente, puis autour de la mosquée une ville qui prit le nom de *Fostat*, c'est-à-dire la *tente*. Aujourd'hui, cet emplacement n'est plus même contenu dans la ville, et se trouve de nouveau, comme les chroniques le peignaient autrefois, au milieu des vignes, des jardinages et des *palmeraies*.

Gérard de Nerval, *Voyage en Orient*, **1851**.

1. Noms divers portés par les anciens souverains d'Égypte.

« *Dans un tourbillon jusqu'au Sphinx* »

Le récit de voyage de Flaubert se présente sous forme de notes, parfois très brèves, presque sténographiques. C'était un aide-mémoire, non destiné à la publication. Dans le fragment suivant, Flaubert évoque sa visite aux Pyramides de Guizèh.

Gustave Flaubert (1821-1880), le maître du roman réaliste, a gardé au fond de lui-même la fascination pour les rêves romantiques. Afin de satisfaire son attrait pour le mirage oriental, il accomplit en 1849-1851, avec son ami Maxime Du Camp, un long périple en Orient, qui le conduit en Égypte, où il remonte le Nil jusqu'à la deuxième cataracte, puis au Liban, en Palestine et à Constantinople. Ses notes de voyage, publiées après sa mort, révèlent qu'il a souvent été déçu par une réalité qui ne répondait pas à son désir d'Orient. Mais ses souvenirs de voyage ont plus tard nourri l'écriture « orientale » de son grand roman carthaginois, *Salammbô* (1862).

Maintenant s'étend devant nous une immense prairie très verte, avec des carrés de terre noire, places récemment labourées et les dernières abandonnées par l'inondation, qui se détachent comme de l'encre de Chine sur le vert uni. Je pense à l'invocation à Isis[1] : « Salut, salut terre
5   noire d'Égypte. » La terre en Égypte est noire. Des buffles broutent ; de temps à autre, un ruisseau boueux, sans eau, où nos chevaux enfoncent dans la vase jusqu'au genou, bientôt nous traversons de grandes flaques d'eau ou des ruisseaux.

Vers trois heures et demie, nous touchons presque au désert, où les
10   trois Pyramides se dressent. Je n'y tiens plus et lance mon cheval qui part au grand galop, pataugeant dans le marais. Maxime[2], deux minutes après, m'imite. Course furieuse. – Je pousse des cris malgré moi, nous gravissons dans un tourbillon jusqu'au Sphinx. Au commencement, nos Arabes nous suivaient en criant : « Sphinx, Sphinx[3], oh ! oh ! oh ! »
15   il grandissait, grandissait et sortait de terre comme un chien qui se lève.

Vue du sphinx Abou-el-Houl (le père de la terreur). – Le sable, les Pyramides, le Sphinx, tout gris et noyé dans un grand ton rose ; le ciel est tout bleu, les aigles tournent en planant lentement autour du faîte des Pyramides. Nous nous arrêtons devant le Sphinx, il nous regarde d'une
20   façon terrifiante ; Maxime est tout pâle, j'ai peur que la tête ne me tourne et je tâche de dominer mon émotion. Nous repartons à fond de train, fous, emportés au milieu des pierres ; nous faisons le tour des Pyramides, à leur pied même, au pas. Les bagages tardent à venir, la nuit tombe.

Gustave Flaubert, *Voyage en Orient,*
© **Les Belles Lettres, Paris, 1948.**

COMPRÉHENSION
ET LANGUE

1 – Expliquez : « nous touchons presque au désert » (l. 9).
2 – Quelles sont les sensations que Flaubert privilégie ?
3 – Quelle est l'impression produite par le Sphinx sur les voyageurs ?

1. Ancienne divinité de la religion égyptienne.
2. Maxime Du Camp, compagnon de voyage de Flaubert.
3. Flaubert avait écrit le mot en caractères grecs.

ꟻROMENTIN

Eugène Fromentin
(1820-1876), peintre de
talent, attiré par la vogue
de l'orientalisme, a voyagé
en Algérie et en Égypte,
pour capter sur ses toiles
la « transparence
aérienne » des pays de
lumière. Il en a rapporté
aussi deux récits
de voyage, filtrés
par le travail du souvenir.
Un été dans le Sahara
(1857) évoque un voyage
à Laghouat
et la révélation du désert.
Une année dans le Sahel
(1859) recueille
les impressions d'un
séjour à Blida et Alger.
Il a transposé dans son
roman *Dominique* (1863)
le souvenir de son amour
empêché pour une amie
d'enfance.

« *Le repas d'hospitalité* »

*Un été dans le Sahara est présenté comme un ensemble de lettres adressées
par Fromentin à son ami Armand du Mesnil. L'auteur y est particulièrement
sensible à la majesté des vieilles coutumes patriarcales.*

Je n'ai pas à t'apprendre que la *diffa* est le repas d'hospitalité. La composition en est consacrée par l'usage et devient une chose d'étiquette. Pour
n'avoir plus à revenir sur ces détails, voici le menu fondamental d'une
diffa d'après le cérémonial le plus rigoureux. D'abord un ou deux mou-
5 tons rôtis entiers ; on les apporte empalés dans de longues perches et tout
frissonnants de graisse brûlante ; il y a sur le tapis un immense plat de
bois de la longueur d'un mouton ; on dresse la broche comme un mât au
milieu du plat ; le porte-broche s'en empare à peu près comme d'une pelle
à labourer, donne un coup de son talon nu sur le derrière du mouton, et le
10 fait glisser dans le plat. La bête a tout le corps balafré de longues entailles
faites au couteau avant qu'on ne la mette au feu : le maître de la maison
l'attaque alors par une des excoriations les plus délicates, arrache un premier lambeau et l'offre au plus considérable de ses hôtes. Le reste est l'affaire des convives. Le mouton rôti est accompagné de galettes au beurre,
15 feuilletées et servies chaudes, puis viennent des ragoûts, moitié mouton
et moitié fruits secs, avec une sauce abondante fortement assaisonnée de
poivre rouge. Enfin arrive le couscoussou, dans un vaste plat de bois
reposant sur un pied en manière de coupe. La boisson se compose d'eau,
de lait doux *(halib)*, de lait aigre *(leben)* ; le lait aigre semble préférable
20 avec les aliments indigestes ; le lait doux, avec les plus épicés. On prend
la viande avec les doigts, sans couteau ni fourchette ; on la déchire ; pour
la sauce, on se sert de cuillers de bois, et le plus souvent d'une seule qui
fait le tour du plat. Le couscoussou se mange indifféremment, soit à la
cuiller, soit avec les doigts ; pourtant, il est mieux de le rouler de la main
25 droite, d'en faire une boulette et de l'avaler au moyen d'un coup de pouce
rapide, à peu près comme on lance une bille. L'usage est de prendre
autour du plat, devant soi, et d'y faire chacun son trou. Il y a même un
précepte arabe qui recommande de *laisser le milieu, car la bénédiction
du ciel y descendra*. Pour boire on n'a qu'une gamelle, celle qui a servi à
30 traire le lait ou à puiser l'eau. À ce sujet, je connais encore un précepte :
« Celui qui boit ne *doit* pas respirer dans la tasse où est la boisson ; il *doit*
l'ôter de ses lèvres pour reprendre haleine, puis il *doit* recommencer à
boire. » Je souligne le mot *doit*, pour lui conserver le sens impératif.

Si tu te rappelles l'article « Hospitalité » dans le livre excellent de
35 M. le général Daumas[1] sur *le Grand Désert,* tu dois voir que c'est dans les
mœurs arabes un acte sérieux que de manger et de donner à manger, et
qu'une *diffa* est une haute leçon de savoir-vivre, de générosité, de prévenances mutuelles. Et remarque que ce n'est point en vertu de devoirs

sociaux, chose absolument inconnue de ce peuple antisocial, mais en
40 vertu d'une recommandation divine et, pour parler comme eux, à titre
d'*envoyé de Dieu,* que le voyageur est ainsi traité par son hôte. Leur politesse repose donc non sur des conventions, mais sur un principe religieux. Ils l'exercent avec le respect qu'ils ont pour tout ce qui touche aux
choses saintes, et la pratiquent comme un acte de dévotion.

45   Aussi ce n'est point une chose qui prête à rire, je l'affirme, que de voir
ces hommes robustes, avec leur accoutrement de guerre et leurs amulettes
au cou, remplir gravement ces petits soins de ménage qui sont en Europe
la part des femmes ; de voir ces larges mains, durcies par le maniement
du cheval et la pratique des armes, servir à table, émincer la viande avant
50 de vous l'offrir, vous indiquer sur le dos du mouton l'endroit le mieux
cuit, tenir l'aiguière ou présenter, entre chaque service, l'essuie-mains de
laine ouvrée. Ces attentions, qui dans nos usages paraîtraient puériles,
ridicules peut-être, deviennent ici touchantes par le contraste qui existe
entre l'homme et les menus emplois qu'il fait de sa force et de sa dignité.

55   Et quand on considère que ce même homme qui impose aux femmes
la peine accablante de tout faire dans son ménage, par paresse ou par
excès de pouvoir domestique, ne dédaigne pas de les suppléer en tout,
quand il s'agit d'honorer un hôte, on doit convenir que c'est, je le répète,
une grande et belle leçon qu'il nous donne, à nous autres gens du Nord.
60 L'hospitalité exercée de cette manière, par les hommes à l'égard des
hommes, n'est-elle pas la seule digne, la seule fraternelle, la seule qui,
suivant le mot des Arabes, *mette la barbe de l'étranger dans la main de
son hôte ?*

Eugène Fromentin, *Un été dans le Sahara,* 1857.

*1. Le général Daumas, officier de la colonisation, créateur des « bureaux arabes »,
a publié plusieurs ouvrages sur l'Algérie, dont le* Grand Désert *(1849), qui évoque
avec précision les coutumes des peuples du désert.*

Halte de cavaliers arabes, par Eugène Fromentin.

COMPRÉHENSION ET LANGUE

1 – Expliquez : « une chose d'étiquette » (l. 2). Quelle est, d'après le texte, l'« étiquette » du « repas d'hospitalité » ?

2 – Expliquez « excoriations » (l. 12). À quel vocabulaire appartient habituellement ce mot ? Quel effet produit-il ici ?

3 – Sur quel ton Fromentin expose-t-il l'ordonnance du repas (l. 21-34) ?

4 – Pourquoi Fromentin souligne-t-il le « sens impératif » qu'il donne au mot « doit » (l. 33-34) ?

5 – Quel est le principe de la politesse arabe (l. 41) selon Fromentin ?

6 – Quelle image des hommes arabes Fromentin donne-t-il dans les lignes 45-55 ?

7 – Expliquez : « par excès de pouvoir domestique » (l. 59).

8 – Explicitez le proverbe cité à la dernière ligne du texte.

9 – Relevez les marques de la présence de l'écrivain dans le texte : comment se trahit le point de vue qu'il adopte ?

ACTIVITÉS DIVERSES, EXPRESSION ÉCRITE

1 – À la manière de Fromentin, exposez le cérémonial d'un repas de fête dans votre région.

2 – Le texte de Fromentin est ponctué par la citation de formules et de proverbes (l. 28-29 ; l. 42 ; l. 64-65). Recherchez dans votre culture les proverbes qui sont liés au repas et à l'hospitalité. Quelle est la leçon qu'ils développent ?

PIERRE LOTI

Pierre Loti (pseudo-
nyme de Julien Viaud,
1850-1923), officier
de marine et romancier
exotique (*Aziyadé,* 1879,
sur un sujet turc ;
Madame Chrysanthème,
sur un thème japonais), a
rapporté de ses nombreux
voyages des récits mélan-
coliques, sensuels,
volontiers oniriques.
Il a consacré plusieurs
volumes au Levant et à
l'Égypte (*le Désert,* 1895 ;
la Mort de Philae, 1908).

« *Une ville de morts* »

C'est en 1907 que Pierre Loti visite l'Égypte pour la première fois, sur une invitation du chef du parti nationaliste, Mustapha Kamel Pacha, à qui il dédie le récit de voyage qu'il en rapporte, la Mort de Philae. *Loti constate, non sans regrets, la transformation du pays, qui entre dans la modernité. Mais pour lui, elle reste d'abord le pays de la mort, comme le révèle une promenade nocturne dans la banlieue du Caire.*

La nuit. Une longue rue droite, artère de quelque capitale, où notre voiture file au grand trot, avec un fracas assourdissant sur des pavés. Lumière électrique partout. Magasins qui se ferment ; il doit être tard.

C'est une rue levantine ; encore un peu arabe ; n'aurions-nous même
5   pas la notion certaine du lieu, que nous percevrions cela comme au vol, dans notre course très bruyante : les gens portent la longue robe et le tar-bouch[1] ; quelques maisons, au-dessus de leurs boutiques à l'européenne, nous montrent au passage des moucharabiehs[2]. Mais cette électricité aveuglante fausse la note ; au fond, sommes-nous bien sûrs d'être en
10 Orient ?

La rue finit, béante sur des ténèbres. Tout à coup, là, sans crier gare, elle aboutit à du vide où l'on n'y voit plus, et nous roulons sur un sol mou, feutré, qui brusquement fait cesser tout bruit. – Ah ! oui, le *désert !*… Non pas un terrain vague quelconque, comme dans des banlieues de
15 chez nous ; non pas une de nos solitudes d'Europe, mais le seuil des grandes désolations d'Arabie : le *désert,* et, même si nous n'avions point su qu'il nous guettait là, nous l'aurions reconnu à un je-ne-sais-quoi d'âpre et de spécial qui, malgré l'obscurité, ne trompe pas.

Mais d'ailleurs, non, la nuit n'est pas si noire. Il nous l'avait semblé,
20 au premier instant, par contraste avec l'allumage brutal de la rue.

Au contraire, elle est transparente et bleue, la nuit ; une demi-lune, là-haut, dans le ciel voilé d'un brouillard diaphane, éclaire discrètement, et, comme c'est une lune égyptienne plus subtile que la nôtre, elle laisse aux choses un peu de leur couleur ; nous pouvons maintenant le recon-
25 naître avec nos yeux, ce désert qui vient de s'ouvrir et de nous imposer son silence. Donc saluons la pâleur de ses sables et le brun fauve de ses rochers morts. Vraiment il n'y a d'autre pays que l'Égypte, pour de si rapides surprises : au sortir une rue bordée de magasins et d'étalages, sans transition, trouver cela !…

30 Nos chevaux, inévitablement, ont ralenti l'allure, à cause de ce ter-rain où les roues s'enfoncent. Encore autour de nous quelques rôdeurs, qui prennent aussitôt des airs de revenants, avec leurs longues draperies blanches ou noires, et leur marche qui ne s'entend pas. Et puis, plus per-sonne, fini ; rien que les sables et la lune.

35 Mais voici presque tout de suite, après le court intermède de néant, une ville nouvelle où nous nous engageons, des rues aux maisonnettes basses, des petits carrefours, des petites places ; le tout, blanc sur les sables blanchâtres et sous la lune blanche… Oh ! pas d'électricité, par

exemple, dans cette ville-là, pas de lumières et pas de promeneurs ;
40 portes et fenêtres sont closes ; nulle part rien ne bouge, et le silence est,
de premier abord, pareil à celui du désert alentour. Ville où le demi-
éclairage lunaire, parmi tant de vagues blancheurs, se diffuse tellement
qu'il a l'air de venir de partout à la fois, et que les choses ne projettent
plus, les unes sur les autres, aucune ombre qui les précise. Ville au sol
45 trop ouaté, où la marche est amollie et retardée, comme dans les rêves.
Elle n'a pas l'air véritable ; à y pénétrer plus avant, une timidité vous
vient, que l'on ne peut ni chasser, ni définir.

Pour sûr, on n'est pas ici dans une ville ordinaire… Ces maisons
cependant, avec leurs fenêtres grillagées comme celles des harems, n'ont
50 rien de particulier, – rien que d'être closes, et d'être muettes… C'est toute
cette blancheur probablement qui vous glace… Et puis, en vérité, ce
silence, non, il n'est plus comme celui du désert, qui au moins paraissait
un silence naturel puisque là il n'y avait rien ; ici, par contre, on prend
comme la notion de présences innombrables, qui se figeraient quand on
55 passe, mais continueraient d'épier attentivement… Nous rencontrons des
mosquées, qui n'ont point de lumières, et sont, elles aussi, muettes et
blanches, avec un peu de bleuâtre que leur jette la lune ; entre les maisonnettes, il y a parfois des enclos, comme seraient d'étroits jardins sans
verdure possible, et où quantité de petites stèles se lèvent de compagnie
60 dans le sable, stèles blanches, il va sans dire, puisque nous sommes ici,
cette nuit, dans le royaume absolu du blanc… Qu'est-ce que ça peut être
ces jardinets-là ?… Et le sable, qui en couches épaisses envahit les rues,
continue de mettre une sourdine à notre marche, sans doute pour com-
plaire à toutes ces choses attentives qui autour de nous ne font aucun bruit.

65 Aux carrefours maintenant et sur les places les stèles se multiplient,
toujours érigées par paires, aux deux extrémités d'une dalle qui est de
longueur humaine. Leurs groupes immobiles, postés comme au guet,
paraissent si peu réels, dans leur imprécision blanche, qu'on voudrait les
vérifier en touchant – et du reste on ne s'étonnerait pas trop que la main
70 passât au travers comme il arrive pour les fantômes. Et enfin voici une
vaste étendue sans maisons, où elles foisonnent sur le sable comme les
épis d'un champ, ces stèles obsédantes ; il n'y a plus à s'illusionner : ça,
c'est un cimetière – et nous venons de passer au milieu de maisons de
morts, de mosquées de morts, dans une ville de morts !…

Pierre Loti, *la Mort de Philae*, 1908.

1. *Bonnet rouge cylindrique, orné
d'un gland de soie.*
2. *Balcon fermé par un grillage,
permettant de voir au-dehors sans être vu.*

COMPRÉHENSION
ET LANGUE

1 – Relevez les éléments qui
montrent la modernisation de la
ville. Quel est le jugement de
valeur implicite dans la description ?
2 – Relevez les éléments qui
soulignent la couleur locale
« orientale ».
3 – Quelle image du désert le
texte produit-il (l. 11-18) ?
4 – Quelles sont les couleurs
dominantes dans le texte ? Quel
est l'effet produit ?
5 – Expliquez : « après le court
intermède de néant » (l. 35).
6 – Quels sont les éléments qui
pourraient donner l'impression
d'être « comme dans les rêves »
(l. 45) ?
7 – Comment la découverte
finale (« nous venons de passer
[…] dans une ville de morts »)
est-elle préparée ?

ACTIVITÉS DIVERSES,
EXPRESSION ÉCRITE

Avez-vous déjà accompli un
voyage ou une promenade qui
vous a donné l'impression de
vivre un rêve. Racontez.

FRANCE
JÉRÔME ET JEAN

THARAUD

Les frères Tharaud
(Ernest, dit Jérôme, 1874-
1953, et Charles, dit Jean,
1877-1952) ont écrit
ensemble une œuvre
abondante
qui les a conduits jusqu'à
l'Académie française.
Ils avaient débuté
en publiant plusieurs
ouvrages dans
les *Cahiers de la Quinzaine*
de Charles Péguy,
notamment *Dingley,
l'illustre écrivain* (1902),
roman inspiré par la
figure du romancier
britannique
Rudyard Kipling.
Ils ont consacré plusieurs
essais en forme de récits
de voyage à la présence
juive en Europe,
l'An prochain à Jérusalem
(1924), et au monde
musulman,
*Marrakech ou
les Seigneurs de l'Atlas*,
(1920) ;
*Fez ou les Bourgeois
de l'Islam* (1930) ;
les Cavaliers d'Allah
(1935). Bien que cédant
souvent aux stéréotypes
et aux préjugés
de leur temps, ils sont
sensibles au pittoresque
et proposent une vision
alerte des pays visités.

« *Toute l'âme du Sud* »

Voyageant dans le Maroc du début du siècle, le narrateur arrive à Marrakech et découvre l'étonnante animation de la place Jemaa el Fna. Il s'y promène « pendant des heures, attentif comme un ignorant devant un grand livre ouvert ».

Toute l'âme du Sud est là, dans ces cercles de curieux qui, du matin au soir, se font et se défont autour de quelque bateleur, avec la mobilité des fumées. Il y a le cercle du charmeur de serpents qui s'agite, l'écume aux lèvres, les cheveux dénoués, devant un sac de cuir d'où sortent des
5 cobras noirs et luisants. Le charmeur bondit autour d'eux, les excite avec sa baguette, célèbre en litanies violentes et rapides les mystérieuses vertus de la terre, dont les serpents sont pénétrés plus qu'aucun être vivant. Furieusement il fait rouler sur son cou sa tête aux longs cheveux épars, pendant que les tambourins s'exaspèrent et que les bêtes, dressées sur
10 leur queue, suivent ses gestes frénétiques d'un lent mouvement imperceptible et souverainement orgueilleux de leur tête plate et gonflée. C'est une cérémonie sacrée, avec vingt péripéties, dont je ne saisis que le dehors, qui se développe devant moi. À tout moment le magicien laisse là ses reptiles, pour s'intéresser aux secrets d'un homme ou d'une femme
15 qui sort de l'auditoire, s'approche et lui murmure quelques mots à l'oreille. Enfin, dernier acte du drame, le furieux mord le serpent et mord ensuite son client, ou bien saisissant le cobra, il le lui place dans les mains, puis sur le cou, comme un foulard glacé, puis sur la poitrine, entre le burnous et la peau, et l'abandonne là, tandis que dans le délire
20 des tambourins déchaînés et de tout le cercle qui prie, il se démène, vocifère et couvre son patient de la bave magique qui mousse en abondance à ses lèvres…

Il y a le cercle de celui qui arrive à cheval au milieu d'un public déjà rassemblé par un compère, et qui du haut de sa bête efflanquée, marquée
25 sur son poitrail blanc d'une main de Fatma peinte au henné, se met à faire un discours. Que dit-il du haut de sa bête ? Ma foi, je n'en sais rien ! Je le vois tout à coup sauter à bas de son cheval, et comme pris d'un furieux délire, ou plutôt d'un extraordinaire appétit, se jeter sur un sac plein d'herbe et de paille hachée, attaché au cou de sa monture, le vider
30 sur le sol, triturer l'herbe et la paille, et convoquant tous les saints de l'Islam au festin qu'il prépare, avaler le tout (je l'ai vu) à l'admiration du public et à la consternation du cheval qui, la tête penchée sur son maître, regarde avec mélancolie ce picotin si inutilement gaspillé…

Il y a les cercles des conteurs, toujours élégamment vêtus, qui débi-
35 tent d'interminables poèmes, en frappant à intervalles réguliers deux ou trois coups nerveux sur un petit tambourin, pour bien scander le rythme et réveiller les esprits. Les longs gestes des doigts, de la main et des bras, les attitudes du corps si parfaitement élégantes, les longs glissements sur

les pieds nus ou le passage balancé d'un pied sur l'autre, toute cette
40 mimique est fixée par une caïda[1] séculaire, comme dans une figure de
ballet. Et les fureurs voisines du charmeur de serpents ne gênent ni les
auditeurs, ni le protagoniste de ce divertissement raffiné et, mon Dieu,
tout académique…

Il y a le cercle du commentateur aveugle, qui arrive, vers les cinq
45 heures du soir, du lointain Sidi-Bel-Abbès, une petite gaule d'une main,
et s'appuyant de l'autre à l'épaule de l'enfant qui voit pour lui. Au pied
d'une haute muraille nue, devant laquelle se tient chaque matin le marché aux pigeons, ses auditeurs accroupis, immobiles et silencieux,
l'écoutent réciter sa leçon sur les Traditions du Prophète, d'une voix
50 monotone, toujours pareille à elle-même comme les lettres d'un alphabet, sans s'arrêter une seconde ni faire un autre mouvement que de
remuer du haut en bas, avec une autorité mécanique, la petite baguette
dont il s'accompagne en marchant, et qui semble le conduire dans ses
explications comme elle le conduit dans la rue…

Jérôme et Jean Tharaud, *Marrakech ou les Seigneurs de l'Atlas*,
© Plon, Paris, 1920.

La place Djemaa-el-Fna à Marrakech, par Boukerche.

1. Tradition.

229

FRANCE

HENRI

BOSCO

Henri Bosco (Avignon, 1888-Nice, 1976) a écrit de nombreux romans (dont *l'Âne culotte*, 1937 ; *le Mas Théotime*, 1946 ; *Malicroix*, 1948) où il exprime le sentiment du mystère sécrété par sa terre natale, la Provence. La nature est au centre de cette œuvre : une nature reliée à l'homme par un réseau de correspondances, qui laisse deviner tout un arrière-plan surnaturel. Professeur d'italien, Henri Bosco a longtemps enseigné au Maroc, où il a dirigé une revue littéraire, *Aguedal*, et dont il évoque les paysages et les habitants dans plusieurs livres de souvenirs et d'impressions (*Sites et mirages*, 1951).

1. *Sorte de tambour.*

« *La danse nocturne* »

La description précise, attentive d'Henri Bosco laisse deviner sous la surface des gestes un « sens » profond qui se révèle peu à peu.

La lune était haute. Elle illuminait un vaste terre-plein. On y voyait comme en plein jour. Il faisait encore très chaud. Sur le terre-plein brûlaient de grands feux, et, devant les feux jaillissant vers la lune éblouissante, se déroulait la danse nocturne : le « haïdouze ».

5 Hommes et femmes, côte à côte, évoluaient avec lenteur. Ils étaient, à danser, plus de trois cents. Les hommes grands, maigres, becs d'aigle, visages osseux, barbes drues, taillées nettement au rasoir. Sur la tête durcie par le soleil, le turban ou la corde. La djellaba de laine rêche tombant jusqu'aux pieds. Les pieds, nus.

10 Les femmes, plus petites, le visage cuivré, les pommettes hautes, saillantes, tatouées et fardées audacieusement. Au front, le diadème de métal…

Hommes et femmes, côte à côte, formant un large cercle. Au centre du cercle, le feu. Devant le feu, le grand tambourin à la main, une demi-
15 douzaine d'hommes, les joueurs de bendir[1]. C'est du bendir que vient la danse. Avant d'en jouer, le joueur l'approche de la flamme. Il le chauffe. Il faut le chauffer : ainsi on peut tendre la peau et la rendre retentissante… Quand la membrane est bien tendue, le joueur commence à la battre : trois coups, deux coups, tantôt d'une main et tantôt de l'autre. Un
20 silence. Quatre coups légers, un coup fort. Encore un silence. L'index frappe la peau au cœur d'une chiquenaude nerveuse. Puis trois doigts tapotent le bord. Il suffit. L'appel est lancé.

Hommes et femmes peu à peu arrivent, se rapprochent, se touchent, et, tentés par le rythme, commencent doucement à se balancer sur leurs
25 longues jambes. Ils tâtonnent ; ils cherchent le « haïdouze »…

Mais aux tambours, des voix répondent, déjà nasillardes, et des mains qui claquent en mesure ; les bijoux tintent ; les pieds glissent…

D'autres danseurs sortent de l'ombre et, extasiés, contemplent le cercle. Ils ne tardent pas à s'y enfoncer. Les rangs s'épaississent, se joignent, et
30 peu à peu se forme une lourde couronne qui se meut solennellement.

De droite à gauche, un pas ; de gauche à droite, deux, puis un encore ; les genoux ploient, les têtes branlent ; les épaules tressautent. On chante. Faiblement ondulent les torses, qui frémissent sur place. Et les talons heurtent le sol ; la plante du pied, sur les accents forts, retombe et
35 claque ; le talon roule…

En avant des danseurs, dans le cercle, s'est levé l'« amrar », chef de danse. Il se ploie en arrière et hausse les genoux. Le buste bombé, la barbe en avant, tendant son tambour sur la tête, il règle le pas, il unit les cœurs, il tient dans ses mains le sens de la danse, et il danse lui-même…

Henri Bosco, *Des sables de la mer*,
© Éditions Gallimard, Paris.

KESSEL

Joseph Kessel (1898-
1979), journaliste de
grand talent, a voyagé
à travers le monde et a
rapporté de ses nombreux
périples le sujet de
romans d'aventures
qui exaltent l'action
et la fraternité
et qui sont toujours fondés
sur une expérience
personnelle (*l'Équipage*,
1923 ; *Nuits de princes*,
1928 ; *Fortune carrée*,
1930 ; *le Lion*, 1958 ;
les Cavaliers, 1967).
Il a situé plusieurs récits
dans le monde arabe,
notamment
Au Grand Socco (1952),
qui évoque Tanger
dans l'entre-deux-guerres.

« *Bachir, le petit bossu* »

Joseph Kessel romancier aime reprendre le ton alerte et précis du reporter.

Au pied du vieux Tanger, et devant les portes mêmes de la muraille fortifiée qui enferme son labyrinthe de ruelles étroites, on trouve la place du marché, le Grand Socco.

Autrefois, c'est-à-dire voilà trente ans à peine, le Grand Socco don-
5   nait sur la montagne et sur des collines de sable. Aujourd'hui, de toutes parts, la cité neuve, étrangère, arrête la vue. Mais aujourd'hui comme autrefois du matin jusqu'au soir, marchands, acheteurs et curieux se rencontrent en plein soleil, en plein vent, sur le Grand Socco, parmi les guenilles aux cent couleurs et la rumeur aux mille cris.

10   Au Grand Socco ne se tiennent que les charmeurs de serpents, les lecteurs à haute voix, les écrivains publics, les marchands de khôl, de piment haché ; les vendeurs de pâtisserie gluante, de fleurs odorantes, de paniers tressés… Et c'est le Grand Socco, naturellement, que choisit le petit Bachir, bossu par-devant comme par-derrière, quand il eut à conter
15   ses histoires étonnantes.

Quel âge avait Bachir ? Dix ans, ou douze, ou quatorze ? Qui étaient ses parents ? Miséreux des faubourgs, ou paysans de douar, ou nomades ? Morts ou partis pour toujours en zone française, en zone espagnole ? Et où était né Bachir, le petit bossu ? Tanger ? Tétouan ?
20   Larache ? ou dans le Rif sauvage ? ou dans le Sous encore plus secret ? Personne ne le savait, et surtout pas lui-même. Et personne ne s'en inquiétait. Et lui moins que les autres…

Tout le monde, vieille ville ou cité neuve, connaissait Bachir… On imagine aisément l'impression qu'il faisait avec ses deux bosses. La plus
25   grande, de la taille et de la forme d'un pain de sucre, surgissait dans son dos. Sur la poitrine, il semblait porter un œuf d'autruche… Il était fort et rapide… Et sa hardiesse, sa décision, son intelligence lui soumettaient toute une tribu de petits cireurs, crieurs de journaux et mendiants. Ils formaient une cour en haillons sur laquelle, déguenillé, il régnait…

30   Or, un jour d'été et à l'heure où sur le marché du Grand Socco l'activité, le mouvement, les couleurs et le bruit étaient à leur paroxysme, Bachir, le bossu, apparut suivi du tout petit Omar, au grand fez rouge, et d'Aïcha, à la démarche dansante. Omar portait une flûte de roseau et Aïcha un tambourin. Bachir, lui comme à l'ordinaire, tenait les mains
35   profondément enfoncées dans les poches de sa culotte déchirée.

D'abord personne ne fit attention à eux… Mais alors le petit garçon coiffé de l'immense fez rouge et la fille dont chaque mouvement avait une grâce étonnante firent résonner leurs instruments, et Bachir commença de chanter.

40   […] En quelques instants, une foule dense et profonde entoura Bachir…

Joseph Kessel, *Au Grand Socco,* © **Éditions Gallimard, Paris, 1952.**

« *Ce mariage des ruines et du printemps* »

Tipasa est un village situé à soixante-dix kilomètres à l'ouest d'Alger, où Camus se rendait fréquemment en 1935 et 1936 pour profiter de la mer et méditer au milieu des ruines romaines. Voici le début du texte « Noces à Tipasa » où s'exprime toute la ferveur méditerranéenne d'Albert Camus.

Albert Camus (1913-1960) a témoigné tout au long de son œuvre de son attachement à sa terre de naissance, l'Algérie. Elle est présente comme décor essentiel dans ses grands romans (l'*Étranger*, 1942 ; la *Peste*, 1947). Dans les textes de *Noces*, publiés à Alger en 1938, il demande aux paysages algériens de lui donner des leçons de vie. C'est dans l'intensité de l'instant, dans le choc des odeurs et de la lumière que l'homme peut « apprendre à vivre et à mourir et, pour être homme, refuser d'être un dieu ».

Au printemps, Tipasa est habitée par les dieux et les dieux parlent dans le soleil et l'odeur des absinthes, la mer cuirassée d'argent, le ciel bleu écru, les ruines couvertes de fleurs et la lumière à gros bouillons dans les amas de pierres. À certaines heures, la campagne est noire de
5 soleil. Les yeux tentent vainement de saisir autre chose que des gouttes de lumière et de couleurs qui tremblent au bord des cils. L'odeur volumineuse des plantes aromatiques râcle la gorge et suffoque dans la chaleur énorme. À peine, au fond du paysage, puis-je voir la masse noire du Chenoua¹ qui prend racine dans les collines autour du village, et
10 s'ébranle d'un rythme sûr et pesant pour aller s'accroupir dans la mer.

Nous arrivons par le village qui s'ouvre déjà sur la baie. Nous entrons dans un monde jaune et bleu où nous accueille le soupir odorant et âcre de la terre d'été en Algérie. Partout, des bougainvillées rosat dépassent les murs des villas ; dans les jardins, des hibiscus au rouge
15 encore pâle, une profusion de roses thé épaisses comme de la crème et de délicates bordures de longs iris bleus. Toutes les pierres sont chaudes. À l'heure où nous descendons de l'autobus couleur de bouton-d'or, les bouchers dans leurs voitures rouges font leur tournée matinale et les sonneries de leurs trompettes appellent les habitants.

20 À gauche du port, un escalier de pierres sèches mène aux ruines, parmi les lentisques et les genêts. Le chemin passe devant un petit phare pour plonger ensuite en pleine campagne. Déjà, au pied de ce phare, de grosses plantes grasses aux fleurs violettes, jaunes et rouges, descendent vers les premiers rochers que la mer suce avec un bruit de baisers.
25 Debout dans le vent léger, sous le soleil qui nous chauffe un seul côté du visage, nous regardons la lumière descendre du ciel, la mer sans une ride, et le sourire de ses dents éclatantes. Avant d'entrer dans le royaume des ruines, pour la dernière fois nous sommes spectateurs.

Au bout de quelques pas, les absinthes nous prennent à la gorge.
30 Leur laine grise couvre les ruines à perte de vue. Leur essence fermente sous la chaleur, et de la terre au soleil monte sur toute l'étendue du monde un alcool généreux qui fait vaciller le ciel. Nous marchons à la rencontre de l'amour et du désir. Nous ne cherchons pas de leçons, ni l'amère philosophie qu'on demande à la grandeur. Hors du soleil, des
35 baisers et des parfums sauvages, tout nous paraît futile. Pour moi, je ne cherche pas à y être seul. J'y suis souvent allé avec ceux que j'aimais et je lisais sur leurs traits le clair sourire qu'y prenait le visage de l'amour. Ici, je laisse à d'autres l'ordre et la mesure. C'est le grand libertinage de

la nature et de la mer qui m'accapare tout entier. Dans ce mariage des
40 ruines et du printemps, les ruines sont redevenues pierres et, perdant le
poli imposé par l'homme, sont rentrées dans la nature. Pour le retour de
ces filles prodigues, la nature a prodigué les fleurs. Entre les dalles du
forum[2], l'héliotrope pousse sa tête ronde et blanche, et les géraniums
rouges versent leur sang sur ce qui fut maisons, temples et places
45 publiques. Comme ces hommes que beaucoup de science ramène à
Dieu[3], beaucoup d'années ont ramené les ruines à la maison de leur
mère. Aujourd'hui enfin leur passé les quitte, et rien ne les distrait de
cette force profonde qui les ramène au centre des choses qui tombent.

Que d'heures passées à écraser les absinthes, à caresser les ruines, à
50 tenter d'accorder ma respiration aux soupirs tumultueux du monde !
Enfoncé parmi les odeurs sauvages et les concerts d'insectes somnolents,
j'ouvre les yeux et mon cœur à la grandeur insoutenable de ce ciel gorgé
de chaleur. Ce n'est pas si facile de devenir ce qu'on est[4], de retrouver sa
mesure profonde. Mais à regarder l'échine solide du Chenoua, mon cœur
55 se calmait d'une étrange certitude. J'apprenais à respirer, je m'intégrais et
je m'accomplissais.

Albert Camus, *Noces*,
© Éditions Gallimard, Paris, 1938.

1. *Massif montagneux.*
2. *Ancienne place centrale de la ville
romaine.*
3. *Allusion à une formule attribuée
à Pasteur : « Un peu de science éloigne
de Dieu, beaucoup de science y ramène. »*
4. *« Deviens ce que tu es » : la formule
de Goethe est devenue un thème central
de l'œuvre de Nietzsche.*

COMPRÉHENSION ET LANGUE

1 – Relevez les termes qui scandent les différents moments de la visite à Tipasa.

2 – Expliquez les expressions : « le ciel bleu écru » (l. 2-3) ; « la lumière à gros bouillons » (l. 3) ; « l'odeur volumineuse » (l. 6-7).

3 – « La campagne est noire de soleil » (l. 4-5) : quelle figure de style reconnaissez-vous ? Quel est l'effet produit ?

4 – Quelles sont les sensations privilégiées par la description ? Donnez des exemples.

5 – Qu'attend Camus de sa visite aux ruines ?

6 – Quelles sont les « leçons » (l. 33) et « l'amère philosophie qu'on demande à la grandeur » (l. 34) ?

7 – Expliquez : « le retour de ces filles prodigues » (l. 41-42).

8 – Relevez tout ce qui prolonge et explique le titre d'ensemble du texte « Noces à Tipasa ».

ACTIVITÉS DIVERSES, EXPRESSION ÉCRITE

Relevez les métaphores qui permettent à Camus d'évoquer l'intensité de ses sensations. À votre tour, rédigez un paragraphe où vous exprimerez les impressions que vous laisse un paysage, une ville ou une maison.

Tipassa, la villa des fresques.

Jean-Pierre Millecam, né en 1927 à Mostaganem, dans une famille installée en Algérie depuis trois générations, a d'abord été professeur à Tlemcen. Victime, en 1956, d'un attentat sans doute suscité par ses amitiés algériennes et sa fascination pour l'Islam, il est assigné à résidence par les autorités françaises. Il demeure en Algérie après l'indépendance et enseigne à Oran jusqu'en 1968, date de son départ pour le Maroc. Son œuvre romanesque s'est développée, à partir de souvenirs autobiographiques, comme une vaste polyphonie invitant à méditer sur la guerre d'Algérie et les désastres coloniaux, et sur l'échec des rêves de fraternisation (*Sous dix couches de ténèbres*, 1968 ; *Et je vis un cheval pâle*, 1978 ; *Un vol de chimères*, 1979 ; *Une légion d'anges*, 1980 ; *Choral*, 1982).

« *Le passé n'était pas mort* »

Et je vis un cheval pâle raconte l'amitié étonnante de Salah Eddine et de Geoffroy, nés dans l'Algérie de la colonisation finissante, mais le grand-père de l'un, Renaud Ferrier, a autrefois dépouillé l'ancêtre de l'autre, Sî Brahim Al Amri, en obtenant en échange de sa calèche la forêt sacrée où reposent les restes du fondateur mythique de la tribu. Salah Eddine, au début du roman, pénètre pour la première fois dans la forêt sacrée, désormais interdite.

Et tandis que, cet après-midi de décembre, il violait pour la première fois le sanctuaire interdit, le temple aux dix mille piliers soutenant la grise lueur du ciel, très loin, là-haut, à la tête de ses frères et de son cousin, précédé par le chien de Nejma qui débusquait un maigre gibier à 5 cinquante pas de là, toute la vieille histoire repassait dans son crâne – la vieille légende plutôt, puisque, malgré une puberté trop précoce, son imagination transformait les faits en une espèce d'affrontement chevaleresque, de tournoi aux riches couleurs (lui, le redresseur de torts et le défenseur des faibles, dont l'épée, déjà, était au service du Peuple et de la 10 Loi). Il pouvait se dire : « Ces arbres ne sont pas à eux. Ils sont à nous. Ils sont à moi ! » Et il savait que la preuve, à ses yeux, n'allait pas tarder à en être faite – au moment où, à force de tâtonner dans les demi-ténèbres, d'errer d'un tronc à l'autre, ils finiraient par tomber sur le mausolée oublié, sur le marabout surmonté de sa coupole, et la coupole de 15 ses boules de cuivre (tel que sa mère et son oncle, maintes fois, l'avaient décrit), sous lequel reposaient les os du Saint qui, jadis, à une époque où le pays lui-même était un sanctuaire, avant d'être profané par l'envahisseur, par ses routes, ses chemins de fer, ses automobiles, tracteurs, locomotives et wagons, avait apporté la lumière de sa sagesse à toute la por- 20 tion de terre qui s'étend entre l'Oued Chélif et la plaine, à une région où devaient se dresser un jour, parmi de multiples bourgades et hameaux, Bellecôte, Saint-Roch, Pélissier – non seulement un Saint dont le culte avait presque cessé (était devenu, par la force des choses, clandestin) depuis que la forêt était passée des mains du vieil ivrogne[1], du vieux 25 coureur de pucelles, dans celles de l'étranger[2] à la mine sépulcrale, aux mœurs austères, que ne parvenait pas à démentir la possession de la calèche, avant qu'il ne finisse par la céder à son voisin arabe (astiquée, lubrifiée, polie, faisant l'objet de soins constants, tant son allure gracile évoquait l'aristocratie des crinolines[3] et des duels au pistolet, c'est-à-dire 30 une époque où l'imagination des péquenots[4] situait la noblesse, les titres et l'argent) – Renaud-Adhémar-Irénée Ferrier, grand-père de Geoffroy, qui avait essayé d'introduire entre son nom et un chapelet de prénoms impossibles une particule[5] autant destinée à l'euphonie qu'à rappeler ses origines nobiliaires – non seulement le Saint, le Marabout dont la 35 Conquête, ses lois, ses machines finissaient par jeter le nom dans l'oubli, mais probablement le fondateur de la famille du vieux débauché, donc l'ancêtre de Sî Mekki, de Lalla Nefissa, de leur frère meurtrier du juge

Chancel : et c'était peut-être la voix du sang qui agitait Salah chaque fois que, trop jeune, il s'était approché de la forêt interdite, et ce jour-là, 40 lorsque, pour la première fois, il y avait pénétré, décidé à retrouver le mausolée et à y suspendre le drapeau de la tribu.

Car le passé n'était pas mort : il était là, toujours là (et il le serait longtemps encore, jusqu'à la dernière goutte de sang Ferrier, la dernière goutte de sang Lansari, Lansari et Al Amri), dans l'espace toujours pré-45 sent, circonscrit par la mémoire, avec la ferme, la forêt, le domaine de Belle-Rive, et la silhouette des deux ancêtres s'affrontant, projetant leurs ombres démentielles sur leurs deux lignées, sur leurs enfants et leurs petits-enfants destinés à s'affronter eux aussi, à s'aimer et se déchirer. Et il avait beau ne les avoir jamais vus (étant donné que Sî Brahim était 50 mort avant sa naissance et que le moment n'était pas encore venu de faire connaissance avec le vieux Renaud), il ne lui était pas difficile de leur fabriquer une silhouette, des traits, un langage, puisque, chaque fois que ses parents avaient évoqué devant lui les deux vieillards, il lui avait bien fallu meubler le vide de leur figure de manière à prendre fait et 55 cause pour l'un et vouer l'autre aux démons de l'enfer. Et le vieux Renaud pouvait à son aise inviter son grand-père dans sa calèche et briller devant lui de tous les feux d'une civilisation dont il y avait peu de traces sur la terre d'Afrique : les bonnes manières des Ferrier ne dataient ni d'aujourd'hui ni d'hier, et Sî Brahim, la tête obscurcie par l'alcool, 60 pouvait se sentir flatté d'avoir été distingué par un homme que les vieux coloniaux, nés sous les rois ou l'empereur, appelaient un gentilhomme, et de fumer le cigare en sa compagnie sur le siège capitonné de la voiture, la tête mollement renversée sur les moires qui tapissaient le plafond et les parois, tandis que l'autre répondait posément aux coups de chapeau 65 des villageois arrêtés pour laisser passer l'attelage.

Jean-Pierre Millecam, *Et je vis un cheval pâle,*
© Éditions Gallimard, Paris, 1978.

La Forêt embaumée, par Max Ernst.

COMPRÉHENSION ET LANGUE

1 – Repérez les phrases très longues et dégagez leur organisation syntaxique (verbe principal ; hiérarchie des subordonnées). Quelle est l'impression produite ?
2 – Comment se manifeste le caractère sacré de la forêt où pénètre Salah Eddine ? Que recherche-t-il dans cette forêt ?
3 – Qu'est-ce qu'un « tournoi » (l. 8) ? Qu'est-ce que le mot désigne dans le texte ? Pourquoi vient-il à l'esprit de Salah Eddine ?
4 – Quelle image le texte donne-t-il de Renaud Ferrier ?
5 – Comment se manifeste le fait que « le passé n'était pas mort » (l. 42) ?
6 – Qu'est-ce que la « voix du sang » (l. 38) ?
7 – Comment la colonisation apparaît-elle dans le texte ?
8 – Qu'est-ce que le texte nous apprend sur Salah Eddine ?

ACTIVITÉS DIVERSES, EXPRESSION ÉCRITE

Sur le modèle des longues phrases du texte, construisez un paragraphe où les subordonnées suivent le cheminement de la pensée (sujet possible : vous essayez de retrouver un souvenir à demi effacé…).

1. Sî Brahim, le grand-père de Salah Eddine.
2. Renaud Ferrier, le grand-père de Geoffroy.
3. Jupons bouffants, à la mode sous le second Empire.
4. Mot familier et péjoratif : paysans.
5. La préposition de, *qui précède le nom de beaucoup de familles nobles françaises.*

FRANCE
CLAUDE
OLLIER

Claude Ollier, né à
Paris en 1922, a beaucoup
voyagé et a vécu cinq ans
au Maroc, où il a été
fonctionnaire à la fin
de la période coloniale.
Il y situe l'action de
la Mise en scène (1958),
roman qui a obtenu
le prix Médicis
et qui ouvre un cycle
romanesque :
le Jeu d'enfant.
L'œuvre de Claude Ollier
s'inscrit dans la recherche
du « nouveau roman » :
longues descriptions,
analyses fouillées
des perceptions,
désagrégation
des personnages
de la psychologie, minceur
de l'intrigue. En poussant
à la limite certains
procédés de la littérature
traditionnelle de voyage,
Claude Ollier oblige à voir
le Maroc avec un nouveau
regard.

« *Une cohue désordonnée* »

La Mise en scène se présente comme une variation sur le genre romanesque, jouant de manière parodique sur les formes du roman d'aventures, du roman colonial ou du roman policier.
L'ingénieur Lassalle, chargé d'établir le tracé d'une piste minière dans le Haut Atlas, visite en compagnie du brigadier Pozzi la petite ville où il s'est établi pour la durée de sa mission.

À l'autre extrémité du souk, sur l'aire d'abattage, des flaques de sang s'étalent au pied des poutres, sous les crochets de fer qui ont servi à pendre les bêtes. Une dizaine de chiens s'affairent sur des lambeaux de viande couverts de mouches, la langue pendante, le poil gluant, comme
5 s'ils s'étaient d'abord roulés dans les flaques, puis séchés dans la poussière, sur laquelle giclent de nouvelles gouttes.

Un homme s'approche, petit, le crâne luisant, la barbe noire, la djellaba souillée de taches brunâtres sur tout le devant du corps, sur les manches, sur les épaules ; même la sacoche passée en bandoulière n'a
10 pas été épargnée. Les mains refermées sur un gourdin, derrière le dos, il s'avance à portée du premier chien, brandit l'arme, se cambre et de tout son élan frappe la bête au crâne. Un cri s'élève, qui pourrait être un cri perçant. Mais le son s'étrangle : le chien gémit, couché sur le flanc dans la flaque où il pataugeait. Ses pattes s'agitent, son ventre s'enfle par sou-
15 bresauts. L'homme relève les bras : le gourdin s'abat et frappe une seconde fois. Les pattes s'immobilisent. Alors l'homme sort son couteau, se penche au-dessus du chien et tranche les oreilles, qu'il serre dans sa sacoche. Puis il fait un pas en avant. Plusieurs chiens se sont enfuis, mais pas tous : quelques-uns sont restés, qui continuent de fouiner dans
20 les déchets.

Le brigadier Pozzi soulève son képi et s'éponge la nuque avec un grand mouchoir vert depuis longtemps trempé.

« C'est à cause des chiens enragés », explique-t-il à Lassalle, debout à côté de lui. Puis il tourne les talons, passe devant l'étal des bouchers et
25 revient vers l'allée principale.

Après quelques pas, il s'arrête de nouveau, soulève son képi, s'éponge. Il ajoute, comme pour répondre à une objection :

« Il faut bien que quelqu'un le fasse. »

Dans la grande allée, deux courants de badauds s'affrontent en une
30 cohue désordonnée où le brigadier se coule avec une aisance surprenante. À sa suite, mais déjà distancé de plusieurs poitrines, Lassalle joue des coudes pour s'ouvrir un chemin. Son seul point de repère – en dehors du brigadier, qui, de fort petite taille, pourrait bien lui échapper – est un rempart de terre rouge parallèle à l'allée, coiffé de créneaux branlants.
35 Une cigogne a fait son nid sur l'un des cubes de torchis disloqués. Derrière le rempart se dresse une sorte de potence au sommet d'un minaret. C'est tout ce qu'il distingue au-delà d'une vague mouvante d'étoffes bleues, blanches et grises, d'où seuls émergent quelques privilégiés à dos

d'âne ou de mulet, et aussi des paniers en osier, des cruches à deux anses posées sur la tête des femmes. Le flanc de montagne boisé qui se montrait de temps en temps sur la gauche est devenu invisible.

Un peu plus tard, le brigadier, à son tour, a disparu, son képi englouti dans un tourbillon de turbans et de capuchons de djellabas. Mais le rond-point central ne doit plus être très éloigné. Le tout est d'arriver, malgré la bousculade, à se maintenir approximativement dans l'axe de l'allée.

Par chance, la proximité du rempart facilite grandement la tâche. La progression est lente certes, mais sûre et régulière. Encore une dizaine de mètres et l'allée rejoint le rond-point.

Le brigadier n'est pas là. Il a continué sa route, soit en ligne droite, soit sur l'une des branches transversales. Dans ces conditions, évidemment, le plus sage est de rester ici à l'attendre : il ne manquera pas de faire demi-tour dès qu'il s'apercevra qu'il n'est plus suivi.

Le carrefour est aménagé en rond-point, sa circonférence délimitée par de grosses bornes taillées en pain de sucre. La foule débouchant de quatre points différents s'y heurte et s'y mêle dans la plus grande confusion. Les ânes pris au centre du tumulte tournent sur eux-mêmes en dépit des injonctions et des coups de badine. Une bicyclette cherche en vain à se dégager.

Claude Ollier, *la Mise en scène*,
© Éditions de Minuit, 1958.

INDEX DES AUTEURS CITÉS

TABLE DES PRÉSENTATIONS ET SYNTHÈSES LITTÉRAIRES

INDEX DES GENRES ET DES FORMES LITTÉRAIRES

Organisation intergouvernementale de la Francophonie
Agence de Coopération Culturelle et Technique

L'Agence de coopération culturelle et technique (ACCT, créée à Niamey en 1970) est l'unique organisation intergouvernementale de la Francophonie et le principal opérateur des Conférences des chefs d'État et de gouvernement des pays ayant en commun l'usage du français (Sommet francophone). L'Agence assure le secrétariat de toutes les instances de la Francophonie. Elle déploie son activité multilatérale dans les domaines de l'éducation et de la formation, de la culture et de la communication, de la coopération technique et du développement économique, de la coopération juridique et judiciaire, de diverses actions ponctuelles au titre de son Programme spécial de développement (PSD). Outre son siège situé à Paris et sa Direction générale de l'éducation et de la formation / École internationale de Bordeaux à Talence (France), l'Agence dispose d'un Bureau de liaison avec les organisations internationales à Genève (Suisse), d'un Bureau régional de l'Afrique de l'Ouest à Lomé (Togo), d'un Bureau régional de l'Afrique centrale à Libreville (Gabon), d'un Institut de l'énergie des pays ayant en commun l'usage du français (IÉPF) à Québec (Canada).

LES MEMBRES DE L'A.C.C.T.

ÉTATS MEMBRES (34)
Bénin, Burkina-Faso, Burundi, Cameroun, Canada, Centrafrique, Communauté française de Belgique, Comores, Congo, Côte-d'Ivoire, Djibouti, Dominique, France, Gabon, Guinée, Guinée-équatoriale, Haïti, Laos, Liban, Luxembourg, Madagascar, Mali, Maurice, Monaco, Niger, Rwanda, Sénégal, Seychelles, Tchad, Togo, Tunisie, Vanuatu, Viêt-nam, Zaïre.

ÉTATS ASSOCIÉS (5)
Égypte, Guinée-Bissau, Maroc, Mauritanie, Sainte-Lucie.

GOUVERNEMENTS PARTICIPANTS (2)
Canada-Nouveau-Brunswick, Canada-Québec.

OBSERVATEURS (3)
Bulgarie, Cambodge, Roumanie.

Le Royaume de Belgique, le Cap-Vert et la Suisse portent à 47 le nombre des pays et gouvernements participant aux conférences des chefs d'État et de gouvernement des pays ayant en commun l'usage du français.

L'édition de cet ouvrage a bénéficié d'un soutien du *Fonds d'aide au manuel scolaire* de l'Agence de Coopération Culturelle et Technique.

1. Albert Cossery	20	1	2	3	4	5
2. Mustafa Tlili						
3. Leïla Sebbar	19					6
4. Tahar Ben Jelloun						
5. Fawzi Mellah	18					7
6. Kateb Yacine						
7. Georges Schehadé	17					8
8. Naïm Kattan						
9. Rachid Mimouni	16					9
10. Driss Chraibi	15	14	13	12	11	10

11. Nadia Tuéni
12. Edmond Jabès
13. Abdellatif Laâbi
14. Mohammed Dib
15. Albert Memmi
16. Mouloud Mammeri
17. Assia Djebar
18. Amin Maalouf
19. Idoumou Ould Mohamed Lemine
20. Mohamed Kaïr-Eddine

Conception graphique : **François Durkheim – Kubikom**
Composition : SOLÉVIL
Recherche iconographique : **Claire Balladur**

Imprimé en France par l'Imprimerie Hérissey à Évreux (Eure) – N° 65610
N° d'éditeur : 10021955 - Dépôt légal : Juin 1994
ISBN : 2-09-882200-6